Weitere BLV Ratgeber:

| | |
|---|---|
| Margot Schubert | Im Garten zu Hause |
| Margot Schubert<br>Rob Herwig | Wohnen mit Blumen |
| Petra Michaeli-Achmühle | Gartenpraxis A–Z |
| Hedwig Maria Stuber | Ich helf dir kochen |
| Erna Horn | Fisch in der Küche |
| Erna Horn | Wild in der Küche |
| Ursula Grüninger | Das Käsebuch |
| Helene Klaus<br>Inken Kloppenburg | Ratgeber für die Frau von heute |

Birte Pröttel

# Stricken und Häkeln von A–Z

Mit über 400 Fotos und Zeichnungen

BLV Verlagsgesellschaft
München Bern Wien

CIP-Kurztitelaufnahme der Deutschen Bibliothek

**Pröttel, Birte**
Stricken und Häkeln von A–Z. – 1. Aufl. –
München, Bern, Wien: BLV Verlagsgesellschaft,
1977.
ISBN 3-405-11725-9



Konzeption, Redaktion, Produktion:
Die Leasing Redaktion GmbH,
Sollner Straße 29, 8000 München 71

Zeichnungen: Christine Booz-Decker, Arnim Ruchholtz
Fotos: Stefan Frank, MEZ, Mon Tricot, Schoeller
Modelle: MEZ, Lana Gatto, Maria Maenner,
Schoeller, Woll-Service

Typographie, Layout, Satz: Rudolf F. Rieger
und Mitarbeiter, München

Druck: Georg Appl, Wemding
Bindung: Conzella, Urban Meister, München
Printed in Germany · ISBN 3-405-11725-9

# Inhalt

## Grundbegriffe



## Modellteil Stricken

## Modellteil Häkeln

# Stricken — leicht gemacht

Können Sie stricken? Nein? Macht nichts! Mit diesem Buch können Sie es lernen. Selbst dann, wenn Sie noch nie Nadeln und Garn in den Händen gehalten haben. Erst recht, wenn Sie nur verschüttete Kenntnisse aus der Schulzeit wieder auffrischen müssen.

Sie zählen zu den Fortgeschrittenen? Noch besser! Dann überblättern Sie einfach die Grundkurse im Stricken und Häkeln.

Auch für Sie gibt es noch eine Fülle guter Anleitungen, Tips und Tricks. Damit aus Ihrem Können wahre Kunstfertigkeit wird.

Welche Fragen beim Häkeln und Stricken auch immer auftauchen mögen — in diesem Buch werden Sie eine Antwort finden.

Denn dieses Buch ist ein zuverlässiger Ratgeber für alle, die Freude daran haben, etwas mit eigenen Händen zu schaffen.

## Der Anschlag

Der Anfang einer Strickarbeit wird Anschlag genannt. Mit ihm wird die gewünschte Anzahl Maschen auf die Nadel gebracht. Eine Luftmaschenkette eignet sich für Anfänger am besten als Anschlag. *(Wie eine Luftmaschenkette entsteht, lesen Sie auf Seite 18).* Häkeln Sie soviele Luftmaschen, wie Sie Maschen für Ihr Strickteil brauchen. Wer noch nicht locker häkeln kann, arbeitet mit einer besonders dicken Häkelnadel.

Die Stricknadel wird durch jede Schlinge der Luftmaschenkette geschoben, so so daß alle Maschen auf der Nadel liegen. Nun kann die erste Reihe mit rechten Maschen abgestrickt werden. *Siehe Zeichnung.*

*Anschlag einer Luftmaschenkette*

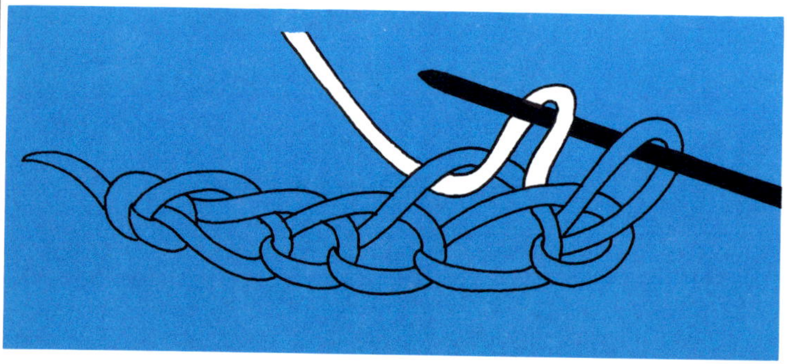

Eine andere Möglichkeit, eine Strickarbeit zu beginnen, ist

## Der Kreuzanschlag

Damit erzielt man einen festen, aber elastischen Rand. Legen Sie den Faden – wie die Zeichnung es zeigt – in die linke Hand. Der Faden, der über den

*Kreuzanschlag A*

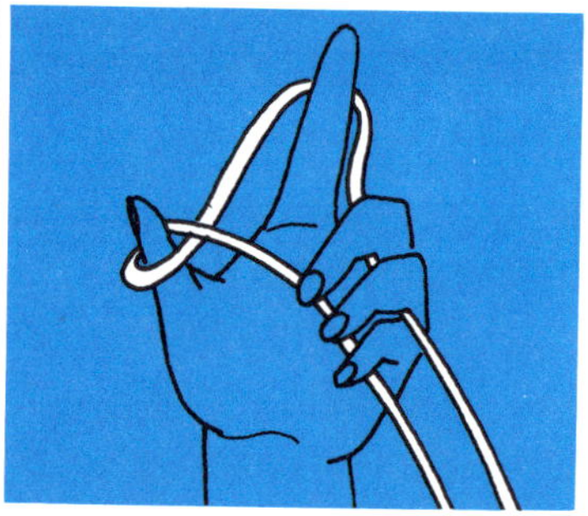

Zeigefinger läuft, kommt vom Knäuel. Das übrige Stück Garn, das mindestens dreimal so lang wie der geplante Anschlag sein soll, wird um den Daumen geschlungen.

In die rechte Hand nehmen Sie die beiden Stricknadeln – oder, wenn Ihnen das zu schwierig ist, eine Nadel von doppelter Stärke. Wenn Sie diesen Anschlag nur mit einer dünnen Nadel machen, dann wird er zu fest, und die ganze Strickarbeit zieht sich am unteren Rand zusammen.

Stechen Sie nun mit beiden Nadeln gleichzeitig von unten nach oben in die Schlinge neben dem Daumen. Holen Sie mit den Nadeln *über* dem Fadenkreuz den Faden, der vom

*Kreuzanschlag B*

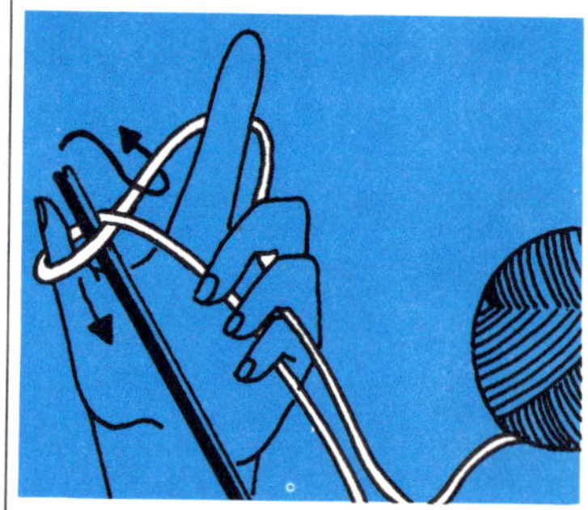

Zeigefinger kommt, und ziehen Sie ihn durch die Schlinge, die um den Daumen liegt. Lassen Sie die Schlinge vom Daumen gleiten und ziehen Sie die entstandene Masche fest.

Für die zweite und alle weiteren Maschen legen Sie den losen

*Kreuzanschlag C*

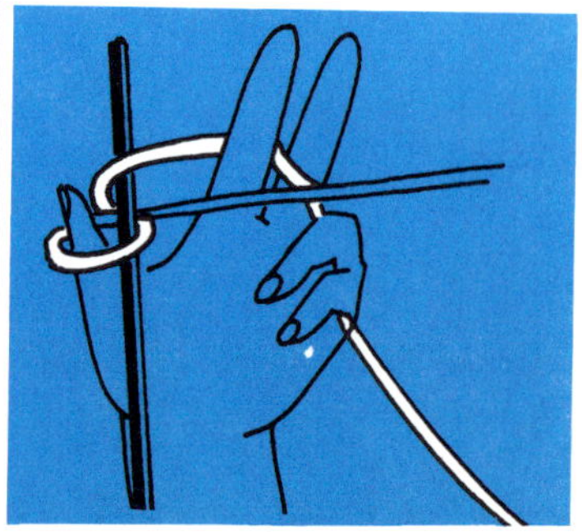

Faden um den Daumen zur Schlinge. Dann stechen Sie von unten nach oben mit der Nadel in die Schlinge ein und ziehen den Faden, der vom Zeigefinger kommt, um die Nadel und durch die Daumenschlinge hindurch. Den Daumen aus der Schlinge gleiten lassen und die Masche festziehen.

Das hört sich beim ersten Durchlesen schwierig an. Aber die

*Kreuzanschlag D*

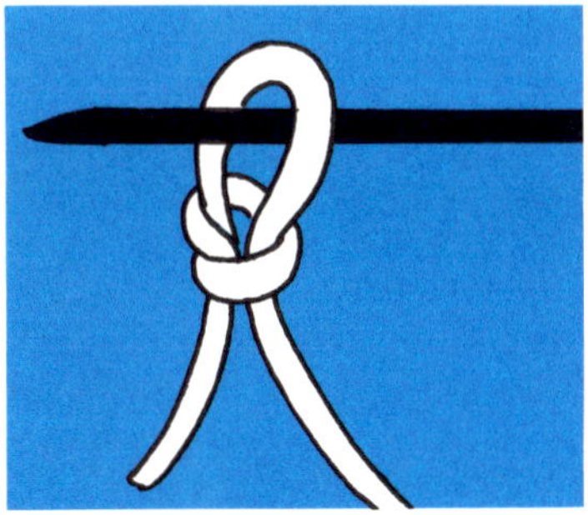

Zeichnungen und ein praktischer Versuch werden Ihnen alles klarmachen.

Sobald Sie alle Maschen aufgeschlagen haben, ziehen Sie eine der beiden Nadeln aus dem Anschlag heraus. Jetzt können Sie mit dem Stricken beginnen. Doch zunächst noch ein paar Worte über

## Die Haltung der Hände

Gestrickt wird meistens mit zwei Nadeln. Das Knäuel liegt links von der linken Hand. Auf der linken Nadel befinden sich die Maschen. Holen Sie den Arbeitsfaden von *unten* zwischen dem kleinen Finger und dem Ringfinger der linken Hand hindurch und führen Sie ihn *über* die übrigen Finger und schlagen Sie ihn ein- oder zweimal um den Zeigefinger.

Der Arbeitsfaden kann aber auch vom Knäuel *über* den linken kleinen Finger und *unter* Ring- und Mittelfinger hindurch zum Zeigefinger und zur Strickarbeit führen. Probieren Sie aus, auf welche Art Sie den Fadenlauf besser regulieren können.

## Die erste Reihe

Halten Sie die Nadel mit den aufgeschlagenen Maschen so in der linken Hand, daß der lose Faden am rechten Rand hängt. Der Arbeitsfaden muß hinter der linken Nadel liegen. Stechen Sie in die erste Masche – die sogenannte Randmasche – mit der rechten Nadel ein und holen Sie damit den Arbeitsfaden als Schlinge durch die Masche.

Lassen Sie die Masche von der linken Nadel gleiten. Die Schlinge, die jetzt auf Ihrer rechten Nadel ist, ist Ihre erste Masche – eine rechte Masche!

Stricken Sie eine Masche nach der anderen bis zum Ende des Anschlags. Bevor Sie die letzte Masche auf die rechte Nadel bringen, legen Sie den Arbeitsfaden *vor* die Arbeit.

Stricken Sie die letzte Masche nicht, sondern heben Sie sie nur auf die rechte Nadel ab.

## Die zweite Reihe

Drehen Sie die Arbeit um, so daß die Nadel mit den Maschen wieder in der linken Hand liegt. Stricken Sie die erste, die Randmasche, wie eine normale rechte Masche. Die folgenden Maschen werden ebenfalls rechts abgestrickt, bis auf die letzte, die wieder nur abgehoben wird.

## Kraus rechts stricken

Wenn Sie auf diese Weise Reihe für Reihe stricken – hin und her – erhalten Sie ein krauses, unruhiges Maschenbild. Diese Art zu stricken nennt man *kraus rechts* stricken.

## Glatt rechts stricken

Wollen Sie lieber ein glattes Maschenbild erzielen, müssen Sie lernen, *linke Maschen* zu stricken. Denn glatt wirkt eine Strickerei, bei der abwechselnd eine Reihe links und eine Reihe rechts gestrickt wurde.

*So stricken Sie linke Maschen.* Nehmen Sie die Arbeit wie gewohnt in die Hand. Stricken Sie die Randmasche wie üblich. Dann legen Sie den Faden *vor* die Arbeit. Mit der rechten Nadel stechen Sie von rechts hinten nach links vorn in die Masche. Den Arbeitsfaden schlagen Sie von oben um die rechte Nadel und ziehen dann die Schlinge durch die Masche.

Auch hierbei wieder die Masche von der linken Nadel gleiten lassen.

Geben Sie nicht gleich auf, wenn das nicht beim ersten Mal gelingt. Man braucht dazu einige Übung. Damit es leichter geht, können Sie den Faden mit dem Daumen etwas runterhalten. Und vergessen Sie nicht, den Faden gleich wieder vor die Arbeit zu legen!

Jetzt können Sie schon viel:

Rechte Maschen, linke Maschen, den Anschlag machen, Randmaschen stricken. Wenn Sie Lust haben, können Sie sich an Ihre erste Arbeit wagen. Wie wär's mit einem Schal? Auf Seite 52 steht, wie es gemacht wird.

Danach haben Sie soviel Übung, daß Ihnen das Stricken ganz glatter Stücke zu simpel erscheinen wird. Es ist an der Zeit, daß Sie auch andere Grundtechniken lernen. Zum Beispiel das

## Rundstricken

Strümpfe, Handschuhe, Mützen und vieles mehr wird rundgestrickt. Man strickt dabei nicht hin und her auf zwei Nadeln, sondern in Runden auf einem *Nadelspiel.* Ein Nadelspiel besteht aus fünf Stricknadeln, die je zwei Spitzen haben.

*Rundstricken*

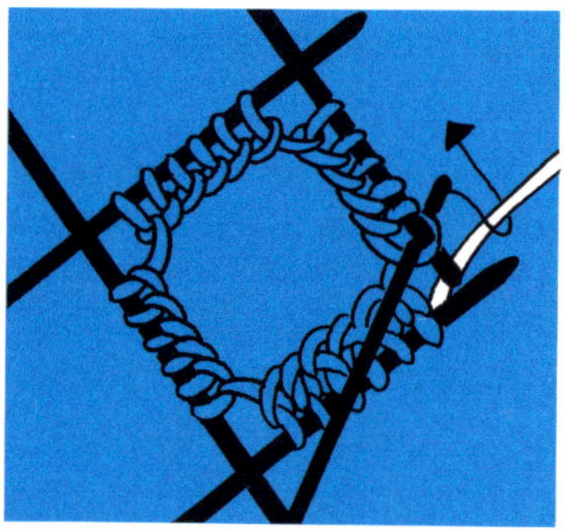

Die notwendigen Maschen werden auf einer Nadel angeschlagen und dann gleichmäßig auf vier Nadeln verteilt. Mit der fünften Nadel stricken Sie die erste Nadel ab. Um häßliche Markierungen im Strickstück zu vermeiden, ziehen Sie die erste Masche beim Nadelwechsel fester als sonst an.

Rundstricken können Sie auch mit einer *Rundstricknadel.* Die Maschenzahl muß hier die Nadel füllen, damit die beiden Enden des Anschlags aufeinander treffen. Dünne Schläuche für Gürtel, Handschuhfinger und Ähnliches stricken Sie mit drei Nadeln.

Beim Rundstricken werden alle Muster so gestrickt, wie man sie sieht. Das heißt, bei einem glatt rechten Muster wird immer nur rechts gestrickt. Wünschen Sie ein krauses Maschenbild, müssen Sie abwechselnd eine Reihe rechts und eine Reihe links stricken.

## Zunehmen

Um einem Strickstück eine bestimmte Form zu geben, muß man während der Arbeit zu- oder abnehmen. Das kann sehr unauffällig gemacht werden oder auch ins Muster einbezogen werden. Wir zeigen Ihnen hier die gebräuchlichsten Arten zu- oder abzunehmen.

## Zunehmen am Rand

Stricken Sie die Randmasche. Heben Sie das waagrecht liegende Querglied zwischen Randmasche und der nächsten Masche auf die linke Nadel.

Stricken Sie diese Schlinge verdreht – indem Sie von hinten einstechen – ab. Soll am Ende einer Reihe zugenommen werden, heben Sie das Querglied vor der letzten Masche auf die Nadel und stricken es verdreht ab.

Soll die Zunahme am Rand *dekorativ* wirken, nehmen Sie das Querglied zwischen der dritten und vierten Masche vom Rand und stricken es wie oben beschrieben.

Ein Lochmuster beim Zunehmen ergibt sich, wenn Sie an der Stelle, an der zugenommen wird, einen Umschlag machen – d. h. Sie schlingen den Faden vor dem Weiterstricken einmal um die Nadel. In der Rückreihe stricken Sie diesen Umschlag als Masche ab.

## Zunehmen innerhalb der Arbeit

Auf zwei Arten kann die Maschenzahl innerhalb einer Arbeit relativ unauffällig vermehrt werden.

1. Wie oben beschrieben: Sie heben das Querglied zwischen zwei Maschen ab und stricken es verdreht.

*Zunehmen*

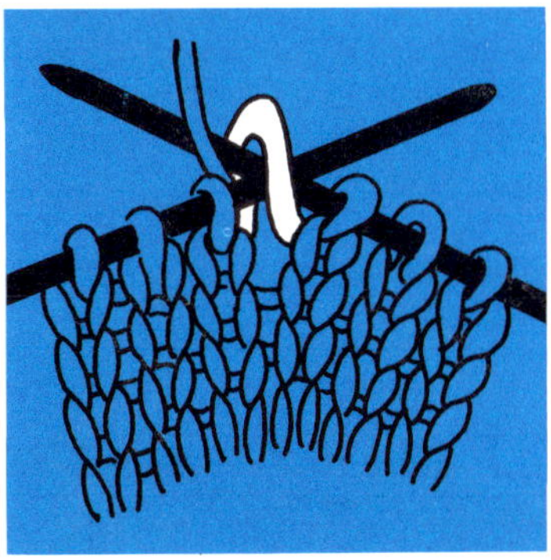

2. Die Perlzunahme: Stricken Sie eine Masche rechts, lassen Sie aber nicht von der linken Nadel gleiten, sondern stricken Sie die verbliebene Schlinge nochmal ab – diesmal von hinten nach vorne.

## Doppelte Zunahme

Bei vielen Modellen müssen Sie sogenannte doppelte Zunahmen machen. Hierbei ist wichtig, daß Sie sich eine *Zentralmasche* markieren, sie ist die Mitte, von der aus gleichmäßig zugenommen wird.

Wenn Sie die Zentralmasche festgelegt haben, stricken Sie in die Masche davor eine Perlzunahme, stricken die Zentralmasche und arbeiten in die folgende Masche wieder eine Perlzunahme. In der nächsten Reihe werden alle Maschen links gestrickt. Die darauffolgende Reihe wird mit Perlzunahmen wie oben beschrieben gearbeitet.

Statt einer Zentralmasche können Sie auch mehrere Maschen in der Mitte stricken. Dann erscheint die Stelle, an der zugenommen wird, wie ein Band. Eine durchbrochene Zunahme läßt ein Lochmuster rechts und links der Zentralmasche erscheinen. Dazu machen Sie vor der Zentralmasche und dahinter einen Umschlag. In der folgenden Reihe werden alle Maschen und die Umschläge dem Muster entsprechend abgestrickt.

## Zunehmen oder anschlagen am Rand

Sollen am Rand eines Strickstückes mehrere Maschen aufeinmal zugenommen werden, muß am Reihenende neu angeschlagen werden. Dazu *stricken* Sie die letzte Masche (nicht abheben) und nehmen den Faden so in die Hand, wie unter »Kreuzanschlag« beschrieben ist. Schlagen Sie die gewünschte Anzahl Maschen an, wenden die Arbeit und stricken ohne Übergang in das schon vorhandene Strickstück.

## Abnehmen

Das Abnehmen – also die Verringerung der Maschenzahl – geschieht am einfachsten, indem zwei nebeneinanderliegende Maschen zusammengestrickt werden.

Je nachdem, in welche Richtung die Schrägung geht, werden die abzunehmenden Maschen unterschiedlich zusammengestrickt: Bei der *nach links gerichteten Schrägung* stechen Sie in die beiden hinten liegenden Glieder der Maschen gleichzeitig ein und holen durch sie den Faden hindurch.

Sie können auch anders arbeiten: Heben Sie die erste Masche auf die rechte Nadel, stricken Sie die nächste Masche und ziehen Sie nun mit Hilfe der linken Nadel die abgehobene Masche über die gerade gestrickte.

Bei der *nach rechts gerichteten Schrägung* stechen Sie von vorne erst in die zweite, dann in die erste Masche ein und stricken die Maschen gemeinsam ab.

*Eine andere Möglichkeit:* Heben Sie zwei Maschen ab, machen Sie einen Umschlag und ziehen Sie dann die beiden abgehobenen Maschen über den Umschlag.

## Doppelte Abnahme

Wenn Sie z. B. einen V-Ausschnitt stricken wollen, müssen Sie eine doppelte Abnahme ausführen. Dazu bleibt – wie beim Zunehmen – eine Zentralmasche in der Mitte stehen.

Diese Zentralmasche ruht auf einer Hilfsnadel (aus einem Nadelspiel oder eine Zopfmusternadel), während Sie die links und rechts von der Zentralmasche liegenden Maschen zusammenstricken. Danach ziehen Sie die Zentralmasche über die zusammengestrickten Maschen.

*Doppelte Abnahme*

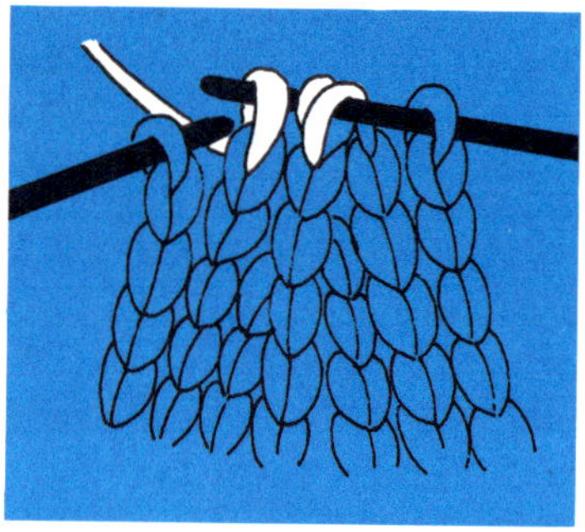

Einfacher ist es, wenn Sie alle drei nebeneinander liegenden Maschen (die Zentralmasche liegt dabei in der Mitte) zusammenstricken. Passen Sie aber auf, daß Sie bei der nächsten Abnahme wieder genau über der Zentralmasche verringern. Die Rückreihen werden jeweils ohne Abnahme gestrickt.

## Abketten

Wenn eine Strickarbeit fertig ist, kann man nicht einfach die Nadeln herausziehen. Die ganze Pracht würde sich in Wohlgefallen auflösen. Zum Schluß der Arbeit müssen die einzelnen Maschen abgekettet werden.

Wir stellen Ihnen hier verschiedene Möglichkeiten des Abkettens vor:

## Abketten durch Überziehen

Stricken Sie die beiden ersten Maschen. Ziehen Sie jetzt die erste Masche über die zweite. Dann stricken Sie die dritte Masche und ziehen die zweite über die dritte usw. Durch die letzte Masche wird das Fadenende gezogen. Die Arbeit kann sich jetzt nicht mehr auflösen.

---

**TIP** Stricken Sie die Maschen wie sie erscheinen ab, d. h. linke Maschen werden links abgestrickt und übergezogen, rechte Maschen rechts.

---

## Abketten durch Zusammenstricken

Stricken Sie die ersten beiden Maschen zusammen. Heben Sie die entstandene Masche auf die linke Nadel und stricken nun wieder die beiden ersten auf der Nadel liegenden Maschen zusammen usw. Durch die letzte Masche wird das Fadenende gezogen.

*Abketten durch Zusammenstricken*

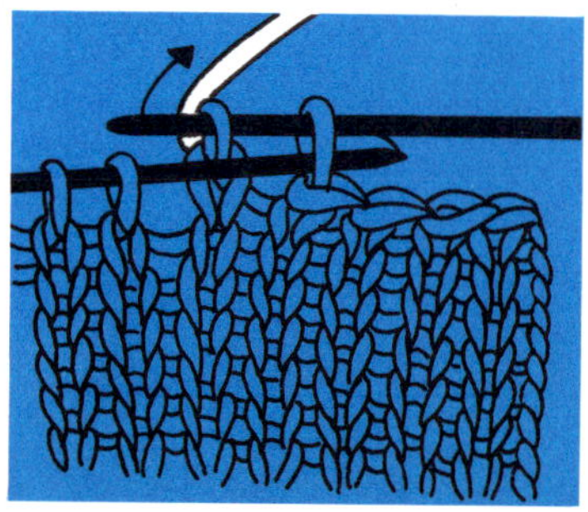

## Abketten durch Häkeln

Einen elastischen, hübschen Rand können Sie durch Abhäkeln der Maschen erzielen. Nehmen Sie die erste Masche auf die Häkelnadel, stechen Sie durch die zweite Masche durch, und holen Sie den Arbeitsfaden durch beide Maschen. Jetzt stechen Sie wieder in die nächste Masche, holen den Faden durch usw.

*Abketten durch Häkeln*

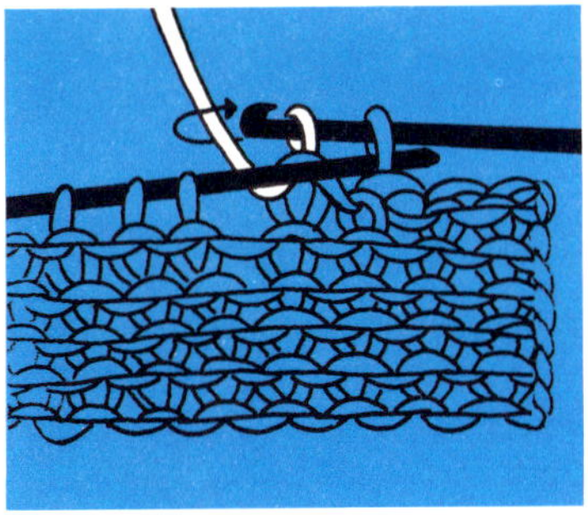

## Abketten durch Häkeln ohne Arbeitsfaden

Wenn Sie einen sehr festen Rand haben möchten, dann stechen Sie mit der Häkelnadel in die erste Masche ein und holen die zweite Masche durch. Die dritte Masche wird nun durch die zweite geholt usw.

## Abketten durch Nähen

Ein wenig Mühe macht es, einen besonders schönen Rand bei Rippenmustern zu erzielen, wenn man den Rand »näht«.

Gehen Sie dabei Schritt für Schritt vor, dann merken Sie schnell, daß es viel leichter ist, als Sie denken.

1. Fädeln Sie ein genügend langes Fadenende auf eine Stopfnadel.

2. Stechen Sie in die erste Masche von rechts nach links ein, ziehen den Faden durch und lassen die Masche von der Nadel fallen.

3. Stechen Sie in die nächste rechte Masche – die linke Masche wird übergangen – von rechts nach links ein und ziehen den Faden durch.

*Abketten durch Nähen A*

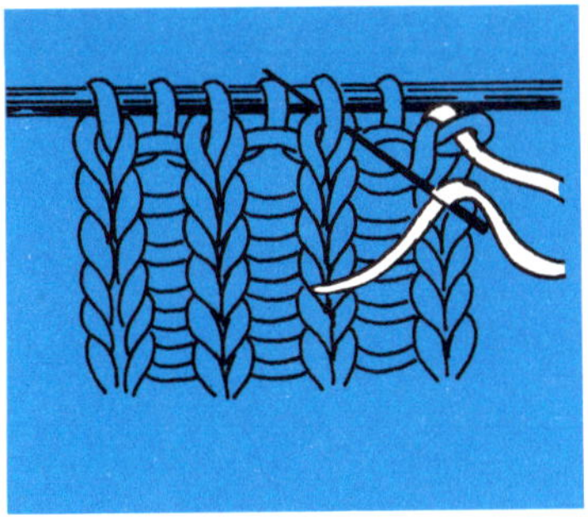

4. Jetzt stechen Sie zurück in die linke Masche und zwar von rechts nach links und lassen die beiden Maschen von der Nadel gleiten.

*Abketten durch Nähen B*

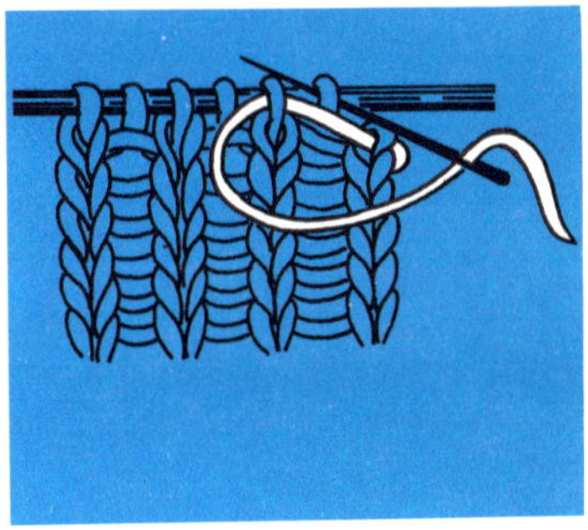

5. Die nächste linke Masche wird jetzt von links nach rechts eingestochen und der Faden angezogen.

*Abketten durch Nähen C*

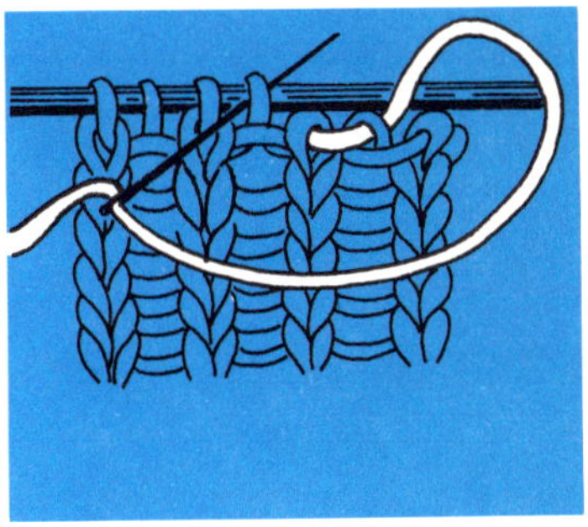

6. Die vorher von der Nadel genommene Rechtsmasche wird von rechts nach links durchstochen und der Faden durchgezogen.

*Zeichnung siehe Seite 16 oben links*

*Abketten durch Nähen D*

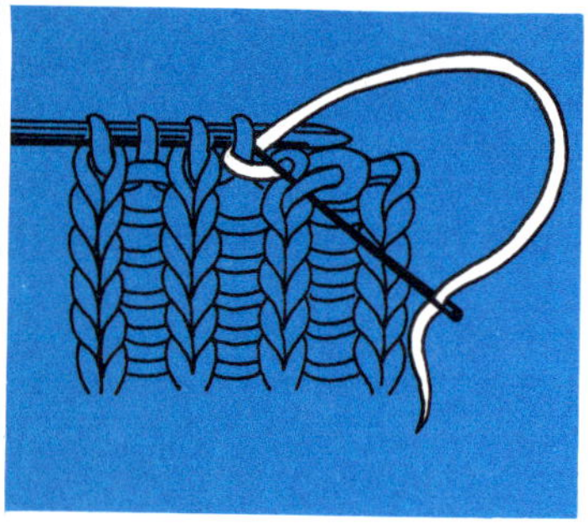

7. In die nächste rechte Masche auf der Nadel stechen Sie nun wieder von rechts nach links ein und ziehen den Faden durch.

*Abketten durch Nähen E*

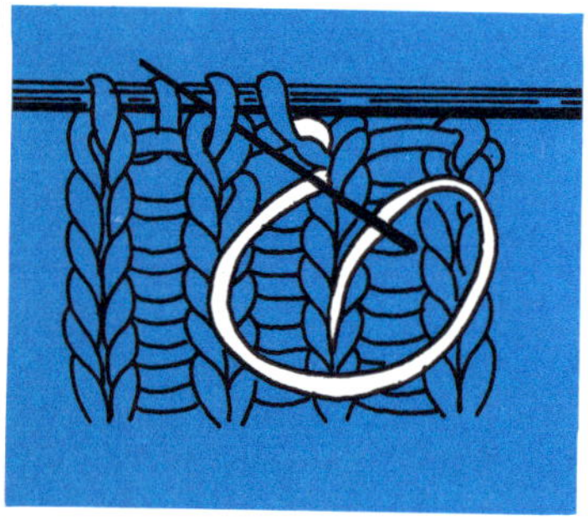

Ab jetzt wiederholt sich der Vorgang, bis die Maschen abgekettet sind. Diese Methode eignet sich besonders für Ärmelbündchen, Halsausschnitte u. ä., die 1 rechts 1 links gestrickt sind.

# Abketten bei Rippenmuster

Bei dem üblichen 2 rechts 2 links Rippenmuster sollten Sie so abketten:

Zwei Maschen rechts stricken, die erste Masche über die zweite ziehen. Auf der rechten Nadel bleibt eine Masche. Nun die nächste Masche entsprechend dem Muster links stricken und die Masche auf der rechten Nadel über die zuletzt gestrickte Masche ziehen. Nun wieder eine linke Masche stricken, die verbliebene Masche darüberziehen usw.

*Dies waren nun die Grundbegriffe des Strickens. Alle anderen Begriffe, die mit Stricken und Häkeln zu tun haben, und die in den meisten Arbeitsanleitungen zu finden sind, finden Sie im Lexikonteil erklärt und illustriert.*

*Stricken ist einfach. Häkeln ist einfacher. So leicht, daß schon Kinder gern mit der Häkelnadel arbeiten. Und für Erwachsene ist es ein Kinderspiel, beim Häkeln eigene Ideen zu verwirklichen. Versuchen Sie es!*

# Die Haltung der Hände

Wie beim Stricken *(siehe Seite 10)* läuft der Faden vom Knäuel über den kleinen Finger unter Ring- und Mittelfinger hindurch zum Zeigefinger der linken Hand. Um den Zeigefinger schlingen Sie den Faden, ganz nach Wunsch, ein- oder zweimal. So können Sie die Fadenspannung regulieren. Mittelfinger und Daumen der linken Hand halten die fertige Arbeit.

*Haltung der Hände beim Häkeln A*

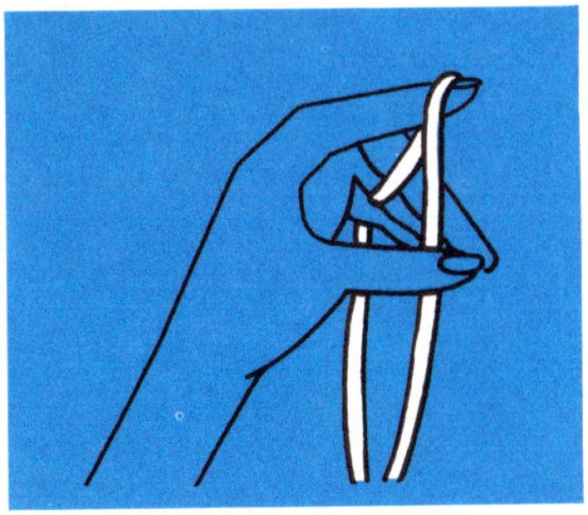

Die rechte Hand hält die Häkelnadel. Der Haken liegt zwischen Zeigefinger und Daumen.

Der Schaft liegt in der hohlen Faust. Manche Häklerinnen halten die Nadel lieber wie einen Bleistift. Probieren Sie aus, wie Sie leichter arbeiten können.

*Haltung der Hände beim Häkeln B*

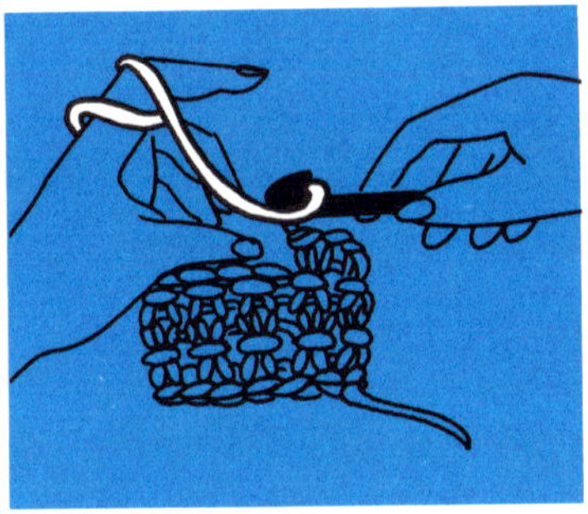

# Die Anfangsmasche

Bilden Sie eine Schlinge *(siehe Zeichnung)* und holen Sie durch die Schlinge mit der Häkelnadel den Faden zu einer Masche durch. Sie können diese Anfangsmasche aber auch wie beim Stricken *(Seite 10)* machen.

*Anfangsmasche A*

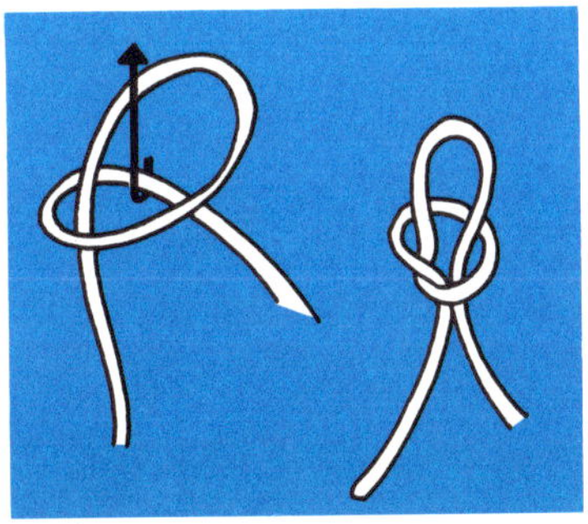

Durch diese erste Masche hindurch holen Sie nun den Arbeitsfaden. Dazu schlingen Sie den Faden um die Häkelnadel – das nennt man »einen Umschlag machen« – und ziehen ihn durch die erste Masche.

*Anfangsmasche B*

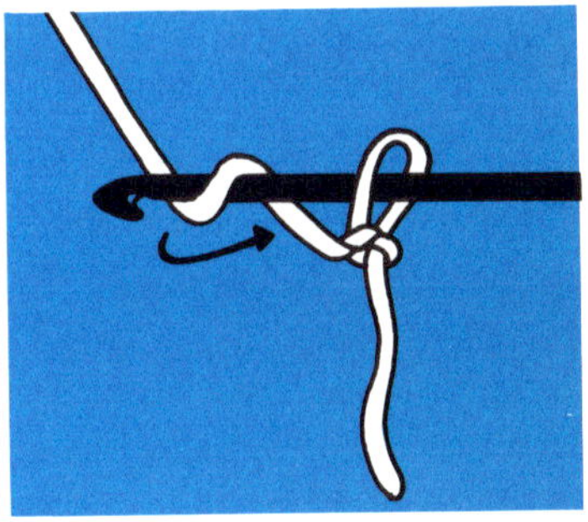

Ziehen Sie etwas an – und fertig ist Ihre erste *Luftmasche.* Wiederholen Sie den Vorgang so oft, bis Sie die gewünschte Maschenzahl erreicht haben.

*Zeichnung siehe Seite 18 oben links*

*Luftmaschenkette*

## Die Luftmaschenkette

Eine ganze Reihe von Luftmaschen nennt man eine Luftmaschenkette. Die meisten Häkelarbeiten beginnen damit. Deshalb sollten Sie so lange üben, bis Sie eine Kette von

*Anschlag einer Luftmaschenkette*

möglichst gleichmäßigen Luftmaschen zustande bringen.

---

**TIP** Soll der Luftmaschenanschlag, bzw. die Luftmaschenkette, elastisch werden, dann häkeln Sie mit einer etwas dikkeren Nadel. Anschließend wird natürlich mit der Häkelnadel weitergearbeitet, die der Wollstärke entspricht.

---

## Die Anschluß- oder Kettmasche

Stechen Sie in die vorletzte Masche des Anschlags von vorne nach hinten ein. Holen Sie den Faden und ziehen Sie ihn durch die beiden auf der Nadel befindlichen Glieder.

*Anschluß- oder Kettmasche*

Fortlaufend in die nächste Luftmasche einstechen, umschlagen und durchholen.

Die jetzt folgenden Grundmaschen sollten Sie gut beherrschen, denn aus diesen Maschen setzen sich alle anderen Muster und Formen beim Häkeln zusammen.

## Die feste Masche

Diese Masche wird in manchen Gegenden auch dichte Masche genannt. In die vorletzte Masche eines Luftmaschenanschlags stechen Sie von vorn nach hinten ein und ziehen den Faden durch. Nun machen Sie einen Umschlag *(siehe Zeichnung)* und ziehen den Faden durch die beiden auf der Nadel liegenden

*Feste Masche*

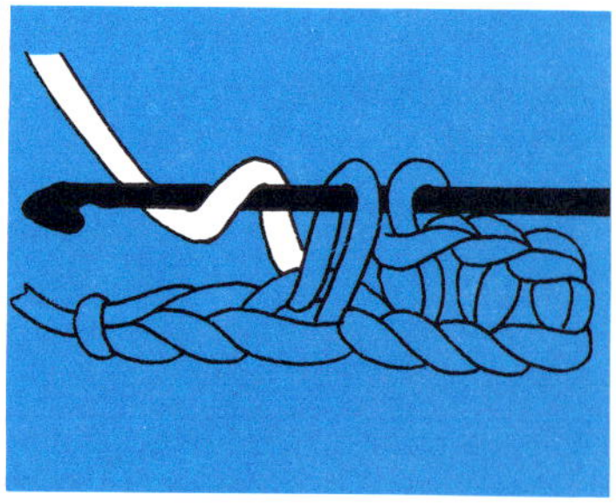

Maschen. Die daraus entstandene Schlinge bleibt auf der Häkelnadel.

Nun stechen Sie in die nächste Luftmasche, machen einen Umschlag, ziehen den Faden durch, machen noch einen Umschlag und ziehen ihn durch die beiden Maschen auf der Nadel. Das war Ihre zweite feste Masche!

Wiederholen Sie den Vorgang, bis alle Luftmaschen aufgearbeitet sind.

Die nächste Reihe wird genauso gehäkelt. Dazu stechen Sie in die beiden oben liegenden Maschenglieder der festen Masche der Vorreihe ein. Wenn Sie so arbeiten, sieht die Häkelei auf beiden Seiten gleich aus.

---

**TIP** Sie können der Häkelarbeit aus festen Maschen ein Rippenmuster geben, wenn Sie nur in das hintere der beiden oben liegenden Maschenglieder einstechen.

---

## Das halbe Stäbchen

Häkeln Sie einen Luftmaschenanschlag. Machen Sie einen Umschlag und stechen Sie in die drittletzte Luftmasche des Anschlags ein. Holen Sie den Faden durch, so daß Sie jetzt drei Schlingen auf der Nadel haben. Machen Sie noch einen Umschlag und ziehen ihn durch alle drei Schlingen gleichzeitig. Fertig ist das halbe Stäbchen.

## Das Stäbchen

Machen Sie zunächst wie beim halben Stäbchen einen Umschlag. Stechen Sie dann in die viertletzte Masche des Luftmaschenanschlags ein, holen den Faden durch und lassen ihn auf der Häkelnadel. Nun holen Sie mit dem Haken den Arbeitsfaden und ziehen ihn durch die beiden ersten auf der Nadel befindlichen Schlingen.

Holen Sie jetzt erneut den Faden und ziehen ihn durch die beiden letzten Schlingen auf der Nadel. Für das nächste Stäbchen wieder umschlagen, einstechen, durchholen, wieder umschlagen und den Faden durch zwei Schlingen ziehen. Umschlagen und durch die beiden letzten Schlingen ziehen. Das klingt nur kompliziert. Probieren Sie es mal, es ist wirklich nicht schwer.

## Das Doppelstäbchen

Machen Sie zunächst einen doppelten Umschlag. Stechen Sie in die fünftletzte Masche des Anschlags ein und holen Sie eine Schlinge durch. Faden holen.

*Doppelstäbchen A*

Ziehen Sie nun den Faden durch die beiden ersten auf der Nadel befindlichen Schlingen, holen Sie den Faden nochmals und ziehen ihn durch die nächsten beiden Maschen. Wiederholen Sie nochmal und häkeln Sie die beiden letzten Maschen ab. So können Sie nun ein Doppelstäbchen nach dem anderen häkeln, bis Sie zum Ende der Luftmaschenreihe kommen.

*Doppelstäbchen B*

## Der Rand

Am Ende der ersten Reihe angekommen, wenden Sie die Arbeit. Bei festen Maschen häkeln Sie am Ende der Reihe eine Luftmasche – die sogenannte *Wendeluftmasche* –, wenden die Arbeit und häkeln in die zweite, feste Masche der Vorreihe eine feste Masche.

Bei halben Stäbchen wird die erste Masche der Reihe durch *zwei* Luftmaschen ersetzt.

Bei Stäbchen häkeln Sie *drei* Luftmaschen als erste Masche.

Doppelstäbchen benötigen *vier* Luftmaschen.

Durch diese Wendeluftmaschen werden die Ränder bei Häkelarbeiten glatt, sauber, gerade und locker.

## Abnehmen und Zunehmen

Um einer Häkelarbeit die richtige Form zu geben, muß man ab- oder zunehmen. Das kann man auf die verschiedensten Arten machen.

## Zunehmen einer Masche in der Arbeit

Soll innerhalb eines Häkelstückes zugenommen werden, wird einfach zweimal in eine Masche der Vorreihe eingestochen und die entsprechende Masche gehäkelt.

Will man innerhalb einer Arbeit immer wieder an der gleichen Stelle zunehmen, dann häkelt man jeweils an dieser Stelle in eine feste Masche der Vorreihe eine Luftmasche und wieder eine feste Masche. Bei der Rückreihe nimmt man dann auf gleiche Weise in der Luftmasche zu. Soll nicht so stark zugenommen werden, nimmt man nur in den Hinreihen zu.

## Zunehmen am Anfang einer Reihe

Soll am Anfang einer Reihe zugenommen werden, wird nach der Wendeluftmasche direkt in die erste Masche der Reihe eingestochen und dann weiter gehäkelt.

## Zunehmen am Ende einer Reihe

Am Ende einer Reihe nimmt man zu, indem man in die letzte Masche zweimal nacheinander sticht und hier zwei Maschen häkelt.

## Zunehmen mehrerer Maschen am Rand

Sollen am Rand einer Häkelarbeit auf einmal mehrere Maschen aufgenommen werden, dann häkelt man am Ende der Reihe so viele Luftmaschen, wie Maschen angeschlagen werden sollen. Dabei ist zu beachten, daß entsprechend mehr Luftmaschen gehäkelt werden müssen, wenn die Arbeit in Stäbchen oder Doppelstäbchen ausgeführt wird!

*Das heißt:* Bei einer Arbeit aus Stäbchen häkelt man die gewünschte Maschenzahl des Anschlags plus drei Luftmaschen für das Randstäbchen. Für das erste Stäbchen wird dann in die vierte Luftmasche vom Rand eingestochen.

*Zunehmen mehrerer Maschen am Rand*

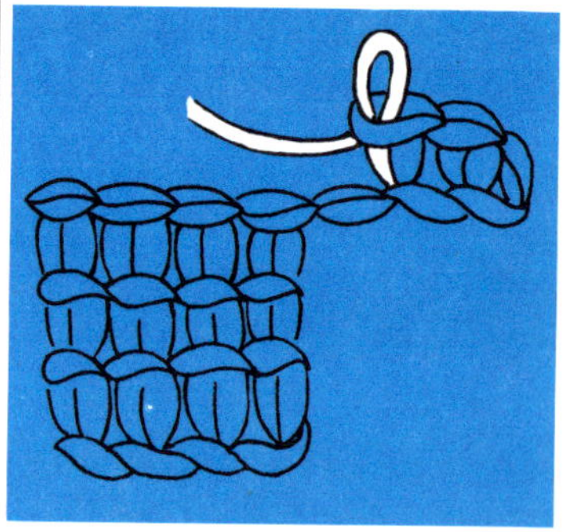

## Abnehmen einer Masche innerhalb einer Arbeit

Soll innerhalb einer Arbeit aus festen Maschen abgenommen werden, wird einfach eine Masche der Vorreihe übergangen.

Sollen Stäbchen abgenommen werden, dann häkelt man hintereinander zwei Stäbchen nur halb und häkelt dann die drei auf der Nadel liegenden Schlingen auf einmal ab.

## Abnehmen am Anfang einer Reihe

Hierzu wird einfach die erste Masche der Reihe übergangen.

## Abnehmen am Ende einer Reihe

Am Ende der Reihe wird die letzte Masche nicht gehäkelt.

## Abnehmen immer an der gleichen Stelle

Verlangt es das Muster, daß immer an der gleichen Stelle abgenommen wird, so überspringt man in jeder Hinreihe *zwei* Maschen und häkelt bei der Rückreihe durch, ohne abzunehmen.

## Abnehmen mehrerer Maschen am Reihenanfang

Sollen am Reihenanfang mehrere Maschen auf einmal abgenommen werden, dann häkelt man die Anzahl der abzunehmenden Maschen in Kett- bzw. Anschlußmaschen. Anschließend beginnt man wie beim normalen Reihenanfang mit den benötigten Luftmaschen für das erste halbe oder ganze Stäbchen.

## Abnehmen mehrerer Maschen am Reihenende

Mehrere Maschen am Reihenende werden abgenommen, indem man die abzunehmenden Maschen nicht häkelt, sondern vorher die Arbeit wendet und normal weiter häkelt.

## Rundhäkeln

Viele Arbeiten beim Häkeln gehen von einer runden Grundform aus. Zum Beispiel Mützen, Tischdecken, Kissen, Topflappen, Patchworkmotive usw. Begonnen wird eine solche runde Form mit einem

## Luftmaschenring

Man häkelt dazu die erforderliche Anzahl Luftmaschen. Anfang und Ende dieser Luftmaschenkette schließt man mit einer Anschlußmasche, die in die erste Luftmasche der Reihe eingestochen wird.

Je mehr Luftmaschen man anschlägt, um so größer wird das Loch in der Mitte der Häkelarbeit. Für ein möglichst kleines Loch häkelt man sechs Luftmaschen und schließt sie mit einer Anschlußmasche. Wenn Sie eine tellerförmige Arbeit – z. B. Topflappen – häkeln wollen, arbeiten Sie wie folgt:

*Luftmaschenring A*

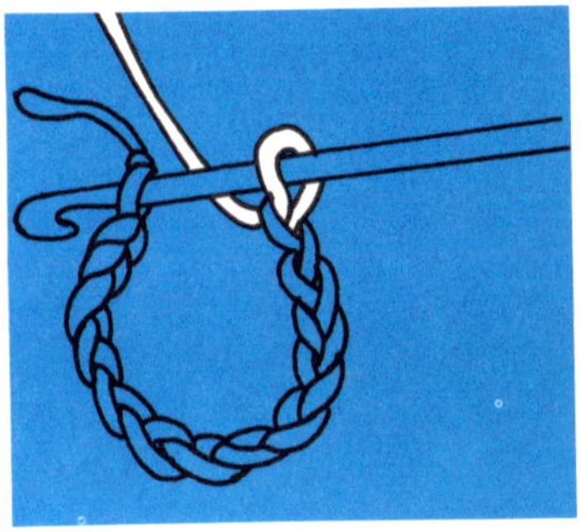

Luftmaschenring aus sechs Luftmaschen mit Anschlußmasche schließen.

**1. Runde:** Drei Luftmaschen häkeln und in den Luftmaschenring 16 Stäbchen häkeln. Die Runde wieder mit Kett- oder Anschlußmasche schließen.

*Luftmaschenring B*

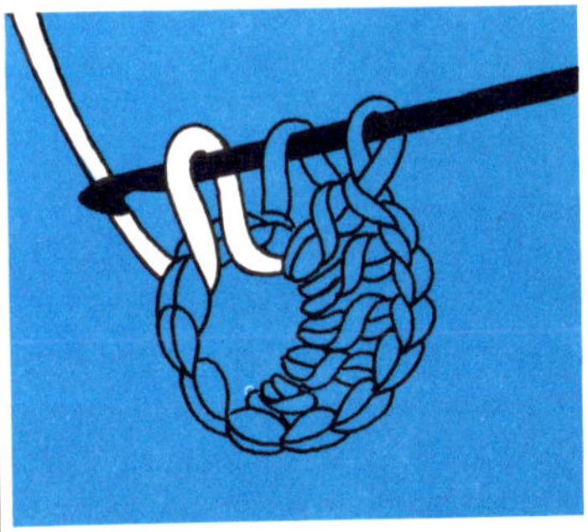

**2. Runde:** Dann kommen wieder drei Luftmaschen und anschließend in jede Masche der Vorreihe zwei Stäbchen. Die Runde wird wie alle weiteren Runden mit einer Anschlußmasche geschlossen.

Und nun zum System der Zunahmen bei einer tellerförmigen Häkelarbeit:

**3. Runde:** in jeder 2. Masche zunehmen,

**4. Runde:** in jeder 3. Masche,

**5. Runde:** in jeder 4. Masche,

**6. Runde:** in jeder 5. Masche und so weiter. Häkeln Sie dabei nicht zu locker. Wird die Arbeit wellig, nimmt man weniger Maschen zu. Wird die Arbeit wie eine Schale, sollte man mehr Maschen zunehmen.

## Rundhäkeln zum Schlauch

Krawatten, Socken, Kleiderbügelbezüge, Kinderröckchen usw. werden wie ein offener Schlauch hergestellt. Für solche Arbeiten beginnt man mit einem entsprechend großen Luftmaschenring, der mit einer Anschlußmasche geschlossen wird. Nun kann man spiralenförmig immer rund herum häkeln oder jede Runde mit einer Anschlußmasche schließen und wieder neu beginnen. Wie man das im einzelnen genau macht, hängt meist vom Muster ab. Bei einfarbigen Mustern kann man spiralförmig häkeln. Ringelmuster wird man in jeder Reihe zur Runde schließen.

Abnehmen kann man, indem in der Vorrunde eine Masche übersprungen, zunehmen, indem in die Masche zweimal eingestochen wird.

Als Anfänger steht bei Ihnen noch die Technik im Vordergrund. Sie sollten mit einfachen Mustern und Modellen beginnen, sich an die Arbeitsanleitung halten und die angegebenen Materialien verwenden. Wollen Sie etwas Eigenes oder Abweichendes versuchen, gehen Sie in ein Handarbeitsgeschäft, sagen Sie, was Sie arbeiten wollen und lassen Sie sich bei der Auswahl von Garn und Nadeln beraten.

Fortgeschrittene dagegen werden sich nicht damit begnügen, daß sie die Technik beherrschen. Sie wollen grundsäzlich wissen, was die Arbeit erleichtern oder verbessern kann – und welches Garn für welche Handarbeit am besten geeignet ist.

Aber ob Sie nun »interessierter Laie« oder »kritische Meisterin« sind: Werkzeug- und Materialkunde sind für jeden interessant.

## Zwei Nadeln - ein Gedanke

Wie für den Schmied der richtige Hammer, so ist für die Strickerin oder Häklerin die richtige, gute Nadel für das Gelingen der Arbeit wichtig. Darum finden Sie hier Wissenswertes zum Thema Strick- und Häkelnadeln.

## Die Nadelstärke

Bei den meisten Arbeitsanleitungen ist die Nadelstärke angegeben. Auch auf der Banderole des Knäuels steht, welche Nadelstärke zu diesem Garn paßt. An diese Angaben können Sie sich halten, wenn Sie »normal«, d. h. nicht zu fest und nicht zu locker stricken oder häkeln.

Ob Sie zu locker oder zu fest arbeiten, finden Sie heraus, wenn Sie die Maschenprobe *(siehe Seite 33)* machen. Stimmen Maße und Angaben der Arbeitsanleitung mit Ihrer Probe überein, so können Sie sich an die angegebenen Nadelstärken halten. Wird Ihre Maschenprobe größer als vorgesehen, dann arbeiten Sie zu locker. Sie sollten Nadeln verwenden, die eine halbe bis eine Nummer dünner sind als empfohlen. Fällt die Maschenprobe zu klein aus, dann arbeiten Sie zu fest. Sie sollten dann mit dickeren Nadeln arbeiten.

Diese verschiedenen Nadelqualitäten gibt es:

Und nun zu den verschiedenen Nadeltypen:

# Die Stricknadeln

## Vernickelte Stahlnadeln

Sie sind besonders hart, eignen sich daher gut für die Verarbeitung von festgezwirntem Garn und Wolle.

## Perlgraue Leichtmetallnadeln

Sie sind gegen Feuchtigkeit und Handschweiß isoliert und verursachen keinen metallischen Kältereiz. Diese Nadeln blenden nicht, sind abriebfest und rostfrei. Sie eignen sich für die Verarbeitung von Wolle, Synthetics und Mischgarn.

## Kunststoffnadeln

Für den Schulgebrauch und für weniger anspruchsvolle Strickerinnen sind Kunststoffnadeln geeignet. Es sind die richtigen Nadeln für dicke, füllige Spezialwollen, für Mohair- und Effektgarne, sowie Decken- und Dochtwollen. Plastiknadeln sind um die Hälfte leichter als Leichtmetallnadeln gleicher Stärke.

## Kunststoffnadeln mit Stahleinlage

Sie sind besonders elastisch, unzerbrechlich und nicht verbiegbar. Schweiß und Feuchtigkeit können diesen Nadeln nichts anhaben. Daher eignen sie sich gut für den Schulgebrauch.

## Nadelspiele

Jeweils fünf Stricknadeln, die auf beiden Seiten zugespitzt sind, nennt man ein Nadelspiel. Es wird zum Stricken von Handschuhen, Strümpfen oder Motiven gebraucht.

Nadelspiele gibt es von 12,5 bis 20 cm Länge mit 1,25 bis 8 mm Durchmesser. Als Material wird dafür vernickelter Stahl, isoliertes Leichtmetall, Kunststoff und Kunststoff mit Stahleinlage verarbeitet.

## Jackenstricknadeln

Nadeln, die man für das Hin- und Herstricken (Flächenstrikken) gebraucht, nennt man Jackenstricknadeln. Diese Stricknadeln werden immer paarweise benützt. Die Nadeln haben jeweils an einem Ende einen Knopf, der das Heruntergleiten der Maschen stoppt. Am anderen Ende sind sie zugespitzt.

Jackenstricknadeln gibt es von 24 bis 35 cm Länge mit 1,5 bis 20 mm Durchmesser. Als Material wird dafür vernickeltes Leichtmetall, isoliertes Leichtmetall, Kunststoff und Kunststoff mit Stahleinlage verarbeitet.

## Schnellstricknadeln

Schnellstricknadeln haben einen dünneren Nadelschaft, nur die Nadelspitze hat die eigentliche Nadelstärke. Von der dickeren Spitze gleiten die Nadeln automatisch, ohne daß man sie schieben muß, auf den dünneren Nadelschaft und schieben sich hier eng aneinander. Daher können Sie mit Schnellstricknadeln wesentlich mehr Maschen anschlagen als mit Jackenstricknadeln. Außerdem wird die Strickbewegung durch den kürzeren Nadelschaft erleichtert und beschleunigt.

Schnellstricknadeln gibt es von 24 bis 35 cm Länge und 2 bis 7 mm Durchmesser. Als Material wird dafür vernickeltes Leichtmetall oder isoliertes Leichtmetall verarbeitet.

## Jackenstricknadeln mit Perlonschaft

Eine Schnellstricknadel besonderer Art ist die Jackenstricknadel mit Metallspitze und einem elastischen Nadelschaft aus Perlon. Das Ende des Perlonseils ist entweder ein Knopf oder eine verschiebbare »Maschenbremse«, die auf die jeweilige Maschenzahl eingestellt werden kann.

Diese Stricknadel eignet sich besonders für Handarbeiten von großen, schweren Strickstücken, denn das Gewicht der Arbeit liegt zum größten Teil auf dem Schoß. Außerdem ist diese Nadel leicht in jeder Handtasche mitzunehmen und kann sich weder verbiegen noch brechen. Eine ideale »Reisestricknadel«, mit der man bequem und schnell strickt.

Diese Nadeln gibt es von 50 bis 60 cm Länge und 2 bis 10 mm Durchmesser. Das Material ist eine vernickelte Leichtmetallspitze, an die sich ein biegsamer Perlonschaft anschließt.

## Rundstricknadeln

Geschlossene Stücke strickt man mit der Rundstricknadel. Hier ist besonders die *Perl Inox Rundstricknadel* zu erwähnen, die durch eine patentgeschützte Konstruktion der Verbindung von Metallspitze und Perlonseil absolut bruchfest ist und die Maschen ungehindert gleiten läßt.

Rundstricknadeln gibt es von 40 bis 150 cm Länge und 2 bis 10 mm Durchmesser. Die Rundstricknadel besteht aus zwei isolierten Leichtmetallspitzen, die an beiden Enden eines Perlonseils befestigt sind.

## Inox Combi Strick- und Häkelnadel

Eine besondere Entwicklung auf dem Gebiet der Handarbeitsnadeln stellt die *Combi Strick- und Häkelnadel* dar. Mit ihr kann man abwechselnd stricken und häkeln, ohne Nadeln und Wolle wechseln zu müssen. Das erleichtert nicht nur die Arbeit, sondern ermöglicht eine Vielfalt von neuen Musterungen. Man kann mit der Nadel hin- und herstricken, häkeln, rund stricken und sie als verlängerte tunesische Häkelnadel zum Arbeiten großer Stücke verwenden.

Diese Nadel gibt es von 60 bis 100 cm Länge und 6 bis 8 mm Durchmesser. Sie ist aus Kunststoffspitzen mit einem Perlonseil hergestellt.

# Zusätzliche Arbeitserleichterungen

## Die Zopfmusternadel

Es ist praktisch, beim Stricken eines Zopfmusters die Maschen, die zum Verkreuzen stillgelegt werden, auf eine sogenannte Zopfmusternadel zu geben. Diese Nadel ist kurz und gebogen, die Maschen können daher nicht wie bei einer gewöhnlichen Hilfsnadel abgleiten.

## Der Maschenraffer

Sollen während einer Strickarbeit mehrere Maschen stillgelegt werden, gibt man sie auf einen Maschenraffer. Er ähnelt einer großen Sicherheitsnadel.

## Der Strickfingerhut

Für zwei oder mehrfarbige Strickarbeiten eignet sich der Strickfingerhut als Fadenführer. Durch seine Ösen werden die verschiedenen Fäden geführt, so daß sie sich nicht verwirren können.

## Der Nadelschützer

Um die empfindlichen Spitzen eines Nadelspiels zu schützen, gibt man sie in einen Nadelschützer (auch Nadelköcher genannt). Er besteht aus zwei Metallkapseln, die durch ein Gummiband miteinander verbunden sind.

## Aufbewahrungsbox für Handarbeitsnadeln

Im Laufe der Zeit sammeln sich bei jeder Strickerin oder Häklerin die verschiedensten Nadeln an. In einer runden Box aus Plastik sind sie gut und sicher aufgehoben.

Sie können sich solch einen Nadelbehälter auch selber herstellen. Beziehen Sie ein Papprohr, in dem Zeichnungen und Karten verschickt werden.

Hübsch sieht das aus, wenn Sie dazu ein Patchwork machen, aus den verschiedenen Maschen- und Musterproben, die Sie stricken oder häkeln.

# Die Häkelnadeln

Bei den Häkelnadeln müssen der Haken und die Fadenrille glatt und tadellos sein. Achten Sie daher beim Kauf einer Häkelnadel besonders auf diesen Punkt.

Je nach Verwendungszweck unterscheidet man verschiedene Häkelnadeln.

## Häkelnadeln für Garnarbeiten

Hier werden im Handel angeboten:

a) Häkelnadeln aus vernickeltem Stahl,

b) Umsteckhäkelnadeln aus vernickeltem Stahl mit Plastikgriff,

c) Garnhäkelnadeln, stahlvernickelt mit Plastikgriff und Schutzhülse.

Alle Nadeln sind im Durchmesser von 0,6 bis 10 mm erhältlich.

## Wollhäkelnadeln

Häkelnadeln für Wolle gibt es in den gleichen Materialien wie Stricknadeln: vernickelter Stahl, perlgrau isoliertes Leichtmetall und Kunststoff. Die Nadeln gibt es mit oder ohne Kunststoffgriff, kurzem Schaft oder für tunesische Häkelarbeiten mit langem Schaft und einem Knopf als Maschenbremse.

Die Nadeln ohne Knopf sind 15 cm lang und haben Durchmesser von 2 bis 15 mm. Häkelnadeln mit Knopf sind 30 bis 35 cm lang und haben Durchmesser von 2 bis 9 mm.

Häkelnadeln mit Plastikgriff eignen sich besonders für Anfänger. Der Griff liegt gut in der Hand und ermöglicht schnelles und müheloses Arbeiten.

## Die Pflege der Nadeln

Wenn Sie die verschiedenen Handarbeitsnadeln sauber und trocken aufbewahren, brauchen sie eigentlich keine besondere Pflege. Die Materialien sind heute alle rostfrei und hautfreundlich.

Sollte eine Nadel doch mal etwas verschmutzt sein, waschen Sie sie in leichtem Seifenwasser. Gründliches Abtrocknen nicht vergessen!

Kunststoffnadeln, die nicht mehr richtig gleiten, machen Sie mit einem Tropfen Maschinenöl wieder geschmeidig. Vorsicht, daß keine Fettflecken auf die Handarbeit kommen! Verbogene Metallnadeln biegen Sie vorsichtig wieder gerade. Das geht allerdings nicht mit Stahlnadeln!

Bewahren Sie Kunststoffnadeln nie in der Nähe eines Ofens oder einer Heizung auf: sie könnten sich verziehen oder spröde werden!

# Tier- und Pflanzen-Fasern

Nicht jedes Garn ist für jede Handarbeit geeignet. Wer das falsche Material wählt, kann sich noch so viel Mühe geben mit einem Modell – er wird dennoch eine Enttäuschung erleben. Damit Ihnen das nicht passiert, geben wir Ihnen hier Steckbriefe der verschiedenen Garne.

Die Materialien für Handarbeitsgarne werden in drei große Gruppen unterteilt:

*Fasern tierischen Ursprungs,*
*Fasern pflanzlichen Ursprungs,*
*Chemie-Fasern.*

Diese Fasern werden teilweise auch untereinander gemischt, um noch bessere Eigenschaften für bestimmte Zwecke zu erzielen. Über besondere Sorten, Mischungen und Bezeichnungen gibt der Lexikon-Teil unter den entsprechenden Stichwörtern Auskunft.

## Die Schafwolle

Die wichtigste Faser dieser Gruppe ist die Schafwolle. Sie wird vom gesunden, ausgewachsenen Schaf geschoren und Schurwolle genannt.

Da Wolle ein Naturprodukt ist, hat sie viele hervorragende Eigenschaften:

*Wolle wärmt.*

Durch die starke Kräuselung der Wollhaare ist auch die festgesponnenste Wolle noch voller Luftzwischenräume. Hier staut sich die vom Körper abgegebene Wärme und läßt die Kälte von außen kaum eindringen.

*Wolle kühlt.*

Umgekehrt kann Wolle auch die Hitze oder Außenwelt durch die Luftkammern abhalten. Wolle wirkt klimaausgleichend. Daher tragen die Berber in Marokko genauso Wollsachen wie die Lappen im hohen Norden.

*Wolle nimmt Feuchtigkeit auf.*

Wolle kann bis zu 33 % ihres Eigengewichts an Feuchtigkeit aufnehmen. So hält Wolle nicht nur warm, sondern auch trocken.

*Wolle ist sehr elastisch.*

Durch die Kräuselung der Wollhaare ist Wolle sehr dehnbar. Dadurch halten wollene Stricksachen gut die Form, Knitterfalten verschwinden rasch.

*Ein Nachteil der Wolle.*

Garn, das durch falsche Pflege verfilzt ist, kann durch kein Mittel wieder »wie neu« gemacht werden. Allerdings sind verschiedene Handarbeitswollen »filzfrei« ausgerüstet, sie nehmen ruppige Behandlung nicht übel.

## Die Seide

Eine begehrte, wunderbare Faser liefert die winzige Seidenspinnerraupe. Sie hüllt sich bei der Verpuppung in ein Kokon aus einem bis zu 3000 m langen Seidenfaden ein. Dieser Faden wird abgewickelt oder »gehaspelt« und zu den begehrten Seidengarnen verarbeitet.

*Seide kühlt.*

Die langen, glatten Seidenfäden lassen sich zu geschmeidigen, dünnen Stoffen verarbeiten, die für die Haut angenehm kühlend wirken.

*Seide ist geschmeidig.*

Die Seidenfaser ist extrem dehnbar und springt sofort in die ehemalige Form zurück. Das macht Kleidung aus Seide formbeständig und knitterarm.

*Seide ist hautfreundlich.*

Durch die glatte Oberfläche des Seidenfadens wird auch die empfindlichste Haut nicht gereizt.

*Ein Nachteil der Seide.*

Seide ist nicht in Massen verfügbar und daher sehr teuer. Daher haben die Chemie-Fasern, die zum Teil die an der Seide geschätzten Eigenschaften erreichen, die Seide von ihrem Platz verdrängt.

# Die Baumwolle

Aus den Samenhaaren des Baumwollstrauches werden die Baumwollgarne gesponnen. Baumwolle wird in etwa 50 Staaten der Welt angebaut, die Hälfte der Baumwollernte liefern die USA. Wegen ihrer einzigartigen Eigenschaften ist die Baumwolle nicht durch andere Fasern zu ersetzen.

*Baumwolle kratzt nicht.*

Baumwolle verursacht keine Hautreizungen und vermittelt, als Leibwäsche getragen, Wohlbehagen.

*Baumwolle ist luftdurchlässig.*

Baumwollfasern ermöglichen gleichmäßigen Luftaustausch, daher eignet sich Baumwollkleidung besonders für warmes Klima.

*Baumwolle ist äußerst saugfähig.*

Sie nimmt Körperfeuchtigkeit schnell auf und gibt sie nach außen ab.

*Baumwolle ist hervorragend waschbar.*

Sie ist naß reißfester als trokken, sie filzt nicht und widersteht höchsten Waschtemperaturen. Das macht sie für Baby- und Kinderkleidung sehr geeignet.

*Baumwolle ist von Natur mottensicher.*

*Nachteile der Baumwolle.*

Sie ist nicht so elastisch wie Schafwolle und knittert daher leichter. Baumwolle wärmt nicht.

# Der Flachs

Eine der ältesten Kulturpflanzen ist der Flachs. Aus Flachs wird Leinen gewonnen. Flachs hat ähnliche Eigenschaften wie Baumwolle.

*Flachs ist haltbarer, reißfester und scheuerfester als Baumwolle.*

Flachsgarne eignen sich daher für stark beanspruchte Kleidungsstücke und für Tischwäsche.

*Flachs flust nicht.*

Daher wird Flachs (Leinen)-Garn gerne für Handtücher usw. verwendet.

*Flachsgarne zeigen kleine Knötchen im Faden.*

Diese Verdickungen stammen von der ungleichmäßigen Flachsfaser und geben Leinengarnen den eigenartigen Effekt. Leinengarne werden gern für modische sommerliche Handarbeiten verwendet.

# Chemie-Fasern

In den letzten Jahrzehnten haben die Chemiefasern weltweite Bedeutung gewonnen. Wir unterscheiden zwei große Gruppen: die Fasern auf zelluloser Basis und die Fasern auf synthetischer Basis. Handarbeitsgarne sind oft eine Mischung aus Natur- und Chemiefasern. Auf der Banderole jedes Knäuels ist die Zusammensetzung angegeben.

## Die zellulosischen Fasern

Grundstoff für zellulosische Fasern ist das Holz. Zu dieser Gruppe gehören:

*Viskose*

Viskose hat ein sehr starkes Quellvermögen und ist daher sehr saugfähig. Viskosefasern sind weich im Griff und vielseitig verwendbar.

*Modal*

Modal ist eine Weiterentwicklung der Viskosefaser. Es ist hochnaßfest, mercerisierfest und hat einen niedrigen Schrumpf.

*Acetat*

Die Eigenschaften der Acetatfasern kommen denen der reinen Seide sehr nahe. Acetat ist geschmeidig im Griff, kühl und glatt. Es ist sehr elastisch und saugfähig.

## Die synthetischen Fasern

Die Entstehung dieser Fasern beruht auf der Synthese verschiedener chemischer Grundsubstanzen, die größtenteils aus Erdöl gewonnen werden. Die wichtigsten synthetischen Fasern sind:

*Die Polyamide*

Dazu gehören Nylon und Perlon. Sie haben die höchste Reiß- und Scheuerfestigkeit aller Textilfasern. Polyamid-Fasern sind sehr leicht, nehmen wenig Feuchtigkeit auf, trocknen daher rasch und sind pflegeleicht. Diese Fasern werden für stark beanspruchte Näh-, Strick- und Häkelgarne verwendet.

*Polyester*

Fasern aus Polyester sind die meist produzierten Synthesefasern überhaupt. Polyesterfasern nehmen nur geringe Mengen Feuchtigkeit auf und trocknen daher schnell. Sie sind sehr elastisch, knitterarm und pflegeleicht. Polyestergarne eignen sich gut für Handstrickgarne, die wollig, weich und formbeständig sein sollen.

*Acryl*

Acrylfasern zeichnen sich durch ein hohes Wärmerückhaltevermögen aus. Sie sind sehr wollig, geschmeidig und widerstandsfähig. Acrylfasern werden für Handarbeitsgarne in allen Variationen verarbeitet.

# Die Qual der Wahl

Oft regen schicke Modefotos zum Kauf von Wolle und Nadeln an. Aber bedenken Sie:

Bevor das Modell fertiggestellt ist, hat die Mode vielleicht schon wieder gewechselt. Dann war alle Mühe umsonst. Also verzichten Sie lieber auf modische Eintagsfliegen. Auch eine Reihe anderer Tips ist es wert, beherzigt zu werden:

*Achten Sie auf Qualität.* Heute ist Selbstgestricktes zwar nicht mehr billiger als Konfektionsware, aber es ist bedeutend wertvoller.

*Suchen Sie Farben aus, die zu Ihren Kleidern passen.* Jeder Mensch hat seine Grundfarben. Der eine bevorzugt Brauntöne, der andere schwärmt für Blau. Und immer wieder kommen diese Farben auch in der Grundgarderobe vor. Lassen Sie sich also nicht von einer verlockenden Farbe verführen, wenn sie nicht in Ihren Kleiderschrank paßt.

*Nicht alles, was an einem Fotomodell schick aussieht, ist auch für Sie kleidsam.* Leider kann man Selbstgearbeitetes nicht vorher anprobieren. Lassen Sie sich beraten – vielleicht von einer Freundin. Und überlegen Sie selbst, was Ihnen steht.

*Nehmen Sie sich nicht zuviel vor.* Wenn Sie noch Anfängerin mit Nadel und Wolle sind, dann wäre es schade, wenn Sie sich durch zu schwierige Handarbeiten entmutigen ließen.

*Halten Sie sich genau an die Arbeitsanleitungen.*

*Lesen Sie die gesamte Arbeitsanleitung* vor Beginn der Arbeit durch und halten Sie alle nötigen Dinge bereit.

*Gehen Sie bei Ihren Arbeiten Schritt für Schritt vor.* Versuchen Sie nicht, möglichst schnell fertigzuwerden.

Bei unnötiger Eile schleichen sich gern Fehler ein.

*Fangen Sie keine Arbeit ohne Maschenprobe an.*

*Kaufen Sie alle Wolle, die Sie für ein Modell benötigen, auf einmal ein.* Und achten Sie darauf, daß die Knäuel alle aus dem gleichen Farbbad kommen, sonst kann es Abweichungen im Farbton geben. Zuviel gekaufte Wolle kann man meist zurückgeben. Aber vereinbaren Sie das vorsichtshalber vorher mit Ihrem Wollgeschäft.

*Wenn Sie noch nie irgendeine Strick- oder Häkelarbeit gemacht haben,* dann versuchen Sie sich erst mit Wollresten beim Musterstricken. Sie können auch mit hübschen Baumwollgarnen Musterproben arbeiten und daraus dann kleine Decken zusammensetzen.

*Nehmen Sie vor Beginn der Arbeit genau Maß* und wählen Sie danach die entsprechende Konfektionsgröße. Nichts ist unvorteilhafter als zu enge Stricksachen.

*Wenn Sie zwei verschiedene Wollen verarbeiten möchten,* achten Sie darauf, daß beide Garne möglichst die gleichen Pflegebedürfnisse haben.

*Wenn Sie schon etwas fortgeschrittener sind,* fertigen Sie sich aus Packpapier einen dauerhaften Grundschnitt nach Ihren eigenen Maßen an. Der hilft Ihnen, Ihre eigenen Ideen und Entwürfe zu verwirklichen.

*Fertigen Sie sich möglichst immer einen Papierschnitt* für Ihr Modell an. Sie können dann während der Arbeit leicht kontrollieren, ob die Maße stimmen.

*Wenn Sie diese Tips befolgen, kann mit Ihrer Handarbeit eigentlich gar nichts mehr schief gehen!*

# Maßnehmen

Bevor Sie sich entscheiden, in welcher Größe Sie ein Modell arbeiten wollen, sollten Sie erst Maß nehmen. Denn nicht immer stimmen die Konfektionsgrößen, die Sie beim Einkauf benützen, mit denen der Strick- und Häkelanleitungen überein.

Messen Sie also Oberweite, Taillenweite und Hüftweite und suchen Sie in den Tabellen die dazugehörige Größe heraus.

Wenn Sie sich einen Grundschnitt machen wollen, dann müssen Sie noch mehr Dinge abmessen. Wo das Maßband jeweils angelegt wird, können Sie auf untenstehender Zeichnung sehen.

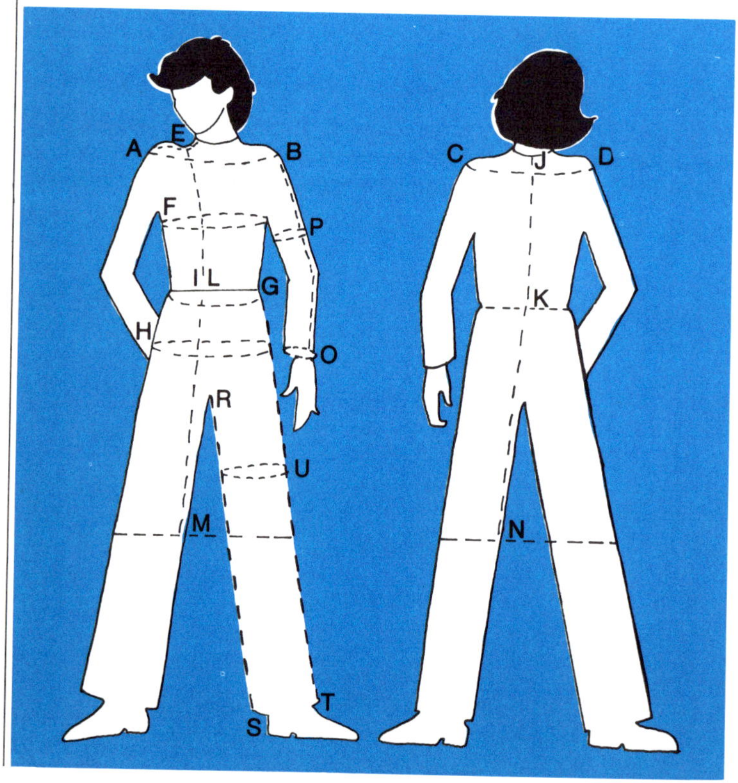


Messen Sie für einen Grundschnitt:

| | |
|---|---|
| AB | Vordere Schulterbreite |
| CD | Rückwärtige Schulterbreite |
| EA | Schulterlänge |
| F | Brust- oder Oberweite |
| G | Taillenweite |
| H | Hüftweite |
| EI | Vordere Taillenlänge |
| JK | Rückwärtige Taillenlänge |
| LM | Vordere Rocklänge |
| KN | Rückwärtige Rocklänge |
| BO | Ärmellänge |
| P | Ärmelweite |
| O | Handgelenkweite |
| RS | Seitliche Hosenlänge |
| GT | Schrittlänge |
| U | Oberschenkelweite |

## Der Schnitt

Meist finden Sie den für Sie passenden Schnitt in Form einer kleinen Schemazeichnung bei der Arbeitsanleitung.

Damit Sie während der Arbeit immer wieder diesen Schnitt mit dem Gestrickten oder Gehäkelten vergleichen können, fertigen Sie sich einen originalgroßen Schnitt aus Papier an. Die meisten Schnittschemata zeigen nur die Hälfte des Schnittes bis zum Bruch, da die andere Seite gegengleich ist.

Falten Sie also das Papier in der Mitte. Zeichnen Sie mit dem Lineal einen Strich senkrecht zu diesem Bruch am unteren Rand. Von dieser Linie aus übertragen Sie alle Maße genau auf das Papier. Diesen Schnitt können Sie nun ausschneiden und auseinander falten. Tragen Sie mit Rotstift die Maschenzahlen, Zunahmen, Abnahmen usw. in den Schnitt ein.

Diese Angaben erleichtern die Arbeit sehr. Sie brauchen nun nicht mehr ständig in der Arbeitsanleitung nachzulesen, was als nächstes zu tun ist.

## Die Maschenprobe

Es ist gleichgültig, ob Sie häkeln, stricken oder mit dem Strickapparat arbeiten, immer müssen Sie vor Beginn der Arbeit eine Maschenprobe machen.

Anhand dieser Probe können Sie ausrechnen, wieviele Maschen Sie für die Strick- und Häkelsachen anschlagen müssen.

Während der ganzen Arbeit heben Sie die Maschenprobe auf, damit Sie an ihr nachzählen und berechnen können.

Für die Maschenprobe stricken oder häkeln Sie ein Quadrat von 12 mal 12 cm im Grundmuster der geplanten Arbeit.

Dämpfen Sie das Stück. Zählen Sie nun über eine Breite von

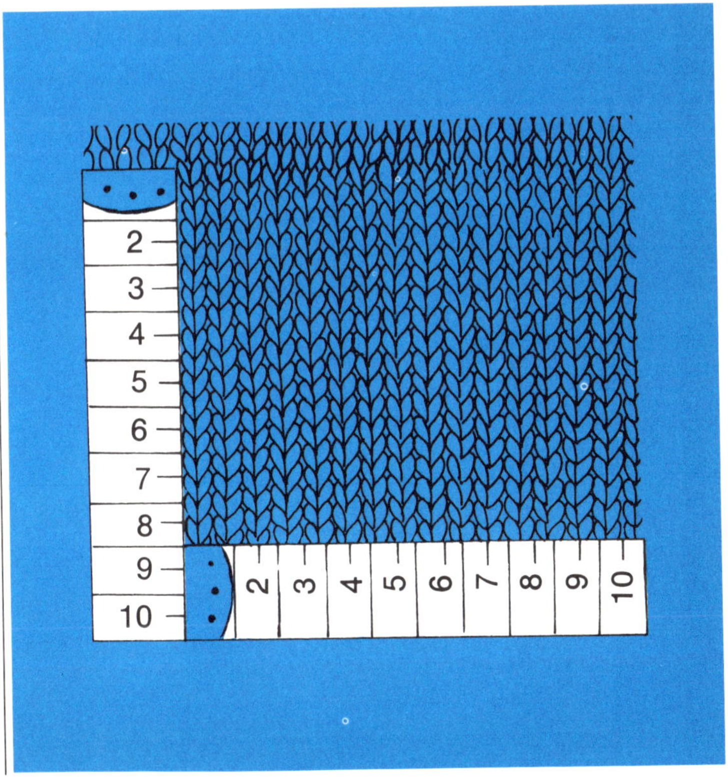

genau 10 cm die Maschen aus. Ebenso zählen Sie die gearbeiteten Reihen in Höhe von 10 cm ab.

Vergleichen Sie Ihre Ergebnisse mit den Angaben in der Arbeitsanleitung. Stimmen die Zahlen überein, können Sie genau nach der Anleitung arbeiten. Fällt die Maschenprobe zu klein aus, stricken Sie wahrscheinlich zu fest. Probieren Sie es nochmal mit dickeren Nadeln. Wird die Maschenprobe größer als verlangt, stricken Sie zu locker. Vielleicht erzielen Sie mit dünneren Nadeln ein besseres Ergebnis.

Sollte es nun immer noch nicht klappen, oder wollen Sie nicht mit der angegebenen Wolle oder nach einem selbstgemachten Schnitt arbeiten, dann errechnen Sie die benötigten Maschen selber.

## Schnitt-berechnen

Grundlage für die Berechnung eines Schnittes sind der originalgroße Papierschnitt und die Maschenprobe.
Und so rechnen Sie:

Angenommen, Ihre Probe ergab für 10 cm Breite = 30 Maschen und
für 10 cm Höhe = 40 Reihen.

Der Rücken Ihres Pullovers soll 50 cm breit werden. Dann schlagen Sie 5 mal 30 Maschen = 150 Maschen an.

Ist die Höhe bis zum Armloch 40 cm, dann müssen Sie bis dahin 4 mal 40 = 160 Reihen stricken.

Die Arm- und Schulterschrägung, Halsausschnitt und Ärmelweite – alles errechnet sich aus dieser Maschenprobe.

---

**TIP** Teilen Sie das ganze Schnittmuster von der Mitte ausgehend in 10 cm große Quadrate ein. Jetzt können Sie an Hand der Quadrate Schrägungen, Abnahmen usw. ganz einfach ausrechnen.

---

## Schnittändern

Manchmal findet man den gewünschten Schnitt einfach nicht in der benötigten Größe. Dann kann man einen anderen Schnitt vergrößern oder verkleinern.

*Man verkleinert einen Schnitt,* indem man einmal senkrecht und einmal waagrecht die überflüssige Weite wegfaltet.

Denken Sie dabei daran, daß jedes Schnitteil für den Rumpf nur 1/4 des Umfanges darstellt.

Das bedeutet, daß Sie jeweils nur 1/4 der überflüssigen Weite auf jedem Teil wegnehmen dürfen. Waagrecht faltet man die überflüssige Länge weg.

Bei den Ärmeln wird überflüssige Länge und Weite im richtigen Maß weggefaltet.

*Man vergrößert einen Schnitt* im umgekehrten Sinn. Hier werden die Schnitteile senkrecht und waagrecht durchgeschnitten.

Die Teile werden dann soweit auseinandergeschoben, wie die Maße es verlangen und mit diesem Abstand auf ein neues Stück Papier geklebt.

Die benötigten Maschenzahlen berechnen Sie genau wie oben beschrieben.

*Schnitt verkleinern*

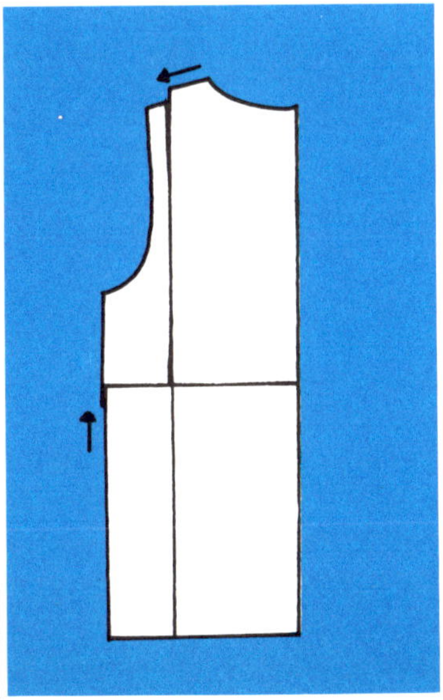

*Schnitt vergrößern*

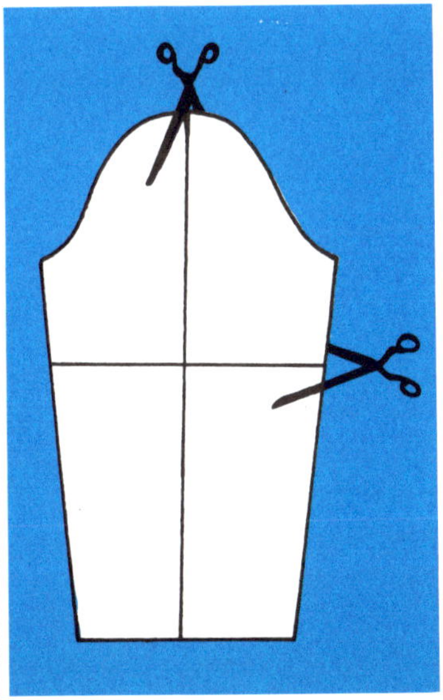

*Schnittstellen*

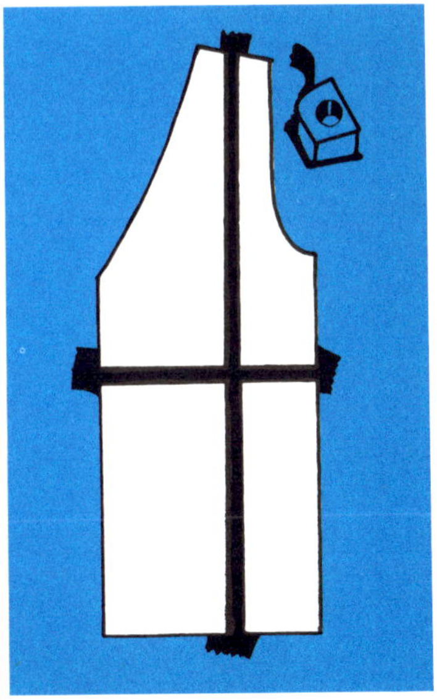

# Maßtabelle

| Alter bzw. Größe | Oberweite | Taillenweite | Hüftweite | Innere Armlänge |
|---|---|---|---|---|
| **Kinder** | | | | |
| 3 bis 5 Jahre | 64 cm | 58 cm | 72 cm | 30 cm |
| 5 bis 7 Jahre | 68 cm | 60 cm | 76 cm | 32 cm |
| 6 bis 8 Jahre | 70 cm | 62 cm | 78 cm | 34 cm |
| 8 bis 10 Jahre | 75 cm | 63 cm | 82 cm | 36 cm |
| 10 bis 12 Jahre | 78 cm | 64 cm | 85 cm | 39 cm |
| 12 bis 14 Jahre | 82 cm | 64 cm | 90 cm | 42 cm |
| 14 bis 16 Jahre | 85 cm | 64 cm | 92 cm | 46 cm |
| **Damen** | | | | |
| 36 | 86 cm | 60 cm | 90 cm | 43 cm |
| 38 | 88 cm | 62 cm | 95 cm | 46 cm |
| 40 | 92 cm | 66 cm | 98 cm | |
| 42 | 96 cm | 70 cm | 101 cm | 47 cm |
| 44 | 100 cm | 74 cm | 104 cm | 47 cm |
| 46 | 104 cm | 80 cm | 110 cm | 47 cm |
| **Herren** | | | | |
| Kleine Größe | 96/98 cm | 84 cm | 98 cm | 49 cm |
| Mittlere Größe | 102/104 cm | 88 cm | 106 cm | 51 cm |
| Große Größe | 110/112 cm | 96/97 cm | 116 cm | 53 cm |

# Fertigstellen oder

Viele Stunden vergehen, bis alle Einzelteile eines Modelles fertiggestellt sind. Arbeiten Sie beim Zusammennähen genauso sorgfältig wie beim Stricken oder Häkeln. Die Mühe lohnt sich.

Denn eine häßliche Seitennaht, ein schlecht angesetzter Kragen oder Ringelstreifen, die nicht aufeinandertreffen, können das schönste Stück verderben.

# Konfektionieren eines Strick- oder Häkelstückes

## Das Vernähen der Fäden

Während der Arbeit haben Sie sicher einige Male mit einem neuen Wollknäuel begonnen. Vernähen Sie jetzt an jedem Strickteil einzeln die heraushängenden Fäden.

Wenn Sie immer am Rand mit dem neuen Faden begonnen haben, dann fädeln Sie den ersten der beiden heraushängenden Fäden auf eine dicke Stopfnadel und nähen ihn mit einfachen »Auf- und Ab- Stichen« etwa 3 cm dem Rand entlang nach oben. Der noch heraushängende Faden wird abgeschnitten. Mit dem zweiten Faden verfahren Sie ebenso, nur vernähen Sie ihn nach unten am Rand entlang.

Sollten Sie die Wollfäden einfach nur innerhalb der Arbeit verknotet haben – das ist nicht sehr hübsch und zeichnet sich immer im Strickstück ab –, dann versuchen Sie jetzt, den Knoten vorsichtig zu lösen und die beiden Fadenenden in die Rückseite des Stückes einzunähen.

Versuchen Sie, so vorsichtig zu nähen, daß die Fäden auf der Vorderseite nicht zu sehen sind.

## Das Bügeln und Dämpfen der Teile

Vor dem Zusammennähen der Teile ist es sehr wichtig, sie zu dämpfen. Sehen Sie auf der Knäuel-Banderole nach, ob es bei Ihrem Garn erlaubt ist. Dann spannen Sie das Strickstück.

Dazu legen Sie am besten ein sauberes Baumwolltuch (Tischtuch, Laken o. ä.) auf den Teppich. Wenn Sie sich einen Papierschnitt angefertigt haben, legen Sie ihn nun auf das Tuch.

Darauf kommt das Strick- oder Häkelstück. Stecken Sie nun mit nichtrostenden Nadeln das Stück mit der linken Seite nach oben genau in Schnittgröße auf. Wenn Sie keinen Papierschnitt haben, vergleichen Sie immer wieder mit dem Zentimetermaß Schnittschema mit Original.

Jetzt dämpfen Sie mit einem feuchten Tuch die Teile. Reliefmuster und Bündchen werden nicht gebügelt, sonst verlieren sie ihre Elastizität und Plastik.

*Teile aus Handarbeitsgarnen, die man nicht bügeln soll, behandeln Sie folgendermaßen:*

Stecken Sie, wie schon beschrieben, in Schnittgröße Ihre Teile auf. Legen Sie nun ein mäßig feuchtes Tuch darauf und beschweren Sie das Ganze mit einigen dicken Büchern oder Ähnlichem. Wenn das Tuch trocken ist, ist das Stück fertig zum Weiterbearbeiten.

---

**TIP** Das feuchte Tuch bleibt immer solange auf dem Strick- oder Häkelteil, bis es vollkommen trocken ist. Erst dann kann das nächste Teil behandelt werden.

---

*Denken Sie daran:* Auch wenn es jetzt langweilig erscheint, bis das Stück endlich fertig ist – die Mühe lohnt sich.

# Die Nähte

Schöne Nähte sind das Tüpfelchen auf dem i bei einem Strick- oder Häkelstück! Sie entscheiden, ob das Stück schick oder hausbacken aussieht!

*Mit Steppstichen*

schließt man eine Naht, wenn der Rand aus glatten Randmaschen besteht. Wie ein Steppstich aussieht, zeigt die Zeichnung. Verwenden Sie bei dieser Naht – besonders bei dicker Wolle – einen geteilten Faden von der Wolle, mit der Sie gearbeitet haben.

Führen Sie den Steppstich nicht zu locker und nicht zu fest aus. Die Naht sollte sich noch leicht dehnen, aber nicht ausbeulen lassen.

*Mit der Nähmaschine*

kann man die Nähte bei Wollsachen ebenfalls schließen. Heften Sie die Nähte zuerst. Und legen Sie dann beim Nähen ein Nahtband unter, damit das Gestrick sich nicht verziehen kann.

*Der Matratzenstich*

läßt Nähte extrem flach erscheinen. Dazu legen Sie die Ränder zweier Strickteile aneinander. Stechen Sie nun mit der Stopfnadel abwechselnd unter dem Querfaden zwischen der ersten und zweiten Masche von einer gegenüberliegenden Kante ein.

Auf diese Weise wird die Naht fast unsichtbar.

*Zusammenhäkeln*

kann man Stricksachen ebenso wie Gehäkeltes. Man bekommt gerade, saubere Nähte. Die zusammengehäkelten Teile lassen sich auch mühelos wieder aufziehen, wenn man etwas ändern möchte. Benützen Sie einen gleichfarbigen, aber etwas dünneren Arbeitsfaden. Legen Sie die Teile rechts auf rechts und häkeln Sie nun mit festen Maschen durch die Randmaschen beider Teile.

*Der Maschenstich*

verbindet zwei Strickteile an ihren oberen Enden, wenn diese nicht abgekettet worden sind. Mit dem Maschenstich erreichen Sie eine fast unsichtbare Naht. Arbeiten Sie wie folgt:

*Steppstich*

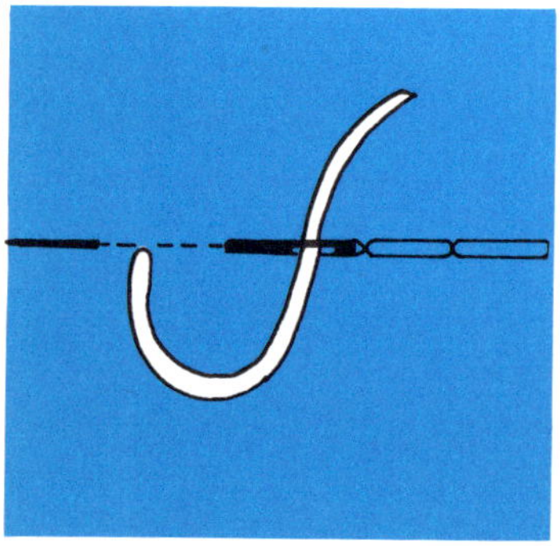

*Matratzenstich*

*Maschenstich*

Beide Maschenreihen befinden sich auf Stricknadeln. Die Stricknadeln liegen gegenüber. Stechen Sie nun mit der Stopfnadel, auf der sich Ihr Arbeitsfaden befindet, in die erste untere Masche von hinten ein. Ziehen Sie den Faden durch und stechen Sie von vorne nach hinten in die erste obere Masche ein.

Jetzt stechen Sie in die nächste obere Masche von hinten nach vorne ein. Lassen Sie die vom Faden erfaßten Maschen von den Nadeln gleiten. Stechen Sie dann in die erste auf der unteren Nadel befindliche Masche von vorne nach hinten ein und gleich in die nebenliegende von hinten nach vorn. Nun stechen Sie wieder in die erste Masche der gegenüberliegenden Stricknadel und von hinten nach vorn in die nächste ein. Dieser Vorgang wird so oft wiederholt, bis alle Maschen zusammengenäht sind.

*Maschenstich für eins rechts, eins links Gestricktes*

Hierfür nehmen Sie alle Rechtsmaschen auf eine Nadel und alle Linksmaschen auf eine andere Nadel. Es liegen sich also insgesamt vier Nadeln gegenüber. Erfassen Sie nun zunächst alle obenliegenden Rechtsmaschen mit dem oben beschriebenen Maschenstich. Drehen Sie dann die Arbeit um und nähen nun die restlichen Maschen zusammen.

Diese Naht verwendet man hauptsächlich für Kanten, Ausschnittblenden und Ähnliches.

## Die Reihenfolge der Nähte

Schließen Sie als erstes die Schulternähte. Damit das Stück besser sitzt, können Sie ein Nahtband mit einnähen. Anschließend nähen Sie die Ärmel ein. Stecken Sie dazu – rechts auf rechts – die Ecken der Armausschnitte auf die Ecken an der Armkugel. Verteilen Sie die Armkugelweite gleichmäßig auf den Armausschnitt. Die Mitte der Armkugel sollte auf die Schulternaht treffen. Der Ärmel sollte im unteren Drittel – das heißt unter der Achsel – glatt auf dem Armausschnitt anliegen, im oberen Teil darf er etwas lockerer sein, um die Rundung besser herauszuarbeiten. Heften Sie die gesteckten Teile, bevor Sie sie mit Steppstichen zusammennähen.

Legen Sie das Stück mit der linken Seite nach außen vor sich auf den Tisch. Stecken Sie die Ecken der Ärmelbündchen, die Achselnähte und die unteren Bundkanten aneinander. Wieder heften. Danach führen Sie die Naht locker aus.

Wenn Sie die Teile zusammenhäkeln, achten Sie darauf, daß Sie genau in die gegenüberliegenden Maschen einstechen.

## Der Reißverschluß

Einen Reißverschluß in Wollsachen einzusetzen, erscheint schwierig. Sie können dieses Problem meistern, wenn Sie folgendes beachten:

Heften Sie vor dem Einsetzen des Reißverschlusses auf der Rückseite des Strickstückes zwei Streifen dünnen Stoff. Dann heften Sie den Reißverschluß ein. Schieben Sie dazu das Arbeitsstück vielleicht übers Bügelbrett, dann heften Sie nicht aus Versehen die Rückseite mit fest.

Jetzt können Sie den Reißverschluß endgültig einnähen und den Stoff vorsichtig entfernen.

Diese kleine Mühe beim Einsetzen des Reißverschlusses lohnt sich, denn nun sitzt er, ohne sich zu wellen, im Strickstück.

## Das Abfüttern von Wollsachen

Große Wollsachen, wie Mäntel und Röcke, behalten ihre Form besser, wenn sie gefüttert werden. Benützen Sie die gedämpften Einzelteile des Stückes als Schnittmuster für den Futterstoff. Nähen Sie dann das Futter mit der Maschine zusammen und heften Sie es ins Strickstück ein. An den Schulter- und Achselnähten heften Sie das Futter vorsichtig mit Hexenstichen fest. So kann es nicht verrutschen.

Den Saum des Futterteils näht man meist nicht gegen den Saum des Wollstücks. Das Gestrick dehnt sich nämlich mit der Zeit und wird länger als das Futter. Würde man nun Saum gegen Saum nähen, dann entständen später häßliche Ausbeulungen.

## Säume

Mantelsäume rollen sich gern nach außen. Nähen Sie sich dehnbares Gurt- oder Nahtband ein. Der Saum erhält dadurch die nötige Schwere.

## Knopflöcher

Eingestrickte oder eingehäkelte Knopflöcher leiern leicht aus. Deshalb versäubert man sie vor dem Gebrauch des Strickgutes mit Knopflochstich (siehe Lexikonteil). Nehmen Sie dazu die Wolle, aus der das Modell hergestellt ist. Sollte sie zu dick sein, dann teilen sie den Faden.

## Knopflöcher nachträglich einarbeiten

Schneiden Sie in der Mitte des beabsichtigten Knopfloches einen Faden vorsichtig durch.

Ziehen Sie mit den beiden Fadenenden nach rechts und links soviele Maschen auf, wie Sie Platz brauchen fürs Knopfloch. Es entstehen nach oben und unten offene Maschen, durch die ein Wollfaden gezogen wird.

Dann umnähen Sie das Loch mit Knopflochstich. Vernähen Sie die abgeschnittenen Fäden gut!

**TIP** Ein Knopfloch in Wollsachen sollte nur so groß sein, daß der Knopf knapp durchgeht. Die Wolle gibt mit der Zeit nach, und es könnte passieren, daß das Knopfloch später zu weit wird.

## Knöpfe

Knöpfe näht man mit farblich passender Nähseide oder – wenn es große Knöpfe sind – mit geteiltem Wollfaden an. Bei dikken Strickstücken wird der Knopf mit Stiel angenäht. Der Knopf liegt nicht fest auf dem Strickstück, sondern steht wie eine Blume auf einem kurzen »Stiel« aus Nähfaden.

*Knöpfe annähen*

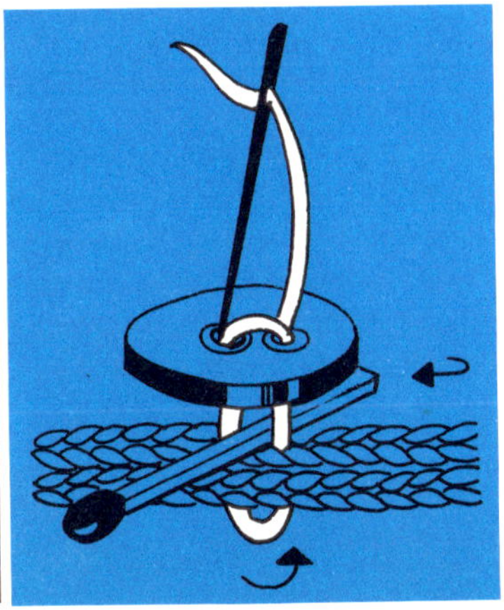

Wenn Sie noch keine Übung haben, Knöpfe so anzunähen, dann legen Sie ein Streichholz zwischen Knopf und Gestrick. Nähen Sie über dem Streichholz den Knopf fest und entfernen Sie dann das Hölzchen. Der entstandene Stiel muß ein paarmal mit dem Nähfaden umwikkelt werden, bevor dieser vernäht wird.

**TIP** Bei besonders dicken Stricksachen empfiehlt es sich, einen »Gegenknopf« einzunähen. Auf der linken Seite des Strickstückes hält ein mitgenähter kleinerer – eventuell durchsichtiger – Knopf das Gegengewicht zum Knopf auf der Vorderseite.

## Abschneiden

Trotz sorgfältiger Vergleiche mit dem Schnittmuster kann es vorkommen, daß ein Teil zu groß geraten ist. Wenn Sie ein Stück abschneiden wollen, steppen Sie ein bis zwei Zentimeter oberhalb der Schnittstelle mehrere dicht nebeneinanderliegende Maschinennähte. Dann erst abschneiden. Die offenen Kanten fassen Sie mit seidenem Nahtband ein oder umstechen sie mit dem Arbeitsfaden.

## Ansetzen

Soll an ein abgeschnittenes Strickstück eine Blende, ein Kragen oder Ähnliches angesetzt werden, dann sticken Sie entlang der gesteppten Naht eine Reihe im Kettenstich. Nun können Sie die *Kettenmaschen* mit der Strick- oder mit der Häkelnadel aufnehmen und den gewünschten neuen Rand arbeiten.

# Die Pflege von Wollsachen

Viele Stunden bringt man damit zu, ein herrliches Stück zu arbeiten. In wenigen Sekunden kann alles verdorben sein, wenn das Strick- oder Häkelstück nicht richtig gepflegt wird.

## Die Aufbewahrung

Die sorgfältige Pflege beginnt schon bei der Aufbewahrung.

Selbstgearbeitete Sachen, seien sie aus Wolle, Baumwolle oder Chemiefasern, sind locker und luftig gearbeitet. Daher können sie sich bei unsachgemäßer Behandlung leicht verziehen.

Hängen Sie gestrickte oder gehäkelte Sachen nie auf einen Kleiderbügel. Legen Sie die Jacken, Pullis oder Röcke glatt zusammen, und stapeln Sie nicht mehr als drei Stücke übereinander.

Vielleicht besorgen Sie sich im Schuhgeschäft mehrere große Schuhkartons, beziehen sie mit buntem Papier und verstauen darin jeweils ein bis zwei Pullover. So können Sie die Wollsachen ohne Druckstellen und Falten lange aufbewahren.

## Motten

Wenn Sie geruchlose Mottenstrips zu Ihren Wollsachen hängen, werden Motten keine Gefahr für die guten Stücke. Baumwolle und Synthetics werden nicht von Motten befallen.

## Verfilzte Achseln

Sie können verfilzte und vergilbte Achseln in Wollsachen vermeiden, wenn Sie sogenannte Schweiß- oder Achselblätter einnähen.

## Wolle waschen

Wollfasern sind lebendige Haare, sie vertragen genau wie Menschenhaare keine ruppige Behandlung. Werden Sie zu heiß gewaschen, kräuseln sie sich stark und verkürzen sich dadurch. Zu starkes Reiben und Rubbeln beantworten die Wollhaare mit Verfilzen.

Also:

*Wolle nie zu heiß behandeln und nie reiben oder rubbeln!*

Verwenden Sie zum Waschen eines der üblichen *Woll*-Waschmittel. Lösen Sie das Pulver oder die Flüssigkeit ganz in lauwarmem, eher kaltem Wasser auf. Tauchen Sie dann das Strickstück in die Lauge und drücken Sie es mehrmals durch.

Das Wasser mit dem Waschmittel umspült die Fasern und löst den Schmutz.

---

**TIP** Waschen Sie Ihre Sachen lieber öfter. Stark verschmutzte Teile werden nie wieder so schön wie neu!

---

## Flecken

Vor dem Waschen betupfen Sie die Flecken mit flüssigem Wollwaschmittel oder Fleckenwasser. (Farbprobe nicht vergessen). So lösen sich die Flecken leicht im Waschprozeß. Sie können auch mit einem Baumwollfaden den Fleck vor der Wäsche markieren. Seien Sie aber sehr vorsichtig bei der Bearbeitung der Stelle, damit nichts verfilzt.

## Waschmaschinen-feste Wolle

Es gibt spezielle Wolle, die für die Wäsche in der Waschmaschine geeignet ist. Richten Sie sich bei der Behandlung nach den Angaben auf den Banderolen der Wollen. Sehr locker gearbeitete Sachen sollten Sie aber trotzdem mit der Hand waschen, damit sie sich nicht verziehen.

## Spülen

Heben Sie das Wollstück vorsichtig aus der Lauge, drücken Sie es aus, wringen Sie nicht! Spülen Sie es mindestens dreimal in frischem kaltem Wasser schnell aus. Wenn Sie wollen, können Sie einen Weichspüler mit ins letzte Spülbad geben. Meist ist es aber nicht nötig, denn gute Wolle und Chemiefasern werden nach sorgfältiger Wäsche wieder wollig und weich.

## Trocknen

Nach dem Spülen legen Sie das ausgedrückte Wollstück auf ein Frottéetuch, wickeln es ein und drücken es aus. Sie können das Stück auch so zusammenlegen, wie man es für den Schrank legt und kurz schleudern. Zu lange geschleudert prägen sich die Falten fest ein. Das so vorgetrocknete Stück legen Sie nun zum Trocknen flach in seiner normalen Form auf ein Frottéetuch.

---

**TIP** Hängen Sie Wollsachen *nie mit Klammern* an die Wäscheleine, sie verziehen sich zu sehr.

Lassen Sie Wollsachen *nie in der Sonne* oder am Ofen trocknen. Hitze schadet Faser und Farbe.

Sollten weiße Wollsachen doch einmal *vergilbt sein,* kann man sie mit Spezialmitteln aus der Drogerie wieder weißmachen.

---

## Bügeln und Dämpfen

Die meisten Strick- und Häkelsachen werden nach der Wäsche von allein so schön, daß man sie nicht zu bügeln braucht. Manchmal läßt sich das Bügeln aber nicht vermeiden. Beachten Sie dabei immer die Temperatur, die auf der Banderole Ihrer Wolle angegeben war. Mit einem feuchten Tuch auf dem Wollstück verbessern Sie den Erfolg des Bügelns wesentlich. Durch das Dämpfen vermeiden Sie Glanzstellen. Reliefmuster und gerippte Bündchen bügelt oder dämpft man normalerweise nicht. Sollte es aber doch einmal nötig sein, dann dämpfen Sie von der linken Seite auf einer Unterlage aus dickem Frottée. Und berühren Sie dabei kaum das feuchte Tuch. Der warme Dampf macht das Wollstück wieder glatt, nicht das Pressen mit dem heißen Eisen.

---

**TIP** Vorsicht beim Bügeln von Synthetics und Mischfasern! Eine Falte, die Sie aus Versehen zu heiß eingebügelt haben, läßt sich nie wieder glattbügeln!

Manche Chemiefasern verlieren außerdem ihre bauschige, wollige Struktur. Am besten, Sie bügeln diese Fasern überhaupt nicht. Sollte solch ein Pulli oder eine Jacke mal nicht glatt genug geworden sein, machen Sie ihn einfach nochmal naß und legen Sie ihn klatschnaß auf ein Tuch zum Trocknen.

---

## Übrigens

Häkelsachen sind viel formbeständiger als Stricksachen. Sie kommen daher selten in die Verlegenheit, Gehäkeltes zu bügeln.

## Baumwolle

Handarbeiten aus Baumwolle vertragen eine etwas robustere Behandlung. Die Garne vertragen, wenn sie sanforisiert – also einlaufgeschützt – sind, höhere Wassertemperaturen. Weiße Baumwollsachen können Sie sogar kochen. Benützen Sie auch bei Baumwollsachen die Waschmaschine nur, wenn die Arbeiten nicht zu locker und luftig ausgeführt sind.

## Stärken

Baumwollene und leinene Spitzendeckchen und Ähnliches kann man nach der Wäsche stärken. Die noch feuchten Sachen werden mit rostfreien Stecknadeln auf einem Brett in Form gespannt. Die Sachen sehen dann nicht nur hübscher aus, sondern sind auch nicht so schmutzempfindlich.

## Chemisch Reinigen

Manchmal werden Sie Ihre selbstangefertigten Handarbeiten auch in die chemische Reinigung geben. Da diese Sachen keine Etiketten eingenäht haben, denen der Reiniger entnehmen kann, um welche Fasern es sich handelt, sollten Sie immer genaue Angaben dazu machen.

Merken Sie sich genau die Angaben auf den Banderolen Ihrer Knäuel (am besten ist, Sie heben sie in einem kleinen Notizbuch auf), und teilen Sie die Angaben Ihrer Reinigung mit.

---

**EINIGE TIPS**

Reine Wolle kann immer gereinigt werden.

Rhovyl-Fasern und Mischungen mit Rhovyl vertragen nur Benzin-Reinigung. Acryl, Polyester, Polyamid, Acetat, Viskose können alle unbedenklich in die chemische Reinigung gegeben werden.

Auch Baumwolle, Leinen und andere Pflanzenfasern vertraggen die Reinigung.

---

| *Die wichtigsten Fasern werden so gereinigt:* | **Handwäsche** | **Maschinenwäsche** |
|---|---|---|
| Wolle | bis 30 Grad | nein |
| Wolle superwash | bis 30 Grad | Wollwaschgang |
| Baumwolle weiß | bis 100 Grad | bis 100 Grad |
| Baumwolle bunt | bis 60 Grad | bis 60 Grad |
| Viskose | wie Baumwolle | wie Baumwolle |
| Acetat | nein | nein |
| Polyamid und Polyester | bis 60 Grad | bis 60 Grad |
| Acryl | bis 30 Grad | Wollwaschgang |

## Übrigens

Sollten Sie ein Stück aus mehreren verschiedenen Fasern gearbeitet haben, dann richtet sich die Pflege nach den Bedürfnissen der empfindlichsten Faser.

Und hier finden Sie die Erklärung für die wichtigsten Pflegesymbole auf den Banderolen Ihrer Handarbeitsgarne:

Waschmaschinenfest durch Superwash

Filzfrei durch Spezialausrüstung

Maschinenwaschbar im Schongang

Waschen in 30 Grad Celsius

Reinigen mit Perchloräthylen oder Benzin (mittlere Behandlung)

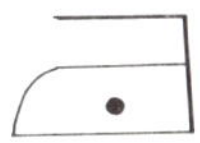
Bügeln mit schwacher Einstellung

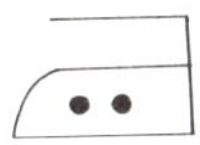
Bügeln mit mittlerer Einstellung

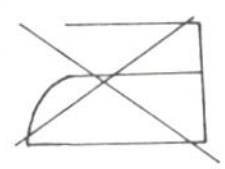
Nicht bügeln

Geeignet für die Verarbeitung auf dem Handstrickapparat

Vergessen Sie nicht:
Ihre handgearbeiteten Modelle sind besonders wertvoll. Verwenden Sie für die Pflege in jedem Falle ein Feinwaschmittel.

# Abkürzungen

Hier finden Sie die Abkürzungen, die in den Modellteilen Stricken und Häkeln und im Strick- und Häkel-Lexikon verwendet werden.

## STRICKEN

| | |
|---|---|
| re M | rechte Masche |
| li M | linke Masche |
| RandM | Randmasche |
| R | Reihe |
| HinR | Hinreihe |
| RückR | Rückreihe |
| Rd | Runde |
| U | Umschlag |
| HilfsN | Hilfsnadel |

## HÄKELN

| | |
|---|---|
| HäkelN | Häkelnadel |
| Lm | Luftmasche |
| Kettm | Kettmasche |
| fM | feste Masche |
| hStb | halbes Stäbchen |
| Stb | Stäbchen |
| DStb | Doppelstäbchen |
| R | Reihe |
| HinR | Hinreihe |
| RückR | Rückreihe |
| Rd | Runde |
| U | Umschlag |

# Die schönsten Modelle zum Nachstricken und Nachhäkeln

Was man sonst nur auf den Mode- und Gesellschafts-Seiten der Zeitschriften und Zeitungen sieht — hier finden Sie es zum Selbermachen:

Mit den wichtigsten Informationen und Anleitungen. Dazu aber auch nützliche Dinge für den Alltag. Alle vorgestellten Modelle können Sie natürlich in Farbe, Muster und Größe nach Ihren Wünschen variieren. Ihrer Phantasie sind dabei keine Grenzen gesetzt.

Ein wichtiger Hinweis: Alle Modelle mit hellblauen Schnittmustern sind leicht, alle Modelle mit mittelblauen Schnittmustern schwerer zu stricken oder zu häkeln.

Alle verwendeten Abkürzungen finden Sie auf der Seite gegenüber.

# Rohweißes Kissen

**Größe:** 40 x 40 cm

**Material**
Phildar, Qual »Pegase«, 5 Knäuel in Ekru pro Kissen, Stricknadeln Nr. 6, Stricknadeln Nr. 4, Futterstoff pro Kissen 45 x 90 cm, Kissenfüllung (Schaumstoffschnitzel, Federn, Kapok).

**Grundmuster**
Glatt re. glatt li.

**Maschenprobe**
Für die Vorderseite mit Stricknadeln Nr. 6: 13 M in der Breite = 10 cm, 16 R in der Höhe = 10 cm. Für die Rückseite mit Stricknadeln Nr. 4: 19 M in der Breite = 10 cm, 27 R in der Höhe = 10 cm.

**Ausführung**

*Kissen Nr. 1 Vorderseite:*
Anschlag: 55 M in Ekru.
2 Fäden zusammen verarbeiten.
Stricknadeln Nr. 6 und glatt re und glatt li wie folgt arbeiten:

**1. R:** 1 RandM, 14 M li, 25 M re, 14 M li, 1 RandM.

**2. R:** 1 RandM, 12 M re, 1 M li, 2 M re, 23 M li, 2 M re, 1 M li, 12 M re, 1 RandM.

Anschließend nach der Strickschrift Nr. 1 weiterarbeiten. Das Zeichen x gilt als Markierung für Linksmaschen auf der re Seite der Arbeit. M in den RückR stricken, wie sie erscheinen. In der 33. R die Arbeitsmitte markieren, dann weiterarbeiten und das Motiv gegengleich ausführen. In der 67. R die M lose abketten.

*Kissen Nr. 2 Vorderseite:*
Anschlag: 55 M in Ekru.
2 Fäden zusammen verarbeiten.
Stricknadeln Nr. 6 glatt re oder li wie folgt arbeiten:

**1. R:** 1 RandM, 13 M li, 13 M re, 1 M li, 13 M re, 13 M li, 1 RandM.
**2. R:** 1 RandM, 13 M re, 12 M li, 3 M re, 12 M li, 13 M re, 1 RandM.

Nach der Strickschrift Nr. 2 weiterarbeiten. Das Zeichen x gilt als Markierung für die li M auf der re Seite der Arbeit. M in den RückR stricken wie sie erscheinen. In der 33. R die Arbeitsmitte markieren, nun das Motiv gegengleich weiterarbeiten. In der 67. R die M lose abketten.

*Kissen Nr. 3 Vorderseite:*
Anschlag: 55 M in Ecru.
2 Fäden zusammen verarbeiten.
Stricknadeln Nr. 6 und glatt re oder li wie folgt arbeiten:

**1. R:** 1 RandM, 6 M li, 20 M re, 1 M li, 20 M re, 6 M li, 1 RandM.
**2. R:** 1 RandM, 6 M re, 19 M li, 3 M re, 19 M li, 6 M re, 1 RandM.

Nach der Strickschrift Nr. 3 weiterarbeiten. Das Zeichen x gilt als

*Fortsetzung Seite 50*

*Kissen Nr. 1*

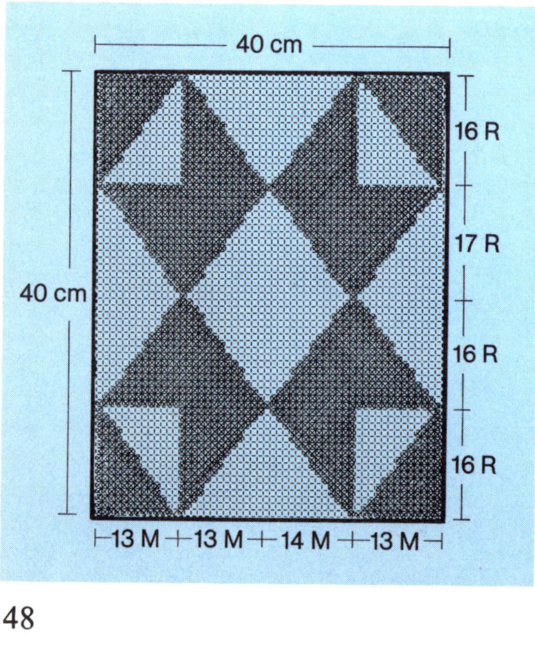


*Kissen Nr. 2*

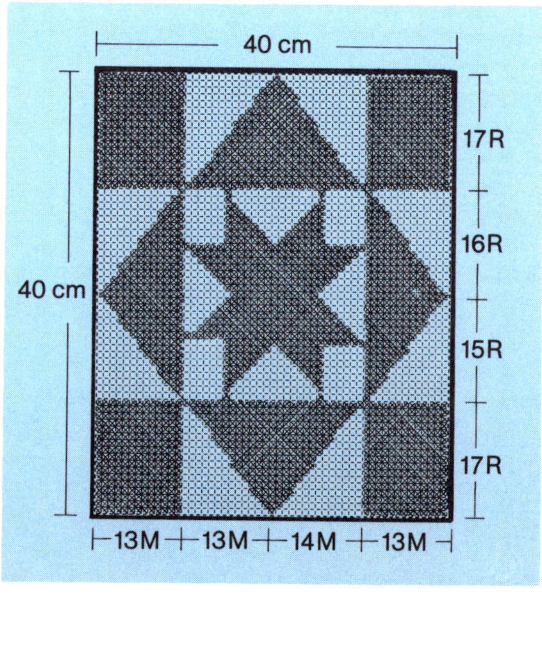

# Babydecke

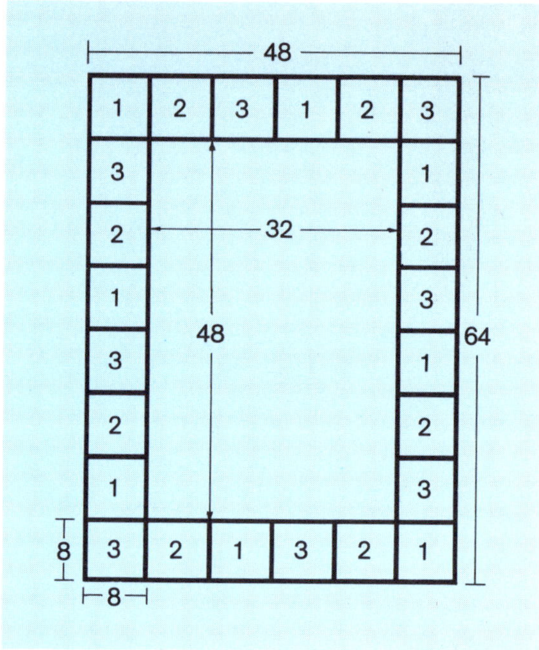


1 = Farbe capucine

2 = Farbe chlorophylle

3 = Farbe pacifique

**Größe:** 48 x 64 cm

**Material**
Phildar, Qual »Pegase«, 1 Knäuel weiß, 2 Knäuel capucine, 2 Knäuel chlorophyle, 1 Knäuel pacifique, Stricknadeln Nr. 4.

**Grundmuster**
Kraus re.

**Maschenprobe**
19 M in der Breite = 10 cm, 32 R in der Höhe = 10 cm.

**Ausführung**
*Mittelteil:*
Anschlag 60 M in Pacifique und kraus gestreift wie folgt stricken:
*4 R in Pacifique
2 R in Chlorophylle
2 R in Weiß
2 R in Chlorophylle

*Fortsetzung Seite 52*

---

*Fortsetzung von Seite 48*

Markierung für die li M auf der re Seite der Arbeit. M in den RückR stricken, wie sie erscheinen. In der 33. R die Arbeitsmitte markieren, nun das Motiv gegengleich weiterarbeiten. In der 67. R die M lose abketten.

*Rückseite:* Glatt li.
Anschlag: 76 M in Ekru.
Stricknadeln Nr. 4 und glatt li.
Über 40 cm (108 R) gerade hocharbeiten. Dann die M lose abketten. Die 3 Rückseiten in gleicher Weise arbeiten.

**Fertigstellung**
Eine Kissenhülle auf eine Größe von 40 x 40 cm fertigstellen, die Seitennähte schließen, jedoch eine Öffnung frei lassen, wenden, füllen und den Füllschlitz mit M-Stichen schließen.

*Kissen Nr. 3*

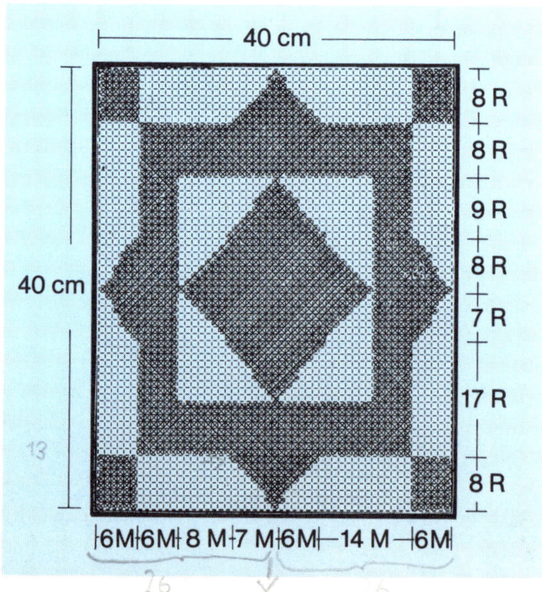

# Schal und Muff

**Material**
Esslinger Wolle, Qual »Taiga«, natur, Stricknadeln Nr. 8.
*Schal:* 400 g
*Muff:* 200 g

**Grundmuster**
Kraus re = Hin- und RückR re.

**Zopfmuster**
über 4 M.

**1. R:** Die 2. M vor der 1. M re stricken, dann die 1. M re stricken, die 4. M hinter der 3. M re stricken, dann die 3. M re stricken.

**2. R:** li stricken.

**3. R:** Die 2. M hinter der 1. M re stricken, dann die 1. M re stricken, die 4. M vor der 3. M re stricken, dann die 3. M re stricken.

**4. R:** li stricken.

**1. bis 4. R:** Fortlaufend wiederholen.

**Maschenprobe**
10 M in der Breite = 10 cm,
18 R (= 9 Rippen) in der Höhe = 10 cm.

**Ausführung**

**SCHAL**

20 M anschlagen und 1 Rippenreihe (= Hin- und RückR re) stricken. Nun M wie folgt einteilen:
3 M in Rippen, 4 M für den Zopf,
6 M in Rippen, 4 M für den Zopf,
3 M in Rippen.

In dieser Einteilung bis ca 1,60 m stricken, 1 Rippenreihe stricken und alle M abketten. Fäden von ca 40 cm Länge schneiden und als Fransen einknüpfen.

**Ausführung**
**MUFF**

40 M anschlagen. M wie folgt einteilen: RandM, 2 M kraus re,
4 M für den Zopf, 6 M kraus re,
4 M für den Zopf, 6 M kraus re,
4 M für den Zopf, 6 M kraus re,
4 M für den Zopf, 2 M kraus re,
RandM. In dieser Einteilung 45 cm stricken. Alle M abketten. Mit Watteline und Futtertaft abfüttern. Naht schließen. Seiten ab unterer Kante 5 cm schließen.

---

*Fortsetzung von Seite 50*

4 R in Capucine
2 R in Pacifique
4 R in Chlorophylle
2 R in Weiß
2 R in Capucine
2 R in Weiß
2 R in Capucine
4 R in Chlorophylle
2 R in Pacifique
4 R in Capucine
2 R in Weiß
2 R in Pacifique
2 R in Weiß
2 R in Pacifique
4 R in Chlorophylle
2 R in Capucine *

Von * bis * wiederholen.
In 48 cm Gesamthöhe die M lose abketten.

*Seitenteile:*

*Große Teile*
Anschlag 15 M in Capucine und kraus stricken:

28 R in Capucine
28 R in Pacifique
28 R in Chlorophylle
28 R in Capucine
28 R in Pacifique
28 R in Chlorophylle
28 R in Capucine
28 R in Pacifique
In 64 cm Gesamthöhe die M lose abketten, eine 2. Blende genauso stricken, die Farbfolge entgegengesetzt arbeiten (Siehe Schemazeichnung).

*Kleine Teile*
Anschlag 15 M in Chlorophylle und kraus weiterstricken.
28 R in Chlorophylle
28 R in Pacifique
28 R in Capucine
28 R in Chlorophylle
In 32 cm Gesamthöhe die M lose abketten. Eine 2. Blende genauso arbeiten.

**Fertigstellung**

Die 4 Streifen um das Mittelteil legen (siehe Schemazeichnung) und mit unsichtbaren Stichen aneinandernähen.

# Babyjacke mit Mütze

9 Monate, in Klammern [1 Jahr]

**Material:**
*Jacke:*
Phildar, Qual »Pronostic«, 3 [4] Knäuel ekru.

*Mütze:*
1 Knäuel ekru, Stricknadeln Nr. 2, $2^1/_2$ und Nr. 3, 6 Knöpfe.

**Grundmuster**
Rippen 1 re, 1 li; glatt re; Perlmuster; verkreuzte M: über 2 M.
**1. R:** re Seite der Arbeit: der Faden ist hinter der Arbeit, die 2. M re stricken, jedoch die M nicht von der Nadel gleiten lassen, die 1. M re stricken, erst jetzt beide M von der Nadel gleiten lassen. Diese 2 R fortlaufend wiederholen.

**Zopfmuster**
Über 4 M:
**1. und 5. R:** Alle M re stricken.
**2., 4. und 6. R:** Alle M li stricken.
**3. R:** Die ersten 2 M auf 1 HilfsN hinter die Arbeit nehmen, die 2 folgenden M re stricken, dann die 2 M der HilfsN re stricken. Diese 6 R fortlaufend wiederholen.

**Phantasiemuster**
**1. R:** * 1 M re, 1 M li. * Von * bis * wiederholen und mit 1 M re enden.
**2. R:** * 1 M li, 1 M re. * Von * bis * wiederholen und mit 1 M li enden.
**3. und 4. R:** Alle M re stricken. Diese 4 R fortlaufend wiederholen.

**Maschenprobe**
**Perlmuster:** 24 M in der Breite und 36 R in der Höhe = 10 x 10 cm, Nadel Nr. 3.

**Phantasiemuster:** 26 M in der Breite und 36 R in der Höhe = 10 x 10 cm, Nadel Nr. 3.

**Ausführung JACKE**

**Körperteil:** Anschlag 135 [139] M mit Nadel Nr. 3 und für das Bündchen 4 cm Rippen, 1 re, 1 li stricken, danach mit Nadel Nr. 3 wie folgt weiterarbeiten: RandM, 7 M Phantasiemuster, 1 M li, 2 verkreuzte M, 1 M li, 4 M für den Zopf, 1 M li, 2 verkreuzte M, 1 M li, 28 [30] M Perlmuster, 1 M li, 2 verkreuzte M, 1 M li, 4 M für den Zopf, 1 M li, 2 verkreuzte M, 1 M li, 15 M Phantasiemuster, 1 M li, 2 verkreuzte M, 1 M li, 4 M für den Zopf, 1 M li, 2 verkreuzte M, 1 M li, 28 [30] M Perlmuster, 1 M li, 2 verkreuzte M, 1 M li, 4 M für den Zopf, 1 M li, 2 verkreuzte M, 1 M li, 7 M Phantasiemuster und RandM.

In 16 [17] cm Gesamthöhe die Arbeit teilen und über den mittleren 67 [69] M weiterarbeiten: man hat beidseitig 14 [15] M im Perlmuster. Für den Raglan beidseitig, in jeder 2. R 1 x 3 und 20 x 1 M [1 x 3 M und 21 x 1 M] abketten. Die restlichen 21 M auf einmal abketten. Die 34 [35] M einer Seite auffassen.

Für den Raglan auf der Trennseite in gleicher Weise wie am Rückenteil abketten. In 23 [25] cm Gesamthöhe für den Halsausschnitt auf der Außenseite, in jeder 2. R: 1 x 3, 1 x 2 und 6 x 1 M abketten. Die M der *zweiten Seite* auffassen und gegengleich arbeiten.

**Ärmel:** Anschlag 44 [46] M mit Nadeln Nr. $2^1/_2$ und für das Bündchen 4 cm in Rippen 1 M re, 1 M li stricken, dann über die nächste R gleichmäßig verteilt 13 M zunehmen = 57 [59] M.

*Arbeit wie folgt einteilen:*
RandM, 14 [15] M Perlmuster, 1 M li, 2 verkreuzte M, 1 M li, 4 M für den Zopf, 1 M li, 2 verkreuzte M, 1 M li, 3 M Phantasiemuster, 1 M li, 2 verkreuzte M, 1 M li, 4 M für den Zopf, 1 M li, 2 verkreuzte M, 1 M li, 14 [15] M Perlmuster, RandM. In 17 [19] cm Gesamthöhe die Raglanschrägung wie beim Rücken arbeiten. Die restlichen 11 M auf einmal abketten.

**Zweiter Ärmel:** Gleich arbeiten.

**Taschenpatten:** Anschlag 19 [23] M mit Nadeln Nr. $2^1/_2$ und 8 R Rippen stricken in folgender Einteilung:
RandM, 2 M re, 6 x 1 M li, 1 M re; 1 M li, 2 M re, RandM [RandM, 2 M re, 8 x 1 M li, 1 M re; 1 M li, 2 M re, RandM]. Dann noch 1 R re stricken und die M auf eine Hilfsnadel nehmen.

**Zweite Patte:** Gleich arbeiten.

**Verschlußblenden:** Anschlag 10 M mit Nadeln Nr. $2^1/_2$ und 25 [27] cm Rippen; 1 re, 1 li stricken, dann M abketten.

*Fortsetzung Seite 56*

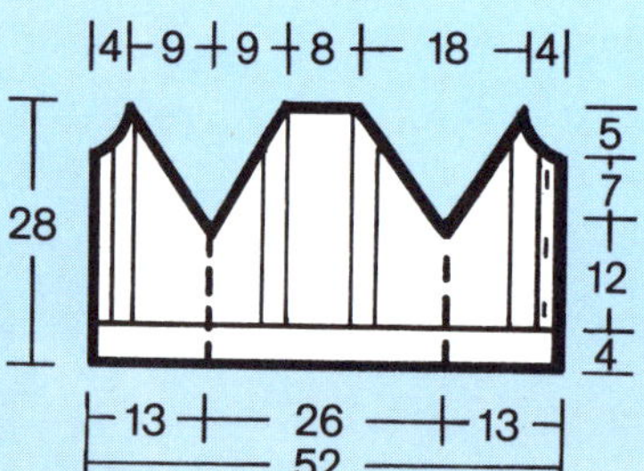


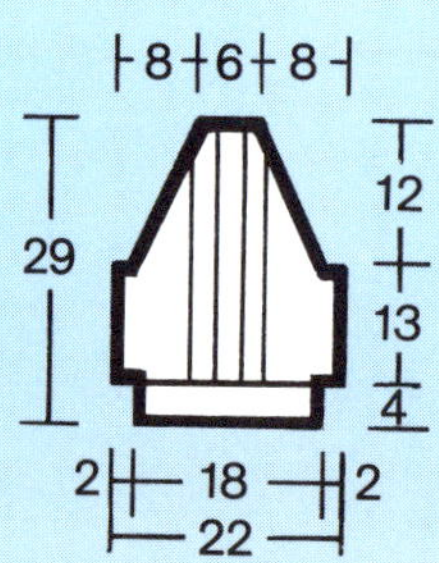

Modellteil Stricken

# Quergestrickter Sommerpulli

**Größe:** 38/40, in Klammern [34/36] und [42/44]

**Material**
Filcrosa, Qual »Lucia«, 300 g blau, 250 g weiß, Schnellstricknadeln Nr. 8.

**Grundmuster:**
kraus re = HinR und RückR re.

**Farbfolge:**
blau [16] 16 R [18], blau-weiß [16] 16 R [18], weiß [16] 16 R

*Fortsetzung Seite 59*

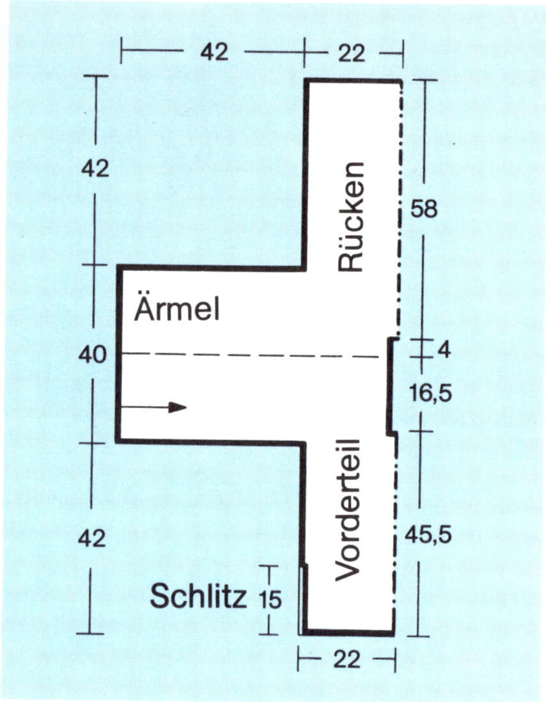


*Fortsetzung von Seite 54*

**Zweite Blende:** genauso, dabei 6 Knopflöcher über 4 R Höhe einstricken.

**Halsblende:** Anschlag 67 M mit Nadel Nr. $2^1/_2$ und 8 R Rippen, 1 re, 1 li stricken, dann 1 R re stricken und die M auf eine HilfsN nehmen.

**Fertigstellung**
Die Schulter- und Ärmelnähte schließen. Die Ärmel im Raglan einsetzen. Taschenpatten und Halsblende M um M mit Steppstichen von re und die Verschlußblende mit unsichtbaren Stichen annähen. Knöpfe annähen.

**Ausführung**
**MÜTZE**

Mit einer Ohrenklappe beginnen: Anschlag 14 M, mit Nadeln Nr. 3 wie folgt arbeiten:

RandM, 1 M li, 2 verkreuzte M, 1 M li, 4 M für den Zopf, 1 M li, 2 verkreuzte M, 1 M li, RandM. Beidseitig in jeder 2. R 6 x 1 M und in jeder 4. folgenden R:

6 x 1 M zunehmen = 38 M. Diese zugenommenen M im Phantasiemuster stricken. Die M auf eine Hilfsnadel nehmen und die 2. Ohrenklappe ebenso ausführen.

Zu dieser 2. Ohrenklappe 35 M auf die Nadel dazu anschlagen und die 38 M der 1. Ohrenklappe dazu nehmen = 111 M. An einer Seite für die Naht 1 M zunehmen = 112 M. Wie folgt arbeiten:

RandM, 14 M Phantasiemuster, 1 M li, 2 verkreuzte M, 1 M li, 4 M für den Zopf, 1 M li, 2 verkreuzte M, 1 M li, 23 M Phantasiemuster, 1 M li, 2 verkreuzte M, 1 M li, 4 M für den Zopf, 1 M li, 2 verkreuzte M, 1 M li, 23 M Phantasiemuster, 1 M li, 2 verkreuzte M, 1 M li, 4 M für den Zopf, 1 M li, 2 verkreuzte M, 1 M li, 14 M Phantasiemuster, RandM. In der 18. R mit den Abnahmen beginnen:

Sie werden seitlich der einzelnen li M im Phantasiemuster gearbeitet (6 x 1 M pro Abnahme). 5 x in jeder 4. R und 6 x in jeder 2. R M abnehmen wie beschrieben = 46 M. Durch die restlichen M einen Faden ziehen, fest anziehen und vernähen.

**Rippenband**
Anschlag 170 M mit Nadel Nr. $2^1/_2$ und 8 R Rippen, 1 re, 1 li stricken, dann 1 R re stricken, und die M auf eine HilfsN nehmen.

**Fertigstellung**
Naht schließen. Den Rippenrand M um M mit Steppstichen von re annähen, 2 Kordeln drehen und je 1 an den Ohrenklappen anbringen.

# Bunter Grobstrickpullover

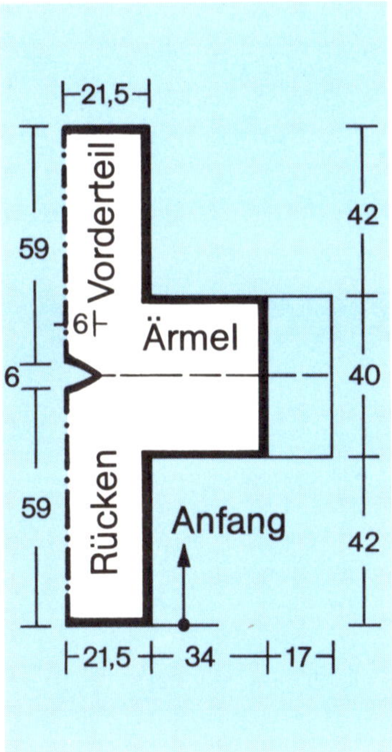


**Größe:** 38/40, in Klammern [40/42]

**Material**
Lana Gatto, Qual »Cheanette«, je 100 g rost, grün, camel, 250 g natur, Schnellstricknadeln Nr. 8.

**Grundmuster**
kraus re = HinR und RückR re.

**Farbfolge**
4 R natur, 2 R rost, 2 R grün, 2 R natur, 2 R camel, 2 R natur, 2 R grün, 2 R rost, 2 R natur, 2 R camel, 2 R natur, 2 R grün, 2 R rost.

**Maschenprobe**
11 M in der Breite = 10 cm, 20 R in der Höhe = 10 cm.

**Ausführung**

**Rücken:** 48 [50] M anschlagen, in Grundmuster und Farbfolge 14 cm arbeiten. Weiter in Natur und Grundmuster arbeiten. Bei einer Gesamtlänge von 38 cm in Farbfolge weiterarbeiten. Bei 42 cm Gesamtlänge beidseitig 40 M neu anschlagen und in Grundmuster und Farbfolge weitere 17 cm stricken. Dann die mittleren 6 M abketten. Die Arbeit wird vorerst getrennt weitergearbeitet.

Für die weitere Rundung am inneren Rand in jeder 2. R 3 x 1, 1 x 2 M abnehmen. Nun in jeder 2. R 1 x 2, 1 x 3 M zunehmen. Das Vorderteil gegengleich beenden und die Arbeit miteinander verbinden. Pullover gegengleich fertigstellen.

**Fertigstellung**
Nähte schließen, für den Rollkragen ca 48 M bis 50 M in Natur auffassen und im Grundmuster natur 17 cm stricken. Ebenfalls an beiden Ärmeln die M auffassen und 17 cm im Grundmuster und natur stricken.

---

*Fortsetzung von Seite 56*

[18], blau [16] 16 R [18], blau-weiß [16] 16 R [18], weiß [16] 16 R [18], blau [16] 16 R [18], blau-weiß [4] 8 R [12].

**Maschenprobe:**
10 M in der Breite = 10 cm, 19 R in der Höhe = 10 cm; mit doppeltem Faden arbeiten.

**Ausführung:**

Mit Stricknadeln Nr. 8 [40] 40 M [42] in Blau anschlagen und in Grundmuster und Farbfolge [80] 80 R [90] stricken, dann beidseitig in Weiß [41] 43 M [46] dazu anschlagen = [122] 126 M [134]. Nach weiteren [36] 40 R [44] für den Halsausschnitt [20] 21 M [22] abketten = [106] 109 M [116] ab vorderer Kante gezählt.

Die Teile werden vorerst getrennt gestrickt. 2 R stricken (Mitte vom Pullover) 2 R stricken und [20] 21 M [22] wieder aufnehmen. Die Teile werden miteinander verbunden, nachdem die 4 R am Rückenteil gestrickt wurden. Pullover gegengleich fertigstellen.

**Fertigstellung**
Nähte schließen, so daß an beiden Seiten ein 15 cm langer Schlitz offen bleibt. Halsausschnitt mit 1 R Krebsstich umhäkeln. 1 Kordel drehen als Gürtel in blau-weiß (1 Meter).

# Damenjacke mit Matrosenkragen

**Größe:** 38, in Klammern [42] und [46]

**Material**
Filcrosa, Qual »Mohair kid«, 200 [250, 300] g blau, 80 [80, 120] g weiß, Stricknadeln Nr. $3^1/_2$, 5 Knöpfe.

**Grundmuster**
**Rippenmuster:** * 1 M re, 1 M li * Ab * wiederholen.

**Maschenprobe**
26 M in der Breite = 10 cm, 30 R in der Höhe = 10 cm.

**Ausführung**

**Rücken:** 114 [124, 140] M mit blauer Wolle anschlagen und im Grundmuster stricken. Ab 39 [41] cm Höhe 10 R weiß, 10 R blau, 4 R weiß, 4 R blau arbeiten. Mit Weiß bis zu einer Gesamthöhe von 61 [63] cm stricken. M abketten, wie sie erscheinen.

**Vorderteil:** 54 [58, 63] M mit blauer Wolle anschlagen, im Grundmuster 14 cm gerade hochstricken.

Den Tascheneingriff nun wie folgt arbeiten: 11 [13, 16] M stricken, 32 M stillegen, 11 [13, 15] M stricken. In der nächsten R über den stillgelegten M wieder 32 M neu anschlagen. Bis in 39 [41] cm Gesamthöhe gerade hochstricken.

Die weitere Farbfolge wie beim Rücken arbeiten. Gleichzeitig ab 39 [41] cm Höhe den Tascheneingriff arbeiten. Hierfür 19 [21, 24] M stricken, 19 M stillegen, 16 [18, 20] M stricken. In der RückR über den stillgelegten M wieder 19 M anschlagen.

Ebenfalls gleichzeitig ab 39 [41] cm Gesamthöhe mit der Ausschnittschrägung beginnen. Dafür in jeder 2. R 19 [19, 23] x 1 M, dann 7 [7, 5] x in jeder 4. R 1 M abnehmen. In 61 [63] cm Gesamthöhe die restlichen 28 [32, 35] M gerade abketten.

**Zweites Vorderteil:** Gegengleich arbeiten, jedoch ohne Tascheneingriff in Brusthöhe.

**Ärmel:** 70 [76] M mit blauer Wolle anschlagen und 14 cm im Grundmuster gerade hochstricken. Sodann 17 x nach jeweils 6 R beidseitig 1 M zunehmen = 104 [110] M. Ab 38 [40] cm Gesamthöhe die Streifenfolge wie beim Rücken arbeiten: 10 R weiß, 10 R blau, 4 R weiß, 4 R blau. Mit weiß bis zu einer Gesamthöhe von 60 [62] cm stricken. M abketten wie sie erscheinen.

**Zweiter Ärmel:** Gleich stricken.

**Kragen mit Blende:** Wird in einem Stück gestrickt. Man beginnt am rückwärtigen Kragen. 130 [136, 150] M mit blauer Wolle anschlagen und 14 cm im Grundmuster stricken, dann die mittleren 54 [60, 70] M abketten. Über die beidseitig restlichen 38 [38, 40] M getrennt weiterarbeiten.

*Fortsetzung Seite 62*

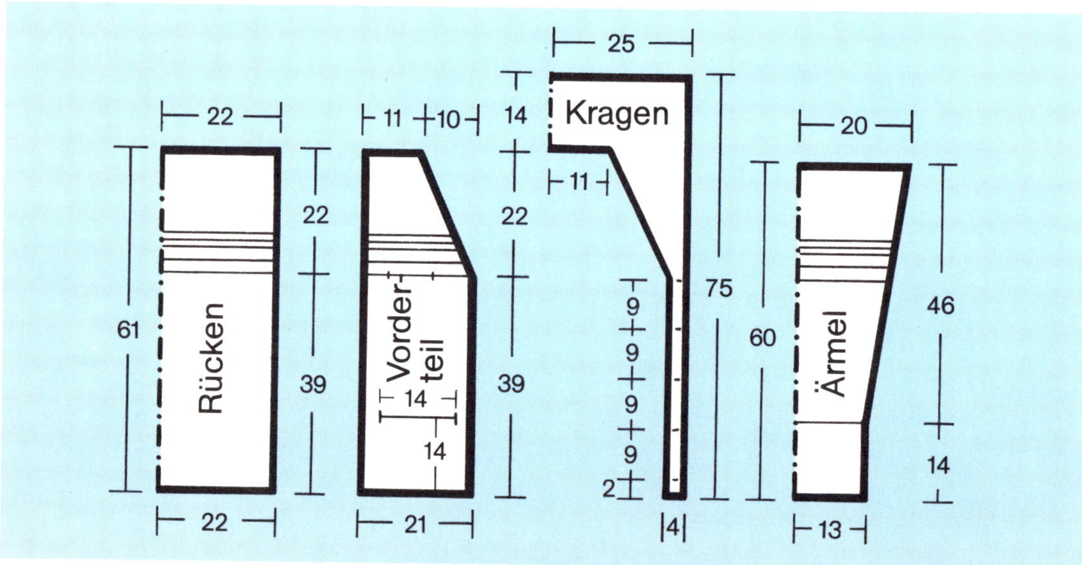

# Kinderweste

**Größe:** 128 bis 134, in Klammern [140 bis 146]

**Material**
Schoeller, Qual »Woll-Spaß« oder »Cavatina Sport«, je 250 g rot und natur, Imraflex-Jackenstricknadeln Nr. 3½, 60 cm lang, Rest Futterstoff.

**Grundmuster**
Glatt re.

**Farbfolge**
Je 6 R rot und 6 R natur im Wechsel.

**Maschenprobe**
21 M in der Breite = 10 cm, 29 R in der Höhe = 10 cm.

**Ausführung**

**Rücken** und **Vorderteil** werden in einem gestrickt.

76 [82] M in Rot anschlagen, in Grundmuster und Farbfolge stricken. Nach 29 [31] cm für die Ärmel beidseitig in jeder 2. R 7 x 1, 1 x 2 und 1 x 53 [7 x 1, 1 x 2, 1 x 55] M neu dazu anschlagen = 200 [210] M.

Über alle M 12 cm stricken, dann für den Halsausschnitt die mittleren 28 M abketten und die 86 [91] M der re Hälfte auf 1 HilfsN legen. Über die 86 [91] M der li Hälfte 18 cm stricken, dann an der li Seite 1 x 53, 1 x 2, 7 x 1 [1 x 55, 1 x 2, 7 x 1] M abnehmen = 24 [27] M. Nach weiteren 29 [31] cm alle M abketten. Rechte Hälfte gegengleich beenden.

**Schalkragen:** Für die li Kragenhälfte bis zur rückwärtigen Mitte in Natur 166 [170] M anschlagen und 2 re, 2 li in der Farbfolge 10 cm stricken. M im Maschenrhythmus abketten. Rechte Hälfte gleich stricken. Rückwärtige Naht schließen.

**Gürtel:** 8 M in Rot anschlagen und 160 cm stricken. M abketten. Der

*Fortsetzung Seite 64*

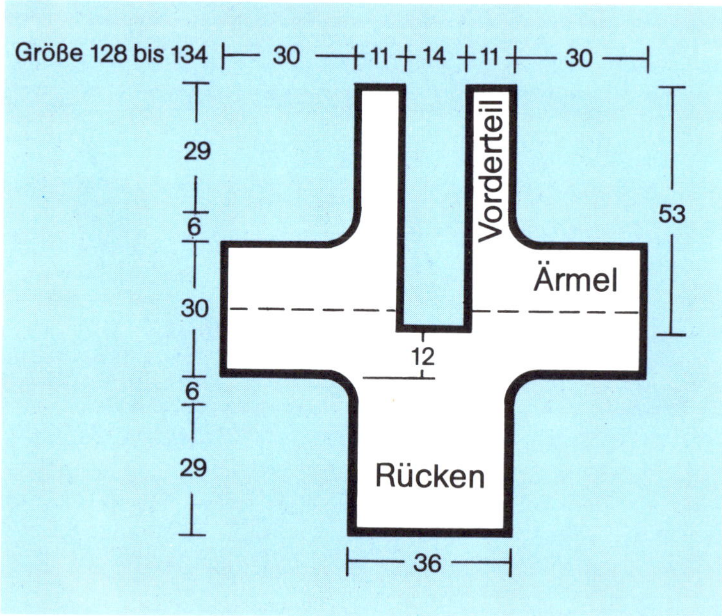


*Fortsetzung von Seite 60*

**Rechtes Teil:** An der Innenseite 7 [7, 5] x in jeder 4. R 1 M, dann 19 [19, 23] x in jeder 2. R 1 M abnehmen = 12 M. Ab 36 cm Gesamthöhe die Blende über 12 M Breite noch 39 [41] cm anstricken, dabei 5 Knopflöcher einarbeiten. Das erste nach 1 cm Blende, die folgenden in jeweils 9 cm Abstand zueinander. Für 1 Knopfloch die mittleren 4 M der Blende abketten, die dann in der nächsten R wieder angeschlagen werden.

**Linkes Teil:** Gegengleich stricken, jedoch ohne Knopflöcher.

**Fertigstellung**
Teile nach Schnitt spannen, dämpfen und zusammennähen. Die stillgelegten M der unteren Tascheneingriffe aufnehmen und 2 cm mit blauer Wolle im Grundmuster anstricken. Aus der 2. Taschenkante mit weißer Wolle M aufnehmen und 10 cm glatt re für den Taschenbeutel anstricken.

Die stillgelegten M der oberen Tasche aufnehmen und 2 cm mit weißer Wolle im Grundmuster anstricken. Aus der 2. Taschenkante M mit weißer Wolle aufnehmen und 7 cm glatt re für den Taschenbeutel anstricken. Taschenbeutel gegen das Vorderteil nähen. Knöpfe annähen.

# Pulli mit offenem Rollkragen

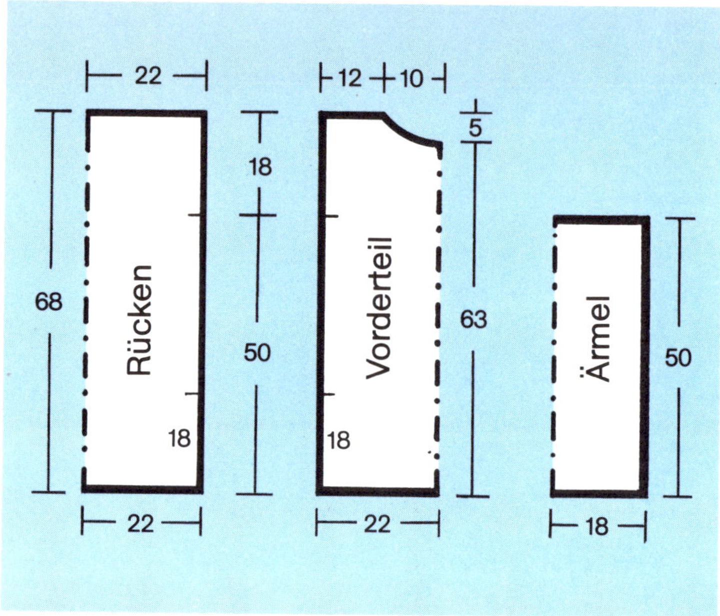


**Größe:** 38/40

**Material**
Junghans-Wolle, 1200 g, davon 400 g beige, 400 g bordeaux, 400 g ocker, Stricknadeln Nr. 8. Das Garn wird mit 3 Fäden (von jeder Farbe 1 Faden) gestrickt.

**Grundmuster**
Lange Maschen:
HinR: 1 li, 1 re.
RückR: Wie die M erscheinen.
HinR: Alle li M stricken und alle re M abheben.
RückR: Alle M, wie sie erscheinen abstricken, also auch die abgehobene M jetzt li abstricken.

Von jetzt an in jeder HinR die re M abheben und nur die li M stricken. In jeder RückR alle M wie sie erscheinen stricken.

**Maschenprobe**
12 M in der Breite = 10 cm, 16 R in der Höhe = 10 cm.

**Ausführung**

**Rücken:** 52 M anschlagen und im Grundmuster bis 68 cm Höhe hochstricken. Gerade abketten.

**Vorderteil:** Wie den Rücken stricken, jedoch bei 63 cm Höhe die Arbeit teilen und jede Schulter für sich arbeiten. Für den Halsausschnitt 1 x 6 M abketten, dann 3 x 2 M in jeder 2. R.

Die andere Schulter mit dem Halsausschnitt gegengleich stricken und abnehmen. Es bleiben 12 cm (14 M) für jede Schulter übrig.

**Ärmel:** 38 M anschlagen und im Grundmuster 50 cm hochstricken. Gerade abketten.

**Zweiter Ärmel:** Gleich arbeiten.

**Rollkragen:** Schulternähte von Vorder- und Rückenteil schließen und für den Kragen 64 M aus dem Halsausschnitt im Grundmuster so herausstricken, daß beim Umschlagen die langen M außen liegen. Zuerst 4 Rd stricken, dann auf der linken Schulter offen lassen, wobei in der 1. R noch 2 M aus dem Rundgestrickten hochgenommen werden, so daß sich die seitliche Kragenöffnung um 2 M überschneidet. So 22 cm hochstricken und abketten.

**Fertigstellung**
Seitennähte bis zur Höhe von 18 cm schließen. Ärmelnähte schließen. Ärmel einsetzen.

---

*Fortsetzung von Seite 62*

Länge nach den Gürtel verdoppeln und hohl ansäumen.

**Fertigstellung**
Nähte schließen. Ca 4 cm den unteren Jackenrand nach innen säumen. Futterstoff in Taillenweite und Gürtelbreite (und Saumzugaben) zuschneiden und in Taillenhöhe gegennähen.

Schalkragen aufnähen und der Gürtelbreite entsprechend Naht offenlassen. Am Ärmel mit Rot 100 M aufnehmen und 2 cm 2 re, 2 li stricken. M im Maschenrhythmus abketten. Gürtel einziehen.

# Bunter Ringelpullover

**Größe:** 164

**Material**
Lana Gatto, Qual »Turnier 8fach«, 600 g rost, gelb, braun, natur, grün, blau, rot, Schnellstricknadel Nr. 6.

**Rippenmuster**
1 M re, 1 M li im Wechsel.

**Grundmuster**
Glatt re.

**Farbfolge**
3 R rost, 3 R gelb, 4 R braun, 6 R natur, 3 R grün, 3 R blau, 6 R natur, 2 R rot, 2 R gelb, 2 R braun, 2 R grün, 4 R blau, 2 R natur, fortlaufend wiederholen.

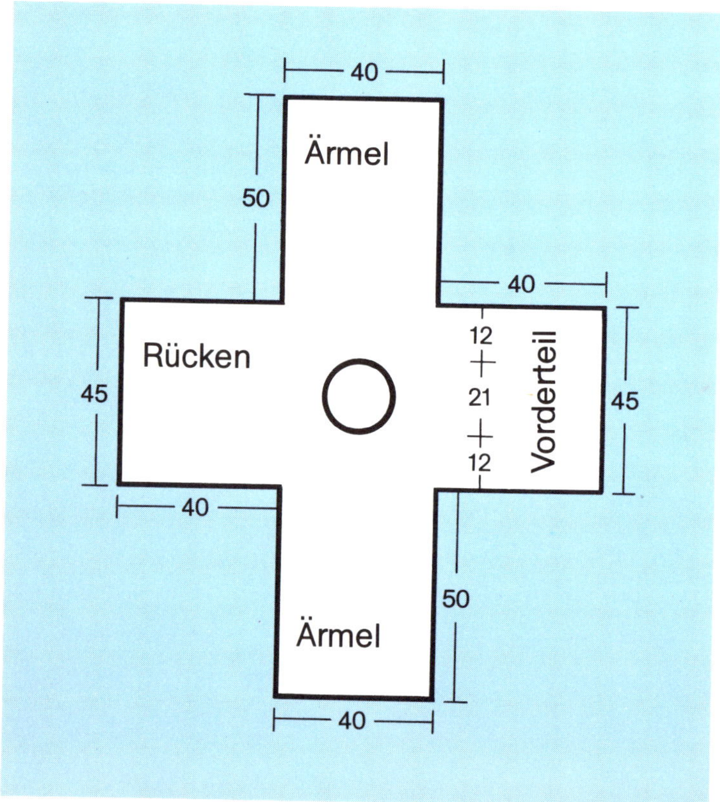


**Maschenprobe**
16 Maschen in der Breite = 10 cm, 19 R in der Höhe = 10 cm.

**Ausführung**
60 M mit rostfarbener Wolle anschlagen und 10 R im Rippenmuster und in der Farbfolge stricken, dann im Grundmuster weiterarbeiten. Bei einer Gesamtlänge von 50 cm beidseitig je 60 M neu aufnehmen. Nach weiteren 12 cm die Arbeit in der Mitte teilen und die Hälften vorläufig getrennt weiterstricken. Für den vorderen Halsausschnitt in jeder 2. R 2 x 2 und 8 x 1 M abnehmen. Den rückwärtigen Ausschnitt ebenso arbeiten. Ab hier (= Pulloverhälfte) das Stück gegengleich beenden, auch in der Farbfolge.

**Fertigstellung**
Alle M am Halsausschnitt mit naturfarbener Wolle auffassen, im Rippenmuster und in der Farbfolge 20 cm stricken, dann alle M abketten, wie sie erscheinen.

# Kinder-pullover

**Größe:** 6 bis 7 Jahre

**Material**
Lana Gatto, Qual »Cheanette«, 240 g insgesamt, dunkelblau, natur, rost und mittelblau. Stricknadeln Nr. 8.

**Grundmuster I**
Glatt re.

**Grundmuster II**
Kraus re = Hin- und Rückreihe re.

**Farbfolge**
2 R rost, 2 R dunkelblau, 2 R mittelblau, 2 R dunkelblau, 2 R natur, 2 R dunkelblau.

**Maschenprobe**
11 M in der Breite = 10 cm, 16 R in der Höhe = 10 cm.

**Ausführung**

Mit Nadeln Nr. 8 33 M in Dunkelblau anschlagen und im Grundmuster II 6 R stricken. Anschließend im Grundmuster I weiterarbeiten und nach 2 R dunkelblau das Einstrickmuster nach Diagramm arbeiten. Das 1. und 3. Muster in Mittelblau, das mittlere in Rost arbeiten. Nach 23 cm Gesamthöhe mit der Farbfolge beginnen. Nach 6 cm beidseitig für die Ärmel 29 M anschlagen.

Für den Halsausschnitt nach 46 cm Gesamthöhe die mittleren 14 M abketten. Die Teile vorerst getrennt und gegengleich weiterarbeiten. 2 R stricken. Dann im inneren Rand wieder 7 M zunehmen. Nach einer Ärmelbreite von 34 cm 29 M abketten. Den zweiten Ärmel gleich arbeiten. Nun alle Teile auf einer Nadel zusammenfassen. Pullover gegengleich beenden.

**Fertigstellung**

An den Ärmelrändern 33 M mit dunkelblauer Wolle auffassen und 6 R im Grundmuster II stricken. Nähte schließen. Für den Kragen 2 M mit dunkelblauer Wolle anschlagen und im Grundmuster II 22 R stricken, dabei 3 x in jeder 2. R an der re Kragenhälfte 1 M zunehmen. Die li Kragenhälfte gegengleich arbeiten. Nun zwischen den Kragenhälften 30 M anschlagen. Über die gesamte Maschenbreite noch 20 R im Grundmuster II stricken.

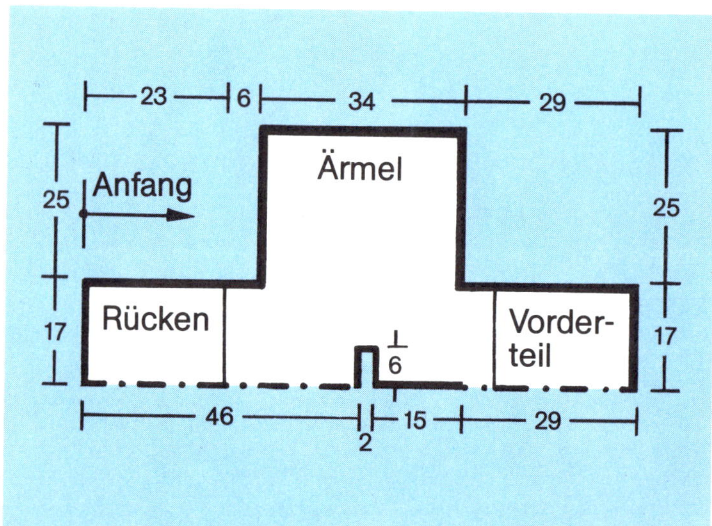


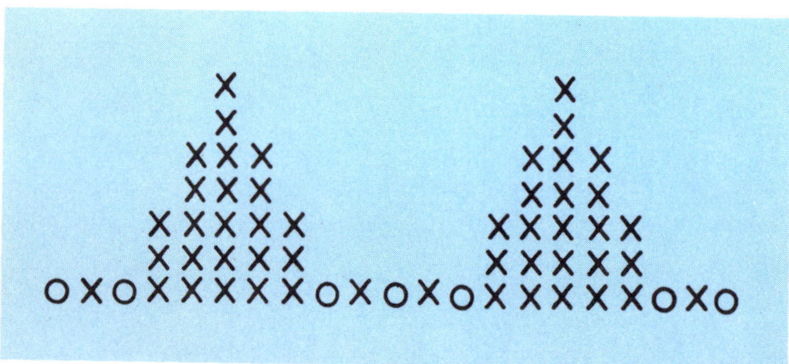

**Diagramm**
o = dunkelblau
x = rost (1. und 3. Muster)
x = mittelblau (2. Muster)

# Mädchen-Trägerkleidchen

Für 2 Jahre, in Klammern [3 und 5 Jahre]

**Material**
Phildar, Qual »Loisirs«, 2 [3] Knäuel blanc, 1 Knäuel orangeade, 1 Knäuel goya, Stricknadeln Nr. 2 und $2^1/_2$, Gummifaden.

**Grundmuster**
Glatt re, glatt li, Krausmaschen, Rippen.

**Rippenmuster**
* 1 M re, 1 M li. Ab * wiederholen.

**Maschenprobe**
Glatt re mit Stricknadeln Nr. $2^1/_2$: 30 M in der Breite = 10 cm, 46 R in der Höhe = 10 cm.

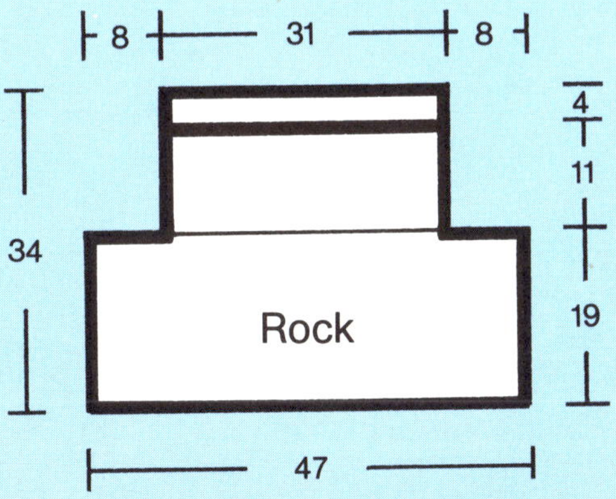


**Ausführung**

**Rücken:** 140 [144, 150] M mit Stricknadeln Nr. $2^1/_2$ in Blanc anschlagen und 4 R kraus stricken. Dann glatt re in Streifen 6 R goya, 4 R blanc, 4 R orangeade, 8 R blanc, 2 R orangeade stricken.

Anschließend in Blanc weiterarbeiten. In 19 [21, 25] cm Gesamthöhe über die R verteilt 46 [48, 50] M wie folgt abnehmen:

* 1 M, 2 M zusammen *. Von * bis * wiederholen und die R mit 2 M [1 M, 2 M zusammen – 1 M, 2 M zusammen] beenden. Es bleiben 94 [96, 100] M. Mit Stricknadeln Nr. 2 in Rippen 1 re, 1 li weiterarbeiten.

In 30 [33, 38] cm Gesamthöhe glatt li in Streifen stricken: 4 R blanc, 4 R orangeade, 4 R blanc, 3 R goya, dann 4 R kraus goya stricken und abketten.

**Vorderteil:** Wie den Rücken arbeiten.

**Träger:** 9 M in Orangeade mit Stricknadeln Nr. 2 anschlagen und in Rippen 1 re, 1 li bis zur gewünschten Länge stricken, dabei beidseitig 2 re M an den Rand setzen, M abketten.

**Zweiter Träger:** Genauso stricken.

**Fertigstellung**

Die Seitennähte schließen, für den Oberteilumschlag von rechts oben in die Rippen Gummifaden einziehen. Die Träger an Vorder- und Rückenteil befestigen. Die Nähte leicht überbügeln.

# Luftiger Lochmusterpulli

**Größe:** 38, in Klammern [42] und [46]

**Material**
Filcrosa, Qual »Lucia«, 350 [400, 450] g weiß, 50 g blau, Stricknadeln Nr. 3$^1/_2$.

**Rippenmuster**
* 1 M re, 1 M li. Ab * wiederholen.

**Grundmuster**
Maschenzahl teilbar durch 6 * 2 RandM.

**1. R:** RandM * 3 M re, 3 M li. Ab * wiederholen. RandM.

**2./3. R:** Maschen stricken wie sie erscheinen.

**4. R:** RandM * 1 M re, 1 M li abheben, 1 M re stricken und die abgehobene M überziehen, 1 U, 3 M li. Ab * wiederholen, RandM.

**5. R:** RandM, * 3 M re, 3 M li (die Umschläge dabei li stricken).

**2. bis 5. R:** Wiederholen.

**Maschenprobe**
18 M in der Breite = 10 cm, 30 R in der Höhe = 10 cm.

**Ausführung**

Der Pulli wird in einem Stück gestrickt.

Mit dem Rücken beginnen. 74 [80, 92] M mit weißem Garn anschlagen und 6 R im Rippenmuster stricken. Dann im Grundmuster bis zu einer Höhe von 15 cm stricken. Nun beidseitig 9 M zunehmen = 92 [98, 110] M. Über diese Maschenzahl bis zu einer Gesamthöhe von 36 [37, 38] cm arbeiten.

Für die Ärmel beidseitig 27 M zunehmen = 146 [152, 164] M. Bis zu einer Höhe von 56 [57, 58] cm stricken, dann die mittleren 48 M abketten. Die beiden Hälften getrennt weiterarbeiten.

Für die Ausschnittschrägung 15 x in jeder 4. R 1 M zunehmen.

**Zweites Teil:** Gegengleich stricken.

Nach 20 cm Ausschnittschrägung zwischen den Teilen 18 M neu dazu anschlagen = 146 [152, 164] M wieder auf einer Nadel vereint.

Gleichzeitig mit dem Zusammenfassen aller M beidseitig 27 M abketten = 92 [98, 110] M. Weitere 21 [22, 23] cm stricken. Beidseitig 9 M abketten = 74 [80, 92] M.

Noch 13 cm im Grundmuster stricken, dann 6 R im Rippenmuster arbeiten. M abketten, wie sie erscheinen.

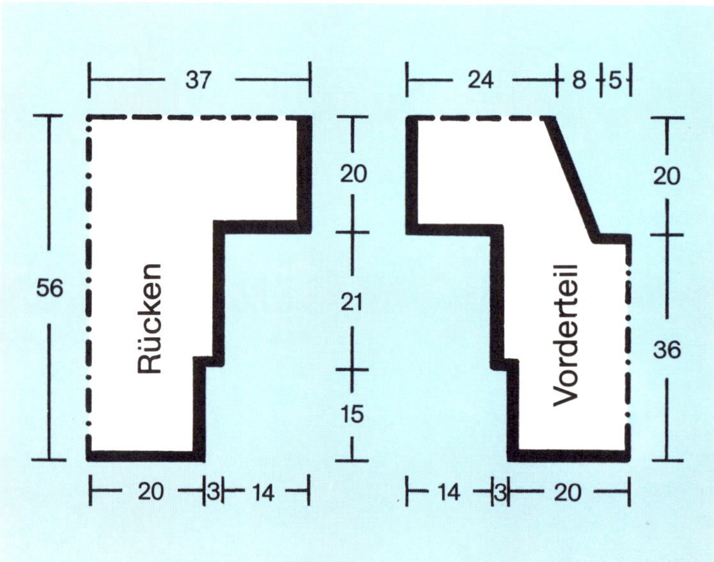


**Fertigstellung**
Teil nach Schnitt spannen, nur sehr leicht dämpfen, Seitennähte und Ärmelnähte schließen. Aus dem Halsausschnitt mit weißem Garn M aufnehmen und 1 R li anstricken, sodann 16 R im Rippenmuster und in der Farbfolge 2 R weiß, 2 R blau anstricken. Aus den Ärmelkanten und seitlichen Schlitzen M mit weißem Garn aufnehmen. 1 R li, dann 12 R im Rippenmuster und der Farbfolge 2 R weiß, 2 R blau anstricken.

Vordere Blendenkanten in den Ausschnitt, obere Schlitzkanten gegen Vorder- bzw. Rückenteil nähen.

# Strampelsack mit passender Jacke und Mütze

**Größe:** 3 Monate.

**Material**
Phildar, Qual »Pegase«.
*Strampelsack:* 6 Knäuel natur.
*Jäckchen:* 4 Knäuel.
*Mütze:* 1 Knäuel.
Stricknadeln Nr. $3^{1}/_{2}$ und 4,
Häkelnadel Nr. $3^{1}/_{2}$, 6 Knöpfe.

**Grundmuster**
Rippen 1 re, 1 li, Kraus-M.

**Netzmuster**
Das Muster erscheint auf der linken Seite. Gerade Maschenzahl.

**1. R:** RandM, * 1 U, folgende M li abheben, 1 M re, ab * wiederholen, RandM.

**2. R:** RandM, * 2 M re, den U der VorR, li abheben (Faden hinter dem U), ab * wiederholen, RandM.

**3. R:** RandM, * folgende M mit dem U re zusammenstricken, 1 U, 1 M li abheben, ab * wiederholen, RandM.

**4. R:** 1 M re, * den U der VorR li abheben (Faden hinter dem U), 2 M re, ab * wiederholen. Die R endet: den U der VorR li abheben, 1 M re, RandM.

**5. R:** RandM, * 1 U, 1 M li abheben, folgende M mit dem U re zusammenstricken, ab * wiederholen, RandM.

**2. bis 5. R:** Fortlaufend wiederholen.

**Feste Maschen-Pikot**
* 2 AnschlußM, 3 LuftM, 1 KettM, in die 2. AnschlußM *. Von * bis * wiederholen.

**Maschenprobe**
Netzmuster mit StrickN Nr. 4: 16 M in der Breite = 10 cm, 40 R in der Höhe = 10 cm.

**Ausführung**
**STRAMPELSACK**

100 M mit Nadel Nr. 4 anschlagen und im Netzmuster stricken. In 38 cm Gesamthöhe 12 Abnahmen über die R verteilen. Über den restlichen 88 M mit Nadel Nr. $3^{1}/_{2}$ in Rippen 1 re, 1 li weiterarbeiten, die M nach 8 cm Rippen abketten.

**Sackboden:** 36 M mit Nadel Nr. 4 anschlagen und Kraus-M stricken, dabei beidseitig jede 2. R 5 x 2 M zunehmen. Man hat 56 M. In 5 cm Gesamthöhe beidseitig jede 2. R 5 x 2 M abnehmen. Die restlichen 36 M abketten.

**Träger:** Auf einer LuftM-Kette von 3 cm 7 feste M häkeln. In 33 cm Gesamthöhe ein Knopfloch von 2 LuftM in der Mitte einarbeiten. In 35 cm Gesamthöhe ist der Träger beendet.

**Zweiter Träger:** Gleich arbeiten.

**Fertigstellung**
Die hintere Mittelnaht schließen. Den Sackboden, die Träger und die Knöpfe annähen.

*Fortsetzung Seite 76*

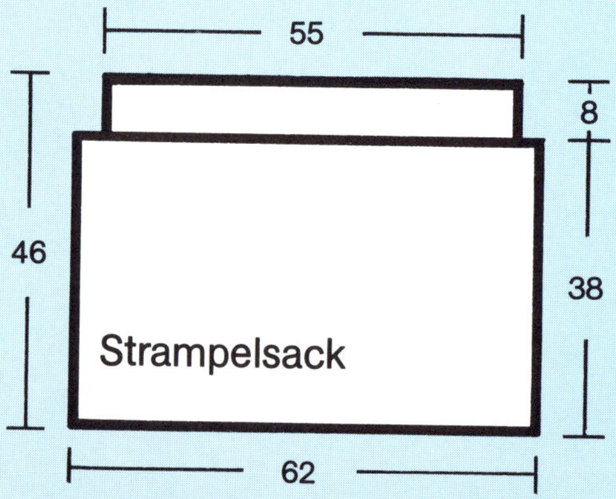


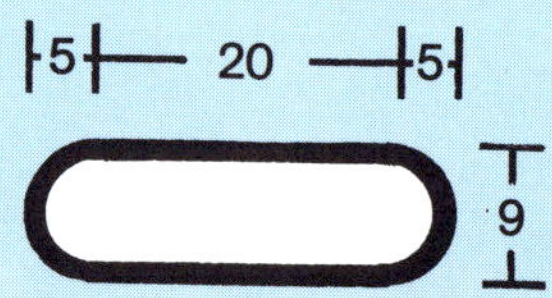

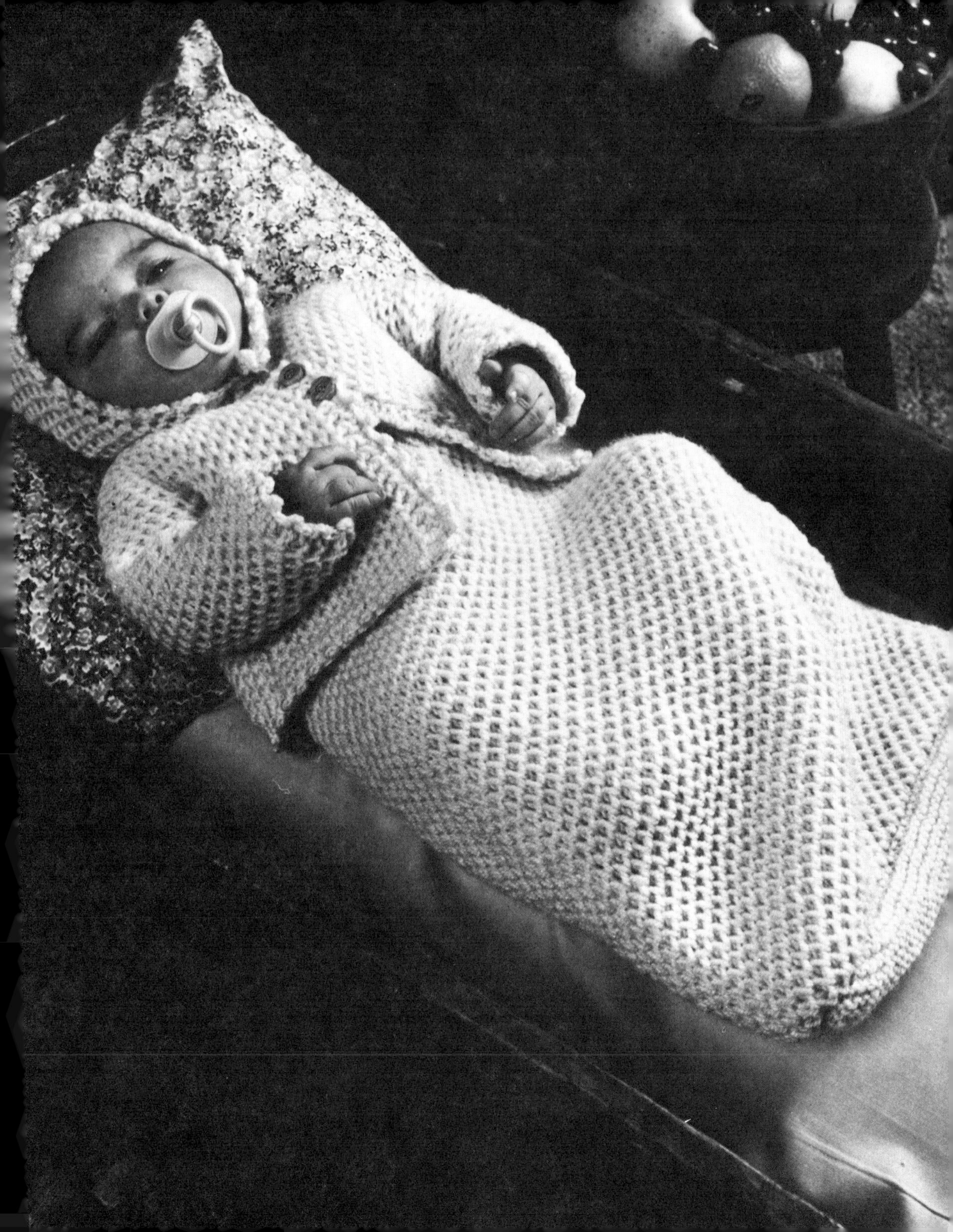

# Lässiges Leibchen

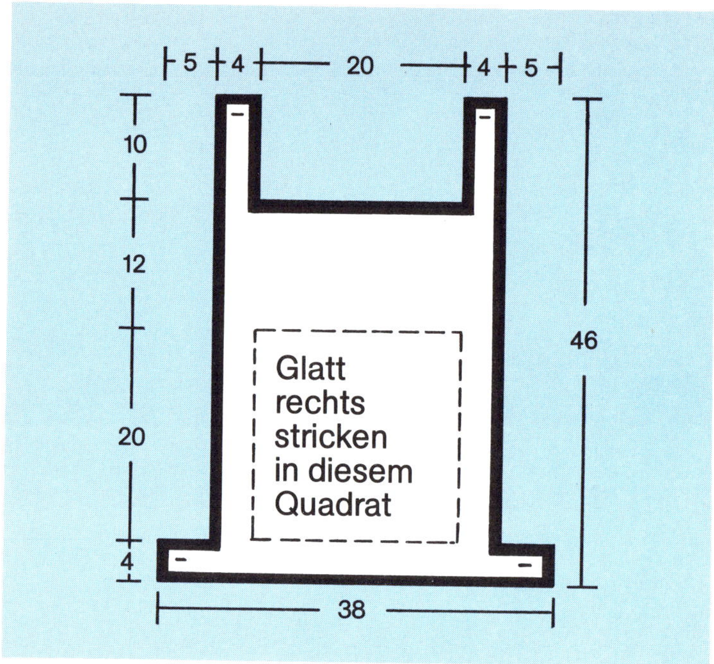


**Größe:** 38

**Material**
Filcrosa, Qual »Lucia«, 200 g in oliv, Stricknadeln Nr. 8, 4 Knöpfe.

**Grundmuster**
Glatt re, kraus re, Rand: Knötchenrand.

**Maschenprobe**
14 M in der Breite = 10 cm, 20 R in der Höhe = 10 cm. Es wird mit doppeltem Faden gestrickt.

**Ausführung**

**Rücken:** 53 M anschlagen, 8 R kraus re, 7 M abketten, R beenden, auf der anderen Seite 7 M abketten. Randstreifen über je 5 M kraus re und über den mittleren 29 M glatt re stricken. Nach 20 cm Höhe über alle M kraus re weiterarbeiten. Nach weiteren 12 cm 6 M vom Rand aus auf HilfsN nehmen, 27 M abketten.

Träger über den beiden übrigen Maschengruppen je 10 cm hoch stricken, abketten.

**Vorderteil:** Wie Rücken arbeiten, jedoch in Träger und Seitenbänder die Knopflöcher entsprechend der Knopfgröße einarbeiten.

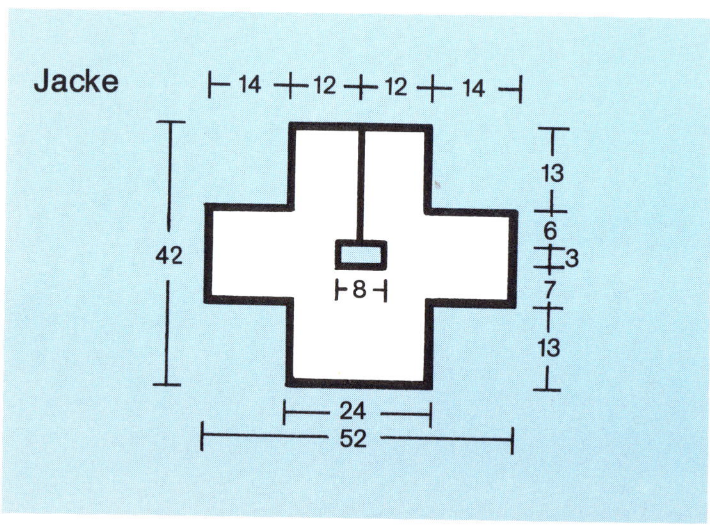


*Fortsetzung von Seite 74*

**Ausführung**
**JÄCKCHEN**

Wird in einem Stück gestrickt. 38 M mit Nadel Nr. 4 anschlagen und im Netzmuster stricken. In 13 cm Gesamthöhe beidseitig 1 x 24 M zunehmen. Man hat 86 M. Gerade hocharbeiten. In 20 cm Gesamthöhe für den Halsausschnitt die 12 mittleren M abketten, die Arbeit getrennt fortführen.

3 cm ab Halsausschnitt auf der Halsausschnittseite 1 x 7 M zunehmen. Man hat 44 M. In 16 cm Höhe ab Ärmel auf der Außen-

*Fortsetzung Seite 78*

# Ärmellose Weste

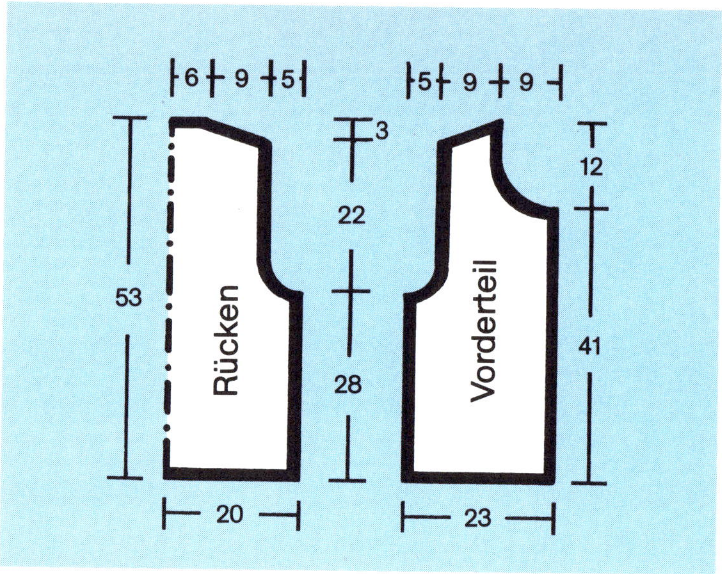


**Größe:** 36/38, in Klammern [40/42]

**Material**
Filcrosa, Qual »Diana«, je 100 g [120 g] rot, blau, mittelblau, Schnellstricknadeln Nr. 8, Häkelnadel Nr. 7.

**Grundmuster**
Kraus re = Hin- und RückR re.

**Maschenprobe**
12 M in der Breite = 10 cm, 22 R in der Höhe = 10 cm. Es wird mit 3-fachem Faden gearbeitet (je 1 Faden rot, blau, mittelblau).

**Ausführung**

**Rücken:** 46 [50] M anschlagen und 28 [30] cm im Grundmuster stricken; dann beidseitig 1 x 4 [1 x 4] M abketten. Nach weiteren 22 cm für die Schulterschrägung in jeder 2. R 3 x 4 M abketten. Restliche M gerade abketten.

**Vorderteil:** 26 [28] M anschlagen und wie beim Rückenteil arbeiten. Für den Halsausschnitt nach 41 cm [43] Gesamthöhe 1 x 5, 1 x 3, 1 x 2 M [1 x 6, 1 x 3, 1 x 2, 1 x 1] abketten. Schulterschrägung und Armausschnitt wie beim Rücken arbeiten.

**Zweites Vorderteil:** Gegengleich arbeiten.

**Fertigstellung**
Nähte schließen, alles mit 1 R fM, 1 R Krebsstich mit 3-fachem, rotem Garn umhäkeln.

---

*Fortsetzung von Seite 76*
*Strampelsack mit passender Jacke und Mütze*

seite 1 x 24 M abketten und über den restlichen 20 M gerade hocharbeiten. Nach 13 cm ab der Abnahme die M abketten. Die stillgelegten M wieder aufnehmen und zweite Seite gegengleich arbeiten.

**Fertigstellung**
Seiten- und Ärmelnähte schließen. Das Jäckchen mit 1 R KettM umhäkeln, dabei am vorderen re Rand 3 Knopflöcher von 2 LuftM einarbeiten: das erste 1 cm nach dem Halsausschnitt und die beiden anderen im Abstand von 2 cm. Mit 1 R Pikot abschließen. Die Ärmelränder mit 1 R KettM und 1 R Pikot umhäkeln. Knöpfe annähen.

**Ausführung**
**MÜTZE**

18 M mit Nadel Nr. 4 anschlagen. Im Netzmuster und gleichzeitig in verkürzten Reihen stricken (siehe unten).

Auf der re Seite jede 3. R 2 x 1 M, jede 2. R 6 x 1 M und 3 x 2 M zunehmen. Dann jede 2. R 3 x 1 M, jede 3. R 4 x 1 M und jede 4. R 3 x 1 M abketten. Es bleiben 22 M. Gerade hocharbeiten. In 21 cm Gesamthöhe hat man die Mitte der Arbeit erreicht, nun genauso, aber gegengleich weiterarbeiten.

Für die verkürzten R: * 10 R über alle M stricken, links 6 M stilllegen und 4 R über den übrigen M stricken, li 10 M stillegen und 4 R über die übrigen M stricken, dann 4 R über alle M stricken *. Von * bis * 7 mal im Ganzen wiederholen.

**Fertigstellung**
Hintere Naht schließen. Die Mütze mit 1 R KettM und 1 R Pikot umhäkeln, dabei an einer Spitze statt eines Pikots eine Knopfschlinge von 5 LuftM häkeln. Knopf annähen.

# Weißer Pullover im Kästchenmuster

**Größe:** 36, in Klammern [40] und [44]

**Material**
Filcrosa, Qual »Mohair Kid«, 280 [320, 360] g, weiß. Stricknadeln Nr. $3^1/_2$, 6 Knöpfe.

**Grundmuster**
**1. R:** RandM, * 2 M li, 7 M re. Ab * wiederholen, RandM.

**2. R:** und alle weiteren Rückreihen: M stricken wie sie erscheinen.

**3. R:** Wie 1. R.

**5. R:** RandM, * 2 M li, 2 M re, 3 M li, 2 M re. Ab * wiederholen. RandM.

**7. R:** Wie 5. R.
**9. R:** Wie 1. R.
**11. R:** Wie 1. R.
**13. R:** li.

**14. R:** re.

**1. bis 14. R:** Wiederholen.

**Maschenprobe**
22 M in der Breite = 10 cm, 36 R in der Höhe = 10 cm.

**Ausführung**

**Rücken:** 98 M [106, 114] M anschlagen und 10 R kraus re stricken; dann in folgender Einteilung weiterarbeiten: RandM, 4 M kraus re, 88 M Grundmuster – mit 7 M re beginnen [96 M im Grundmuster – mit 6 M re beginnen; 104 M im Grundmuster – mit 5 M re beginnen], 4 M kraus re, RandM. Bis zu einer Höhe von 18 cm in dieser Einteilung stricken, dann über alle M im Grundmuster arbeiten. In 58 [60] cm Gesamthöhe alle M gerade abketten.

**Vorderteil:** Bis zu einer Gesamthöhe von 51 [53] cm wie den Rücken arbeiten. Hierauf noch 2 cm kraus re stricken, dabei 6 Knopflöcher wie folgt einstricken: (In der 5. R) RandM, 3 M stricken, 4 M abketten, 5 [6, 7] M stricken, 4 M abketten, 5 [6, 7] M stricken, 4 M abketten, 46 [50, 54] M stricken, 4 M abketten, 5 [6, 7] M stricken, 4 M abketten, 5 [6, 7] M stricken, 4 M abketten, 3 M stricken, RandM. In der RückR die jeweils abgeketteten M wieder neu anschlagen. In 53 [55] cm Gesamthöhe alle M gerade abketten.

**Passe:** 28 [30, 34] M anschlagen und 7 cm kraus re stricken.

**Zweites Passenteil:** Gleich arbeiten.

**Ärmel:** 60 M anschlagen und 10 R kraus re stricken. Sodann im Grundmuster weiterarbeiten, dabei beidseitig 3 x nach jeweils 10 R und 11 x nach jeweils 12 R 1 M zunehmen = 88 M. In 48 [49, 50] cm Gesamthöhe gerade abketten.

**Zweiter Ärmel:** Gleich arbeiten.

**Fertigstellung**
Teile nach Schnitt spannen, dämpfen und zusammennähen, Schlitz offen lassen, Knöpfe annähen.

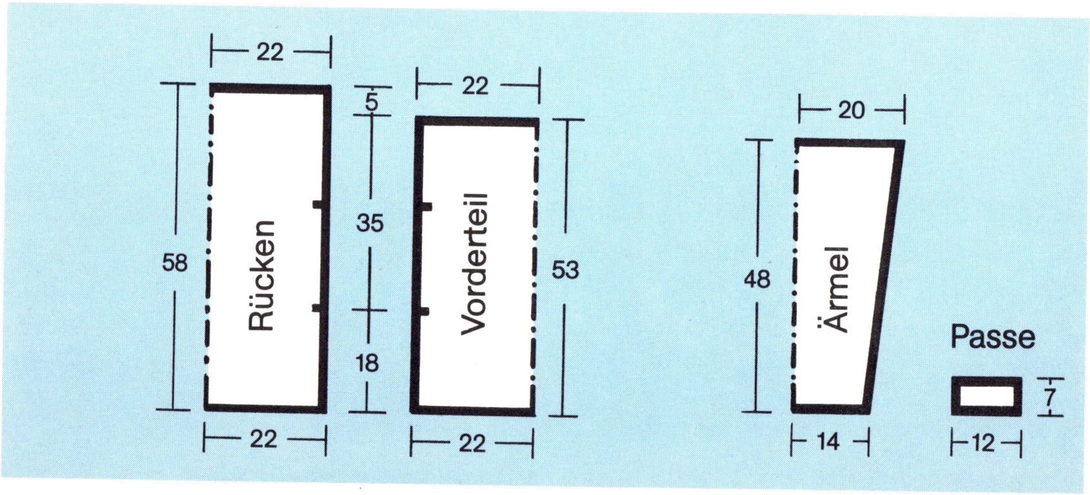

## Modellteil Stricken

# Einfacher Damenpulli, bestickt

**Größe:** 36, in Klammern [40] und [44]

**Material**
Lana Gatto, Qual »Cablé 2«, 200 [250, 300] g weiß, 50 g rot, 50 g schwarz, ein Rest gelb, Stricknadeln Nr. 3, Häkelnadel Nr. 3.

**Grundmuster**
Glatt re: HinR re, RückR li.

**Farbfolge**
22 R weiß, 6 R rot, 1 R gelb, 22 R weiß, 6 R schwarz, 1 R gelb, 36 [40] R weiß, 6 R rot und schwarz, 1 R gelb, 22 R weiß, 6 R rot, 1 R gelb, 36 [40] R weiß, 6 R rot, 1 R gelb, 22 R weiß, 6 R rot und schwarz, 1 R gelb, 22 R weiß, 16 R rot.

**Maschenprobe**
24 M in der Breite = 10 cm, 40 R in der Höhe = 10 cm.

**Ausführung**

**Rücken:** 106 [116, 126] M mit weißer Wolle anschlagen, im Grundmuster und in der Farbfolge stricken. Dabei für die seitliche Schrägung beidseitig nach jeweils 12 cm 3 x 1 M abnehmen = 100 [110, 120] M. In 62 [64] cm Gesamthöhe M gerade abketten.

**Vorderteil:** Wie den Rücken stricken.

**Ärmel:** 78 [86] M mit roter Wolle anschlagen und 8 R im Grundmuster stricken, dann mit weißer Wolle weiterarbeiten, dabei beidseitig 3 x nach jeweils 6 cm 1 M zunehmen = 84 [92] M. In 20 cm Gesamthöhe M gerade abketten.

**Zweiter Ärmel:** Gleich arbeiten.

**Fertigstellung**
Teile nach Schnitt spannen, dämpfen und zusammennähen, dabei die obere Kante von Vorder- und Rückenteil 2 cm nach innen biegen und festnähen, Schulternaht 6 [7, 8] cm schließen. Seitliche Schlitze 13 cm offen lassen. Die untere Kante sowie den Schlitz mit roter Wolle umhäkeln:

**1. R:** fM, **2. R:** * 1 fM, 1 Lm, 1 M der Vorreihe übergehen, 1 fM 3 M tief in den weißen Fond einstechen, 1 Lm, 1 M der Vorreihe übergehen. Ab * wiederholen.

Die Ärmelkanten ebenso umhäkeln, jedoch in Weiß. Nun in den ersten breiten weißen Streifen am unteren Rand mit roter Wolle die Schrägstiche, dann am oberen Rand in Schwarz die Zickzackstiche in die Mitte des zweiten breiten weißen Streifens das Rhombenmuster sticken (siehe Zählmuster).

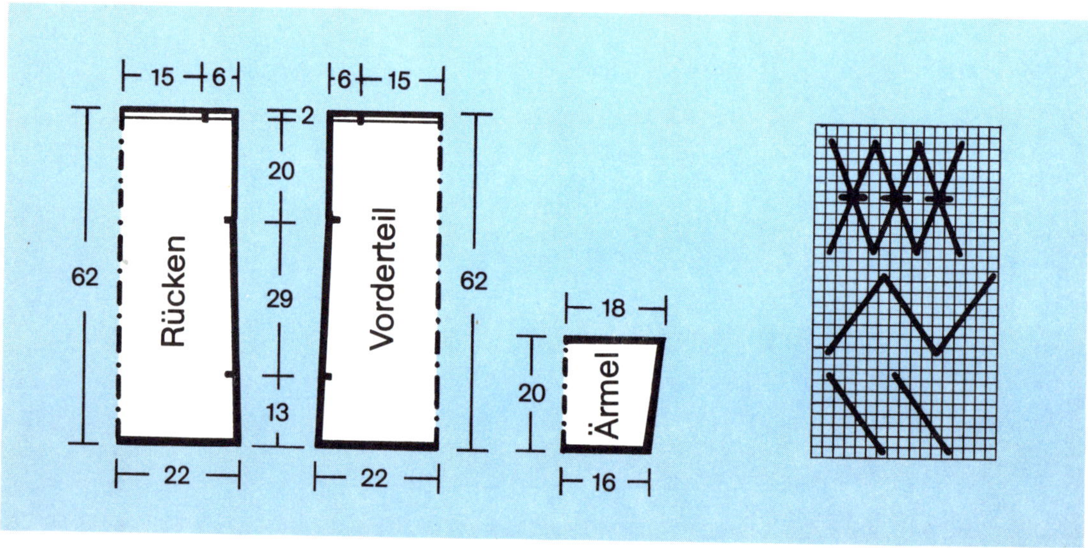

# Zopfpullover mit Rautenmusterpasse und Kopftuch

**Größe:** 36, in Klammern [40/42]

**Material**
Lana Gatto, Qual »Ecruette«, 600 g, rotmeliert, Stricknadeln Nr. 6.
Für das Kopftuch: Lana Gatto »Ecruette«, 100 g rotmeliert, Stricknadeln Nr. 6.

**Grundmuster**

**1. R:** * 2 M li, 2 M re zusammenstricken, 1 U, 1 M abheben, 1 M re stricken und die abgehobene M überziehen. Ab * wiederholen.

**2. R:** M stricken, wie sie erscheinen. Aus dem U 1 M li, 1 M re verschränkt herausstricken.

**3. R:** * 2 M li, 4 M re. Ab * wiederholen.

**4. R:** M stricken, wie sie erscheinen.

**1. bis 4. R:** Wiederholen.

**Rautenmuster**
Siehe Strickschrift. Die Hinreihen sind gegeben, die M in der RückR stricken, wie sie erscheinen.

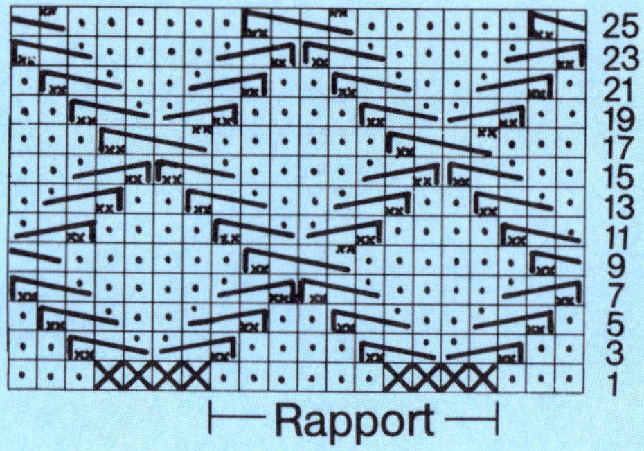


**Zeichenerklärung zu Strickschrift:**

x = re M
• = li M
 = 3 M nach re verkreuzen (1 M auf HilfsN hinter die Arbeit legen, 2 M re stricken, dann die HilfsNM li stricken).
 = 3 M nach li verkreuzen (2 M auf HilfsN vor die Arbeit legen, dann die folgende M li, dann die HilfsNM re stricken).
 = 4 M nach li verkreuzen (2 M auf HilfsN vor die Arbeit legen, die beiden folgenden M, dann die HilfsNM re stricken).

3. bis 18. R der Strickschrift wiederholen.

**Maschenprobe**
14 M in der Breite und 20 R in der Höhe = 10 x 10 cm (leicht gedehnt).

**Ausführung**
**PULLOVER**

**Rücken:** 62 [68, 72] M anschlagen und im Grundmuster 36 [37, 38] cm gerade hochstricken. Dann im Rautenmuster weiterarbeiten. In einer Gesamthöhe von 58 [59, 60] cm gerade abketten.

**Vorderteil:** Bis zu einer Gesamthöhe von 48 [49, 50] cm wie den Rücken arbeiten. Für den Halsausschnitt die mittleren 8 [10] M abketten. Beidseitig davon in jeder 2. R noch 1 x 3, 1 x 2 und 5 x 1 M abketten. In 58 [59, 60] cm Gesamthöhe die beidseitig restlichen 17 M [19, 21] abketten.

**Ärmel:** 36 M anschlagen und 12 cm kraus re stricken. Dann im Grundmuster weiterarbeiten; dabei 11 x beidseitig nach jeweils 6 R 1 M zunehmen = 58 M. In 55 [56, 57] cm Gesamthöhe alle M gerade abketten.

**Zweiter Ärmel:** Wie den ersten Ärmel arbeiten.

*Fortsetzung Seite 86*

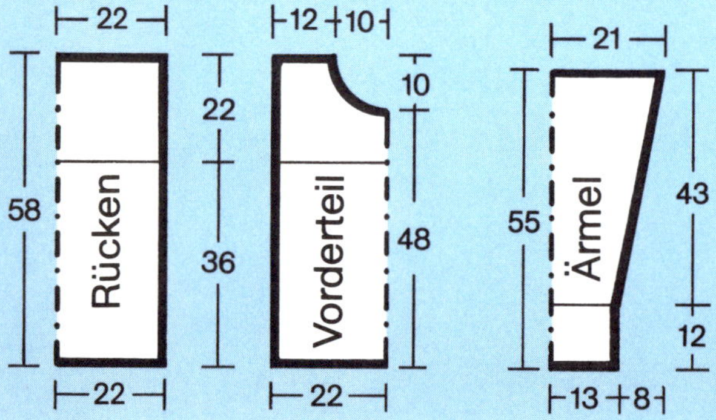

## Modellteil Stricken

# Damenpulli mit Goldstreifen

**Größe:** 36, in Klammern [40] und [42]

**Material**
Filcrosa »Lucia«, [400, 450] g weiß, gold »Lame Frise« 40 g, Stricknadeln Nr. 3½, Häkelnadel Nr. 3.

**Grundmuster**
Glatt re: HinR re, RückR li.

**Streifenfolge**
16 R weiß (glatt re), 4 R gold (kraus re).

**Maschenprobe**
20 M in der Breite = 10 cm, 32 R in der Höhe = 10 cm.

**Ausführung**

**Rücken:** 90 [98, 102] M mit weißem Garn anschlagen. Im Grundmuster und der Streifenfolge weiterarbeiten. Bis zu einer Gesamthöhe von 59 [60] cm gerade hochstricken. M abketten.

**Vorderteil:** Bis zu einer Gesamthöhe von 43 [44] cm wie den Rücken arbeiten. Jedoch für den Tunnelgürtel in 2 cm Höhe 2 Öffnungen arbeiten. Hierfür die Arbeit in 3 Teile teilen und 4 R getrennt hochstricken.

**1. Teil** über 42 [45, 46] M,
**2. Teil** über 6 [8, 10] M,
**3. Teil** über 42 [45, 46] M.

Nun alle M wieder auf einer Nadel zusammenfassen. Für den Halsausschnitt in 43 [45] cm Gesamthöhe die mittleren 6 [8] M abketten und die beiden Vorderteilhälften getrennt fertig stricken.

Für die Ausschnittschrägung in jeder 2. R 20 mal 1 M, dann 2 mal in jeder 4. R 1 M abnehmen. In 59 [60] cm Gesamthöhe die restlichen 20 [23, 25] M gerade abketten.

**Zweite Vorderteilhälfte:** Gegengleich arbeiten.

**Ärmel:** 80 M mit goldfarbenem Garn anschlagen und 6 R kraus re stricken, dann im Grundmuster und der Streifenfolge weiterarbeiten. In 45 cm Gesamthöhe M gerade abketten. Das Teil endet mit 4 R goldfarben.

**Zweiter Ärmel:** Gleich arbeiten.

**Fertigstellung**
Teile nach Schnitt spannen, leicht dämpfen und zusammennähen. Aus goldfarbenem Garn ein ca 1,5 cm langes und 3 Stb breites Band häkeln. Saum 2 cm breit nach innen umschlagen und festnähen. Band einziehen. Aus dem Halsausschnitt mit weißem Garn M aufnehmen und 1 Rd li stricken, dann noch 6 Rd mit goldfarbenem Garn anstricken (1 Rd re, 1 Rd li abwechselnd).

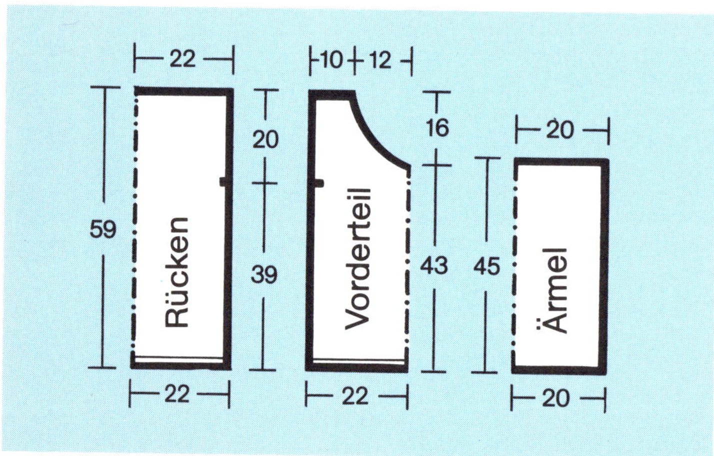


---

*Fortsetzung von Seite 84*

**Fertigstellung**
Teile nach Schnitt spannen, dämpfen und zusammennähen. Aus dem Halsausschnitt M aufnehmen und 3 cm kraus re anstricken.

**Ausführung**
**KOPFTUCH**

200 M anschlagen und 6 cm kraus re stricken. Dann beidseitig 30 M abketten = 140 M. Für die seitliche Schrägung nun beidseitig in jeder 2. R 1 x 3, 3 x 2 und 61 x 1 M abketten. Das Tuch auf diese Weise beenden, bis keine M mehr vorhanden sind.

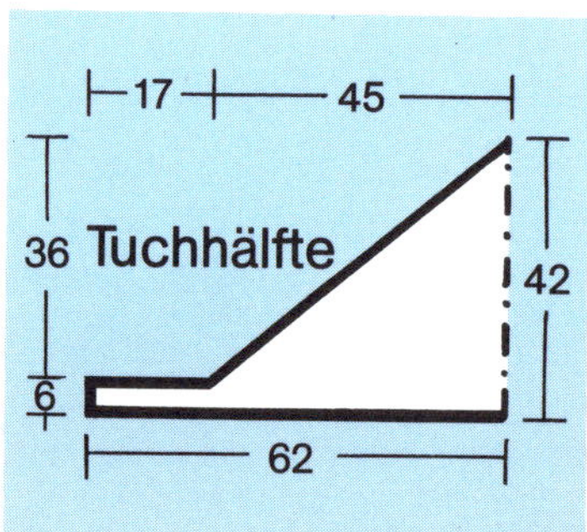


**Fertigstellung**
Tuch spannen und leicht dämpfen. 10 cm lange Fransen schneiden und je 3 Fäden zusammengenommen an den Schrägseiten einknoten.

# Kinderpullover mit Mütze im Jacquardmuster

**Größe:** 104, in Klammern [128]

**Material**
Patons, Qual »Jumper Wool«, 200 [250] g in Hauptfarbe (HF), je 50 g in drei Kontrastfarben (KF), Schnellstricknadel Nr. 3 und $3^{1}/_{2}$.

**Grundmuster**
Glatt re: HinR re, RückR li.

**Maschenprobe**
25 M in der Breite = 10 cm, 32 R in der Höhe = 10 cm. Mit Stricknadeln Nr. $3^{1}/_{2}$.

☐ = HF V = 2. KF
o = 1. KF X = 3. KF

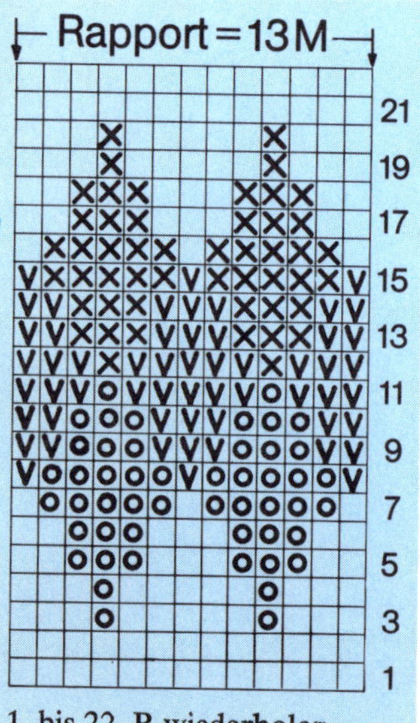

1. bis 22. R wiederholen.

**Ausführung**
**PULLOVER**

**Rücken:** Mit Stricknadeln Nr. 3 und HF 73 [85] M anschlagen, 3 cm 1 M re, 1 M li stricken. Wechseln zu Stricknadeln Nr. $3^{1}/_{2}$ und glatt re gemäß Zählmuster gerade hochstricken. Bei 24 [28] cm Höhe für die Armausschnitte beidseitig 1 x 3, 1 x 2, 3 x 1 M abketten = 57 [69] M.

Bei 13 [15] cm Armausschnitthöhe für die Schulterschräge 3 x 5, 1 x 4 [1 x 6] M abketten; die restlichen 19 [27] M auf eine HilfsN nehmen.

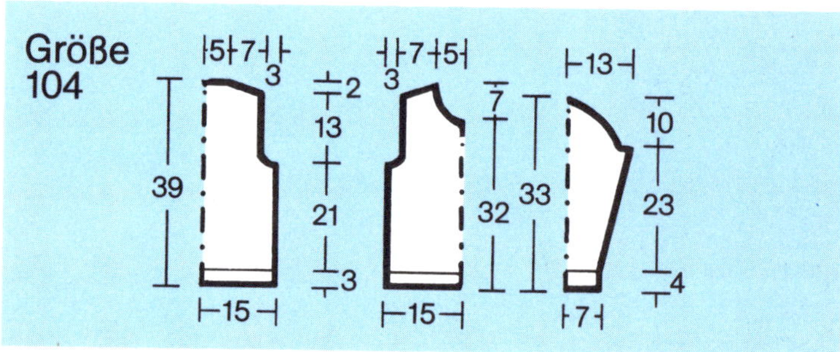


**Vorderteil:** Wie das Rückenteil arbeiten, bis die Armausschnitthöhe 9 [11] cm beträgt. Nächste R: (Vorderseite) 25 [27] M re, wenden und die restlichen M auf eine HilfsN schieben. Für den Halsausschnitt 1 x 2, 4 x 1 M abketten.

Die Schulterschräge in gleicher Höhe und Weise wie beim Rükken arbeiten. Die mittleren 7 [15] M abketten und die zweite Hälfte gegengleich beenden.

**Ärmel:** Mit Stricknadeln Nr. 3 und HF 39 [43] M anschlagen, 4 cm 1 M re, 1 M li stricken. Wechseln zu Stricknadeln Nr. $3^{1}/_{2}$, glatt re weiterstricken und beidseitig 1 M in der folgenden 5. R sowie jeder weiteren 6. R zunehmen, bis es 65 [69] M sind. Gerade hochstricken bis zu 27 [31] cm Höhe. Für die Armkugel beidseitig 1 x 4, 2 x 3 M abketten, dann 10 x beidseitig 1 M in jeder R abnehmen sowie 2 x 4 M. Die restlichen M abketten.

**Zweiter Ärmel:** Gleich arbeiten.

**Fertigstellung**
Teile von li nach Schnittmuster aufspannen, mit feuchtem Tuch bedecken und leicht dämpfen. Rechte Schulternaht schließen.

**Halsblende:** Mit Stricknadeln Nr. 3 und HF ca 74 [82] M aus dem Halsausschnitt auffassen (einschließlich der M der HilfsN), 10 [12] cm 1 M re, 1 M li stricken und locker im Muster abketten.

Restliche Nähte schließen, Ärmel einsetzen. Die Halsblende zur Hälfte nach außen umschlagen.

**Ausführung**
**MÜTZE**

Mit Stricknadeln Nr. 3 und HF 117 M anschlagen, 10 cm 1 M re, 1 M li stricken. Wechseln zu Stricknadeln Nr. $3^{1}/_{2}$, glatt re nach Zählmuster gerade hochstricken bis zu 25 cm Höhe, dabei jeweils mit 1 M re beginnen und enden. In den nächsten 2 R fortlaufend jeweils 2 M zusammenstricken; den Faden durch die restlichen M ziehen und gut befestigen. Die rückwärtige Naht schließen. Die Blende zur Hälfte nach außen umschlagen. Einen Pompon anfertigen und annähen.

JAGUAR

# Strickmütze, Kniebundstrümpfe, Babyschühchen und Babyfäustlinge, Damenfäustlinge

## STRICKMÜTZE

**Größe:** 6 bis 8 Jahre

**Material**
»Madame Pingouin«, 60 g, blau, Stricknadeln Nr. $3^1/_2$.

**Grundmuster**
Glatt re.
**2. Rippen:** 1 li, 1 re.
**3. Rippen:** 2 re, 2 li.
**4. Rippen:** 1 M re, 2 M li, RückR M stricken, wie sie erscheinen.

**5. Phantasiemuster:** Maschenzahl teilbar durch 5 + 2.
**1. und 4. R:** Randmasche, * 4 M re, 1 M li, * Randmasche.
**2. und 3. R:** Randmasche, * 2 M re, 3 M li, * Randmasche.
**5. R:** Randmasche, R li stricken, Randmasche.
**6. und 9. R:** Randmasche * 1 M re, 4 M li, * Randmasche.
**7. und 8. R:** Randmasche, * 3 M re, 2 M li, 2 M li, * Randmasche.
**10. R:** Randmasche, R re stricken, Randmasche.

**Ausführung**
112 M anschlagen. Zunächst 13 cm im Phantasiemuster stricken, dann 8 cm im Rippenmuster 3. Anschließend in einer R die beiden M der Rechtsrippe re zusammenstricken und weiter 4 cm im Rippenmuster 4 arbeiten. Dann 3 M li zusammenstricken (1 M li, 1 M re, 1 M li) und 2 cm im Rippenmuster 2 arbeiten. Die M der folgenden R paarweise zusammenstrikken, den Faden durch die Schlingen ziehen und vernähen.

**Fertigstellung**
Rücknaht der Mütze schließen. Die untere Kante im Phantasiemuster 3 mal nach außen umschlagen.

## KNIEBUNDSTRÜMPFE

**Größe:** 37/38, durch Verlängern der Wade und des Fußes auch größer.

**Material**
Mittelstarke Sportwolle, Qual »Dana«, 250 g hellblau, 50 g dunkelblau,
1 Spiel Stricknadeln Nr. 5.

**Grundmuster**
Nach Strickschrift arbeiten.
1. bis 6. R wiederholen.

**Ausführung**
Mit doppeltem Faden stricken. 48 M anschlagen auf 4 Nadeln verteilen und zur Rd schließen. 8 Rd 1 M re, 1 M li im Wechsel stricken, dann nach Grundmuster arbeiten (in gewünschter Länge). Nun glatt re weiterarbeiten. Nach 2 Rd mit der Ferse beginnen. Die M der 1. und 4. Nadel zusammenfassen und 20 R glatt re in R stricken. Für das Käppchen die M in 3 Teile von je 8 M teilen.

In der folgenden R * die letzte M des 2. Drittels mit der 1. M des 3. Drittels überzogen zusammenstricken, wenden, die 1. M wie zum Linksstricken abheben. Nachdem die M des mittleren Drittels bis auf die letzte li abgestrickt

*Fortsetzung Seite 92*

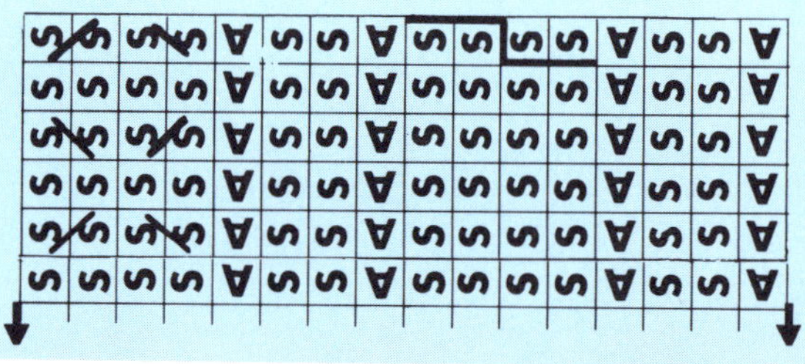


**Zeichenerklärung**

= 2 M nach re kreuzen, d. h. zuerst die 2. M von vorn re stricken, dann die 1. M re stricken.

= 2 M nach li kreuzen, d. h. zuerst die 2. M von hinten re stricken, dann die 1. M auch re stricken.

= 2 M auf eine HilfsN vor die Arbeit nehmen, die folg. 2 M re stricken, dann die 2 M auf der HilfsN re stricken.

= re M;

= li M.

# Kinderjacke Bouclé

**Größe:** 5 bis 6 Jahre

**Material**
Filcrosa, Qual »Bristol«, 200 g rot, 100 g weiß, 100 g blau, Stricknadeln Nr. 4½, 5 Knöpfe.

**Grundmuster I**
Glatt re = HinR re, RückR li.

**Grundmuster II**
Kraus re = HinR re, RückR re.

**Farbfolge**
6 R blau, 6 R weiß, 6 R rot.

**Maschenprobe I**
15 M in der Breite = 10 cm, 30 R in der Höhe = 10 cm.

**Ausführung**

**Rücken:** 44 M in Blau anschlagen. Im Grundmuster II 6 R blau und 6 R weiß arbeiten. Im Grundmuster I und mit roter Wolle weiterarbeiten. Bei einer Gesamtlänge von 21 cm für die Arme beidseitig 1 x 5 M zunehmen. Bei 15 cm Ärmelhöhe für die Schulterschrägung in jeder 2. R 3 x 7 M abketten. Die restlichen M gerade abketten.

**Vorderteil:** 22 M in Blau anschlagen und 6 R blau und 6 R weiß im Grundmuster II arbeiten. Nun im Grundmuster I mit roter Wolle stricken und wie beim Rückenteil arbeiten. Bei 10 cm Ärmelhöhe für den Halsausschnitt 1 x 3, 1 x 2, 1 x 2 M abketten. Schulterschrägung wie beim Rückenteil. Restliche M gerade abketten.

**Zweites Vorderteil:** Gegengleich stricken.

**Ärmel:** 44 M anschlagen. In Grundmuster II und Farbfolge 12 R stricken. Im Grundmuster I weiterarbeiten. Bei einer Gesamthöhe von 32 cm M abketten.

**Zweiter Ärmel:** Gleich stricken.

**Fertigstellung**

Nähte schließen. Für den Kragen M aus dem Halsausschnitt auffassen, in Farbfolge 24 R im Grundmuster II stricken. Für die Verschlußblende nun die M auffassen und 6 R weiß, 6 R blau im Grundmuster II anstricken, dabei in die re Blende 5 Knopflöcher alle 6 cm über 2 M arbeiten.

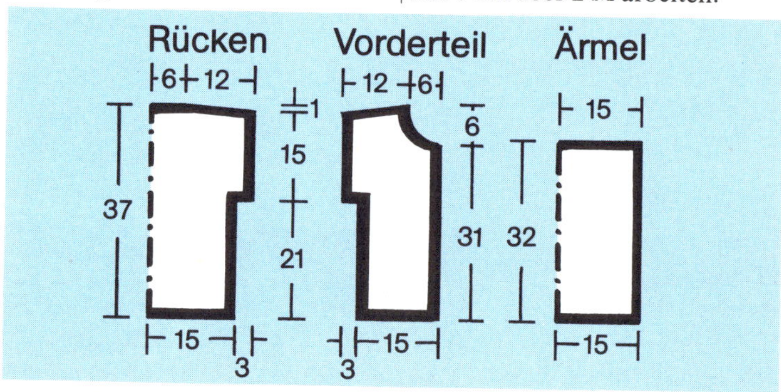


*Fortsetzung von Seite 90*

sind, diese und die folgende M des 1. Drittels li zusammenstricken, wenden, die 1. M abheben, die M des mittleren Drittels bis auf die letzte re stricken, und ab * so lange wiederholen, bis an beiden Seiten alle M aufgebraucht sind. Nun folgt eine HinR bis zur Mitte des Käppchens. Ab hier wieder in Rd stricken. Dazu aus den RandM der Fersenwand je 10 M aufnehmen = insgesamt 52 M.

Nach 1 Rd den Zwickel arbeiten. Hierfür 2 x nach 3 Rd die letzte M der 1. Nadel und die 1. M der 2. Nadel, die letzte M der 3. Nadel und die 1. M der 4. Nadel zusammenstricken = 48 M. Jetzt auch in der Farbfolge 4 R dunkelblau, 6 R hellblau weiterarbeiten.

In gewünschter Länge mit der Spitze beginnen: In den folgenden Rd jeweils die 3. und 2. letzte M der 1. Nadel übergezogen zusammenstricken, die 2. und 3. M der 2. Nadel zusammenstricken, die 3. und 2. letzte M der 3. Nadel übergezogen zusammenstricken, die 2. und 3. M der 4. Nadel zusammenstricken. Diese Abnahmen solange in jeder Rd wiederholen, bis noch 8 M vorhanden sind. Die restlichen M zusammenziehen. Faden vernähen.

**Zweiter Strumpf:** Gleich stricken.

**BABYSCHÜHCHEN**

**Material**
Schoeller, Qual »Woll-Spaß«, 50 g blau, je ein Rest rot, rost, gelb, grün und dunkelblau, Stricknadeln Nr. 3½.

**Grundmuster**
Kraus re = Hin- und RückR re.

**Streifenfolge I**
2 Rippen blau, 1 Rippe rot, 2 Rippen rost, 1 Rippe gelb, 2 Rippen grün, 3 Rippen dunkelblau.

**Streifenfolge II**
2 Rippen rot, 1 Rippe grün, 2 Rippen dunkelblau, 2 Rippen blau.

*Fortsetzung Seite 94*

# Melierte Kinderjacke

**Größe:** 6 bis 7 Jahre

**Material**
Woll Service, Qual »Veronika ombré«, 420 g, blau-meliert, Rundstricknadel Nr. 6, 4 Knöpfe.

**Grundmuster I**
1 M re, 1 M li.

**Grundmuster II**
Kraus re = Hin- und RückR re.

**Maschenprobe**
10 M in der Breite = 10 cm, 19 R in der Höhe = 10 cm.

**Ausführung**
**Rücken:** Mit Stricknadeln Nr. 6 32 M anschlagen und 9 cm im Grundmuster I stricken, im Grundmuster II weiterarbeiten. Bei einer Gesamtlänge von 28 cm beidseitig 1 x 3 M zunehmen. Nach 16 cm Armhöhe für die Schulter 1 x 5, 1 x 4, 1 x 3 M beidseitig abnehmen. Die restlichen M gerade abketten.

**Vorderteil:** 19 M anschlagen und 9 cm im Grundmuster I stricken, dann im Grundmuster II wie beim Rücken weiterarbeiten, jedoch in 35 cm Gesamthöhe für den Halsausschnitt nach jeweils 3 cm 3 x 1 M abnehmen. Beim linken Vorderteil 4 Knopflöcher einstricken. Das unterste ist 8 cm ab Saum entfernt, die anderen liegen in 8 cm Abstand zueinander. Abstand zur Längskante = 2 cm. Für ein Knopfloch 2 M abketten, die in der nächsten R wieder angeschlagen werden.

**Ärmel:** Werden quergestrickt. Mit Nd Nr. 6 27 M anschlagen und 32 cm stricken. M abketten. Aus der unteren Ärmelkante M aufnehmen und 9 cm im Grundmuster I für den Aufschlag anstricken.

**Zweiter Ärmel:** Gleich arbeiten.

**Fertigstellung**
Nähte schließen, für den Kragen aus dem Halsausschnitt 36 M auffassen und 12 cm im Grundmuster I stricken. M lose abketten.

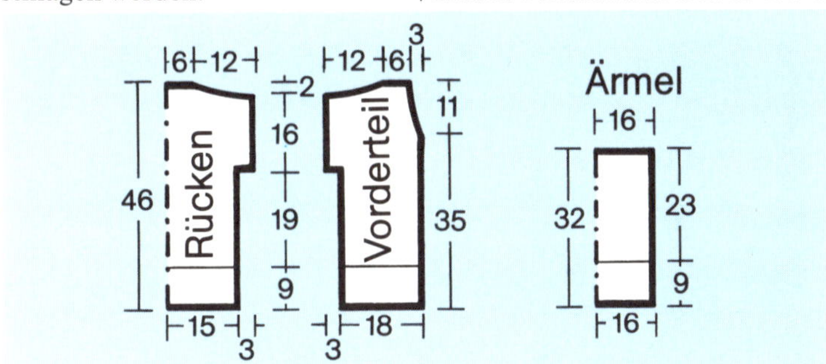


*Fortsetzung von Seite 92*
*Babyschühchen*

**Ausführung**
39 M anschlagen und 1 mal Streifenfolge I stricken, dann 2 Rippen in Blau stricken und 1 Lochreihe wie folgt arbeiten:
1 M re, 2 M zusammenstricken, 1 U, 11 mal wiederholen, noch 2 Rippen in Blau stricken. Beiderseitig je 13 M auf eine Hilfsnadel geben und über die mittleren 13 M 1 mal Streifenfolge II stricken.

Anschließend beiderseitig der Streifenfolge je 10 M neu aufnehmen und die M der Hilfsnadel wieder in Arbeit nehmen = 59 M. Nun 4 Rippen in Blau stricken und 2 Rippen in Rot, dann für die Sohle wie folgt abnehmen: 5 M stricken, 2 M zusammenstricken, 15 M stricken, 2 M zusammenstricken, 10 M stricken, 2 M zusammenstricken, 15 M stricken, 2 M zusammenstricken, 6 M stricken. Noch 3 mal über den zusammengestrickten M je 1 M abnehmen. M lose abketten.

**Fertigstellung**
Rückwärtige Naht sowie Sohlennaht zusammennähen. Kordel aus roter Wolle drehen und durch die Lochreihe ziehen.

**BABYFÄUSTLINGE**

**Material**
Schoeller, Qual »Cavatina Pussy«, je ein Rest hellblau, rot, rost, gelb, grün, dunkelblau, 1 Spiel Stricknadeln Nr. 3.

**Grundmuster**
*Bündchen:* 1 M re, 1 M li.
*Faust:* Kraus re = 1 Rd re, 1 Rd li.

**Streifenfolge**
6 Rd rot, 6 Rd rost, 6 Rd gelb, 6 Rd grün, 6 Rd blau, 6 Rd hellblau.

**Ausführung**
30 M in Hellblau anschlagen und auf 4 Nd verteilen. 5 cm 1 li, 1 re stricken, dann 1 Rd re stricken. Die nächste Rd wie folgt arbeiten: 1 M re, 2 M zusammenstricken, 1 U, noch 9 mal wiederholen. Dann noch 2 R re stricken, im Grundmuster in der Streifenfolge weiterarbeiten, dabei in der 1. Rd

*Fortsetzung Seite 96*

# Matrosen-pulli

**Größe:** 38/40, in Klammern [42/44]

**Material**
Lana Gatto, Qual »Turnier 4-fach«, 150 [200] g weiß, 200 [250] g blau, Schnellstricknadeln Nr. 3½.

**Grundmuster**
Kraus re, glatt re.

**Musterfolge**
20 [22] R glatt re, 4 R kraus re.

**Maschenprobe**
Glatt re: 23 M in der Breite = 10 cm, 36 R in der Höhe = 10 cm.

**Farbfolge**
Kraus re immer in Blau, glatt re

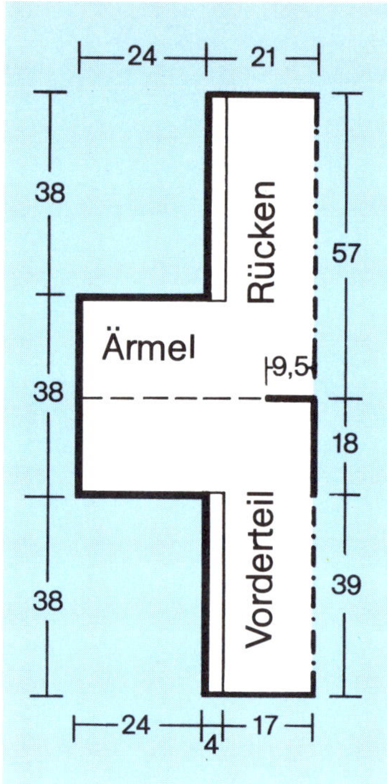


immer in Weiß arbeiten.

**Seitenstreifen**
10 [12] M anschlagen und 140 [145] R kraus re stricken. M stilllegen. Vier solche Streifen stricken.

**Ausführung**

**Rücken:** 84 [92] M in Blau anschlagen und 14 R in Blau arbeiten. Dann in Weiß und Farbfolge weiterarbeiten. Bei einer Gesamtlänge von 38 [40] cm am Anfang und Ende der Arbeit je 1 Seitenstreifen von 10 [12] M ansetzen und dann beidseitig 55 [55] M für die Ärmel zunehmen und über 214 [226] M in Blau 4 R arbeiten.

Arbeit in der Mitte teilen, die Seiten werden vorerst getrennt weitergearbeitet. Nach 18 [19] cm 20 M für den Halsausschnitt auf eine HilfsN nehmen und 20 M über den stillgelegten M wieder neu anschlagen.

**Zweite Vorderteilhälfte:** Gegengleich arbeiten.

Die Arbeit wieder miteinander verbinden und über 214 [226] M weitere 19 cm in Blau arbeiten. Dann beidseitig 1 x 55 [55] M abketten.

Nun wieder die 2 Seitenstreifen

*Fortsetzung Seite 98*

---

*Fortsetzung von Seite 94*
*Babyfäustlinge*

verteilt 5 M zunehmen. Nach 5 cm ab Streifenfolge jede 2. Rd wie folgt abnehmen:

Jede 4. und 5. M zusammenstricken = 28 M

Jede 3. und 4. M zusammenstricken = 21 M

Jede 2. und 3. M. zusammenstricken = 14 M

Jede 2. M zusammenstricken = 7 M

Die restlichen 7 M werden zusammengezogen.

Eine Kordel aus roter Wolle drehen und durch die Lochreihe ziehen.

**DAMENFÄUSTLINGE**
Für alle Größen.

**Material**
Schoeller, Qual »Woll-Spaß«, je 50 g türkis, rot, orange, gelb, grün, 1 Spiel Stricknadeln Nr. 4½.

**Grundmuster**
Kraus re = 1 Rd re, 1 Rd li.

**Streifenfolge**
Je 8 Rd türkis, rot, orange, gelb, grün.

**Ausführung**
40 M anschlagen, auf 4 Nadeln verteilen und kraus in angegebener Streifenfolge in Rd stricken. Nach 13 cm für den Daumen 7 M auf einen Hilfsfaden nehmen. In der folgenden Rd 7 M neu anschlagen und weiter 8 cm stricken, dann in jeder 2. Rd wie folgt abnehmen:

Jede 4. und 5. M zusammenstricken = 32 M.
Jede 3. und 4. M zusammenstricken = 24 M.
Jede 2. und 3. M zusammenstricken = 16 M.
Je 2 M zusammenstricken = 8 M.

Die restlichen 8 M werden zusammengezogen.

Für den Daumen die 7 M des Hilfsfadens und noch 9 M dazu aufnehmen. 5 cm stricken, dann jede Rd 2 M zusammenstricken. Die restlichen 4 M zusammenziehen.

# Sportlicher Blouson

**Größe:** 38, in Klammern [42, 46]

**Material**
Baumwollgarn Filcrosa, Qual »Lucia«, 450 [500, 550] g weiß, 100 g schwarz, Stricknadeln Nr. 3¹/₂, 5, 7, teilbarer Reißverschluß, 50 cm lang, schwarz.

**Grundmuster**
Glatt re, es wird mit doppeltem Faden gearbeitet.

**Rippenmuster**
2 M re, 2 M li.

**Maschenprobe**
13 M in der Breite = 10 cm, 20 R in der Höhe = 10 cm.

**Ausführung**

**Rücken:** 50 [54, 60] M mit schwarzem Garn und Stricknadeln Nr. 5 anschlagen und 10 cm im Rippenmuster stricken. Dann mit Stricknadeln Nr. 7 und weißem Garn weiterarbeiten; dabei auf die 1. R gleichmäßig verteilt 12 M zunehmen = 62 [66, 72] M, in 54 [55] cm Gesamthöhe alle M gerade abketten.

**Vorderteil:** 28 [32, 38] M mit schwarzem Garn anschlagen (Stricknadeln Nr. 5) und 10 cm im Rippenmuster stricken. Dann mit weißem Garn und Stricknadeln Nr. 7 weiterarbeiten, dabei auf die 1. R gleichmäßig verteilt 8 M zunehmen. Nach 3 cm den Tascheneingriff arbeiten. Hierfür die Arbeit teilen.

Das **1. Teil** über 20 [24, 30] M Breite (ab vordere Mitte), das **2. Teil** über 16 M Breite jeweils 12 cm gerade hochstricken.

Nun alle M wieder auf einer Nadel zusammenfassen. In 42 [43] cm Gesamthöhe für den Halsausschnitt in jeder 2. R 1 x 4, 1 x 3, 13 x 1 M [1 x 4, 1 x 3, 13 x 1; 2 x 4, 1 x 3, 13 x 1 M] abketten. In 54 [55] cm Gesamthöhe die restlichen 16 [20, 22] M gerade abketten.

**Zweites Vorderteil:** Gegengleich arbeiten.

**Ärmel:** 32 M mit schwarzem Garn und Stricknadeln Nr. 5 anschlagen. 10 cm im Rippenmuster stricken. Dann mit weißem Garn und Stricknadeln Nr. 7 weiterarbeiten, dabei, auf die 1. R gleichmäßig verteilt, 8 M zunehmen. Hierauf noch 5 x beidseitig nach jeweils 6 cm 1 M zunehmen. In 52 [53] cm Gesamthöhe alle M gerade abketten.

**Zweiter Ärmel:** Gleich arbeiten.

**Fertigstellung**
Teile nach Schnitt spannen und leicht dämpfen und zusammennähen. Aus dem Halsausschnitt mit weißem Garn und Stricknadeln Nr. 5 M aufnehmen und 1. R im Rippenmuster stricken, dann mit schwarzem Garn weiterarbeiten. Nach insgesamt 8 cm M abketten, wie sie erscheinen, dabei jede 5. und 6. M zusammenfassen. Aus der zur vorderen Kante liegenden Taschenkante 16 M mit schwarzem Garn auffassen (Stricknadeln Nr. 5) und 10 R im Rippenmuster anstricken. Aus der zweiten Taschenkante mit einfach genommenem weißem Garn und Stricknadeln Nr. 3¹/₂ M aufnehmen und 14 cm im Grundmuster für den Taschenbeutel anstricken. Taschenteil zur Hälfte nach innen biegen und gegen die erste Taschenkante nähen. Seitennähte schließen, Reißverschluß einnähen.

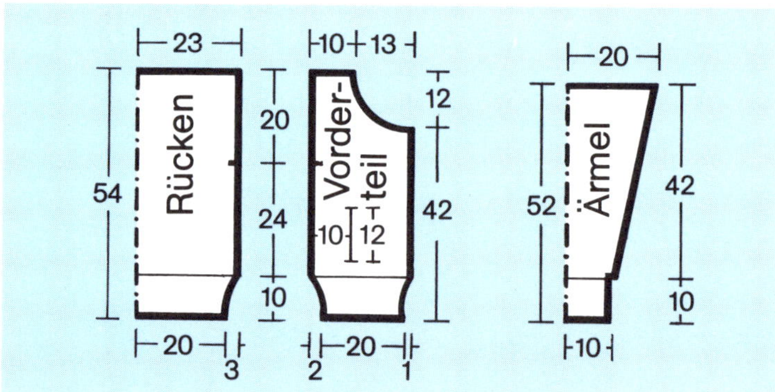


*Fortsetzung von Seite 96*
*Matrosenpulli*

von 10 [12] M vor und hinter der Arbeit ansetzen. Pulli gegengleich beenden. Für den Kragen die beidseitig stillgelegten M aufnehmen. Dazwischen M aus dem rückwärtigen Halsausschnitt aufnehmen. Über die gesamte M-Breite 50 R in Blau arbeiten.

**Fertigstellung**
Nähte schließen. Pullover leicht dämpfen.

# Trachtenjacke im Noppenmuster

**Größe:** 38/40

**Material**
Filcrosa, Qual »Lisa«, 550 g grün, 100 g rot, Stricknadeln Nr. 5.

**Grundmuster**
Nach Strickschrift arbeiten (von re nach li lesen). Die HinR sind gegeben, in den RückR M stricken, wie sie erscheinen (mit Ausnahme der Noppen).

**Maschenprobe**
14 M in der Breite und 18 R in der Höhe = 10 x 10 cm.

**Ausführung**

**Rücken:** 62 M anschlagen und nach Zählmuster 58 cm gerade hochstricken. M gerade abketten.

**Vorderteil:** 32 M anschlagen und in folgender Einteilung 48 cm gerade hochstricken (ab vorderer Kante):

RandM, 1/2 Mustersatz (ab gestricheltem Pfeil 10 M), 1 Mustersatz, RandM. Für den Halsausschnitt in 48 cm Gesamthöhe in jeder 2. R 1 x 5, 1 x 3, 2 x 2, 2 x 1 M abnehmen. In 58 cm Gesamthöhe die restlichen 18 M gerade abketten.

**Zweites Vorderteil:** Gegengleich arbeiten.

**Ärmel:** 42 M anschlagen und im Grundmuster stricken. Für die seitliche Schrägung nach jeweils 5 cm 8 x 1 M beidseitig zunehmen = 58 M. In 46 cm Gesamthöhe M gerade abketten.

**Zweiter Ärmel:** Gleich arbeiten.

**Fertigstellung**
Teile nach Schnitt spannen, leicht dämpfen und zusammennähen. Aus den Vorderteilkanten M mit roter Wolle aufnehmen und 3 cm kraus re stricken; ebenso aus dem Halsausschnitt, den Saumkanten und Ärmelkanten M aufnehmen und 3 cm mit roter Wolle anstricken. Nun in jede Rautenmitte Noppen in Ovalform aufsticken (zuerst Querstiche, dann Längsstiche locker darüberarbeiten).

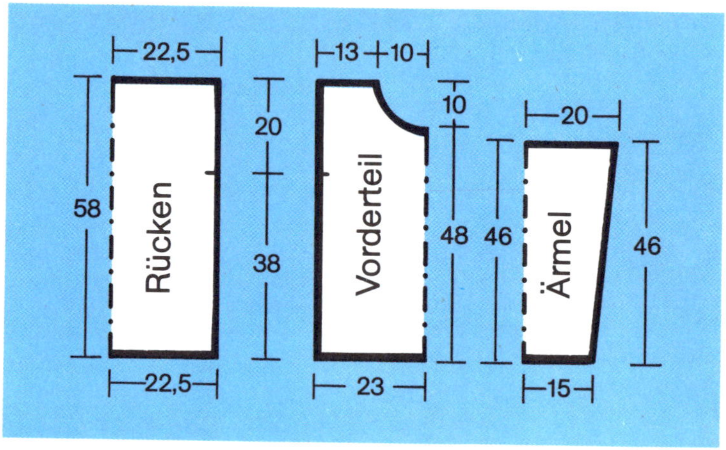


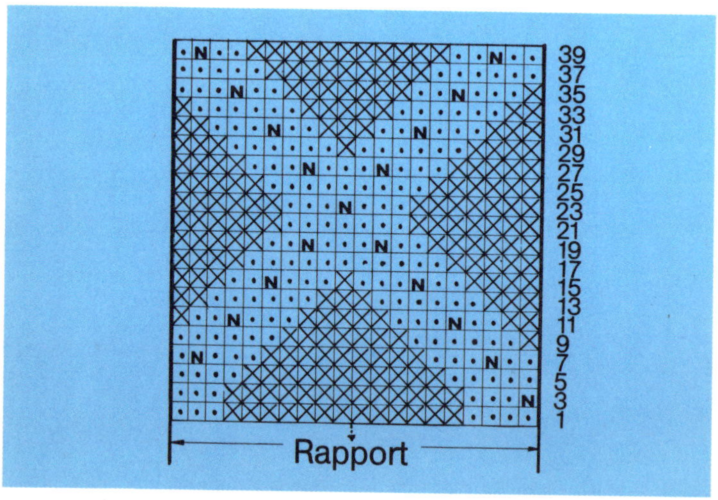


**Zeichenerklärung zur Strickschrift:**

× = re M.
• = li M.
N = Noppe; an der gegebenen Stelle in der Hinreihe aus 1 M 3 M herausstricken (1 x vorne, 1 x hinten, 1 x vorne einstechen, Arbeit wenden, die 3 M li stricken, Arbeit wenden, die 3 M re stricken. In der folgenden RückR die 3 M li zusammenstricken).

1. bis 40. R der Strickschrift wiederholen.

# Herrenpullover im Wabenmuster

**Größe:** 48

**Material**
Woll-Service, Qual »Hockey«, 450 g braun, 200 g grün, 150 g rost, 150 g schwarz, Stricknadeln Nr. 5.

**Grundmuster**
Gerade Maschenzahl, teilbar durch 4 + 2 RandM.

**1. R:** re M stricken.

**2. R:** li M stricken.

**3. R:** RandM * 2 M auf einer HilfsN vor die Arbeit legen, die folgenden 2 M und dann die M auf der HilfsN re stricken, 2 M auf einer HilfsN hinter die Arbeit legen, die folgenden 2 M und die M auf der HilfsN re stricken. Ab * wiederholen. RandM.

**4. R:** li M stricken.

**5. R:** re M stricken.

**6. R:** li M stricken.

**7. R:** RandM * 2 M auf einer HilfsN hinter die Arbeit legen, die beiden folgenden M, dann die beiden auf der HilfsN re stricken, 2 M auf einer HilfsN vor die Arbeit legen, die folgenden 2 M und dann die M auf der HilfsN re stricken. Ab * wiederholen, RandM.

**8. R:** li M stricken.

**1. bis 8. R:** Fortlaufend wiederholen.

**Maschenprobe**
22 M in der Breite = 10 cm, 20 R in der Höhe = 10 cm.

**Ausführung**

**Rücken:** 100 M mit grüner Wolle anschlagen und 8 cm 1 M re, 1 M li im Wechsel stricken. Sodann im Grundmuster und mit Schwarz weiterarbeiten, dabei auf die 1. R gleichmäßig verteilt 14 M zunehmen. Nun jeweils 15 cm schwarz, braun, rost und grün stricken. Dabei in 58 cm Gesamthöhe ab Bündchen für den rückwärtigen Halsausschnitt die mittleren 22 M abketten; beidseitig davon nochmals 10 M abketten. In 60 cm Höhe ab Bündchen die M (jeweils 36 M) gerade abketten.

**Vorderteil:** Bis zu einer Höhe von 53 cm ab Bündchen wie Rücken arbeiten. Sodann für den Halsausschnitt die Arbeit in der Mitte teilen und die Hälften getrennt beenden. Für die Ausschnittrundung in jeder 2. R 1 x 7, 1 x 4, 3 x 2 und 4 x 1 M abketten.

**Zweite Hälfte:** Gegengleich arbeiten.

**Ärmel:** 46 M grün anschlagen und 8 cm 1 M re, 1 M li im Wechsel stricken. Sodann braun im Grundmuster weiterarbeiten, dabei auf die 1. R gleichmäßig verteilt 12 M zunehmen. Für die seitliche Ärmelschrägung beidseitig 14 x in jeder 4. R ab Bündchen 1 M zunehmen (= 86 M). In 50 cm Gesamthöhe die M abketten.
**Zweiter Ärmel:** Gleich arbeiten.

**Fertigstellung**
Teile leicht dämpfen und zusammennähen. Aus dem Halsausschnitt M aufnehmen und 20 cm 1 M re, 1 M li im Wechsel mit brauner Wolle für den Rollkragen anstricken.

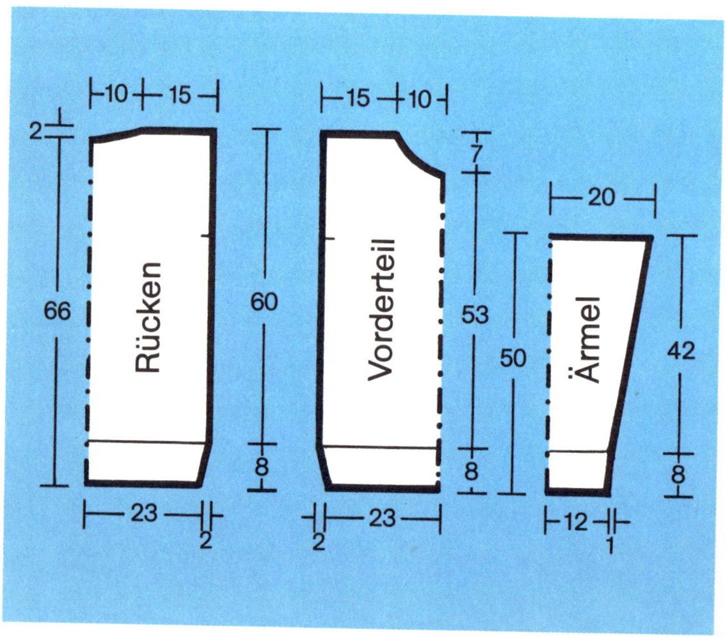

# Tennispullover mit Zopfborte

**Größe:** 42/44

**Material**
Esslinger Wolle, Qual »Fleco Perle« oder »Trockenwolle«, 400 g schilf, 200 g rohweiß, Schnellstricknadeln Nr. 3½.

**Grundmuster**
Glatt re: HinR re, RückR li.

**Zopfmuster**
**1. R:** 3 M li, 12 M re, 3 M li.

**2. bis 6. R:** Stricken, wie M erscheinen.

**7. R:** 3 M li, 3 M auf 1 HilfsN hinter die Arbeit legen, 3 M re stricken, 3 M der HilfsN re stricken, 3 M auf 1 HilfsN vor die Arbeit legen, 3 M re stricken, die 3 M der HilfsN re stricken, 3 M li stricken.

**8. bis 14. R:** Stricken, wie M erscheinen.

**7. bis 14. R:** Fortlaufend wiederholen.

**Maschenprobe**
20 M in der Breite = 10 cm, 27 R in der Höhe = 10 cm.

**Ausführung**

**Rücken:** 94 M in Rohweiß anschlagen und in 2 M re, 2 M li 10 cm stricken. In glatt re und Schilf bis 40 cm ab Anschlag stricken.

Für die Armausschnitte beidseitig 1 x 4, 1 x 3, 1 x 2 und 1 x 1 M abnehmen = 74 M. Nach 22 cm Armausschnittbeginn für die Schulter 1 x 4 und 3 x 5 M abnehmen, gleichzeitig für den Halsausschnitt die mittleren 30 M abketten und beidseitig an der Halsausschnittkante 3 x 1 M abnehmen.

**Vorderteil:** Wird wie Rücken gestrickt. Nach 18 cm ab Anschlag für den Halsausschnitt 27 x 1 M in jeder 4. R abnehmen. Armausschnitt wie beim Rücken abnehmen. Für die Schulter 2 x 5 M abnehmen.

**Ärmel:** 48 M in Rohweiß anschlagen und 10 cm in 2 M re, 2 M li stricken. In Schilf und glatt re bis 48 cm ab Anschlag stricken, dabei beidseitig 12 x 1 M in jeder 8. R zunehmen = 72 M.

Für die Armkugel beidseitig 1 x 3, 2 x 2, 14 x 1, 3 x 2, 1 x 3 M abnehmen. Restliche 12 M auf einmal abketten.

**Zweiter Ärmel:** Gleich arbeiten.

**Zopf:** In Rohweiß 18 M anschlagen. Nach Zopfmuster bis 38 cm stricken. Nun für die Spitze an der re Seite 16 x 1 M in jeder R abnehmen. Den 2. Zopf entgegengesetzt abschrägen.

**Fertigstellung**
Teile (ohne Zopf) unter einem feuchten Tuch leicht dämpfen. Den Zopf im Vorderteil einnähen. Spitze zusammennähen. Seiten- und Schulternähte schließen. Aus dem Halsausschnitt in Schilf 147 M auffassen, an der Spitze 1 re M markieren und in 2 M re, 2 M li 4 cm stricken, dabei beidseitig der markierten M in jeder R 2 M zusammenstricken. Alle M abketten. Ärmel einsetzen. In Rohweiß das entsprechende Monogramm aufsticken.

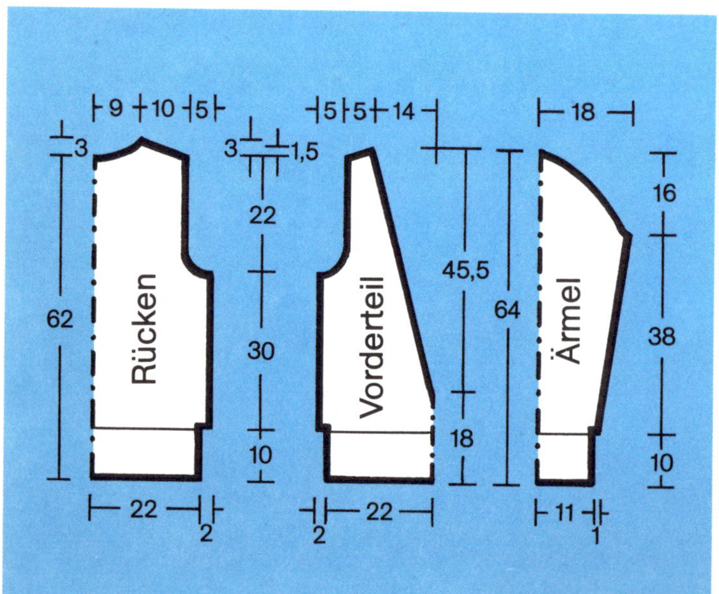

ET

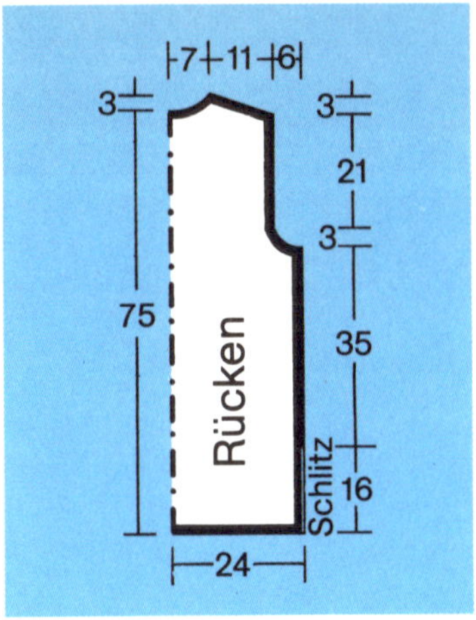


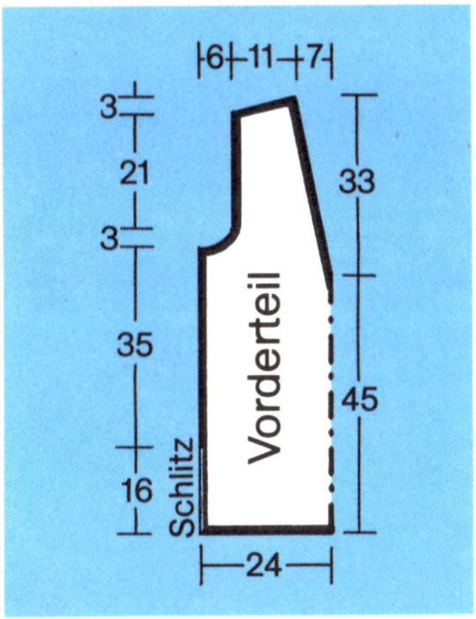


# Herrenpullunder

**Größe:** 46/48

**Material**
Schoeller, Qual »Jubilate«, 300 g, natur, Qual »Euro-Sport«, je 50 g rotbraun, stahlblau, aubergine, Jackenstricknadeln Nr. 4½ oder 5.

**Grundmuster**
Glatt re: HinR re, RückR li.

**Rippenmuster**
Kraus re = Hin- und RückR re.

**Maschenprobe**
15 M in der Breite = 10 cm, 22 R in der Höhe = 10 cm.

**Ausführung**

**Rücken:** 70 M mit naturfarbener Wolle anschlagen und 3 cm im Rippenmuster stricken, dann im Grundmuster weiterstricken, jedoch die ersten und letzten 4 M als Begrenzung des Seitenschlitzes bis zur Höhe von 16 cm weiter kraus re stricken. In 9 cm Gesamthöhe 1 x den Musterrapport in angegebener Farbfolge nach der Schemazeichnung einstricken. Ab 16 cm Gesamthöhe nur noch im Grundmuster bis zur Höhe von 51 cm stricken, und jetzt beidseitig für die Armausschnitte 2 x 3, 1 x 2 und 1 x 1 M abnehmen. Gerade weiterarbeiten und in 57 cm Gesamthöhe mit dem Norwegermuster beginnen, d. h. den Rapport 2 x arbeiten. Für den Halsausschnitt in 75 cm Höhe die mittleren 10 M abketten.

Beide Schultern getrennt beenden und für den Halsausschnitt in jeder 2. R noch 4 x 1 M abketten, gleichzeitig die Schulter mit 1 x 5 und 2 x 6 M abketten.

**Vorderteil:** Wie den Rücken stricken, nur für den V-Ausschnitt die Arbeit in 45 cm Gesamthöhe in der Mitte teilen und beide Hälften getrennt beenden, dabei abwechselnd in jeder 4. R und in jeder 2. R 1 M abnehmen (insgesamt 9 M bei jeder Hälfte). Armausschnitt, Norwegermuster und Schulterabnahmen wie beim Rücken arbeiten.

**Fertigstellung**
Die Teile nach Schnitt spannen und leicht dämpfen. Schulter und Seitennähte bis auf beidseitige Seitenschlitze schließen. Je Armloch ca 60 M mit naturfarbener Wolle aufnehmen und eine 3 cm breite Blende (1 M re, 1 M li) stricken. Die gleiche Blende aus dem Halsausschnitt herausstricken (ca 120 M), wobei in der vorderen Mitte in jeder 2. R neben der Mittelmasche jeweils 2 M zusammengestrickt werden.

**Zeichenerklärung:**
⊠ = blau
▤ = aubergine
☑ = rotbraun

Schema für Norwegermuster

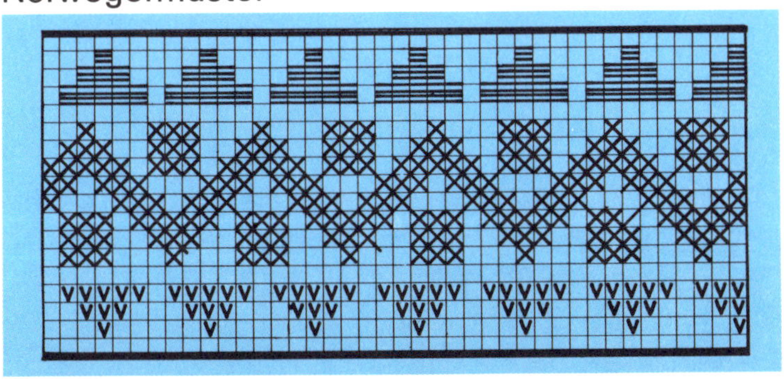

# Clown

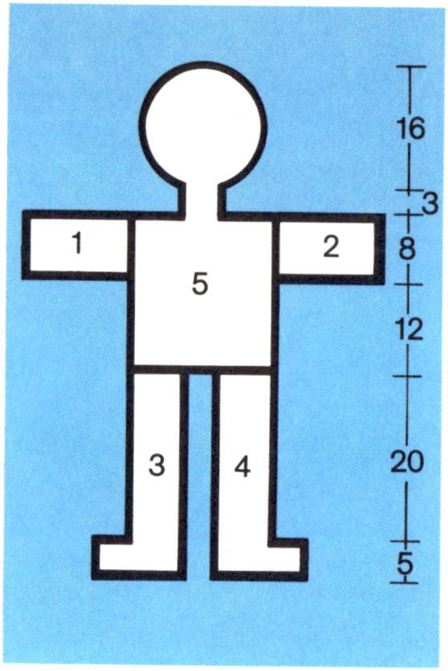


**Material**
Phildar, Qual »Pegase«, je 1 Knäuel rosa, grün, natur, 2 Knäuel marine, Stricknadel Nr. 4, Häkelnadel Nr. $2^1/_2$, Leinen, Füllstoff, etwas weißer und grüner Filz.

**Grundmuster**
Glatt re: HinR re, RückR li. fM.

**Maschenprobe**
21 M in der Breite = 10 cm, 30 R in der Höhe = 10 cm, (glatt re gestrickt).

**Farbfolge**
4 R marine, 4 R rosa, 4 R natur, 8 R marine, 4 R grün, 4 R marine, 4 R rosa, 4 R natur, 8 R grün, 8 R marine, 4 R rosa, 4 R grün.

**Ausführung**

**Arme:** 36 M anschlagen, 10 R glatt re mit Natur stricken, dann mit Marine weiterarbeiten. In der 40. R die M in Ruhestellung lassen.

**Zweiter Arm:** Gleich stricken.

**Beine:** 53 M mit Marine anschlagen, 16 R glatt re stricken, dann die mittleren 17 M abketten, die 18 M der beiden Seiten Seite an Seite anordnen und mit grünem Garn über diese 36 M weiterarbeiten. In der 76. R die M abketten.

**Zweites Bein:** In gleicher Weise stricken, jedoch 16 R in Marine stricken, den Rest in Rosa.

**Körper:** 64 M mit Nadel Nr. 4 in Marine anschlagen, glatt re stricken. In der 60. R, 7 M stricken, 19 M abketten, 12 M stricken, 19 M abketten, 7 M stricken. Die 7 M an jedem Ende beiderseits der mittleren 13 M setzen, 6 R in Natur über diese 26 M stricken.

**Kopf:** Über die restlichen 12 M weiterstricken, 2 Abnahmen über die 1. R verteilen, mit Natur glatt re stricken und beidseitig in jeder 2. R 1 x 2, 1 x 1, 1 x 2, 1 x 1, 1 x 2, 1 x 1, 1 x 2 und 2 x 1 M zunehmen.

Man erhält 36 M. In der 18. R geradeaus über die 36 M weiterstricken. In der 30. R beidseitig in jeder 2. R 2 x 1, 1 x 2, 1 x 1, 1 x 2, 1 x 1, 1 x 2, 1 x 1 und 1 x 2 M abnehmen. Es verbleiben 10 M. Diese abketten.

Die Seiten-M auffassen, beiderseits 1 M abketten, die M Seite an Seite anordnen, mittlere RandM des Rückens gegen RandM, 2 Abnahmen über die 1. R verteilen und die Arbeit für die Rückseite des Kopfes ausführen.

**Knoten:** Auf einer Lm-Kette 15 feste M mit grünem Garn häkeln, beidseitig 1 M abnehmen in jeder R; es verbleiben 3 M. Dann beidseitig in jeder R 6 x 1 M zunehmen; man erhält 15 M, anhalten. Blende aus 8 festen M über 2 R fertigstellen, diese in der Knotenmitte befestigen.

**Fertigstellung**
Eine Hülle aus Leinen wie auf dem Schnitt angegeben zuschnei-

*Fortsetzung Seite 110*

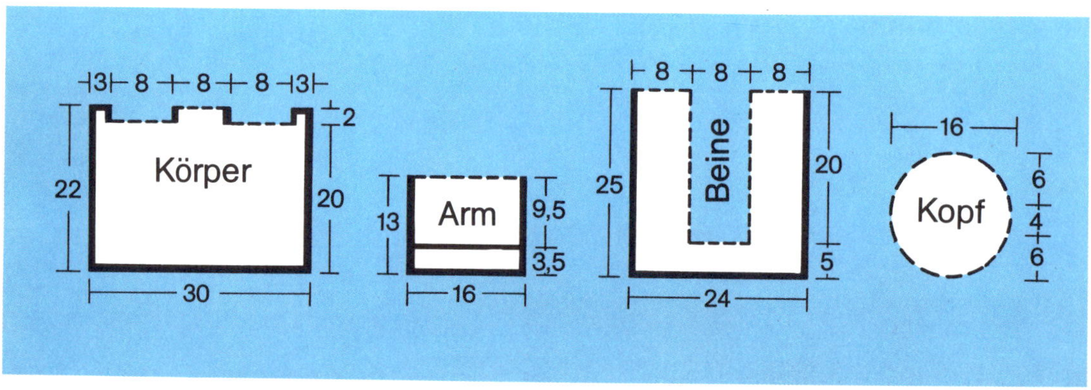

# Sportliche Kinder-Bouclé-Jacke

**Größe:** 13 bis 14 Jahre, in Klammern [15 bis 16 Jahre]

**Material**
Filcrosa, Qual »Bouclé«, 300 g rot, 200 g weiß, Stricknadeln Nr. 4 bis 4$^1/_2$, 5 Knöpfe.

**Grundmuster**
Kraus re = Hin- und RückR re M.

**Bündchenmuster**
1 M re, 1 M li.

**Farbfolge**
6 R weiß, 6 R rot, 4 R weiß, 2 R rot, 2 R weiß, 6 R rot.

**Maschenprobe**
15 M in der Breite = 10 cm, 30 R in der Höhe = 10 cm.

**Ausführung**
**Rücken:** 60 M [65 M] in Rot anschlagen und 10 cm im Bündchenmuster arbeiten. In Grundmuster und Farbfolge weiterarbeiten. Bei einer Gesamtlänge von 38 cm für die Armausschnitte beidseitig 1 x 3, 1 x 2, 2 x 1 M abketten. Bei 18 cm Armlochhöhe für die Schulterschrägung 3 x 5 [1 x 6, 2 x 5] M abketten. Die restlichen M gerade abketten.

**Vorderteil:** 36 [38] M anschlagen, Vorderteil wie Rücken arbeiten, jedoch für den Halsausschnitt nach 48 [48] cm Gesamthöhe 1 x 4, 2 x 2 [1 x 4, 2 x 2, 1 x 1] M abketten. In 57 cm Gesamthöhe M gerade abketten.

**Zweites Vorderteil:** Gegengleich arbeiten.

**Ärmel:** 34 M mit roter Wolle anschlagen und 10 cm im Bündchenmuster stricken. Im Grundmuster und in der Farbfolge weiterarbeiten, dabei beidseitig in jeder 12. R 6 x 1 M zunehmen. In einer Gesamthöhe von 36 [40] cm für die Armkugel beidseitig in jeder 2. R 1 x 4, 1 x 3, 1 x 2, 5 x 1, dann in jeder 4. R 6 x 1 M abnehmen. In 14 cm Armkugelhöhe die restlichen M gerade abketten.

**Zweiter Ärmel:** Gleich stricken.

**Fertigstellung**
Nähte schließen. Für den Kragen ca 65 M auffassen und in Rot 9 cm im Grundmuster stricken und lose abketten. Für die Knopfverschlußblende M auffassen und 4 cm im Grundmuster stricken. Dabei in die re Blende 5 Knopflöcher einarbeiten. Das oberste liegt 2 cm zur Kante, die anderen in jeweils 7 cm Abstand zueinander stricken. 1 Knopfloch über 2 M arbeiten. Knöpfe annähen.

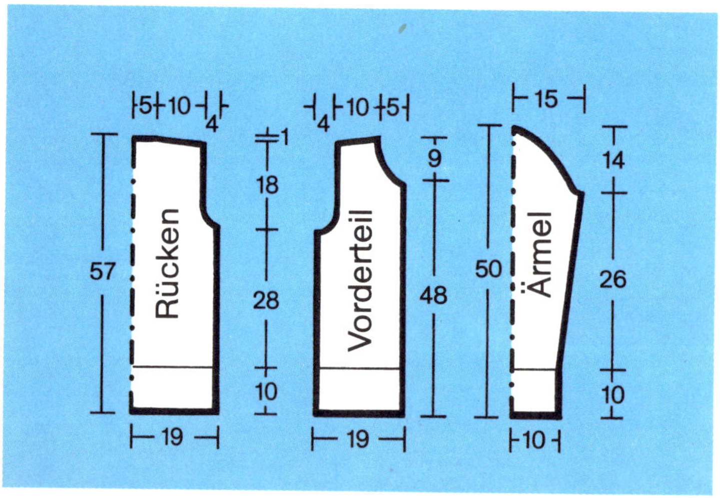


*Fortsetzung von Seite 108*

den, ausstopfen und zunähen. Die notwendigen kleinen Kissen fertigstellen (1-2-3-4-5-). Die Strickteile aneinanderfügen. In jedes Teil die Kissen hineinschieben. Beine und Arme am Körper befestigen.

Haar in Marine: 16 cm lange Fäden zuschneiden, diese in einer Rd auf den Kopf legen, mit einer Stopfnadel annähen, dabei die Schädeloberseite frei lassen.
Die Augen, die in grünem und weißem Filz geschnitten werden, aufkleben. Außenkanten mit Stilstich in Marine besticken: 2 rosa und 1 grünen Pompon anfertigen mit Pappscheiben von 2 cm Durchmesser.

Den rosa Pompon für die Nase aufnähen, einen grünen Pompon für den re Schuh, einen rosa Pompon für den li Schuh. Den Knoten um den Hals befestigen.

# Pulli mit Zugmaschen und Stickerei

**Größe:** 36, in Klammern [40] und [44]

**Material**
Baumwollgarn Filcrosa, Qual »Lucia«, 300 [350, 400] g, weiß, Baumwollgarn Filcrosa, Qual »Diana«, je 50 g pink, rot, petrol, blau, Stricknadeln Nr. $3^1/_2$, Sticknadel.

**Grundmuster**
Glatt re.

**Streifenmuster**

**1. R:** (Farbe) RandM, * 7 M re, 1 M li abheben (Faden hinter der Arbeit). Ab * wiederholen. RandM.

**2. R:** li, die abgehobene M der Vorreihe wieder li abheben (Faden vor der Arbeit).

**3./4. R:** Wie 1./2. R.

**5. R:** (weiß): RandM, 3 M re, * 1 M li abheben, 7 M re. Ab * wiederholen, RandM.

**6. R:** li, die abgehobene M der Vorreihe wieder li abheben (Faden vor der Arbeit).

**7./8. R:** Wie 5./6. R.

**1. bis 8. R:** Fortlaufend wiederholen.

**Farbfolge**
Je 4 R * pink, weiß, rot, weiß, petrol, weiß, blau, weiß.
Ab * wiederholen.

**Maschenprobe**
**Achtung:** Qual »Diana« doppelt stricken.
20 M in der Breite = 10 cm,
34 R in der Höhe = 10 cm.

**Ausführung**

**Rücken:** 86 [92, 100] M mit weißem Garn (Lucia) anschlagen und 8 cm kraus re stricken. Dann im Grundmuster weiterarbeiten.
In 36 [37, 38] cm Gesamthöhe mit dem Streifenmuster beginnen und in der fortlaufenden Farbfolge arbeiten. In 57 [58, 59] cm Gesamthöhe die mittleren 32 [32, 40] M abketten. Beidseitig noch 1 x 6 M abketten. In 58 [59, 60] cm Gesamthöhe die jeweils restlichen 21 [24, 24] M abketten.

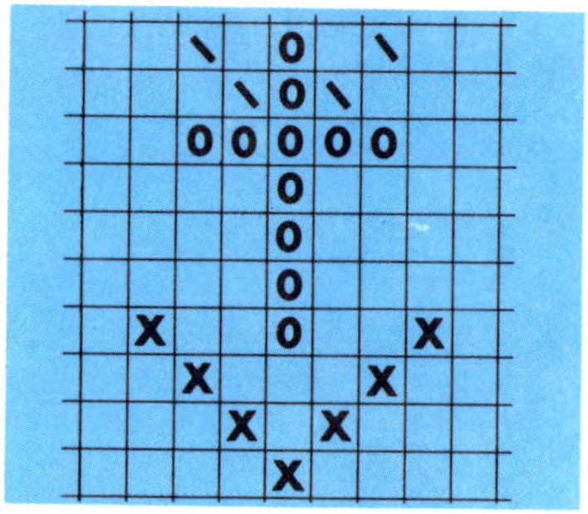

**Vorderteil:** Bis zu einer Gesamthöhe von 36 [37, 38] cm wie den Rücken arbeiten. Für den Schlitz die mittleren 6 M abketten. Die beiden Hälften getrennt fertigstellen. Im Streifenmuster und in der Farbfolge weiterarbeiten.
In 46 [47, 48] cm Gesamthöhe mit dem Halsausschnitt beginnen. Hierfür in jeder 2. R 1 x 3, 3 x 2, 10 x 1 M abnehmen [1 x 3, 3 x 2, 10 x 1 M; 2 x 3, 3 x 2, 11 x 1 M]. Die restlichen 21 [24, 24] M gerade bis zu einer Höhe von 58 [59, 60] cm hochstricken.

**Zweite Vorderteilhälfte:** Gegengleich arbeiten.

**Ärmel:** 80 M mit doppeltem, pinkfarbenen Garn anschlagen und 4 R kraus re stricken. Hierauf im Streifenmuster in der Farbfolge weiterarbeiten: weiß, rot, weiß, petrol, weiß, blau, weiß, pink, weiß. Im Grundmuster mit weißem Garn weiterarbeiten. In 22 cm Gesamthöhe gerade abketten.

**Zweiter Ärmel:** Gleich arbeiten.

**Fertigstellung**
Teile nach Schnitt spannen, leicht dämpfen und zusammennähen. Aus dem vorderen Schlitz mit weißem Garn M aufnehmen und beidseitig jeweils 8 R kraus re anstricken. Aus dem Halsausschnitt ebenfalls mit weißem Garn M aufnehmen und 12 R kraus re anstricken.

Vorderteil, Rücken und Ärmel nach Zählmuster besticken (Diana doppelt genommen): 1 Kreuzstich umfaßt 2 M in der Breite und Höhe. Der Abstand zur Passe beträgt ca 2 M, der Abstand zwischen den Motiven 6 M. Die Motive so einteilen, daß 1 Motiv in der vorderen Mitte liegt. Stickerei leicht dämpfen.

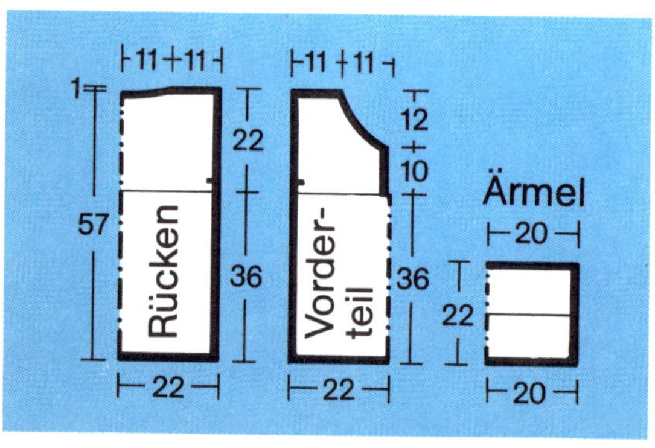


**Zeichenerklärung**
\ = petrol
O = blau
X = pink

# Damenpullover mit Lochmuster

**Größe:** 38, in Klammern [42] und [44]

**Material**
Baumwollgarn Filcrosa, Qual »Lucia«, 400 g, weiß [450, 500], Stricknadeln Nr. 3$^1/_2$.

**Grundmuster**
1. Rippenmuster, 2. Lochmuster I, 3. Lochmuster II.

**1. Rippenmuster**
* 1 M re, 1 M li. Ab * wiederholen.

**2. Lochmuster I**
Nach Strickschrift arbeiten, Maschenzahl teilbar durch 8 + 2 RandM. Gegeben sind die HinR, alle RückR li arbeiten.
3. bis 18. R wiederholen.

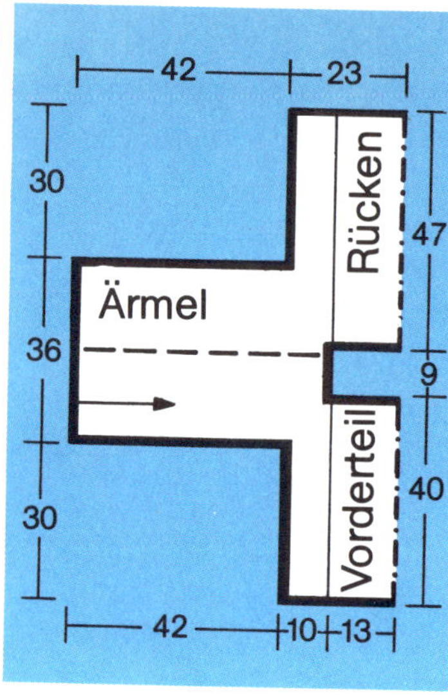


**3. Lochmuster II**
Nach Strickschrift arbeiten. Maschenzahl teilbar durch 8 + 2 RandM. Gegeben sind die HinR, RückR li stricken.
1. bis 8. R wiederholen.

**Maschenprobe**
20 M in der Breite = 10 cm, 32 R in der Höhe = 10 cm.

**Ausführung**

Der Pulli wird an einem Stück gestrickt (seitlich beim Ärmel beginnen). 74 [82] M anschlagen und 8 R im Rippenmuster stricken, dann im Lochmuster I bis zu einer Gesamthöhe von 42 [43, 44] cm arbeiten. Für Rücken- und Vorderteil nun beidseitig 64 [72] M neu dazu anschlagen = 202 [226] M. Über diese Maschenbreite 10 [11, 12] cm stricken, dann die Arbeit für den Halsausschnitt in der Mitte teilen.

Für den rückwärtigen Ausschnitt 3 M abketten und 26 [28] cm im Lochmuster II über 98 [110] M Breite stricken. Sodann wieder 3 M dazu anschlagen.

Für den Vorderteilausschnitt 19 M abketten und 26 [28] cm im Lochmuster II über 82 [94] M Breite stricken; dann wieder 19 M anschlagen. Die M des Vorderteils und des Rückens nun wieder auf einer Nadel zusammenfassen. Im Lochmuster I 10 [11, 12] cm

*Fortsetzung Seite 116*

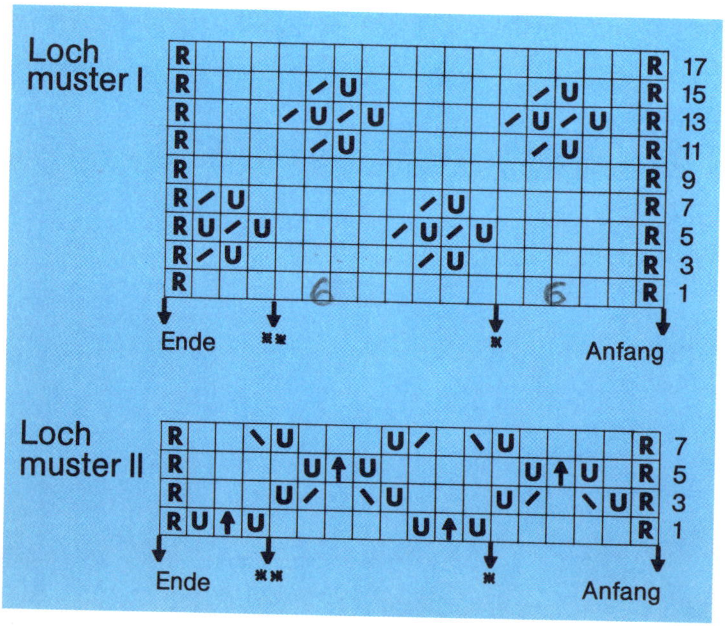


**Zeichenerklärung:**

☐ = rechte Maschen
U = Umschlag
/ = 2 M rechts zusammenstricken
R = Randmasche
\ = 1 M abheben, 1 M re stricken, die abgehobene M überziehen
↑ = 1 M abheben, 2 M re zusammenstricken, dann die abgehobene M überziehen

Die HinR wie folgt stricken:
1 x von Anfang bis ↓* dann fortlaufend von ↓* bis ↓**, und 1 x von ↓** bis Ende.

# Damen-pullunder

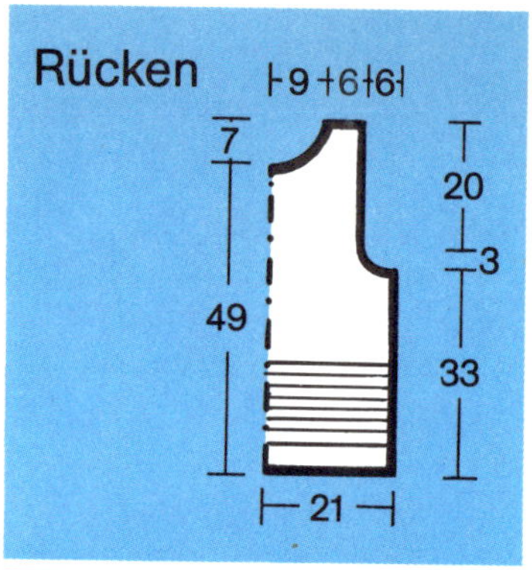


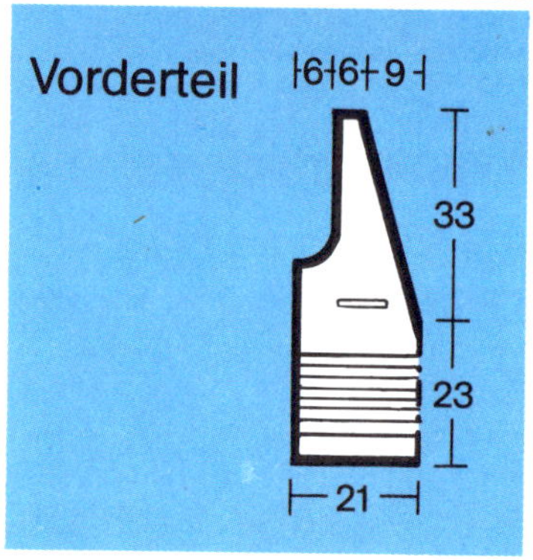


**Größe:** 36/38

**Material**
Esslinger Wolle, Qual »Jumbo Quick«, 300 g oliv, je 100 g hellblau, dunkelblau, violett, orange, bordeaux, rosé, Qual »illustra«, 50 g blau oder entsprechende Wollreste, Stricknadeln Nr. 6 und Nr. 4.

**Grundmuster**
Glatt re: HinR re, RückR li. Für Bund und Blende: 2 M re, 2 M li.

**Maschenprobe**
11 M in der Breite = 10 cm, 17 R in der Höhe = 10 cm.

**Ausführung**

**Rücken:** 48 M mit Nadel Nr. 4 in Oliv anschlagen, 2 M li, 2 M re, 8 R stricken, dann 2 R rosé, 2 R oliv, 2 R hellblau, 2 R dunkelblau (Illustragarn mitlaufen lassen), 2 R oliv, 2 R violett, 2 R orange, 2 R rosé, 2 R oliv, 2 R bordeaux, 2 R hellblau (Illustragarn mitlaufen lassen).

Jetzt 28 R in oliv mit Nadel Nr. 6 glatt re stricken und dann für die Armausschnitte an jeder Seite 9 M abnehmen: 1 x 3, 2 x 2 und 2 x 1 M. Nach Beendigung der Armausschnitte 24 R hochstricken und Arbeit teilen.
Für den rückwärtigen Halsausschnitt in jeder 2. R abketten: 1 x 3, 2 x 2, 2 x 1 M. Rest für Schulter 6 M. Diese 6 M gerade abketten. Die andere Schulter gegengleich stricken.

**Vorderteil:** Anzahl der M, Muster und Farbfolge wie beim Rücken, jedoch nach der 6. R ab Bund im re gestrickten Teil die Arbeit teilen und beide Hälften getrennt wie folgt arbeiten:

Am unteren V-Ausschnitt 1 M und weiterhin in jeder 8. R 1 M abketten. Im ganzen 7 mal. Zugleich bei R 28 den Armausschnitt wie beim Rücken abnehmen. Die 8. Abnahme beim V-Ausschnitt erfolgt bereits nach 4 R. Anschließend nochmals 4 R stricken und die Schulter gerade abketten.

*Die zweite vordere Hälfte* gegengleich stricken. Nach der 15. R die Tasche einarbeiten, d. h. 3 M am V-Ausschnitt und 5 M an der Seitennaht ruhen lassen und nur das dazwischenliegende Mittelstück im Muster 2 li M, 2 re M in der Farbfolge 2 R helblau (mit Illustrafaden), 2 R bordeaux, 2 R rosé und 2 R violett stricken. Bei violett alle M abketten. Die gleiche Maschenzahl, die für die Taschenbreite genommen wurde, auf einer anderen Nadel anschlagen und 15 R hochstricken. Dann die M zwischen die ruhenden M vom V-Ausschnitt und der Seitennaht einfügen und im re Muster, wie beim anderen Vorderteil, weiterstricken.

**Fertigstellung**
Beide Teile leicht dämpfen. Die Innentasche am oberen Rand des farbigen Bundes annähen. Seiten- und Schulternähte schließen. Aus jedem Armloch 54 M in violetter Farbe herausstricken und im Muster 2 li M, 2 re M 4 R stricken. Dann abketten.

Aus dem V-Ausschnitt 116 M in gleicher Weise und Farbe herausstricken. Bei der Spitze des V-Ausschnittes die M vor und nach der MittelM zusammenstricken. Nach 4 R abketten.

---

*Fortsetzung von Seite 114*

stricken. Herauf 64 [72] M beidseitig abketten = 74 [82] M. Noch weitere 40 cm im Lochmuster arbeiten, dann noch 8 R im Rippenmuster stricken. M abketten, wie sie erscheinen.

**Fertigstellung**
Teil nach Schnitt spannen und dämpfen. Ärmel und Seitennähte schließen. Aus der unteren Kante M aufnehmen und 9 cm im Rippenmuster anstricken. M abketten,wie sie erscheinen. Aus dem Halsausschnitt M aufnehmen und 8 Rd im Rippenmuster anstricken; dabei die M so einteilen, daß in den Ecken jeweils 1 re M zu liegen kommt. Beidseitig der Eckmaschen in jeder Rd 2 M re zusammenstricken.

# Herrenjacke im Netzpatentmuster

**Größe:** 52

**Material**
Woll-Service, Qual »Ecruette«, 1000 g, naturweiß, Woll-Service, Qual »Hockey«, 200 g, schwarz, Stricknadeln Nr. 6, 6 schwarze Knöpfe.

**Grundmuster**
Netzpatent (das Muster erscheint auf der linken Seite), gerade Maschenzahl.

**1. R:** RandM * 1 U, folgende M li, abheben, 1 M re. Ab * wiederholen, RandM.

**2. R:** RandM, * 2 M re, den U der Vorreihe li abheben (Faden liegt hinter dem Umschlag). Ab * wiederholen, RandM.

**3. R:** RandM * folgende M mit dem U re zusammenstricken, 1 U, 1 M li abheben. Ab * wiederholen, RandM.

**4. R:** RandM, 1 M re * den U der Vorreihe li abheben, 2 M re. Ab * wiederholen, die R endet: den U der Vorreihe li abheben, 1 M re, RandM.

**5. R:** RandM, * 1 U, 1 M li abheben, folgende M mit dem U re zusammenstricken. Ab * wiederholen.

**2. bis 5. R:** Fortlaufend wiederholen.

**Maschenprobe**
10 M in der Breite = 10 cm, 26 R in der Höhe = 10 cm.

**Ausführung**

**Rücken:** 56 M anschlagen und 10 cm 2 M re, 2 M li im Wechsel stricken. Anschließend im Grundmuster weiterarbeiten, dabei 8 x nach je 4 cm beidseitig 1 M zunehmen. Bis zu einer Gesamthöhe von 70 cm stricken, dabei die letzten 10 R mit doppelter schwarzer Wolle arbeiten. M gerade abketten.

**Vorderteil:** 28 M anschlagen und 10 cm 2 M re, 2 M li im Wechsel stricken. Anschließend im Grundmuster weiterarbeiten, dabei 8 x nach je 4 cm für die seitliche Schrägung 1 M zunehmen. In 62 cm Gesamthöhe für den Halsausschnitt in jeder 2. R 1 x 4, 1 x 3, 1 x 2 und 2 x 1 M abnehmen. Die letzten 10 R mit doppelter schwarzer Wolle arbeiten. In 70 cm Gesamthöhe die restlichen M abketten.

**Zweites Vorderteil:** Gegengleich stricken.

**Ärmel:** 28 M anschlagen und 8 cm 2 M re, 2 M li im Wechsel stricken. Anschließend im Grundmuster weiterarbeiten, dabei beidseitig nach jeweils 3 cm 15 x 1 M zunehmen.

Gleichzeitig nach 62 R wie folgt Streifen stricken: 10 R mit doppelter schwarzer Wolle, 8 R mit naturweißer Wolle, 10 R mit doppelter schwarzer Wolle. Zur Gesamthöhe von 50 cm nun mit naturweißer Wolle stricken. M abketten.

**Zweiter Ärmel:** Gleich arbeiten.

**Fertigstellung**
Teile nur ganz leicht gedämpft zusammennähen. Aus den vorderen Kanten jeweils 88 M aufnemen und 10 R 2 M re, 2 M li im Wechsel für die Blende stricken. Maschen abketten, wie sie erscheinen. In die linke Blende nach 4 R 6 Knopflöcher einstricken. Hierfür jeweils 3 M abketten, die in der nächsten R dann wieder neu angeschlagen werden. Das unterste Knopfloch ist 4 cm vom Rand entfernt, die anderen liegen jeweils in 10 cm Abstand zueinander.

Aus dem Halsausschnitt 60 M aufnehmen und 30 cm 2 M re, 2 M li im Wechsel für den Kragen stricken. Den Kragen leicht dämpfen, zur Hälfte nach innen schlagen und festnähen. Knöpfe annähen.

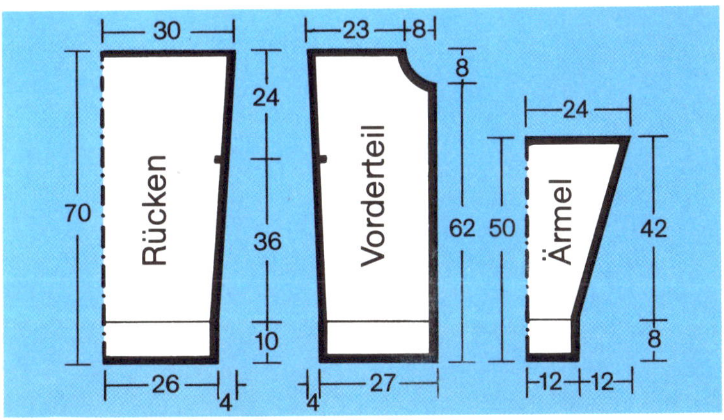

Modellteil Stricken

# Netzpatent-pulli mit Elchmotiv

**Größe:** 48/50

**Material**
Woll-Service, Qual »Hockey«, 800 g naturweiß und 100 g schwarz, Stricknadeln Nr. 5.

**Grundmuster I**
(Netzpatent):
Das Muster erscheint auf der linken Seite; soll es, wie hier beim Pulli, auf der rechten Seite erscheinen, so muß auf der linken Seite damit begonnen werden. Gerade Maschenzahl.

**1. R:** RandM, * 1 U, folgende M li abheben, 1 M re, ab * wiederholen, RandM.

**2. R:** RandM, * 2 M re, den U der VorR li abheben (Faden hinter dem U), ab * wiederholen, RandM.

**3. R:** RandM, * folgende M mit dem U re zusammenstricken, 1 U, 1 M li abheben, ab * wiederholen, RandM.

**4. R:** RandM, 1 M re, * den U der VorR li abheben (Faden hinter dem U), 2 M re, ab * wiederholen, die R endet: den U der VorR li abheben, 1 M re, RandM.

**5. R:** RandM, * 1 U, 1 M li abheben, folgende M mit dem U re zusammenstricken, ab * wiederholen, RandM.

**2. bis 5. R:** Fortlaufend wiederholen.

**Grundmuster II**
Glatt re.

**Rippenmuster**
2 M re, 2 M li im Wechsel.

**Maschenprobe I**
15 M in der Breite und 24 R in der Höhe = 10 x 10 cm.

**Maschenprobe II**
18 M in der Breite und 22 R in der Höhe = 10 x 10 cm.

**Ausführung**

**Rücken:** 76 M mit naturweißer Wolle anschlagen und 7 cm im Rippenmuster stricken, dann die untere Begrenzung des Zählmusters (Zackenmotive) im Grundmuster II stricken. Hierauf im Grundmuster I mit naturfarbener Wolle weiterarbeiten.

15 cm ab Bund im Grundmuster II stricken, zuerst 2 R arbeiten, dabei auf die R gleichmäßig verteilt 13 M zunehmen = 89 M.

Über diese Breite das Zählmuster in folgender Einteilung stricken: Unteres und oberes Zackenmuster fortlaufend bis zu den RandM.

Das zwischenliegende Zählmuster: RandM, 8 M mit naturweißer Wolle, Zählmusterbeginn (über 71 M Breite), 8 M mit Naturweiß, RandM.

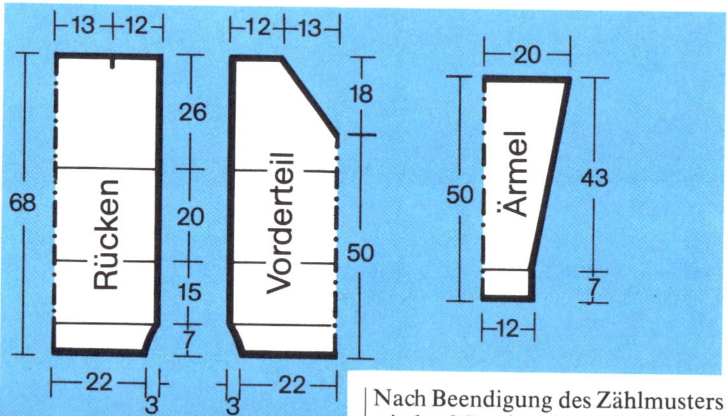


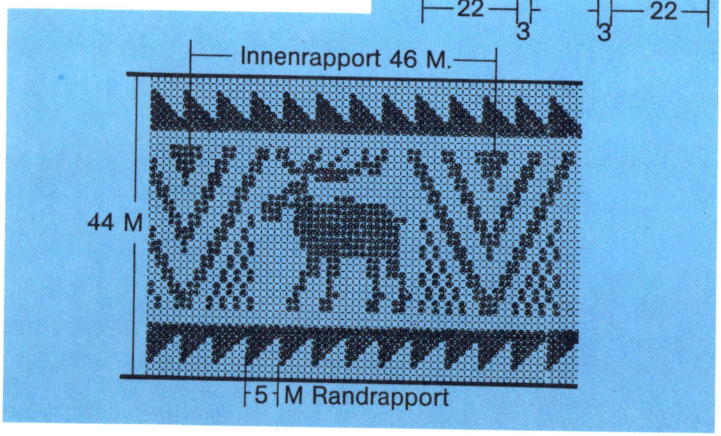


Nach Beendigung des Zählmusters wieder 2 R mit naturweißer Wolle stricken, dabei auf die 1. R gleichmäßig verteilt 13 M abnehmen = 76 M. Nun bis zu einer Gesamthöhe von 68 cm wieder im Grundmuster I arbeiten. M gerade abketten.

**Vorderteil:** Bis zu einer Gesamthöhe von 50 cm wie den Rücken

*Fortsetzung Seite 122*

**Zeichenerklärung**
✽ = schwarz
◌ = naturweiß

# Schultertuch mit Mütze

**Material**
Lana Gatto, Qual »Sport«, je 250 g rot und pink, je 200 g türkis dunkel, türkis hell und lila, 150 g gelb, 100 g weiß, Inox-Rundstricknadel Nr. 7.

*Achtung:* Mit 3fachem Faden stricken!

**Grundmuster**
Kraus re: HinR re, RückR re.

**Farbfolge**
11 R türkis dunkel, 16 R türkis hell, 20 R rot, 24 R pink, 28 R lila, 32 R gelb und den Rest weiß.

**Maschenprobe**
13 M in der Breite = 10 cm, 26 R in der Höhe = 10 cm.

**Ausführung**
Am äußeren Rand beginnen: Mit 3facher Wolle in dunklem Türkis 353 M anschlagen und kraus re stricken. Nach der 1. R die Mittel-M mit andersfarbigem Faden markieren und in der 2. R mit dem Abnehmen beginnen: die beiden ersten M der Nadel überzogen zusammenstricken (= 1 M, wie zum Rechts-Stricken abheben, 1 M re stricken und die abgehobene M überziehen), die beiden M vor der Mittel-M überzogen zusammenstricken, die beiden M nach der Mittel-M re zusammenstricken, die beiden letzten M der Nadel re zusammenstricken. Dieses Abnehmen in jeder 2. R wiederholen. Die restlichen 5 M auf einmal abketten.

Aus der verbleibenden Wolle bunt gemischt 3 dicke Quasten von ca 15 cm Länge anfertigen und diese unter Verwendung von ca 5 cm langen Kordeln an den Ecken des Tuches befestigen.

**MÜTZE**

**Material**
Pingouin, Qual »Iceberg«, je 50 g rot und pinkfarben, Stricknadeln Nr. 6.

**Grundmuster**
* 2 M re, 2 M li, ab * wiederholen.

**Maschenprobe**
(leicht gedehnt) 12 M in der Breite und 20 R in der Höhe = 10 x 10 cm.

**Ausführung**
64 M mit roter Wolle anschlagen und im Grundmuster stricken. 17 cm arbeiten. Dann mit pinkfarbener Wolle weiterarbeiten. In 30 cm Gesamthöhe mit dem Abnehmen beginnen. Hierfür alle LinksM zusammenstricken. In der RückR M stricken, wie sie erscheinen. In der folgenden R alle RechtsM zusammenstricken. In der RückR M stricken, wie sie erscheinen. In der folgenden R * die folgende RechtsM abheben, die nächsten 3 M zusammenstrikken und die abgehobene M überziehen. Ab * wiederholen. Die restlichen M auf einmal zusammenziehen. Rückwärtige Naht schließen.

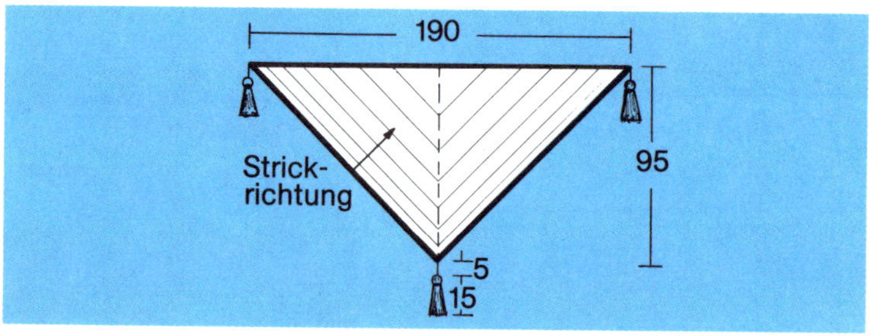


---

*Fortsetzung von Seite 120*

arbeiten. Sodann die Arbeit für den Halsausschnitt in der Mitte teilen und die Hälften getrennt beenden. Für die Ausschnittschrägung 20 x in jeder 2. R 1 M abnehmen. In 68 cm Gesamthöhe die restlichen 18 M gerade abketten.

**Zweite Vorderteilhälfte:** Gegengleich stricken.

**Ärmel:** 40 M mit naturweißer Wolle anschlagen und 7 cm im Rippenmuster stricken. Dann die untere Begrenzung des Zählmusters (Zackenmotiv) im Grundmuster II stricken. Hierauf im Grundmuster I mit naturweißer Wolle weiterarbeiten. Gleichzeitig ab Bündchen für die Ärmelschrägung beidseitig nach jeweils 3 cm 7 x 1 M, dann nach jeweils 4 cm 5 x 1 M zunehmen = 64 M. In 50 cm Gesamthöhe alle M abketten.

**Zweiter Ärmel:** Gleich arbeiten.

**Fertigstellung**
Teile spannen und, mit feuchten Tüchern bedeckt, trocknen lassen. Die Norwegermuster von links dämpfen, Teile zusammennähen. Aus dem Halsausschnitt M aufnehmen und 4 cm mit naturweißer Wolle im Rippenmuster anstrikken, dabei darauf achten, daß in der vorderen Mitte 2 re M zu liegen kommen. Beidseitig davon in jeder Rd 2 M re zusammenstrikken. M abketten, wie sie erscheinen.

# Weiße Herrenweste

**Größe:** 48

**Material**
Schnellstrickwolle, 1500 g, naturweiß, Stricknadeln Nr. 7, 5 Knöpfe.

**Grundmuster**
Über 4 M.

**1. R:** 4 M re.
**2. R:** und alle weiteren RückR: M stricken, wie sie erscheinen.
**3. R:** Wie 1. R.
**5. R:** Wie 1. R.
**7. R:** 4 M li.

**1. bis 8. R:** Wiederholen.

**Perlmuster**

**1. R:** * 1 M re, 1 M li. Ab * wiederholen.
**2. R:** und alle weiteren RückR M stricken, wie sie erscheinen.
**3. R:** M versetzen. * 1 M li, 1 M re,. Ab * wiederholen.

**1. bis 4. R:** Wiederholen.

**Zopfmuster**
Über 4 M.
**1. R:** 4 M re.
**2. R:** und alle weiteren RückR M stricken, wie sie erscheinen.
**3. R:** 4 M re.

**5. R:** 2 M auf HilfsN hinter die Arbeit legen, die folgenden 2 M dann die HilfsnadelM re stricken. Dieses »Verzopfen« in jeder 8. folgenden R wiederholen.

**Maschenprobe**
12 M in der Breite und 14 R in der Höhe = 10 x 10 cm.

**Ausführung**

**Rücken:** 56 M anschlagen und 6 cm im Rippenmuster stricken. Dann in folgender Einteilung weiterarbeiten: RandM, 7 M Perlmuster, 4 M Grundmuster, 2 M li, 4 M Zopfmuster, 2 M li, 4 M Grundmuster, 2 M li, 4 M Zopfmuster, 2 M li, 4 M Grundmuster, 2 M li, 4 M Zopfmuster, 2 M li, 4 M Grundmuster, 7 M Perlmuster, RandM.

In 45 cm Gesamthöhe für die Armausschnitte beidseitig in jeder 2. R 1 x 3 und 3 x 2 M abnehmen. Nach Beendigung der Abnahme noch 16 cm gerade hochstricken. M in 67 cm Höhe abketten.

**Vorderteil:** 41 M anschlagen und wie folgt stricken: RandM, 5 M Perlmuster, 34 M Rippenmuster, RandM. Nach 6 cm wie folgt einteilen:

RandM, 5 M Perlmuster, 4 M Grundmuster, 2 M li, 4 M Grundmuster, 2 M li, 4 M Zopfmuster, 2 M li, 4 M Grundmuster, 2 M li, 4 M Zopfmuster, 2 M li, 4 M Grundmuster, RandM. Bis 45 cm Gesamthöhe stricken.

Armausschnitt wie beim Rücken arbeiten.

Für den Halsausschnitt die RandM und die 5 M Perlmuster auf eine HilfsN legen. Für den Halsausschnitt 1 x 3 und 2 x 1 M abketten.

**Zweites Vorderteil:** Gegengleich arbeiten.
Beim li Vorderteil in die Blende 5 Knopflöcher einstricken. Das 1. nach 6 R, die anderen in jeweils 10 cm Abstand. Für 1 Knopfloch die 4. und 5. M zusammenstricken. In der folgenden RückR. M wieder zunehmen.

**Ärmel:** 39 M anschlagen und 6 cm im Rippenmuster stricken. Dann M wie folgt einteilen: RandM, 4 M Grundmuster, 2 M li, 4 M Zopfmuster, 2 M li, 4 M Grundmuster, 5 M Perlmuster, 4 M Grundmuster, 2 M li, 4 M Zopfmuster, 2 M li, 4 M Grundmuster, RandM.

In dieser Einteilung stricken, dabei beidseitig in jeder 8. R 3 x 1 M zunehmen = 45 M. Armkugel wie beim rückwärtigen Armausschnitt abnehmen. Nach der letzten Abnahme erneut beidseitig in jeder 2. R 6 x 1 und 2 x 2 M abnehmen. Die restlichen M auf einmal abketten.

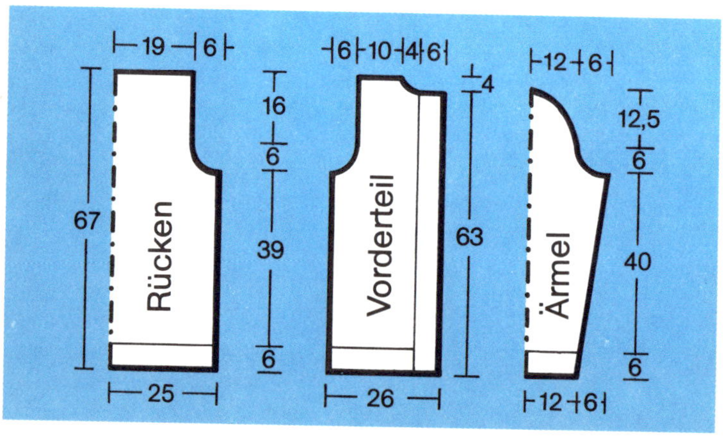


**Fertigstellung**
Teile zusammennähen. Aus dem Halsausschnitt M aufnehmen und beidseitig die 6 M der Blende dazu nehmen, die weiter im Perlmuster gestrickt werden. Die aufgefaßten M im Rippenmuster stricken. Nach 12 cm M abketten. Knöpfe annähen.

# Bestickte Trachtenjacke

**Größe:** 36, in Klammern [40] und [44]

**Material**
Lana Gatto, Qual »Turnier 8-fach«, 400 [450, 500] g naturweiß, 100 g rot, 50 g grün, 50 g gelb, 50 g blau. Stricknadeln Nr. 5, Häkelnadel Nr. 5, Stricknadel

**Grundmuster**
**Perlmuster** 1 M re, 1 M li, in Reihen versetzt stricken.

**Streifenmuster**
Gerade Maschenzahl.

**1. und 2. R:** (Farbwechsel 1. R) kraus re, HinR re, RückR re.

**3. R:** (naturweiß), RandM * 1 M re, folgende M li abheben (Faden hinter der Arbeit). Ab * wiederholen, RandM.

**4. R:** (naturweiß) RandM * die abgehobene M der Vorreihe wieder li abheben (Faden vor der Arbeit). 1 M re. Ab * wiederholen. RandM.

**5. und 6. R:** (Farbe) kraus re.

**1. bis 6. R:** Wiederholen.

**Farbfolge**
* rot, grün, gelb, blau. Ab * wiederholen.

**Maschenprobe**
15 M in der Breite = 10 cm, 32 R in der Höhe = 10 cm.

**Ausführung**

**Rücken:** 68 [74, 78] M mit naturweißer Wolle anschlagen und 46 [48, 49] cm im Grundmuster stricken. Sodann im Streifenmuster und der Farbfolge weiterarbeiten. In 56 [58, 59] cm Gesamthöhe alle M gerade abketten.

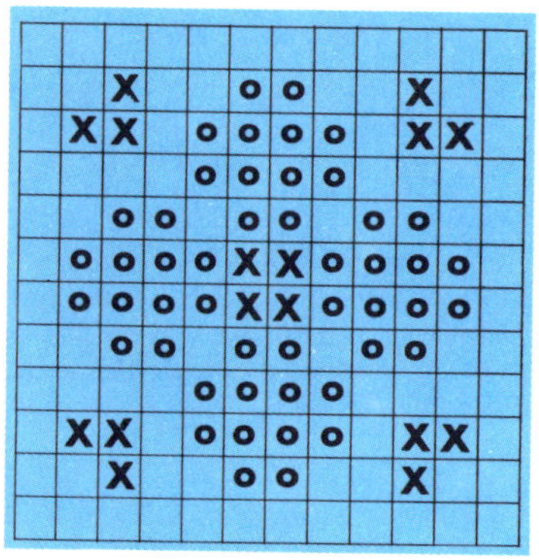

o = rot
X = grün

**Vorderteil:** 34 [36, 38] M mit naturweißer Wolle anschlagen und im Grundmuster stricken.
Nach 17 cm den Tascheneingriff wie folgt arbeiten: RandM, 6 [7, 8] M im Grundmuster, 20 M abketten. 6 [7, 8] M im Grundmuster, RandM. In der nächsten R über den abgeketteten M 20 M neu anschlagen. Gerade weiterstricken. In 46 [48, 49] cm Gesamthöhe für den Halsausschnitt 18 M abketten. Im Streifenmuster und in der Farbfolge weiterarbeiten. In 56 [58, 59] cm Höhe die restlichen 16 [18, 20] M gerade abketten.

**Zweites Vorderteil:** Gegengleich arbeiten.

**Ärmel:** 64 M mit grüner Wolle anschlagen, im Streifenmuster und der angegebenen Farbfolge (grün, gelb, blau, rot, grün, gelb) stricken. Hierauf im Grundmuster und mit naturweißer Wolle weiterarbeiten. In 47 [48, 49] cm Gesamthöhe alle M gerade abketten.

**Zweiter Ärmel:** Gleich stricken.

**Fertigstellung**
Teile nach Schnitt spannen und dämpfen. Vorder- und Rückenteil zusammennähen (Schlitze offen lassen). Alle Kanten mit roter Wolle umhäkeln: * 1 fM, ca 4 M übergehen, 5 M tieferstechen und 3 fM einhäkeln, ca 4 M übergehen. Ab * wiederholen.

Die Ecken dabei folgendermaßen umhäkeln: Bei den »Innenecken« die 3 tiefer gestochenen M zu 1 M zusammenziehen, bei den »Außenecken« 6 fM tieferstechen. Über diese Kanten nochmals je 1 R fM häkeln, dabei etwa jede 9. und 10. M zusammenhäkeln, damit die Kanten nicht wellen. Den Ärmel li auf auf li liegend mit 1 R fM in den Armausschnitt häkeln, so daß die »Naht« außen erscheint.

*Fortsetzung Seite 128*

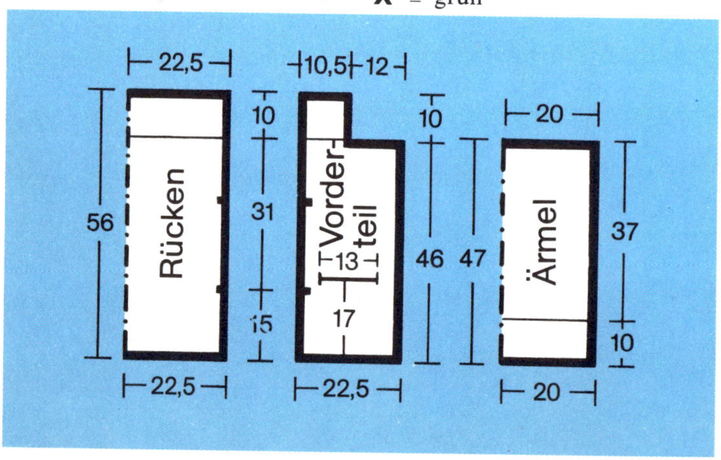

# Sportlicher Pullover mit Hebemaschenmuster

**Größe:** 38, in Klammern [42]

**Material**
Woll-Service, Qual »Lisa«, 1000 g [1100 g], naturweiß, Stricknadeln Nr. 5 1/2.

**Grundmuster**
1. Rippenmuster, 2. Rautenmuster, 3. Perlmuster, 4. Zopfmuster.

**1. Rippenmuster**
1 M re, 1 M li im Wechsel.

**2. Rautenmuster**
Maschenzahl durch 6 teilbar und 2 RandM.

**1. R:** RandM, 1 M re, * 4 M li, 2 M re, ab * wiederholen. Die Reihe endet: 4 M re, 1 M li, RandM.

**2. R:** RandM, 1 M li, * 4 M re, 2 M li, ab * wiederholen. Die Reihe endet: 4 M re, 1 M li, RandM.

**3. R:** RandM * 1 M auf HilfsN vor die Arbeit legen, 1 M li, HilfsNM re, 2 M li, 1 M auf HilfsN hinter die Arbeit legen, 1 M re, HilfsNM li, ab * wiederholen, RandM.

**4. R:** RandM, 1 M re * 1 M li abheben (Faden vor der M), 2 M re, ab * wiederholen. Die R endet: 1 M li abheben, 1 M re, RandM.

**5. R:** RandM, 1 M li, * 1 M auf HilfsN nehmen und vor die Arbeit legen, 1 M li, HilfsNM re, 1 M auf HilfsN nehmen und hinter die Arbeit legen, 1 M re, HilfsNM li, 2 M li, ab * wiederholen. Die R endet: 1 M auf HilfsN nehmen und vor die Arbeit legen, 1 M li, HilfsNM re, 1 M auf HilfsN nehmen und hinter die Arbeit legen, 1 M re, HilfsNM li, RandM.

**6. R:** RandM, 2 M re, * 2 M li abheben (Faden vor den M), 4 M re, ab * wiederholen. Die R endet: 2 M li abheben, 2 M re, RandM.

**7. R:** RandM, 2 M li, * 1 M auf HilfsN nehmen und vor die Arbeit legen, 1 M re, HilfsNM re, 4 M li, ab * wiederholen. Die R endet: 1 M auf HilfsN nehmen und vor die Arbeit legen, 1 M re, HilfsNM re, 2 M li, RandM.

**8. R:** RandM, 2 M re, * 2 M li abheben (Faden vor den M), 4 M re, ab * wiederholen. Die R endet: 2 M li abheben, 2 M re, RandM.

**9. R:** RandM, 1 M li, * 1 M auf HilfsN nehmen und hinter die Arbeit legen, 1 M re, HilfsNM li, 1 M auf HilfsN nehmen und vor die Arbeit legen, 1 M li, HilfsNM re, 2 M li, ab * wiederholen. Die R endet: 1 M auf HilfsN nehmen und hinter die Arbeit legen, 1 M re, HilfsNM li, 1 M auf HilfsN nehmen und vor die Arbeit legen, 1 M li, HilfsNM re, 1 M li, RandM.

**10. R:** RandM, 1 M re, * 1 M li abheben (Faden vor der M), 2 M re, ab * wiederholen. Die R endet: 1 li abheben, 1 M re, RandM.

**11. R:** RandM, * 1 M auf HilfsN nehmen und hinter die Arbeit legen, 1 M re, HilfsNM li, 2 M li, 1 M auf HilfsN nehmen und vor die Arbeit legen, 1 M li, HilfsNM re, ab * wiederholen, RandM.

**12. R:** RandM, 1 M li abheben (Faden vor der M), * 4 M re, 2 M li abheben, ab * wiederholen. Die R endet: 4 M re, 1 M li abheben, RandM.

*Fortsetzung Seite 131*

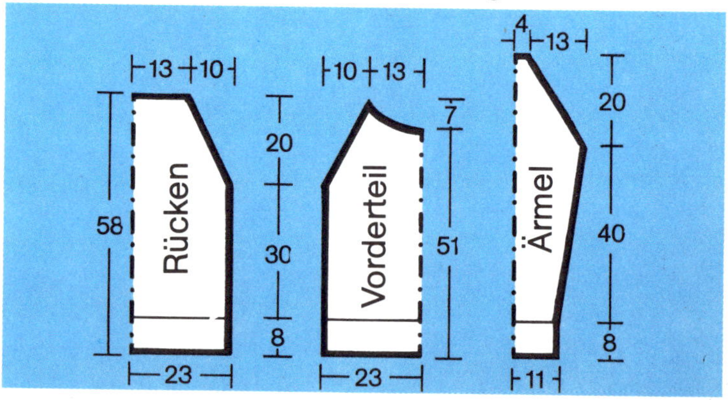


*Fortsetzung von Seite 126*

Für den Verschluß vier ca 20 cm lange Zöpfe aus roter Wolle flechten (21 Fäden) und annähen. Jeweils 3 Blumenmotive gleichmäßig verteilt in die Mitte der Vorderteile sticken (siehe Zählmuster). 1 Kreuzstich umfaßt 1 M in der Breite und 2 R in der Höhe. Aus der oberen Kante des Tascheneingriffs mit roter Wolle M aufnehmen und 10 cm für den Taschenbeutel anstricken. Taschenbeutel gegen das Vorderteil nähen. Stickerei leicht dämpfen.

*Fortsetzung von Seite 128*

**13. R:** RandM, 1 M re, * 4 M li, 1 M auf HilfsN nehmen und vor die Arbeit legen, 1 M re, HilfsNM re, ab * wiederholen. Die R endet: 4 M li, 1 M re, RandM.

**14. R:** RandM, 1 M li abheben (Faden vor der M), * 4 M re, 2 M li abheben, ab * wiederholen. Die R endet: 4 M re, 1 M li abheben, RandM.

**3. bis 14. R:** Fortlaufend wiederholen.

**3. Perlmuster**

**1. R:** 1 M re, 1 M li im Wechsel.

**2. R:** und alle weiteren RückR: M stricken, wie sie erscheinen.

**3. R:** M versetzen; 1 M li, 1 M re im Wechsel.

**1. bis 4. R:** Fortlaufend wiederholen.

**4. Zopfmuster**
Über 16 M; HinR: 2 M li, 12 M re, 2 M li; RückR: M stricken, wie sie erscheinen. In der 7. R und in jeder 8. folgenden R die M wie folgt verkreuzen: 2 M li, 6 M nach li verkreuzen (3 M auf HilfsN vor die Arbeit legen, die folgenden 3 M dann die HilfsNM re stricken), 6 M nach re verkreuzen (3 M auf HilfsN hinter die Arbeit legen, die folgenden 3 M re stricken, dann die HilfsNM re stricken), 2 M li.

**Maschenprobe**
Im Rautenmuster: 15 M in der Breite = 10 cm, 19 R in der Höhe = 10 cm.

**Ausführung**

**Rücken:** 68 [74] M anschlagen und 8 cm im Rippenmuster stricken. Dann im Rautenmuster bis zu einer Gesamthöhe von 38 [40] cm weiterarbeiten. Für die Raglanschrägung beidseitig 14 x in jeder 2. R und dann 2 x in jeder

*Fortsetzung Seite 132*



# Elegantes Abendkleid mit Häkelstola

**Größe:** 38

**Material**
Filcrosa, Qual »Lamé«, 550 g silber, Stricknadeln Nr. 3, Imra flex Stricknadeln Nr. 3, 60 cm lang, Häkelnadel Nr. 4, Gummi-Gurtband.

**Grundmuster**
Glatt re, gerippt: 1 re 1 li, Stb, Lm.

**Maschenprobe**
(Glatt re): 28 M in der Breite = 10 cm, 45 R in der Höhe = 10 cm.

**Ausführung**
**ROCK**

Rückenteil: 220 M anschlagen, 4 cm glatt re, dann 1 R li (für Saumknick) stricken. Von jetzt glatt re und in jeder 10. R re und li je 1 M abnehmen. Nach 107 cm (ohne Saum gemessen) 7 cm für Bund ohne Abnahme arbeiten. Dann abketten. Vorderseite genauso arbeiten.

**Oberteil:** Rücken: 95 M anschlagen. 22 cm gerippt 1 re, 1 li arbeiten, dann abketten.

**Vorderteil:** 112 M anschlagen. 22 cm gerippt 1 re 1 li arbeiten. Dann 12 cm glatt re weiterarbeiten. Arbeit teilen. Über 56 M jede Seite getrennt wie folgt arbeiten: Jede 7. R re und li je 1 M abnehmen. Wenn noch 6 M auf der Nadel sind, 65 cm glatt re für Trägerbündchen stricken, dann abketten.

**Fertigstellung**

**Rock:** Seitennähte schließen, Gurtband einlegen, Bund ansäumen, Saum umschlagen, mit Hexenstichen befestigen.

**Oberteil:** Rückteil mit Vorderteil zusammennähen. In der Ausschnittmitte einige R gerüscht zusammenfassen und festnähen.

*Fortsetzung Seite 134*

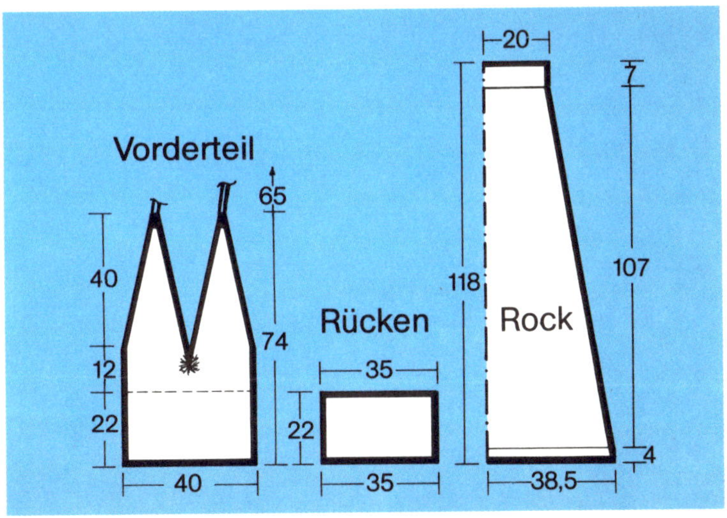

# Noppen-pullover

**Größe:** 36/38

**Material**
Filcrosa, Qual »Mohair 2000«, 550 g, natur, Stricknadeln Nr. 5.

**Grundmuster**

**1. R:** re stricken.

**2. R:** Und alle weiteren Rückreihen: li stricken.

**3. R:** re stricken.

**5. R:** 5 M re, * aus der folgenden M 1 M re, 1 M li, 1 M re herausstricken, Arbeit wenden, die 3 herausgestrickten M li stricken, Arbeit wenden, die 3 M wieder zu 1 M re zusammenstricken, 9 M re. Ab * wiederholen.

**7. bis 12. R:** Glatt re.

**13. R:** Wie 5. R; jedoch Noppen versetzen (zwischen den 2 Noppen der vorhergegangenen Noppenreihe stricken).

**15. bis 20. R:** Glatt re.

**5. bis 20. R:** Wiederholen.

**Rippenmuster**
* 1 M re, 1 M li, ab * wiederholen.

**Maschenprobe**
16 M in der Breite, 22 R in der Höhe = 10 x 10 cm.

**Ausführung**

**Rücken:** 75 M anschlagen und 14 cm Rippenmuster stricken, dann im Grundmuster weiterarbeiten, dabei auf die 1. R gleichmäßig verteilt 4 M zunehmen = 79 M. In 44 cm Gesamthöhe für den Armausschnitt wie folgt in jeder 2. R abnehmen: 1 x 3, 1 x 2, 3 x 1 M. Bis zu einer Gesamthöhe von 63 cm stricken. Dann für den rückwärtigen Ausschnitt die mittleren 15 M abketten. Beidseitig davon in jeder 2. R 2 x 3 M abketten. In 65 cm Gesamthöhe die beidseitigen, restlichen 18 M abketten.

**Vorderteil:** Bis zu einer Gesamthöhe von 57 cm wie den Rücken stricken. Für den Halsausschnitt die mittleren 9 M abketten. Beidseitig davon in jeder 2. R 1 x 3, 1 x 2 und 4 x 1 M abketten. In 65 cm Gesamthöhe die beidseitigen, restlichen 18 M gerade abketten.

**Ärmel:** 35 M anschlagen und 14 cm im Rippenmuster stricken. Dann im Grundmuster weiterarbeiten, dabei beidseitig nach jeweils 4 R 14 x 1 M zunehmen = 63 M.
In 41 cm Gesamthöhe für die Armkugel wie folgt abnehmen: beidseitig in jeder 2. R 1 x 8, 1 x 7, 1 x 5, 1 x 4 und 2 x 3 M, abketten. Die restlichen 3 M gerade abketten.

**Zweiter Ärmel:** Gleich arbeiten.

**Fertigstellung**
Teile nach Schnitt spannen, leicht dämpfen und zusammennähen. Aus dem Halsausschnitt M aufnehmen und 42 cm im Rippenmuster anstricken.

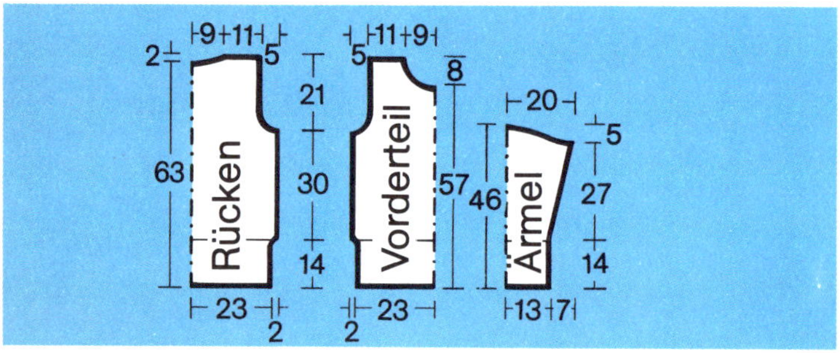


---

*Fortsetzung von Seite 131*
*Sportlicher Pullover mit Hebemaschenmuster*

4. R [15 x in jeder 2. R und 2 x in jeder 4. R] 1 M abnehmen. In 58 [60] cm Gesamthöhe die restlichen 36 [40] M abketten.

**Vorderteil:** Bis zu einer Gesamthöhe von 51 [53] cm wie den Rücken arbeiten. Dann für den Halsausschnitt die mittleren 14 [16] M abketten. Beidseitig davon in jeder 2. R 1 x 3, 2 x 2 und 4 x 1 M abketten [1 x 4, 1 x 3, 1 x 2 und 3 x 1 M abketten] Das Vorderteil ist in 58 [60] cm Gesamthöhe beendet.

**Ärmel:** 30 M anschlagen und 8 cm im Rippenmuster stricken. Dann in folgender Mascheneinteilung weiterarbeiten: RandM, 6 M Perlmuster, 16 M Zopfmuster, 6 M Perlmuster, RandM. Für die Ärmelschrägung beidseitig nach jeweils 4 cm 9 x 1 M zunehmen. Ab 48 [50] cm Gesamthöhe mit der Raglanschrägung beginnen. Hierfür beidseitig 14 x in jeder 2. R und 1 x nach 4 R 1 M abnehmen. In 68 [70] cm Gesamthöhe die restlichen 18 M gerade abketten.

**Zweiter Ärmel:** Gleich arbeiten.

**Fertigstellung**
Teile, mit feuchten Tüchern bedeckt, trocknen lassen. Teile zusammennähen. Aus dem Halsausschnitt M aufnehmen und 3 cm für Bündchen im Rippenmuster in Rd anstricken. M abketten, wie sie erscheinen.

# Poncho im Folkloremuster

**Größe:** 98 bis 104

**Material**
Schoeller, Qual »Jubilate«, 150 g rohweiß, je 50 g kamel und braun, Rundstricknadeln Nr. 4, 60 cm lang, 1 Spiel Strumpfstricknadeln Nr. 4.

**Grundmuster**
Glatt re.

**Jacquardmuster**
Siehe Diagramm.

**Maschenprobe**
20 M in der Breite = 10 cm, 26 R in der Höhe = 10 cm.

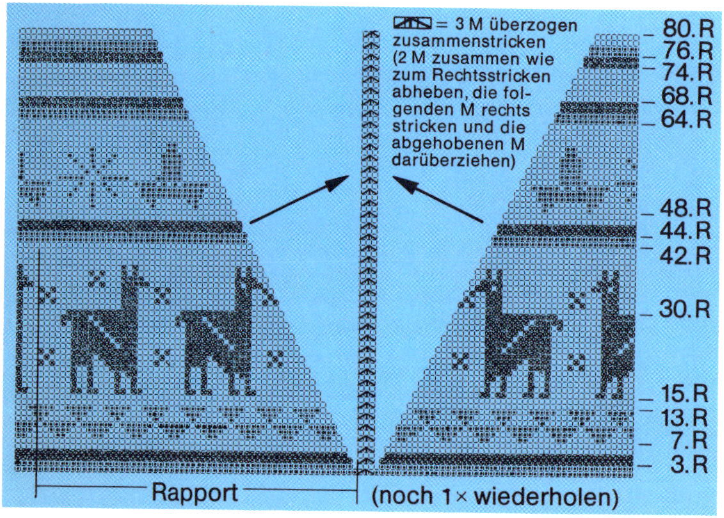


**Ausführung**
242 M anschlagen in Rohweiß zu Rd schließen und 4 Rd in Kraus re (1 Rd re, 1 Rd li im Wechsel) stricken. Weiter re laut Diagramm stricken: 2 x Rapport, 1 x Abnahme = rückwärtige Mitte; 2 x Rapport, 1 x Abnahme = vordere Mitte. Dabei abnehmen, wie in der Zeichnung angegeben. Für den Rollkragen rohweiß über den restlichen 82 M weitere 15 cm in Rippen (2 R re, 2 li) stricken, dabei in der 1. R 2 M verteilt abnehmen = 80 M. Nach 15 cm alle M wie sie erscheinen, abketten.

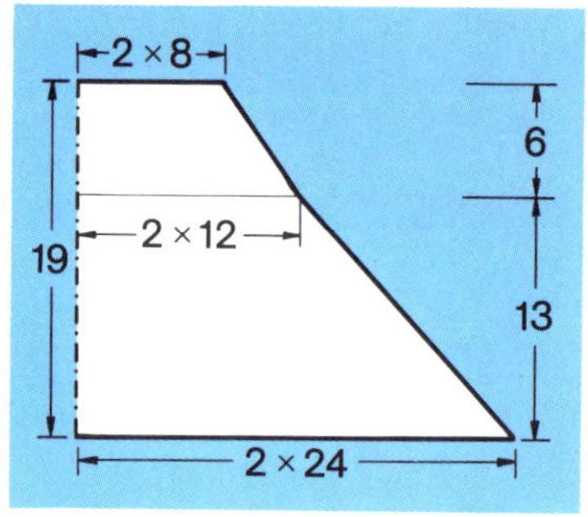


**Fertigstellung**
Poncho feucht spannen, Fransen einknüpfen. Nach Belieben Holzperlen befestigen.

**Zeichenerklärung:**
= rohweiß
= kamel
= dunkelbraun

---

*Fortsetzung von Seite 131*
*Elegantes Abendkleid*

**Ausführung**
**HÄKELSTOLA**

Die 3 Lm zu Beginn einer jeden R ersetzen das 1. Stb. 9 Lm zum Ring schließen.

**1. R:** 3 Lm, 2 Stb, 1 Lm, 3 Stb, Arbeit wenden.

**2. R:** 3 Lm, 2 Stb in letzes Stb der Vorreihe, 1 Lm, 3 Stb, 1 Lm, 3 Stb in Lm der Vorreihe, 1 Lm, 3 Stb in 1. Stb der Vorreihe.

**3. R:** 3 Lm, 2 Stb in letztes Stb der Vorreihe, 1 Lm, 3 Stb in entsprechende Lm der Vorreihe, 1 Lm, 3 Stb, 1 Lm, 3 Stb in mittlere Lm der Vorreihe, 1 Lm, 3 Stb in entsprechende Lm der Vorreihe, 3 Stb in Randmasche.

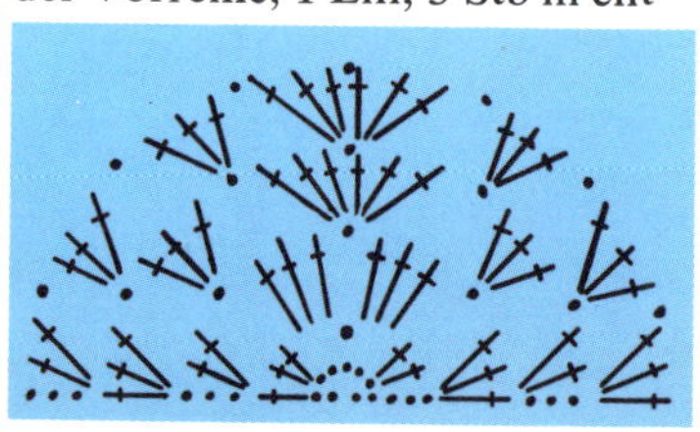

+ = 1 Stb • = 1 Lm

**4. und alle anderen R:** Im gleichen System weiterarbeiten: In die mittlere Lm je 3 Stb, 1 Lm, 3 Stb und in die Randmasche je 3 Stb. Wenn Stola 130 cm breit ist, Arbeit beenden. In jede Lm des Randes eine 10 cm lange Franse einknüpfen.

## Modellteil Stricken

# Netzpatentpulli mit Lamamotiven

**Größe:** 38, in Klammern [42]

**Material**
Woll-Service, Qual »Hockey«, 700 g rostrot, 100 g naturweiß. Stricknadeln Nr. 5.

**Grundmuster I**
(Netzpatent). Das Muster erscheint auf der li Seite, gerade Maschenzahl. Soll das Muster, wie hier beim Pulli, auf der re Seite erscheinen, so muß auf der li Seite damit begonnen werden.

**1. R:** 1 RandM, * 1 U, die folgenden M li anheben, 1 M re. Ab * wiederholen, 1 RandM.

**2. R:** 1 RandM, * 2 M re, den U der Vorreihe li abheben (der Faden liegt hinter dem U). Ab * wiederholen, 1 RandM.

**3. R:** 1 RandM, * folgende M mit dem U re zusammenstricken, 1 U, 1 M li abheben. Ab * wiederholen, 1 RandM.

**4. R:** 1 RandM, 1 M re, * den U der Vorreihe li abheben, 2 M re. Ab * wiederholen. R endet: U der Vorreihe li abheben, 1 M re, 1 RandM.

**5. R:** 1 RandM, * 1 U, 1 M li abheben, folgende M mit dem U re zusammenstricken. Ab * wiederholen, 1 RandM.

**2. bis 5. R:** Fortlaufend wiederholen.

**Maschenprobe Grundmuster I**
15 M in der Breite und 24 R in der Höhe = 10 x 10 cm.

**Grundmuster II**
(Norwegermuster) glatt re nach Vorlage arbeiten, die Fäden auf der Rückseite locker mitführen.

**Maschenprobe Grundmuster II**
18 M in der Breite und 22 R in der Höhe = 10 x 10 cm.

**Rippenmuster**
2 M re, 2 M li im Wechsel.

**Ausführung**

**Rücken:** 72 [78] M mit rostroter Wolle anschlagen und 6 cm im Rippenmuster stricken. Dann im Grundmuster II weiterarbeiten: 2 R naturweiß, untere Begrenzung des Zählmusters (= Zackenmotiv). Hierauf im Grundmuster I mit rostroter Wolle weiterarbeiten. In 18 cm Gesamthöhe wieder im Grundmuster II stricken: 2 R naturweiß (dabei auf die 1. R gleichmäßig verteilt 12 M zunehmen = 84 [90] M). Sodann nach dem fortlaufenden Zählmuster stricken. Dabei die M so einteilen, daß die exakte Mitte eingehalten

*Fortsetzung Seite 138*

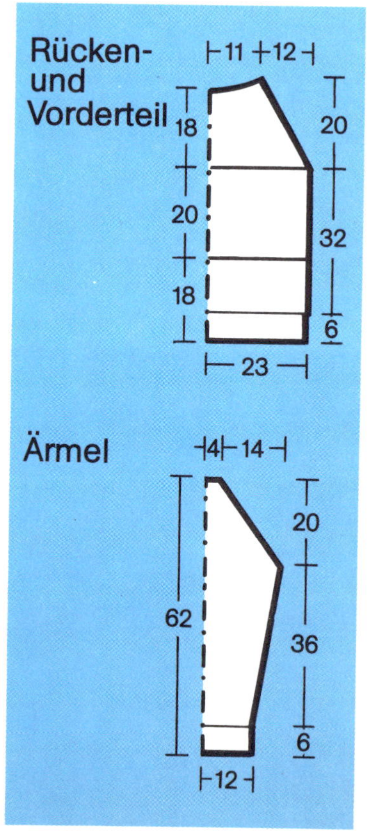


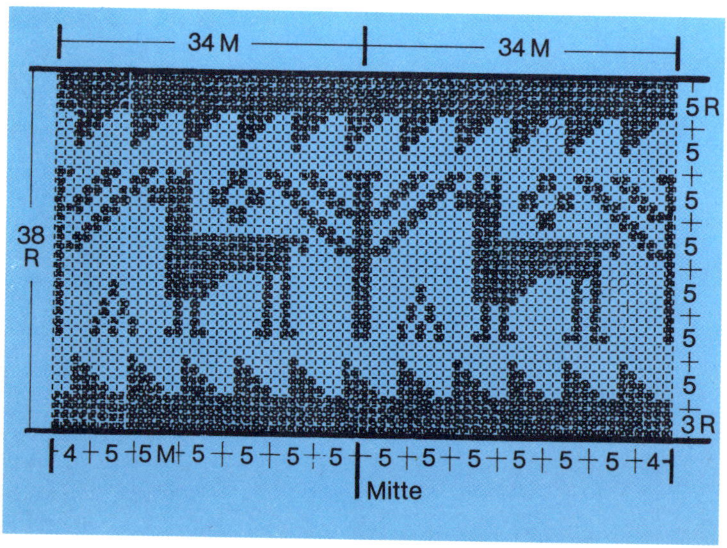


**Zeichenerklärung**
⊗ = rostrot
□ = naturweiß

# Molliger Zopfpulli

**Größe:** 36/38

**Material**
Gebrasa, Qual »Treffer«, 400 g, natur, Stricknadeln Nr. $5^1/_2$.

**Grundmuster**
Rippen: 1 re, 1 li im Wechsel; glatt li.

**Zopfmuster**
Über 6 M glatt re. In der 3. R 3 M auf die HilfsN vor die Arbeit legen, die folgenden M re, dann die HilfsN-M re stricken. Dies in jeder folgenden 8. R wiederholen.

**Maschenprobe**
14 M in der Breite = 10 cm, 14 R in der Höhe = 10 cm.

**Ausführung**

**Rücken:** 57 M anschlagen und 10 cm im Rippenmuster stricken. Dann die M wie folgt einteilen: RandM, 5 M li, 6 M Zopfmuster, 7 M li, 6 M Zopfmuster, 7 M li, 6 M Zopfmuster, 7 M li, 6 M Zopfmuster, 5 M li, RandM. M in den RückR stricken, wie sie erscheinen. Bis zu einer Gesamthöhe von 50 cm stricken. Dann noch 10 cm im Rippenmuster arbeiten. M abketten, wie sie erscheinen.

**Vorderteil:** Wie Rücken arbeiten.

**Ärmel:** 40 M anschlagen und 10 cm im Rippenmuster stricken. Dann M wie folgt einteilen: RandM, 16 M li, 6 M Zopfmuster, 16 M li, RandM. M in den RückR stricken, wie sie erscheinen.

In dieser Einteilung bis 43 cm Gesamthöhe arbeiten. M abketten.

**Zweiter Ärmel:** Gleich arbeiten.

**Fertigstellung**
Für Schulter jeweils 10 cm Naht schließen, Ärmel einsetzen, Seiten und Ärmelnähte schließen.

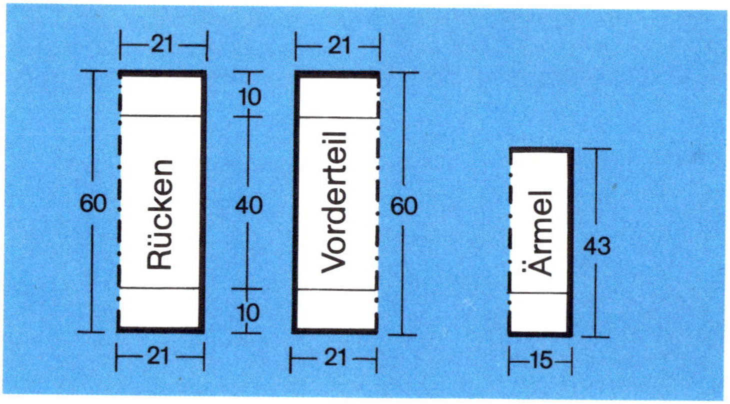


*Fortsetzung von Seite 136*

wird. Nach Beendigung noch 2 R mit naturweißer Wolle arbeiten, dabei in der 1. R gleichmäßig verteilt wieder 12 M abnehmen = 72 [78] M. Mit rostroter Wolle im Grundmuster I weiterarbeiten.

In 38 cm Gesamthöhe die Abnahme für die Raglanschrägung wie folgt arbeiten: die äußeren 3 M glatt re stricken, bei Abnahmen 1 M re, 2 M re zusammenstricken. Beidseitig 19 x in jeder 2. R und dann 1 x nach 4 R 1 M abnehmen (22 x in jeder 2. R 1 M abnehmen). Gleichzeitig in 56 cm Gesamthöhe für die Ausschnittrundung die mittleren 10 [12] M abketten. Beidseitig in jeder 2. R noch 1 x 6 und 1 x 5 M abketten. Das Teil ist in 58 cm Gesamthöhe beendet.

**Vorderteil:** Wie Rücken arbeiten.

**Ärmel:** 38 M mit rostroter Wolle anschlagen und 6 cm im Rippenmuster stricken, dann im Grundmuster II weiterarbeiten: 2 R mit naturweißer Wolle, untere Begrenzung des Zählmusters (= Zackenmotiv). Hierauf wieder mit rostroter Wolle im Grundmuster I weiterstricken. Für die seitliche Ärmelschrägung beidseitig 9 x nach jeweils 4 cm ab Bündchen 1 M zunehmen = 56 M.

Gleichzeitig in 37 [39] cm Gesamthöhe im Grundmuster II die obere Begrenzung des Zählmusters stricken. Sodann 2 R mit naturweißer Wolle. Wieder mit rostroter Wolle im Grundmuster I weiterarbeiten, dabei ab 42 [44] cm Gesamthöhe mit der Raglanschrägung beginnen. Die 3 äußeren M glatt re stricken, bei den Abnahmen 1 M re, 2 M re zusammenstricken. Beidseitig in jeder 2. R 22 x 1 M abnehmen. Die restlichen 12 M in 62 [64] cm Gesamthöhe gerade abketten.

**Zweiter Ärmel:** Gleich arbeiten.

**Fertigstellung**
Teile spannen und, mit feuchten Tüchern bedeckt, trocknen lassen. Norwegermuster von links dämpfen. Teile zusammennähen.
Aus dem Halsausschnitt M aufnehmen und 4 cm mit rostroter Wolle im Rippenmuster anstrikken, abketten.

# Mantel, Schal, Mütze

**Größe:** 38/40

**Material**
Schnellstrickwolle, Qual »Norway«, 1100 g dunkelbraun, 1100 g mittelbraun, Stricknadeln Nr. $5^1/_2$, 1 Rundstricknadel Nr. $5^1/_2$, 1 Spiel Stricknadeln Nr. $5^1/_2$.

**Grundmuster**
Kraus re = Hin- und RückR re.

**Maschenprobe**
13 M in der Breite = 10 cm, 24 R in der Höhe = 10 cm.

**Ausführung MANTEL**

**Rücken:** 76 M in der dunklen Farbe anschlagen und 30 cm hochstricken. Von 30 bis 36 cm Höhe abwechselnd 2 R mit der dunklen und 2 R mit der helleren Farbe stricken. Mit der letzteren Farbe weiterstricken bis zur Gesamthöhe von 66 cm. Gleichzeitig ab 42 cm Höhe an jeder Seite 4 x 1 M jede 7 cm abnehmen. (Nach der Abnahme nur noch 68 M ab 63 cm Höhe). Von 66 bis 72 cm Höhe abwechselnd 2 R dunkel, 2 R hell. Danach mit dunkler Wolle bis zur Gesamthöhe von 102 cm stricken. Alle M gerade abketten.

**Vorderteil:** 44 M in der dunklen Farbe anschlagen. Muster und Abnahmen an den Seitennähten wie beim Rücken, jedoch nach 72 cm Gesamthöhe bei jeder 10. R 1 M an der Vorderkante zunehmen. Nach 102 cm Länge 24 M für die Schulter abketten, die restlichen 24 M auf HilfsN ruhen lassen.

**Zweites Vorderteil:** Gegengleich stricken. Die Schulternähte der Vorderteile mit den Schulternähten des Rückenteils (jeweils 24 M) schließen.

**Kragen:** Die verbliebenen je 24 M auf den HilfsN zusammen mit 20 aus dem rückwärtigen Halsausschnitt aufgenommenen M auf eine Nadel nehmen und kraus weiterstricken, wobei jeweils in jeder 2. R 2 M vor und 2 M nach der rückwärtigen Mittel-M zusammengestrickt werden, bis nur noch 2 M auf der Nadel sind (rückwärtige Spitze des Kragens). Diese M übereinanderziehen und sauber vernähen.

**Ärmel:** 56 M in dunkler Farbe anschlagen, 16 cm hochstricken, dann 6 cm im Farbwechsel 2 R hell, 2 R dunkel. Mit hellem Garn weiterstricken. Ab Gesamthöhe 28 cm 6 mal in jeder 8. R beidseitig 1 M zunehmen und gleichzeitig bei Gesamthöhe 42 cm den 6 cm breiten Farbwechsel 2 R hell, 2 R dunkel stricken. Nach dem Farbwechsel alle M abketten.
**Zweiter Ärmel:** Gleich stricken.

**Fertigstellung**
Seitennähte schließen, jedoch für den Ärmel eine Öffnung von 28 cm Höhe lassen. Ärmel einarbeiten. Den fertigen Mantel mit festen M umhäkeln.

**Ausführung GÜRTEL**

160 M in der hellen Farbe anschlagen. 8 R stricken und abketten.

**Ausführung MÜTZE**

72 M auf RundstrickN Nr. $5^1/_2$ in der dunklen Farbe anschlagen und jeweils 1 Rd re M und 1 Rd li M im Farbwechsel dunkel/hell bis zur Höhe von 12 cm stricken. Von hierab nur mit der dunklen Farbe re weiterstricken bis zu einer Gesamthöhe von 22 cm. Die Arbeit auf ein Spiel Stricknadeln nehmen und gleichmäßig verteilen. In der nächsten Rd jede 9. M mit der folgenden zusammenstricken.

Das sind 8 Abnahmen. Wieder 1 Rd stricken und erneut über den vorhergehenden Abnahmen 2 M zusammenstricken. Nochmals 1 Rd ohne Abnahme stricken. Danach in jeder Rd über den vorhergehenden Abnahmen 2 M zusammenstricken, bis nur noch 8 M auf den Nadeln sind. Durch diese restlichen Maschen einen Faden ziehen und sauber vernähen. Die li Seite nach außen wenden.

**SCHAL Ausführung**

32 M in der hellen Farbe anschlagen. 20 cm im Krausmuster

*Fortsetzung Seite 142*

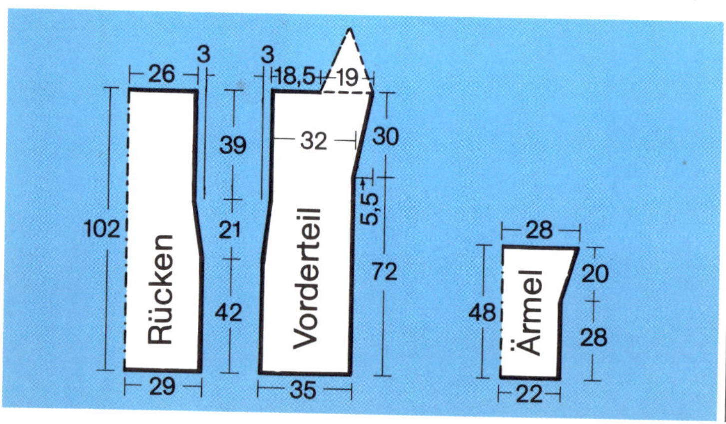

# Blouson-Kostüm

**Größe:** 38, in Klammern [42] und [44]

**Material**
Filcrosa Bouclé, Qual »Bristol«, 1140 [1160, 1220] g naturweiß, 50 g naturweiße Cabléwolle für Taschenbeutel. Stricknadeln Nr. 4 und 4$^1/_2$, eine 80 und 120 cm lange Rundstricknadel Nr. 4$^1/_2$, ein 40 cm langer teilbarer Reißverschluß weiß, Gurtband in Taillenweite.

**Grundmuster**
Glatt re: HinR re, RückR li.

**Rippenmuster**
2 re, 2 li.

**Maschenprobe**
15 M in der Breite = 10 cm, 28 R in der Höhe = 10 cm.

**Ausführung BLOUSON**

**Rücken:** 70 [74, 78] M mit der Nd Nr. 4 anschlagen und 10 cm im Rippenmuster stricken. Hierauf im Grundmuster und mit Nd Nr. 4$^1/_2$ weiterarbeiten. Bis zu einer Gesamthöhe von 50 [51, 52] cm stricken, M gerade abketten.

**Vorderteil:** 36 [40, 42] M mit Nd Nr. 4 anschlagen und 10 cm im Rippenmuster stricken. Hierauf im Grundmuster und Nd Nr. 4$^1/_2$ weiterarbeiten. Nach 2 cm die Arbeit für den Tascheneingriff in 2 Teile teilen. Den 1. Teil (ab vordere Mitte) über 20 [24, 26] M Breite, den 2. Teil über 16 M Breite getrennt hochstricken.

Dann alle M wieder auf einer Nd zusammenfassen. In 39 [40, 41] cm Gesamthöhe mit dem Halsausschnitt beginnen. Hierfür in jeder 2. R 1 x 3, 2 x 2, 6 x 1 dann in jeder 4. R 2 x 1 M abnehmen. In 50 [51, 52] cm Gesamthöhe die restlichen 21 [25, 27] M gerade abketten.

**Zweites Vorderteil:** Gegengleich arbeiten.

**Ärmel:** 36 M mit Nd Nr. 4 anschlagen und 10 cm im Rippenmuster stricken. Dann im Grundmuster und Nd Nr. 4$^1/_2$ weiterarbeiten, dabei auf die 1. R verteilt 10 M zunehmen (= 46 M). Hierauf noch 8 mal nach jeweils 10 R beidseitig 1 M zunehmen (62 M) In 50 [51, 52] cm Gesamthöhe M gerade abketten.

**Zweiter Ärmel:** Gleich arbeiten.

**Fertigstellung**
Teile nach Schnitt spannen, leicht dämpfen und zusammennähen. Aus dem Halsausschnitt M mit Nd Nr. 4$^1/_2$ aufnehmen und 16 cm Rippenmuster anstricken. Aus den inneren Taschenkanten ebenfalls mit Nd Nr. 4$^1/_2$ aufnehmen und 4 cm im Rippenmuster anstricken, aus den äußeren Taschenkanten M aufnehmen und 18 cm mit Cabléwolle für den Taschenbeutel anstricken. Taschenteil zur Hälfte nach innen biegen und gegen die vordere Taschenkante nähen. Reißverschluß je nach Größe gedehnt oder leicht eingehalten einnähen.

**Ausführung ROCK**

250 [258, 262] M mit der langen RundstrickN anschlagen und zur Runde schließen. 4 Rd kraus stricken (je 1 Rd re, li, re, li.) Im Grundmuster weiterarbeiten, dabei gleichzeitig ab Saum mit den Abnahmen beginnen. (Pro Abnahme auf die Rd gleichmäßig verteilt 4 M abnehmen, die weiteren Abnahme-Rd stets über den vorherigen Abnahmen arbeiten). 25 mal nach jeweils 2 cm 1 Ab-

*Fortsetzung Seite 144*

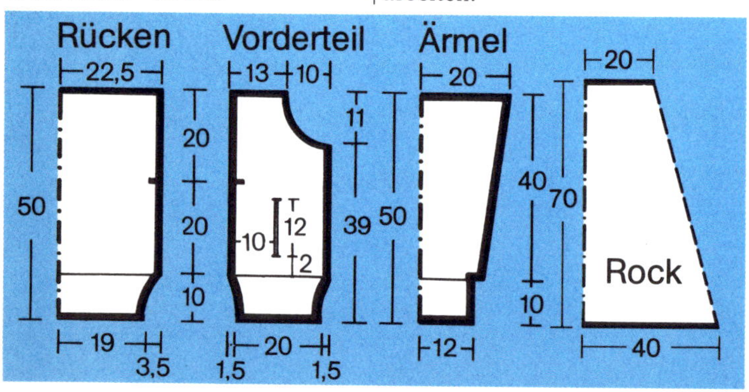


*Fortsetzung von Seite 140*

stricken, sodann 6 cm im Farbwechsel wie beim Mantel. Dann nach 40 cm in der dunklen Farbe 6 cm Farbwechsel, 20 cm in der hellen Farbe. 6 cm Farbwechsel, 20 cm in der dunklen Farbe, wieder 6 cm im Farbwechsel, 22 cm mit der hellen Farbe, 6 cm im Farbwechsel, 38 cm mit der dunklen Farbe, 6 cm im Farbwechsel und nochmals 18 cm mit der hellen Farbe stricken. Gesamtlänge 2,14 m.
Zum Schluß an jedem Ende 1 R häkeln: 1 fM, 2 Lm, 1 fM, 2 Lm usw. In die Luftmaschenbögen 6-fädige, ca 18 cm lange Fransen knüpfen.

# Pullover-Rock-Kombination

**Größe:** 38, in Klammern [42] und [46]

**Material**
Baumwollgarn Filcrosa, Qual »Lucia«, 650 [700, 750] g weiß, 200 [250] g schwarz, Stricknadeln Nr. 3 und 3½, Rundstricknadeln Nr. 3½, 120 cm lang, Gurtband in Taillenweite.

**Grundmuster**
Glatt re: HinR re, RückR li.

**Rippenmuster**
2 M re, 2 M li.

**Streifenfolge**
Abwechselnd 6 R weiß, 4 R schwarz.

**Maschenprobe**
20 M in der Breite = 10 cm, 36 R in der Höhe = 10 cm.

## Ausführung PULLOVER

**Rücken:** Es wird seitlich begonnen. 92 [94, 96] M mit weißem Garn und Stricknadeln Nr. 3½ anschlagen, im Grundmuster und in der Streifenfolge arbeiten. Nach 10 [11, 12] cm mit dem Halsausschnitt anfangen. Hierfür 1 x 2 und 1 x 1 M abnehmen, sodann 84 [88, 92] R weiterstricken. Wieder 1 x 1 und 1 x 2 M zunehmen = 92 [96, 100] R ab Halsausschnittbeginn. 10 [11, 12] cm gerade weiterstricken. In 45 [48, 52] cm Gesamtbreite alle M gerade abketten.

**Vorderteil:** Bis zum Halsausschnitt wie den Rücken arbeiten. Für den Ausschnitt in jeder 2. R 1 x 4, 2 x 3, 6 x 2 und 14 x 1 M [1 x 4, 1 x 3, 7 x 2, 15 x 1 M; 1 x 4, 1 x 3, 6 x 2, 17 x 1 M] abnehmen. Gegengleich zunehmen. Nach Beendigung des Ausschnittes noch 10 [11, 12] cm gerade weiterarbeiten. M abketten.

**Ärmel:** Seitlich beginnen. 84 [86] M mit weißem Garn und Stricknadeln Nr. 3½ anschlagen. Im Grundmuster und in der Streifenfolge weiterarbeiten. In 40 cm Gesamtbreite M gerade abketten.

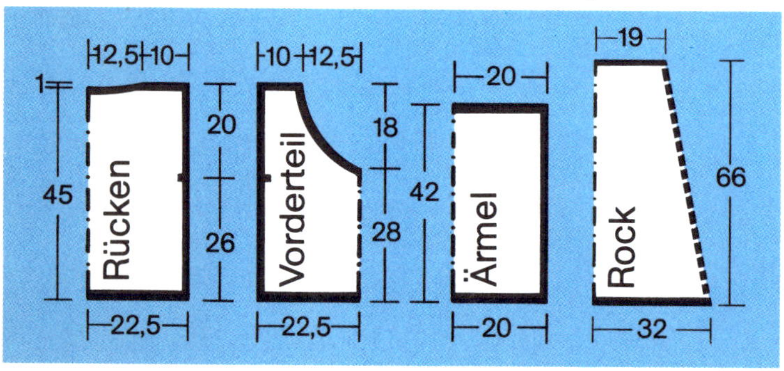


**Zweiter Ärmel:** Gleich arbeiten.

**Fertigstellung**
Teile nach Schnitt spannen und zusammennähen. Aus dem Halsausschnitt M mit schwarzem Garn aufnehmen (Stricknadeln Nr. 3½) und 3 cm im Rippenmuster in Rd anstricken. Die M dabei so einteilen, daß 2 re M in der vorderen Mitte zu liegen kommen.

Beidseitig in jeder 2. R 2 M re zusammenstricken. M abketten wie sie erscheinen.

Aus der unteren Kante des Vorder- bzw. Rückenteils ca 76 [80, 88] M mit schwarzem Garn (Stricknadeln Nr. 3) aufnehmen und 8 cm im Rippenmuster strikken. Aus den unteren Ärmelkanten mit schwarzem Garn (Stricknadeln Nr. 3) ca 88 M aufnehmen, in der nächsten R jeweils 2 M zusammenstricken = 44 M. Über diese Maschenzahl 8 cm im Rippenmuster anstricken, Bündchen seitlich schließen.

## Ausführung ROCK

272 [288, 304] M mit weißem Garn und Rundstricknadeln anschlagen und zur Rd schließen. In folgender Mascheneinteilung weiterstricken: * 10 M li, 6 M re. Ab * wiederholen. In 7 cm Höhe Streifen einstricken. 4. Rd schwarz, 8. Rd weiß, 4. Rd schwarz. Mit Weiß weiterarbeiten, dabei 5 x nach jeweils 12 cm ab Saum auf die Rd gleichmäßig verteilt 17 [18, 19] x 2 M in den Linksmaschenstreifen zusammenstricken = 187 [198, 209] M. Über diese Maschenzahl bis zu einer Gesamthöhe von 66 [67] cm stricken. M abketten, wie sie erscheinen.

**Fertigstellung**
Rock nur sehr leicht dämpfen. Obere Kante 2 cm nach innen über das der Taille gegengeheftete Gurtband biegen und mit Hexenstich festnähen.

*Fortsetzung von Seite 142*

nahme-Rd stricken = 150 [158, 162] M. Hierauf 6 Abnahme-Rd nach jeweils 3 cm arbeiten = 126 [134, 138] M. Bis zu einer Gesamthöhe von 70 [72, 72] cm arbeiten. M gerade abketten. Obere Kante 2 cm nach innen über das der Taille gegengeheftete Gurtband legen und mit Hexenstich festnähen. Rock leicht dämpfen.

Modellteil Stricken

# Trachten-jacke

**Größe:** 36, in Klammern [40, 44]

**Material**
Lana Gatto, Qual »Turnier«, 650 [700, 750] g rot, und Qual »Gomitolo«, 100 g schwarz. Stricknadeln Nr. 5, Häkelnadel Nr. 3, 4 Knöpfe.

**Grundmuster**
Gerade Maschenzahl.

**1. R:** Randmasche * die beiden nächsten M verkreuzen (1 M vor die Arbeit legen, die 2. M re stricken, dann die 1. M re strikken) ab * wiederholen, Randmasche.

**2. R:** Randmasche, 1 M li * die beiden folgenden M verkreuzen (zuerst die 2. M li stricken – die 1. M bleibt auf der linken Nadel – dann 1. M li stricken, beide M zusammen von der Nadel heben). Ab * wiederholen. Die Reihe endet: 1 M li, Randm 1. und 2. R fortlaufend stricken. Bei den Zu- und Abnahmen stets darauf achten, daß die jeweils richtigen M übereinander gearbeitet werden.

**Maschenprobe**
22 M in der Breite = 10 cm, 22 R in der Höhe = 10 cm.

**Ausführung**

**Rücken:** 92 [98, 108] M mit roter Wolle anschlagen und im Grundmuster stricken, dabei 4 mal nach jeweils 6 R beidseitig 1 M abnehmen = 84 [90, 100] M. Ab 16 [17] cm Gesamthöhe für die seitliche Schrägung beidseitig wie folgt zunehmen: 5 mal nach jeweils 4 R 1 M und 4 mal nach jeweils 6 R 1 M zunehmen = 102 [108, 118] M. Ab 35 [37, 38] cm Gesamthöhe mit dem Armausschnitt beginnen. Hierfür beidseitig in jeder 2. R 1 x 4, 2 x 2 und 3 x 1 M abnehmen = 80 [86, 96] M. In 53 [55, 57] cm Gesamthöhe für die Schulterschrägung beidseitig in jeder 2. R 2 x 11 [2 x 12, 2 x 13] M abketten. Gleichzeitig für den rückwärtigen Halsausschnitt die mittleren 26 [28, 34] M abketten. Beidseitig noch 1 x 3 und 1 x 2 M abketten. Der Rücken ist in 55 [57, 59] cm Gesamthöhe beendet.

**Vorderteil:** 24 [26, 28] M anschlagen und 6 cm im Grundmuster stricken. Getrennt davon nochmals 20 [24, 26] M anschlagen und ebenfalls 6 cm hochstricken, dabei die seitliche Schrägung wie beim Rücken arbeiten (jedoch nur einseitig). In 6 cm Höhe die beiden Teile auf einer Nadel zusammenfassen, dabei zwischen den Teilen 6 M neu anschlagen.

Bis zu einer Gesamthöhe von 16 [17] cm stricken (seitliche Abnahmen wie beim Rücken) = 46 [52, 56] M. Ab hier die seitliche Zunahme ebenfalls wie beim Rücken arbeiten. Ab 31 cm Gesamthöhe mit dem Ausschnitt beginnen. Hierfür 2 M abketten. Dann wie folgt abnehmen:

**Größe 36:** 14 mal in jeder 2. R 1 M und 6 mal in jeder 4. R 1 M.

**Größe 40:** 23 mal in jeder 2. R 1 M und 1 mal nach 4 R 1 M.

**Größe 44:** 26 mal 1 M in jeder 2. R abnehmen. Gleichzeitig in 35 [37, 38] cm Gesamthöhe den Armausschnitt wie beim Rücken arbeiten. In 53 [55, 57] cm Höhe die Schulterschrägung ebenfalls wie beim Rücken arbeiten.

**Zweites Vorderteil:** Gegengleich arbeiten.

**Ärmel:** 2 x jeweils 22 [24, 26] M anschlagen und getrennt im Grundmuster stricken. Bei beiden Teilen für die seitliche Schrägung 2 x nach jeweils 6 R 1 M zunehmen. In 6 cm Höhe die M auf einer Nd zusammenfassen, dabei zwischen den Teilen 6 M neu dazu anschlagen = 54 [58, 62] M. Für die seitliche Schrägung nun beidseitig 11 x nach jeweils 6 R 1 M zunehmen = 76 [80, 84] M. Ab 38 cm Gesamthöhe mit der Armkugel beginnen. Hierfür beidseitig in jeder 2. R 1 x 4, 1 x 3, 12 x 2 [13 x 2, 14 x 2] und 3 x 1 M abketten, die restlichen 8 M gerade abketten.

**Zweiter Ärmel:** Gegengleich arbeiten.

**Kragen:** 78 [82, 86] M anschlagen und im Grundmuster stricken. Dabei beidseitig 7 x in jeder 2. R

*Fortsetzung Seite 148*

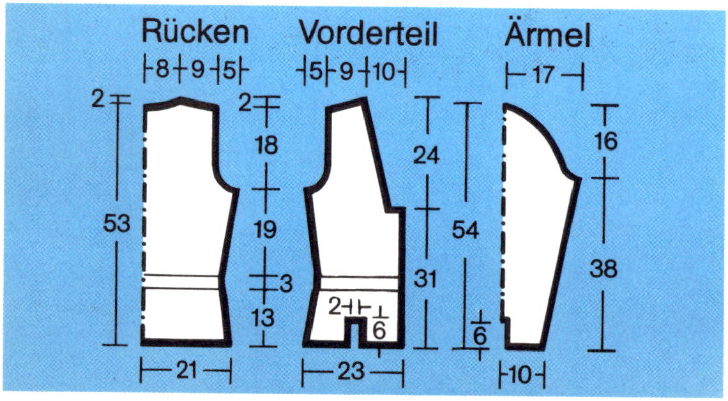

# Bestickter Sommerpulli

**Größe:** 38/40, in Klammern [34/36] und [42/44]

**Material**
Filcrosa, Qual »Lucia«, [350] 300 [400] g weiß, 50 g grün, 1 Rest rot zum Sticken, Schnellstricknadeln Nr. $3^{1}/_{2}$.

**Grundmuster I**
Kraus re = Hin- und RückR re.

**Grundmuster II**
3 M kraus re, 10 M glatt re usw.

**Farbfolge**
14 R grün, 14 R weiß, 14 R grün.

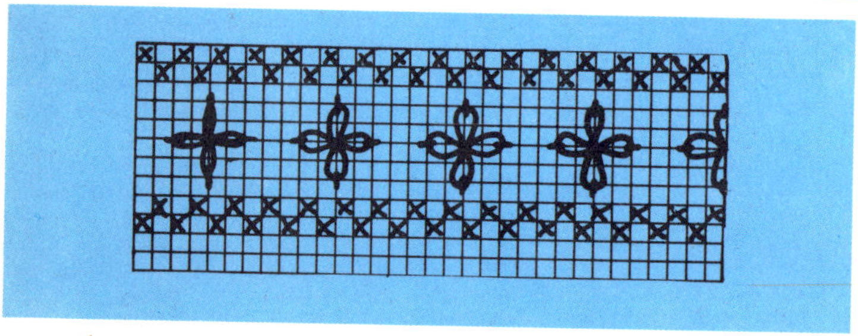

**Maschenprobe**
18 M in der Breite = 10 cm, 35 R in der Höhe = 10 cm.

**Ausführung**

**Rücken:** Mit der Nadel Nr. $3^{1}/_{2}$ [78] 81 [86] M in Grün anschlagen und 4 R kraus re stricken. Im Grundmuster II und mit weißem Garn weiterarbeiten. Bei einer Gesamtlänge von [20] 20 [21] cm 4 R kraus re arbeiten und diese 4 R kraus re alle [18] 18 [20] R wiederholen. Bei einer Gesamtlänge von [39] 39 [42] cm in Grundmuster I und Farbfolge weiterarbeiten, dabei beidseitig in jeder 2. R [20] 21 x 1 [24] M abketten.

**Vorderteil:** Wie Rückenteil arbeiten.

**Ärmel:** [65] 65 [68] M in Grün anschlagen und 4 R im Grundmuster I grün arbeiten, in Weiß und Grundmuster I weiterarbeiten. Bei einer Gesamtlänge von [15] 16 [17] cm in der Farbfolge arbeiten und beidseitig in jeder 2. R [21] 21 x 1 [24] M abnehmen.

**Zweiter Ärmel:** Gleich arbeiten.

**Fertigstellung**
Nähte schließen. Im 2. und 3. grünen Streifen rote Kreuzstiche einsticken. In den weißen Mittelstreifen Sterne im offenen Margerittenstich (Kettenstich) laut Diagramm sticken.

---

*Fortsetzung von Seite 146*

1 M zunehmen. Ab 8 cm Höhe beidseitig wieder abnehmen. In jeder 2. R 1 x 4, 1 x 3, 1 x 2 M abnehmen. Die restlichen M gerade abketten.

**Revers:** 2 M anschlagen. Im Grundmuster stricken. Für die seitliche Schrägung in jeder 2. R 10 x 2, und 4 x 1 M zunehmen = 26 M. Ab 13,5 cm wieder abnehmen. Hierfür in jeder 2. R 2 x 1, 2 x 2, 1 x 7, 1 x 6, 1 x 5, 1 x 2 M abketten.

**Zweites Revers:** Gegengleich arbeiten.

**Fertigstellung**
Teile nach Schnitt spannen und zusammennähen (zuerst Revers, dann Kragen annähen). Die Tresse wird in 2 Teilen angehäkelt. Revers und Kragen in einem Stück in Hin- und RückR (Gomitolo doppelt genommen) mit 7 R fM behäkelt. Die restliche Umrandung ebenfalls in Hin- und RückR mit 7 R fM behäkeln. Dabei in der re Vorderteilkante 4 Knopflöcher einarbeiten. Das oberste ist gleich zu Beginn, die anderen liegen in je 5 cm Abstand zueinander. Für ein Knopfloch mit 3 Lm ca 4 R der Kante übergehen. Die angehäkelte Tresse in die re Seite biegen und festnähen. Kragen und Revers 4 cm, Vorderteilschlitze 2 cm, die Ärmelschlitze 3 cm schließen.

# Damen-Norwegerpullover mit passender Mütze

**Größe:** 38, in Klammern [42] und [46]

**Material**
Phildar, Qual »Kadischa«.
*Pullover:* 14 [14, 15] Knäuel mouette, je 2 Knäuel tabou, cayenne, Stricknadeln Nr. 5 und 6, 1 Nadelspiel Nr. 5.
*Mütze:* 2 Knäuel mouette, je 1 Knäuel tabou und cayenne.

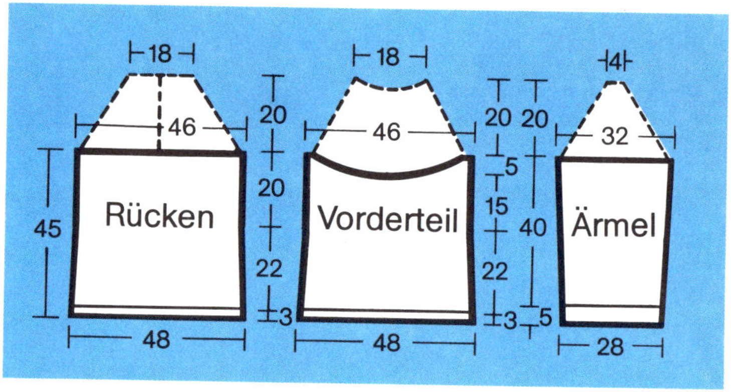


**Grundmuster**
Rippen: 1 M re, 1 M li – Glatt re – Sichtbare einfache Zu- und Abnahmen 2 M vom Rand entfernt.

**Jacquardmuster**
Siehe Diagramm.

**Maschenprobe**
13 M in der Breite = 10 cm, 19 R in der Höhe = 10 cm (glatt re gestrickt).

**Ausführung**
**PULLOVER**

**Rücken:** Anschlag 64 [68, 72] M in Mouette und 3 cm im Rippenmuster und mit Nadel Nr. 5 stricken. Danach glatt re mit Nadel Nr. 6 weiterarbeiten. 2 R stricken.

Das Jacquardmuster stricken (siehe Diagramm unteres Ärmelrandmuster) und glatt re weiterarbeiten, dabei beidseitig in jeder 20. R 2 x 1 M abnehmen.

In 25 cm Gesamthöhe verbleiben 60 [64, 68] M; weiter gerade hocharbeiten. In 45 cm Gesamthöhe für den Raglan beidseitig 1 x 3 M abketten [1 x 3, dann 2 R höher 1 x 1 – 1 x 3, dann in jeder 2. R 1 x 2 und 1 x 1 M]. Es verbleiben 54 [56, 56] M; in Wartestellung lassen.

**Vorderteil:** Die gleiche Maschenzahl anschlagen und die gleiche Arbeit ausführen, jedoch in 40 cm Gesamthöhe für den Halsausschnitt die mittleren 24 [24, 20] M in Wartestellung lassen und jede Seite gesondert beenden, dabei auf der Innenseite in jeder 2. R 3 x 2 und 2 x 3 M in Wartestellung lassen [3 x 2 und 2 x 3 – 5 x 2] M.

Anschließend über alle M weiterarbeiten. In 45 cm Gesamthöhe beidseitig den Raglan wie am Rücken ausführen. Es verbleiben 54 [56, 56] M; in Wartestellung lassen.

**Ärmel:** Anschlag 38 [40, 42] M und 5 cm im Rippenmuster stricken. Danach glatt re weiterarbeiten, 2 R stricken. Danach im Jacquardmuster weiterstricken und glatt re fortfahren, dabei beidseitig in jeder 24. R 2 x 1 M zunehmen. Man hat 42 [44, 46] M. In 45 cm Gesamthöhe beidseitig den Raglan wie am Rücken ausführen. Es verbleiben 36 [36, 34] M; in Wartestellung lassen.

**Zweiter Ärmel:** Gleich arbeiten.

**Fertigstellung**
Es wird mit einer Rundstricknadel Nr. 6 gearbeitet und wie folgt gestrickt: alle M auffassen. Mit der hinteren Mitte beginnen. 2 M für die Naht anschlagen, dann 27 M des halben Rückenteils auffassen.

36 M eines Ärmels, 54 M des Vorderteils, 36 M des zweiten Ärmels, 27 M des zweiten halben Rückenteils. Dann 1 M für die Naht zunehmen (2 M neu anschlagen, 27 M des halben Rückenteils auffassen, dann die letzte M dieses Rückenteils sowie die erste M des Ärmels zusammenstricken, die

*Fortsetzung Seite 152*

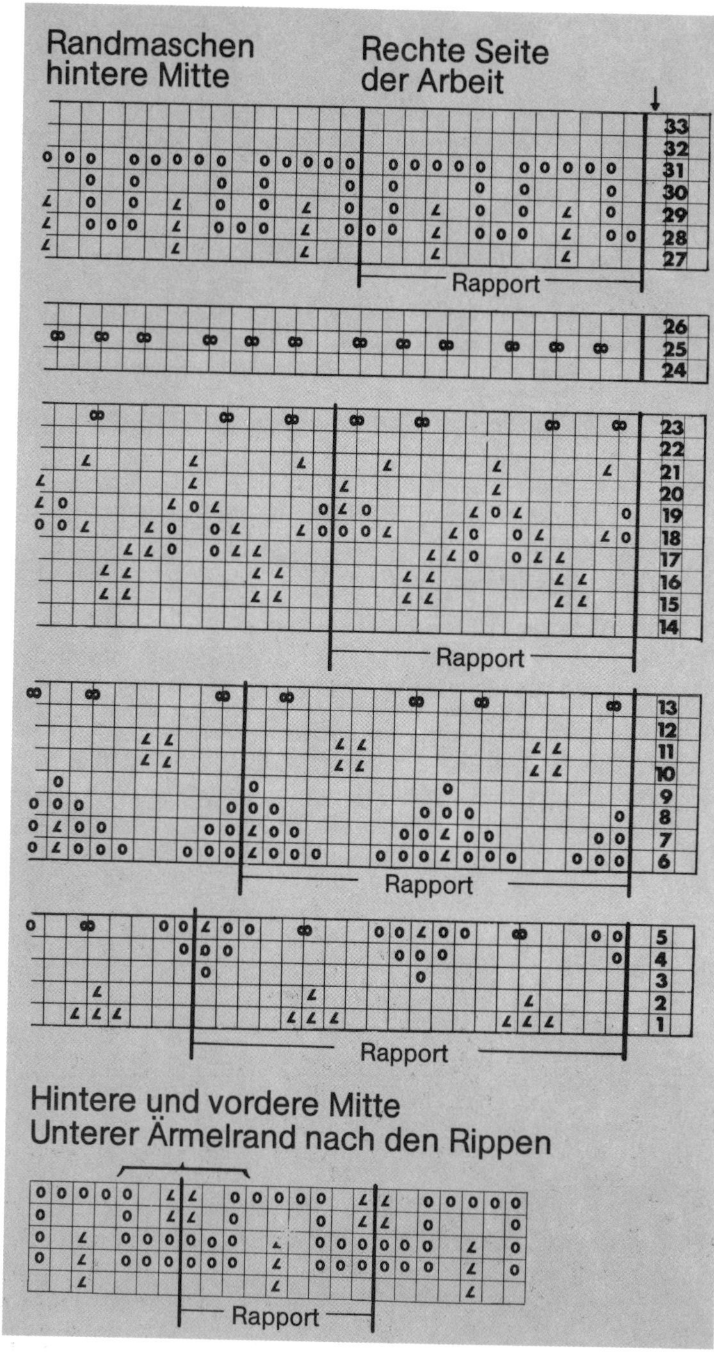


*Fortsetzung von Seite 150*

folgenden 34 M des Ärmels auffassen, die letzte M des Ärmels und die erste M des Vorderteils zusammenstricken, die 54 folgenden M des Vorderteils auffassen, die letzte M des Vorderteils und die erste M des zweiten Ärmels zusammenstricken, die 34 folgenden M des Ärmels auffassen, die letzte M des Ärmels und die erste M des zweiten halben Rückenteils zusammenstricken, die 27 restlichen M des halben Rückenteils auffassen und 1 M für die Naht anschlagen; 2 M neu anschlagen, die 28 M des halben Rückenteils auffassen, die 34 M des ersten Ärmels, die 56 M des Vorderteils, die 34 M des zweiten Ärmels, die 28 M des zweiten, halben Rückenteils und 1 M für die Naht zunehmen). Man hat jetzt 183 M. 2 R glatt re stricken und im Jacquardmuster weiterarbeiten (siehe Diagramm), in der Arbeitsmitte 7 M in Mouette anordnen.

**In der 5. R** des Jacquardmusters, auf der re Seite der Arbeit 18 Abnahmen über die R verteilen, hierfür die 3. und 4. M zwischen 2 Rhomben zusammenstricken (siehe Diagramm). Es verbleiben 165 M.

**In der 13. R,** d. h. in einer R in Mouette, 36 Abnahmen über die R verteilen, je in der folgenden Weise: RandM, 1 M, 2 M zusammenstricken, * 4 M, 2 M zusammenstricken, 1 M, 2 M zusammenstricken *, von * bis * wiederholen; mit 4 M, 2 M zusammenstricken, 1 M, 1 RandM enden. Es verbleiben 129 M.

**Farben**

□ = mouette
ʟ = cayenne
o = tabou
∞ = 2 Maschen zusammen

Jacquardmuster
für Mütze Nr. 1

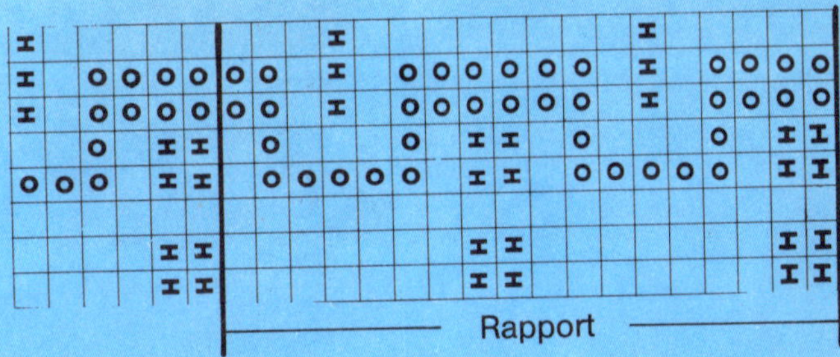


Jacquardmuster
für Mütze Nr. 2

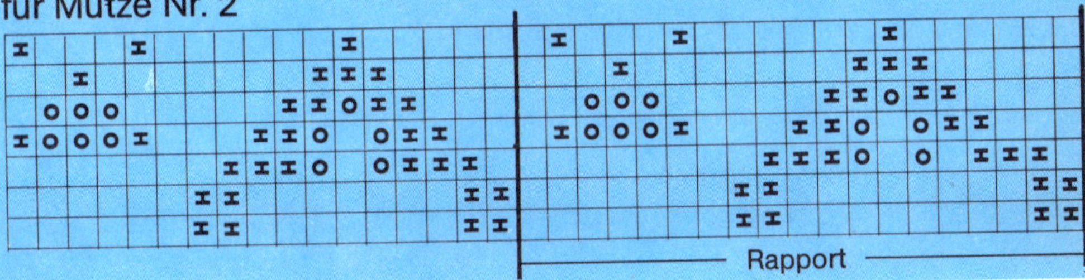


**In der 23. R** 36 Abnahmen über die R wie folgt verteilen:

1 RandM, 1 M * 2 M zusammenstricken, 1 M, 2 M zusammenstricken, 3 M, 2 M zusammenstricken, 1 M, 2 M zusammenstricken, 1 M *. Von * bis * wiederholen; mit 1 RandM enden. Es verbleiben 93 M.

**In der 25. R** 38 Abnahmen wie folgt verteilen: 1 RandM, 1 M, * 2 M zusammenstricken, 2 M zusammenstricken, 2 M zusammenstricken, 1 M *. Von * bis * noch 5 mal wiederholen, dann 1 M, von * bis * noch 3mal wiederholen, 1 M, mit 1 M re, 2 M zusammenstricken, 2 M zusammenstricken, 1 RandM enden. Es verbleiben 55 M.

Nach der 26. R die 5 letzten Jacquardmusterreihen stricken, dann 2 R glatt re und mit 16 cm Rippenmuster mit Nadel Nr. 5 enden. Lose abketten. Die Seiten- und Ärmelnähte sowie die hintere Naht und den Kragen schließen. Den Kragen doppelt einschlagen.

**Ausführung**
**MÜTZE**

Anschlag 74 M, 3 cm in Rippen 1/1 mit Nadel Nr. 5 stricken, danach glatt re mit Nadel Nr. 6 weiterarbeiten. 6 R glatt re weiterarbeiten, dann das Jacquardmotiv Nr. 1 stricken und glatt re weiterarbeiten. In 18 cm Gesamthöhe auf der li Seite wegen des Umschlags glatt re stricken.

In 25 cm Gesamthöhe das Jacquardmuster Nr. 2 stricken, danach glatt re weiterarbeiten. 2 R stricken, dann 12 Abnahmen über die R wie folgt verteilen: 3 M, 2 M zusammenstricken, * 4 M, 2 M zusammenstricken *. Von * bis * noch 10 mal wiederholen, dann mit 3 M enden. Es verbleiben 62 M. 2 R stricken, dann 12 Abnahmen verteilen, 2 M, 2 M zusammenstricken, * 3 M, 2 M zusammenstricken *. Von * bis * noch 10 mal wiederholen, dann mit 3 M enden. Es verbleiben 50 M. 2 R stricken, dann 12 Abnahmen verteilen, 1 M, 2 M zusammenstricken, * 2 M, 2 M zusammenstricken *. Von * bis * noch 10 mal wiederholen, dann mit 3 M enden. Es verbleiben 38 M. 2 R stricken, dann 11 Abnahmen verteilen, 3 M, 2 M zusammenstricken. * 1 M, 2 M zusammenstricken *. Von * bis * noch 9 mal wiederholen und mit 3 M enden. Es verbleiben 27 M. 2 R stricken, dann alle M je 2 zusammenstricken, den Arbeitsfaden durch die restlichen M ziehen und fest vernähen.

**Farben**
I = cayenne
o = tabou
□ = mouette

**Fertigstellung**
Die Naht schließen, den Umschlagrand 2 mal umlegen. Einen Pompon aus 3 Farben anfertigen und auf die Mützenmitte nähen. Die Naht sehr leicht überbügeln.

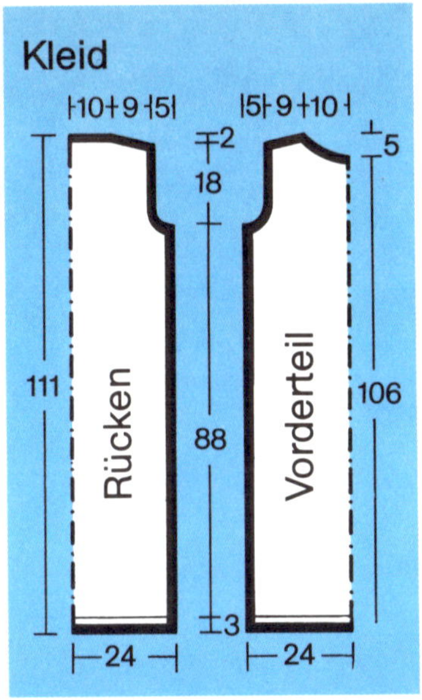


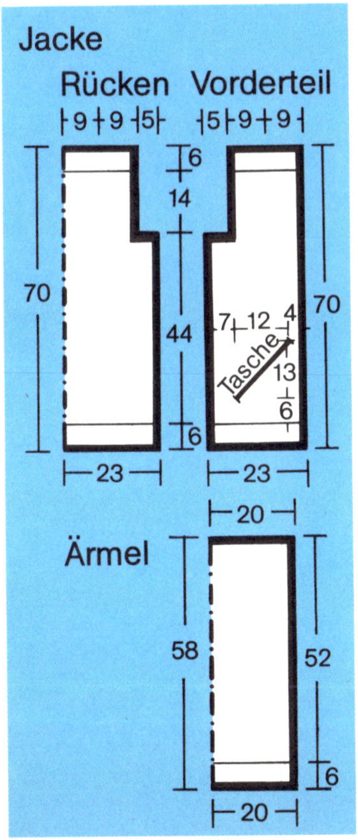


# Gestreiftes Komplet

**Größe:** 38/40

**Material**
Schoeller, Qual »Compliment«, *Kleid:* je 250 g weiß und beige, Imraflex-Perlon Jackenstricknadeln Nr. 3, 50 cm lang.
*Jacke:* je 300 g weiß und beige, Schnellstricknadeln Nr. 5½.

**Grundmuster**
Glatt li.

**Ausführung KLEID**

**Farbfolge**
6 R weiß, 6 R beige.

**Maschenprobe**
25 M in der Breite = 10 cm, 38 R in der Höhe = 10 cm.

**Rücken:** In Beige 120 M anschlagen und zunächst 3,5 cm im Grundmuster gerade hochstricken. Dann in Weiß im Grundmuster und in der Farbfolge weiterarbeiten und bis 91 cm Gesamthöhe hochstricken. Für die Armausschnitte jetzt beidseitig in jeder 2. R 1 x 3, 2 x 2, 1 x 1, 1 x 2 und 2 x 1 M abnehmen. Bis 109 cm Höhe gerade hochstricken und für die Schulterschrägung beidseitig 1 x 5 und 3 x 6 M abketten. In 111 cm Gesamthöhe die restlichen 50 M abketten.

**Vorderteil:** In Beige 120 M anschlagen und bis 106 cm Gesamthöhe wie das Rückenteil arbeiten. Für den vorderen Halsausschnitt aber die mittleren 18 M und zu beiden Seiten noch in jeder 2. R 2 x 3, 2 x 2, 1 x 1, 1 x 2 und 3 x 1 M abketten. Die Schulterschrägung wie beim Rücken arbeiten.

**Rollkragen:** In Beige 110 M anschlagen, 28 cm in Grundmuster und Farbfolge gerade hochstricken. Alle M abketten.

**Fertigstellung**
Die Teile nach Schnitt spannen, mit feuchten Tüchern bedecken und gut trocknen lassen. Die Schulter- und Seitennähte zunähen. Den Rollkragen an einer Schulternaht beginnend einsetzen, die Rollkragennaht schließen. Den unteren Saum 3 cm umbiegen und ansäumen. Die Armausschnittkanten knapp umsäumen.

**Ausführung JACKE**

**Farbfolge**
16 R weiß, 16 R beige.

**Maschenprobe**
16 M in der Breite = 10 cm, 23 R in der Höhe = 10 cm. Es wird mit doppeltem Faden gearbeitet.

**Rücken:** In Beige 74 M anschlagen und 6 cm kraus (Hin- und RückR re) stricken. Dann in Weiß fortfahren und im Grundmuster und in der Farbfolge bis 50 cm Gesamthöhe gerade hochstricken. Für die Armausschnitte beidseitig je 8 M abketten, bis 64 cm Höhe gerade hochstricken. (Mit Weiß enden). In Beige noch 6 cm 2 M re, 2 M li, im Wechsel stricken. Dann alle M abketten.

*Fortsetzung Seite 156*

*Fortsetzung von Seite 154*

**Vorderteil:** In Beige 37 M anschlagen und wie das Rückenteil beginnen. In 12 cm Höhe die Arbeit 11 M neben der Seitenkante teilen und beide Seiten getrennt weiterstricken. Für die Taschenschrägung am vorderen Teil 15 mal in jeder 2. R jeweils die 2. und 3. M zusammenstricken. Am Seitenteil dafür 15 mal in jeder 2. R je 1 M zunehmen. Ab 25 cm Höhe wieder über die ganze Breite stricken. Den Armausschnitt wie beim Rückenteil stricken. Ab 64 cm Gesamthöhe in Beige 2 M re, 2 m li im Wechsel stricken. In 70 cm Gesamthöhe alle M abketten.

**Zweites Vorderteil:** Gegengleich stricken.

**Ärmel:** In Beige 64 M anschlagen und 6 cm kraus stricken. In Weiß im Grundmuster und in der Farbfolge fortfahren, bis 58 cm Gesamthöhe gerade hochstricken. Alle M abketten.

**Zweiter Ärmel:** Gleich stricken.

**Fertigstellung**
Die Teile nach Schnitt spannen, mit feuchten Tüchern bedecken und trocknen lassen. Aus den vorderen Taschenkanten die M aufnehmen und 3 cm 2 M re, 2 M li im Wechsel stricken. Die Seitenkanten der Blenden annähen. Für die re Taschenrückwand in Weiß 26 M anschlagen. 16 R gerade hochstricken. In Beige und der Farbfolge fortfahren und dabei 15 mal in jeder 2. R an der re Kante jeweils 1 M abnehmen. In 19 cm Höhe alle M abketten.

Die li Tasche gegengleich stricken. Die Taschenrückwände von li unsichtbar gegennähen. Die Schulternähte, Ärmel- und Seitennähte schließen. Die Ärmel einnähen. Für die vorderen Blenden, die M in Beige auffassen und jeweils 6 cm 2 M re, 2 M li im Wechsel stricken. Alle M abketten.

# Modellteil Häkeln

# Eule

**Material**
Pingouin, Qual »Tapis Pingouin«, Farbe Nr. I (coquelicòt) 350 g, Farbe Nr. II (capucine 52) 150 g und Farbe Nr. III (jonquille 61) 100 g, 1 Häkelnadel Nr. 9, 1 Reißverschluß 20 cm, 60 cm Futterstoff, Schaumstoff-Flocken.

**Grundmuster**
hStb.

**Streifenfolge**
2 R Farbe Nr. I, 2 R Farbe Nr. II.

**Ausführung**

**Rücken**
Über einem Lm-Anschlag von 18 M in Farbe I hStb in Streifen arbeiten, dabei beiderseits 4 x in jeder R 1 M zunehmen. Man erhält 26 M. Dann beiderseits alle 4 R 5 x 1 M abnehmen. Verbleiben 16 M = 24 R. Anschließend in Farbe I fortfahren, wobei beiderseits 1 M zugenommen wird. 10 R gerade hocharbeiten, dann beiderseits in jeder R 2 x 1 M abnehmen. Verbleiben 14 M. In Farbe III für die Ohren beiderseits über die 5 RandM 3 R häkeln.

**Vorderteil**
Bis zur 24. Streifen-R wie beim Rückenteil arbeiten. Dann in Farbe I 2 R häkeln, dabei beiderseits in der *1. R* 1 M zunehmen. Man erhält 18 M.

In der *3. R* wie folgt arbeiten: Über die 4 M nach der rechten Kante weiterhäkeln, wobei an deren linker Kante alle 2 R 2 x 1 M abgenommen wird. Über die 2 restlichen M noch 6 R gerade hocharbeiten. Über die 4 M an der linken Kante gegengleich arbeiten. Danach über die 4 mittleren M häkeln, dabei in jeder R 3 x 1 M in der Mitte abnehmen.

**Augen**
5 Lm in Farbe II anschlagen und mit 1 Kettm zur Rd schließen.

**1. Rd:** 9 hStb in den Ring.

**2. Rd:** Farbe III * 2 hStb in 1 M, dann 1 hStb in die folgende M *. Von * bis * 4 mal wiederholen und mit 1 hStb enden.

**3. Rd:** Farbe II, 2 hStb in jede M. Man erhält 26 hStb.

**Zweites Auge:** Gleich arbeiten.

**Oberes Kopfteil**
*(Spitze zwischen den Augen):*
1 Lm anschlagen (Farbe I) und in hStb häkeln, dabei in jeder R in der Mitte 3 x 1 M zunehmen (= 2 M in 1 M arbeiten), Arbeit ruhen lassen.

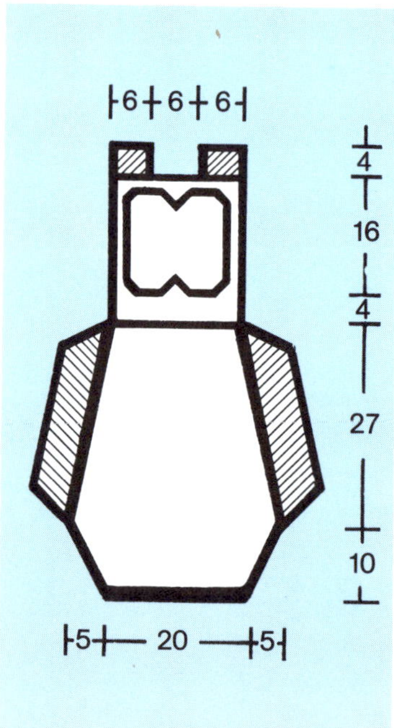


Die ruhenden M wie folgt wieder aufnehmen: 2 M an der rechten Kante (Vorderteil), 5 M über einem Auge, 4 M über der Spitze. 5 M über dem anderen Auge, 2 M an der linken Kante, in hStb arbeiten und beiderseits in jeder R 2 x 1 M abnehmen. Verbleiben 14 M. Über die 4 mittleren M nicht mehr arbeiten und über die 5 M beiderseits noch 3 R für die Ohren in Farbe III häkeln.

**Füße**
An der unteren Kante des Vorder- und Rückenteils beiderseits 6 M in Farbe III auffassen, in hStB häkeln und beiderseits in jeder R 2 x 1 M abnehmen.

**Flügel**
In Farbe I beiderseits entlang des vorderen und rückwärtigen Körperteils ab Kopfansatz über 20 R 20 M auffassen und in hStb häkeln, wobei an der linken Kante in jeder R 4 x 1 M abgenommen wird (rechter Flügel).

Ab der 3. R an der rechten Kante in jeder R 2 x 1 M abnehmen. Verbleiben 14 M.

**Linker Flügel:** Gegengleich arbeiten.

**Schnabel**
Die 6 mittleren M am Vorderteil in Höhe des Halses auffassen und in hStb in Farbe I arbeiten, dabei beiderseitig in jeder R 3 x 1 M abnehmen. Rund um diese Spitze 1 R hStb häkeln und mit unsichtbaren Stichen festnähen.

**Fertigstellung**
Außer der Naht an der unteren Kante die Teile nach dem Schema zusammennähen. Futterstoff den Maßen entsprechend zuschneiden und Körper sowie Kopfteil abfüttern. Den Kopf mit Schaumgummiflocken ausstopfen und am Halsansatz zunähen. Entlang der unteren Kanten zwischen den Füßen den Reißverschluß einsetzen.

# Puppenkleid

Für eine ca 45 cm große Puppe.

**Material**
MEZ, Qual »Schulmädchen-Garn«, 2 Knäuel blau, je 1 Knäuel pink und flieder,
1 HäkelN Nr. $2^1/_2$ oder 3,
3 kleine Knöpfe.

**Grundmuster**
Stb.

**Maschenprobe**
*Oberteil:* 4 R je 8 Stb = 3,5 x 3,5 cm.
*Rock:* 4 Rd laut Häkelschema (siehe unten) = 4 cm.

**Ausführung**

**Das Oberteil** wird in einem Stück in Stb-Reihen bis zum Armausschnitt gearbeitet. Am Anfang jeder R das 1. Stb durch 3 Lm ersetzen. Man beginnt mit 64 Lm und arbeitet in die 4. letzte und jede weitere Lm 1 Stb. Dann nach der Zeichnung weiterhäkeln, sie zeigt in Reihen und Maschenzahl die Hälfte des Oberteils und ist gegengleich zu ergänzen. Die Zahlen rechts und links geben die Anzahl der Stb-Reihen in der Höhe an, die Zahlen oben und unten die Anzahl der Stb in der Breite. Nach dem Häkeln die Schulternähte schließen und alle Ränder mit fM umhäkeln. Zum Schluß die Knöpfchen annähen und durch die entsprechenden Stb-Reihen knöpfen.

**Der Rock** wird in Rd gehäkelt. Man beginnt mit 72 Lm in der Taille in Pink und schließt sie mit 1 Kettm zum Ring. Dann nach dem Häkelschema weiterarbeiten.

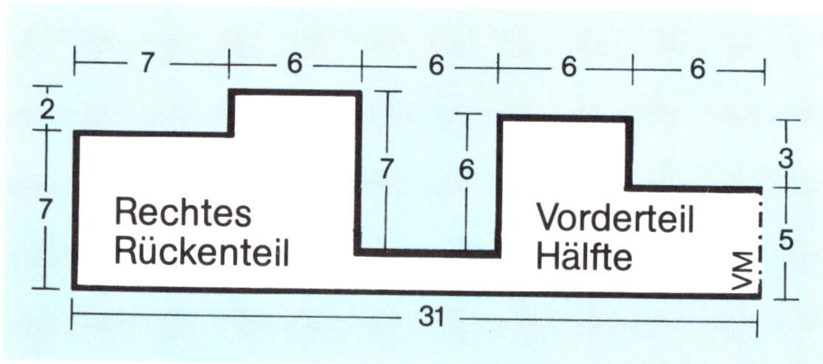


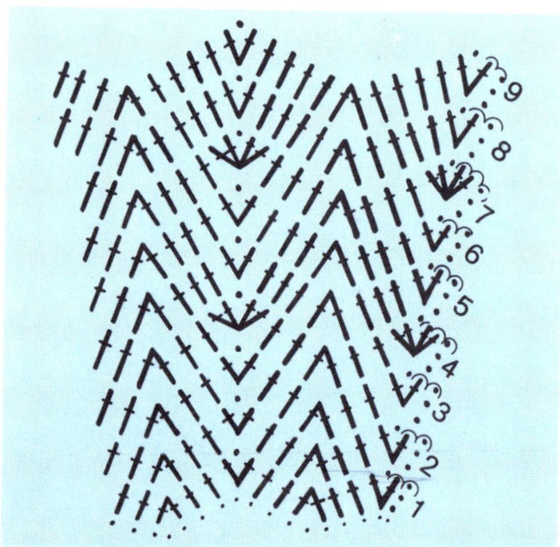


Schema für den Rock

**Zeichenerklärung**
† = 1 Stb
• = je 1 Lm
⌒ = 1 Kettm

Farbliche Reihenfolge: pink, blau, flieder, blau, pink, blau, flieder, blau, pink; der andersfarbige Faden wird jeweils bei der vorletzten Kettm durchgeholt.

**Die Zahlen**
beim Häkelschema geben die Rd an, die von rechts nach links abzulesen sind. Alle Rd sinngemäß mit Kettm schließen und mit Kettm zum Ausgangspunkt der folgenden Rd gehen.

*Laufen Stb unten zu einer Spitze zusammen,* so werden sie in eine Einstichstelle gearbeitet.

*Laufen Stb oben zu einer Spitze zusammen,* so werden sie zusammen abgemascht, d. h.: jedes Stb bis auf die letzte Schlinge abmaschen, diese auf der HäkelN lassen und mit einem weiteren U alle Schlingen zusammen abmaschen.

**An den Taillenrand**
arbeitet man 1 R pink wie folgt: * Um eine freie Lm 1 fM, 2 Lm, zwischen das 2. und 3. folgende Stb 1 fM, 2 Lm, zwischen das 4. und 5. folgende Stb 1 fM, 2 Lm, von * fortlaufend wiederholen, in die 1. fM 1 Kettm, Faden vernähen. In die entstandenen Löcher zieht man eine 2-fach gedrehte blaue Kordel ein.

# Topflappen

**BILD SEITE 163 oben links**

**Durchmesser:** Ca 18 cm.

**Material**
MEZ, Qual »Schulmädchen-Garn«, 1 Knäuel kapuzin, 2 Knäuel gelb, Häkelnadel Nr. 2½ oder 3.

**Ausführung**
Der Topflappen besteht aus 2 gelben Platten, die mit kapuzin zusammengehäkelt werden. Man beginnt jeweils in der Mitte mit 4 Lm, schließt diese mit 1 Kettm zum Ring und arbeitet in Rd weiter.

**1. Platte**

**1. Rd:** 3 Lm, in den Ring 13 Stb, 1 Kettm in die 3. Anfangs-Lm.

**2. Rd:** 4 Lm, * in das nächste Stb 1 Stb, 1 Lm, von * 12 mal wiederholen, 1 Kettm in die 3. der 4 Anfangs-Lm.

**3. Rd:** 4 Lm, * in das nächste Stb 2 Stb, 1 Lm, von * 12 mal wiederholen, in die Kettm der 2. Rd 1 Stb, 1 Kettm in die 3. der 4 Anfangs-Lm.

**4. Rd:** 4 Lm, * in das nächste Stb 1 Stb, zwischen die Stb 1 Stb, in das nächste Stb 1 Stb, 1 Lm, von * 12 mal wiederholen, in das nächste Stb 1 Stb, zwischen das Stb und die Anfangs-Lm 1 Stb, 1 Kettm in die 3. der 4 Anfangs-Lm.

**5. Rd:** 4 Lm, * in das nächste Stb 1 Stb, in das nächste Stb 2 Stb, in das nächste Stb 1 Stb, 1 Lm, von * 12 mal wiederholen, in das nächste Stb 1 Stb, in das nächste Stb 2 Stb, 1 Kettm in die 3. der 4 Anfangs-Lm.

**6., 8. und 10. Rd:** 4 Lm, auf jedes Stb 1 Stb und jeweils zwischen die mittleren 2 Stb einer Stb-Gruppe 1 Stb, über jede Lm 1 Lm, 1 Kettm in die 3. der 4 Anfangs-Lm.

**7. und 9. Rd:** 4 Lm, auf jedes Stb 1 Stb, bzw. jeweils in das mittlere Stb einer Stb-Gruppe 2 Stb, über jede Lm 1 Lm, 1 Kettm in die 3. der 4 Anfangs-Lm.
Nach der 10. Rd Faden vernähen.

**Zweite Platte:** Gleich arbeiten.

**Umrandung**
Die beiden Platten links auf links aufeinanderlegen und mit Kapuzin wie folgt zusammenhäkeln:

**1. Rd:** (beginnend über den Lm) je 1 fM um die Lm beider Platten, je 1 fM in die innenliegenden einzelnen Maschenglieder der Stb beider Platten, 1 Kettm in die 1. fM.

**2. Rd:** 5 Lm, in die letzte Einstichstelle der 1. Rd 1 fM, in die 5 folgenden fM je 1 fM, 12 Lm, wenden, in das Abmasch-Glied der letzten fM 1 Kettm, 2 Lm, wenden, um die 12 Lm 17 fM, in die gleiche Einstichstelle der letzten fM am Außenrand 1 Kettm (jetzt ist der Aufhänger gearbeitet), * in die 5 folgenden fM je 1 fM, 3 Lm, in die gleiche Einstichstelle wie die letzte fM 1 fM, ab * fortlaufend wiederholen; Enden mit 1 Kettm in die 2. der 5 Anfangs-Lm, Fäden vernähen.

*Einstopfen der Strahlen* (kapuzin):

Man beginnt in der Mitte mit 2,50 m langem Faden zwischen 2 Stb der 1. Rd und geht im Vorstichrhythmus in der Lochreihe über und unter die Lm durch beide Platten bis zum Außenrand. Dort faßt man in die tiefgreifende fM und geht wieder im Vorstichrhythmus, jedoch versetzt, zur Mitte zurück und zwischen den nächsten Stb in der Mitte wieder heraus. In dieser Weise alle Lochreihen besticken. Faden vernähen.

**BILD SEITE 163 unten links**

**Größe:** Ca 18 qcm.

**Material**
MEZ, Qual »Schulmädchen-Garn«, je 2 Knäuel gelb und kapuzin, HäkelN Nr. 2½ oder 3.

Man beginnt in Kapuzin mit 15 Lm und schließt diese mit 1 Kettm zum Ring. In diesen Lm-Ring arbeitet man 24 fM, die erste wird durch 2 Lm ersetzt. Die Rd schließt man mit 1 Kettm in die 2. Anfangs-Lm.

**1. R:** Kapuzin, 2 Lm, in die nächsten 4 fM je 1 fM, in die nächste fM 3 fM, in die nächsten 5 fM je 1 fM, wenden. Die 3 Lm, die am Anfang einer Rd gearbeitet werden, gelten als 1 Stb.

**2. R:** Kapuzin, 3 Lm, in die nächsten 5 fM je 1 Stb, in die nächste fM: 2 Stb, 1 Lm, 2 Stb; in die nächsten 5 fM je 1 Stb, in die 2. Anfangs-Lm 1 Stb (dieses bis auf 2 Schlingen abmaschen, dann gelben Faden durchholen und vollends abmaschen), wenden.

**3. R:** (re Seite der Arbeit), gelb, 3 Lm in das nächste Stb 1 Stb, * um die nächsten 2 Stb je 1 Stb, d. h., das ganze Stb von re nach li auf die HäkelN nehmen und das Stb arbeiten, in die nächsten 2 Stb je 1 Stb, um die nächsten 2 Stb je 1 Stb *, um die Eck-Lm: 2 Stb, 1 Lm, 2 Stb; von * bis * einmal wiederholen, in das nächste Stb 1 Stb, in die 3. Anfangs-Lm 1 Stb, wenden.

*Fortsetzung Seite 164*

*Fortsetzung von Seite 162*
*Topflappen*

**4. R:** Gelb, 3 Lm, um das nächste Stb 1 Stb, * in die nächsten 2 Stb je 1 Stb, um die nächsten 2 Stb je 1 Stb, von * bis zur Eck-Lm wiederholen, um die Eck-Lm: 2 Stb, 1 Lm, 2 Stb; * um die nächsten 2 Stb je 1 Stb, in die nächsten 2 Stb je 1 Stb, von * einmal wiederholen, um das nächste Stb 1 Stb, in die 3. Anfangs-Lm 1 Stb, dabei beim Abmaschen der letzten 2 Schlingen den kapuzinenfarbenen Faden durchholen, wenden.

**5. bis 23. R:** (der Farbwechsel geschieht jeweils nach 2 R), 3 Lm, die Stb stechen bei allen hinten liegenden Stb in das Abmaschungs-Glied der Stb der Vor-R ein und bei allen oben aufliegenden Stb um die Stb der Vor-R, um die Eck-Lm werden jeweils 2 Stb, 1 Lm, 2 Stb gearbeitet, das letzte Stb sticht in die 3. Anfangs-Lm.

**Umrandung**
(auf der re Seite häkeln)
Gelb, am Aufhänger mit 1 fM, 2 Lm beginnen, je um die Anfangs-Lm und das Rand-Stb einer R 1 fM getrennt durch 2 Lm, dabei an der betreffenden Seite die jeweils mitgeführten Arbeitsfäden umhäkeln;

Ecke: 1 fM, 1 Lm, 1 fM, 1 Lm, 1 fM; weiter zwischen die obenauf- und tiefliegenden 2 Stb, je 1 fM getrennt durch 2 Lm; in den Eck-Lm-Bogen 3 fM.

Weiterhäkeln wie beschrieben bis zum Aufhänger.

# Rosen-Topflappen

**BILD SEITE 163 oben rechts**

**Größe:** Ca 17 qcm.

**Material**
MEZ, Qual »Schulmädchen-Garn«, je 1 Knäuel rot, grün, gelb, weiß, Häkelnadel Nr. $2^1/_2$ oder 3.

Der Topflappen besteht aus Vorder- und Rückplatte, die je für sich gehäkelt werden. Die Vorderplatte setzt sich wiederum aus vier einzelnen Quadraten zusammen, die mit der letzten Rd aneinander gehäkelt werden.

**Vorderplatte 1. Quadrat**

**ROSE**

**1. Rd:** 3 Lm, in die 1. Lm 7 fM, in die 3. Anfangs-Lm 1 fM.

**2. Rd:** 4 Lm, * in die 2. folgende fM 1 fM, 4 Lm, von * 2 x wiederholen, in die letzte fM der 1. Rd 1 KettM.

**3. Rd:** Um jeden Lm-Bogen: 1 fM, 1 hStb, 5 Stb, 1 hStb, 1 fM; am Ende der Rd keine KettM.

**4. Rd:** (Die Lm-Bogen, die in dieser Rd gehäkelt werden, liegen hinter der 2. Rd) * um die folgende fM der 2. Rd 1 fM (es wird von re nach hinten nach vorne um die fM gestochen), 5 Lm, von * 3 x wiederholen, in die 1. fM 1 KettM.

**5. Rd:** Um jeden Lm-Bogen: 1 fM, 1 hStb, 1-Stb, 5 DStb, 1 Stb, 1 hStb, 1 fM; in die 1. fM 1 KettM. Fäden vernähen.

**BLÄTTER**

**6. Rd:** Grün; in das mittlere DStb eines großen Blüten-Blattes 1 fM, * 3 Lm, in die letzte fM dieses Blüten-Blattes 2 zusammen abgemaschte DStb, 6 Lm, in die 1. fM des folgenden Blüten-Blattes 2 zusammen abgemaschte DStb, 3 Lm, in das mittlere DStb dieses Blüten-Blattes 1 fM, von * 3 x wiederholen, jedoch bei 3. Wiederholung statt der fM 1 Kettm in die 1. fM arbeiten und damit den weißen Faden durchholen.

**7. Rd:** Weiß; 1 Lm, um jeden 3-Lm-Bogen 4 fM, um jeden 6-Lm-Bogen 9 fM, in jede fM 1 fM, am Rd-Schluß in die 1. weiße fM der 7. Rd 1 KettM.

**8. Rd:** Weiß; 2 Lm, in die nächsten 7 fM je 1 fM, in die nächsten fM 3 fM ,in die nächsten 17 fM je 1 fM, in die nächste fM 2 fM, * (3 Lm, in die nächsten 5 fM je 1 fM, 1 fM übergehen) 2 mal, 3 Lm, in die nächsten 5 fM je 1 fM, 3 Lm, in die nächste fM 1 fM, von * 1 x wiederholen, in die gleiche Einstichstelle wie die letzte fM noch eine fM, in die nächsten 9 fM je 1 fM, in die 2. Anfangs-Lm eine Kettm. Fäden vernähen.

**Die 3 anderen Quadrate**
häkelt man bis einschließlich 7. Rd genauso, beim Häkeln der 8. Rd werden sie jeweils mit dem vorhergehenden Quadrat verbunden, indem man die 2. Lm eines Lm-Bogens um den entsprechenden Lm-Bogen des vorhergehenden Quadrates arbeitet. Beachtet werden muß, daß die zwei Lm-Bögen an einer Ecke in die Mitte des Topflappens zu liegen kommen.

**Gelbe Rückplatte**
In der Mitte mit 4 Lm beginnen.

**1. Rd:** In die 1. Lm: 1 Stb, 2 Lm, 3 Stb, 2 Lm, 3 Stb, 2 Lm, 3 Stb, 2 Lm, 1 Stb. In die 4. Anfangs-Lm

1 Kettm, in das nächste Stb 1 Kettm, um den Lm-Bogen 1 Kettm.

**2. Rd:** 3 Lm, um den Lm-Bogen: 1 Stb, 2 Lm, 2 Stb, * auf die nächsten Stb je 1 Stb, um den Lm-Bogen 2 Stb, 2 Lm, 2 Stb; von * 2 x wiederholen, auf das nächste Stb 1 Stb, in die nächste Kettm je 1 Stb, in die 3. Anfangs-Lm 1 Kettm, in das nächste Stb 1 Kettm, um den Lm-Bogen 1 Kettm.

**3. Rd:** 3 Lm, um den Lm-Bogen: 1 Stb, 2 Lm, 2 Stb; * auf die nächsten Stb je 1 Stb, um den Lm-Bogen: 2 Stb, 2 Lm, 2 Stb; von * 2 x wiederholen, auf die nächsten Stb und die nächsten 2 Kettm je 1 Stb; in die 3. Anfangs-Lm 1 Kettm. In das nächste Stb 1 Kettm, um den Lm-Bogen 1 Kettm.
Diese Rd noch 6 x wiederholen.

**10. Rd:** Im gleichen Turnus häkeln, jedoch statt Stb fM am Rd-Anfang 2 Lm.
Beide Teile mit fM zusammen häkeln (Beginn an einer Ecke).
* In die 3 festen Eckmaschen je 1 fM, die mit um den gelben Eck-Lm-Bogen der Rückplatte greifen, in die nächsten 19 fM beider Platten je 1 fM, in die nächste fM der Rückplatte 1 fM, in die nächsten 19 fM beider Platten je 1 fM, von * 3 x wiederholen. In die 1. fM 1 Kettm, in die nächste fM 1 Kettm.

**Letzte Rd:** 4 Lm, in die Einstichstelle der Kettm 1 Stb, 10 Lm, wenden, in das Stb 1 Kettm, wenden, um den 10-Lm-Ring 15 fM, in das Stb noch 1 Kettm (Aufhänger), 1 Lm, in die Einstichstelle des Stb 1 Stb, 1 Lm, in die nächste fM 1 Stb, * (1 Lm, in die 2. folgende M 1 Stb) 20 x, 1 Lm, in die feste Eckmasche: 1 Stb, 1 Lm, 1 Stb, 1 Lm, 1 Stb; 1 Lm, in die nächste fM 1 Stb, von * 2 x wiederholen, (1 Lm, in die 2. folgende fM 1 Stb) 20 x, 1 Lm, in die dritte Anfangs-Lm 1 Kettm. Faden vernähen.

# Runder Blüten-Topflappen

**BILD SEITE 163 unten rechts**

**Durchmesser:** Ca 19 cm.

**Material**
MEZ, Qual »Schulmädchen-Garn«, je 1 Knäuel rot und grün, 2 Knäuel weiß, Häkelnadel Nr. $2^1/_2$ oder 3.

Der Topflappen besteht aus Vorder- und Rückplatte, die je für sich gehäkelt werden. Für die Vorderplatte zuerst die roten Blüten häkeln.

**1. Blüte**
3 Lm mit 1 Kettm zum Ring schließen.

**1. Rd:** 5 Lm, in den Ring: * 1 fM, 4 Lm; von * 3 x wiederholen. 1 Kettm in die 1. der 5 Anfangs-Lm.

**2. Rd:** Um jeden Lm-Bogen: 1 fM, 1 hStb, 2 Stb, 1 hStb, 1 fM (= Blütenblatt); am Ende der Rd nach der letzten fM keine Kettm, sondern Faden abschneiden und in die 1 fM einen Maschenstich arbeiten und vernähen.

**2. Blüte**

**1. Rd:** Wie bei 1. Blüte.

**2. Rd:** Wie bei 1. Blüte, 4 Blätter für 5. Blütenblatt: 1 fM, 1 hStb, 1 Stb; jetzt an die 1. Blüte anhängen wie folgt (die beiden Blüten auf li legen): zwischen die 2 Stb des 3. Blattes der letzten Blüte 1 Kettm; fertig häkeln.

**3. bis 10. Blüte**
Wie bei 2. Blüte beschrieben und je an die vorige Blüte anhängen.

**Die 11. Blüte**
Wird in gleicher Weise beim Arbeiten des 4. und 5. Blüten-Blattes an die entsprechenden Blüten-Blätter der 1. und 10. Blüte angehängt.

**Weißes Mittelstück**
4 Lm mit 1 Kettm zum Ring schließen.

**1. Rd:** 4 Lm, in den Ring: * 1 Stb, 1 Lm, von * 9 x wiederholen, enden mit 1 Kettm in die 3. der 4 Anfangs-Lm.

**2. Rd:** 3 Lm, in dieselbe Einstichstelle wie die Kettm 1 Stb, 1 Lm, * in das nächste Stb 2 Stb, 1 Lm, von * 9 x wiederholen. 1 Kettm in die 3. Anfangs-Lm.

**3. Rd:** 3 Lm, zwischen die Anfangs-Lm und das 1. Stb der 2. Rd 1 Stb, in dieses 1. Stb der 2. Rd 1 Stb, 1 Lm, * in das **nächste Stb** 1 Stb, zwischen das fett gedruckte und das nächste Stb 1 Stb, in das nächste Stb 1 Stb, 1 Lm, von * 9 x wiederholen, 1 Kettm in die 3. Anfangs-Lm.

**4. Rd:** 3 Lm, in das nächste Stb 2 Stb, in das nächste Stb 1 Stb, 1 Lm, * in das nächste Stb 1 Stb, in das nächste Stb 2 Stb, in das nächste Stb 1 Stb, 1 Lm, von * 9 x wiederholen, 1 Kettm in die 3. Anfangs-Lm.

*Fortsetzung Seite 167*

*Fortsetzung von Seite 165*
*Runder Blüten-Topflappen*

**5. Rd:** 3 Lm, in das nächste Stb 1 Stb, zwischen die mittleren Stb 1 Stb, in die nächsten 2 Stb je 1 Stb, 1 Lm, * in die nächsten 2 Stb je 1 Stb, zwischen die mittleren Stb 1 Stb, in die nächsten 2 Stb je 1 Stb, 1 Lm, von * 9 x wiederholen. 1 Kettm in die 3. Anfangs-Lm, dabei grünen Faden durchholen.

**6. Rd:** (Diese Runde wird an dem Innenrand des roten Blütenkranzes gehäkelt.)

Grün; 2 Lm, in die nächsten 2 Stb je 1 fM, 3 Lm, in das Verbindungsglied zweier roter Blüten 1 Kettm, 3 Lm, in die letzte fM 1 Kettm, in die nächsten 2 Stb je 1 fM, mit 1 Kettm in die Mitte des nächsten freien Blüten-Blattes einhängen, und zwar Arbeitsfaden vor die HäkelN legen, von oben in das Abmaschglied, das zwischen zwei Stb liegt, einstechen und 1 Kettm durch 2 rote und 1 grüne Schlinge arbeiten; * in die nächsten 3 Stb je 1 fM, 3 Lm, in das Verbindungsglied der letzten und nächsten Blüte 1 Kettm, 3 Lm, in die letzte fM 1 Kettm, in die nächsten 2 Stb je 1 fM, zwischen die 2 Stb des nächsten Blüten-Blattes 1 Kettm, von * 9 x wiederholen, 1 Kettm in die 2 Anfangs-Lm. Fäden vernähen.

**7. Rd:** Grün; Faden im 2. Stb eines li freien Blüten-Blattes am Außenrand durchholen und 1 Lm arbeiten, 3 Lm, in das folgende Verbindungsglied zweier Blüten eines Blattes (= 3 zusammen abgemaschte DStb), 3 Lm, zwischen die 2 Stb des nächsten Blüten-Blattes 1 fM, 4 Lm, * in das 2. Stb des nächsten Blüten-Blattes 1 fM, 3 Lm, in das Verbindungsglied der letzten und der nächsten Blüte eines Blattes 3 Lm, in das 2. Stb des nächsten Blüten-Blattes 1 fM, 4 Lm, von * 9 x wiederholen, 1 Kettm in die 1. Lm.

**8. Rd:** Grün; 2 Lm, in die nächsten 2 Lm-Bögen je 3 fM, in die nächste fM 1 fM, in den nächsten Lm-Bogen 5 fM, * in die nächste fM 1 fM, in die nächsten 2 Lm-Bögen je 3 fM, in die nächste fM 1 fM, in den nächsten Lm-Bogen 5 fM, von * 9 x wiederholen. 1 Kettm in die 2. Anfangs-Lm. Fäden vernähen.

Diese Platte im trockenen Zustand auf die Größe von ca 17,5 cm Durchmesser spannen, anfeuchten und trocknen lassen.

**Die Rückplatte**
(weiß) bis einschließlich 5. Rd genauso arbeiten wie das weiße Mittelstück der Vorderplatte.

**6. Rd:** 3 Lm, in das nächste Stb 1 Stb, in das nächste Stb 2 Stb, in die nächsten 2 Stb je 1 Stb, um die nächste Lm 2 Stb, * in die nächsten 2 Stb je 1 Stb, in das nächste Stb 2 Stb, in die nächsten 2 Stb je 1 Stb, um die nächste Lm 2 Stb, von * 9 x wiederholen, 1 Kettm in die 3. Anfangs-Lm.

*Fortsetzung Seite 168*



# Häkelstola

**Material**
Filcrosa, Qual »Juliana«, 340 g natur, 50 g beige, 100 g beige meliert, 200 g braun, 1 HäkelN Nr. 10.

**Grundmuster**
Stb.

**Farbfolge**
4 R natur, 2 R braun, 7 R natur, 1 R beige, 2 R beige meliert, 2 R braun.

**Ausführung**

**1. R:** 4 Lm mit einer Kettm zum Ring schließen.

**2. R:** 7 Stb in den Ring, 3 Wende-Lm.

**3. R:** 2 Stb zwischen das 1. und 2. Stb der Vorreihe, auf jedes weitere Stb 1 Stb. Auf das mittlere Stb der Vorreihe je 5 Stb, auf jedes weitere Stb 1 Stb, 3 Stb auf das letzte Stb der Vorreihe.

**3. R:** Fortlaufend wiederholen.

† = 1 Stb
• = 1 Lm

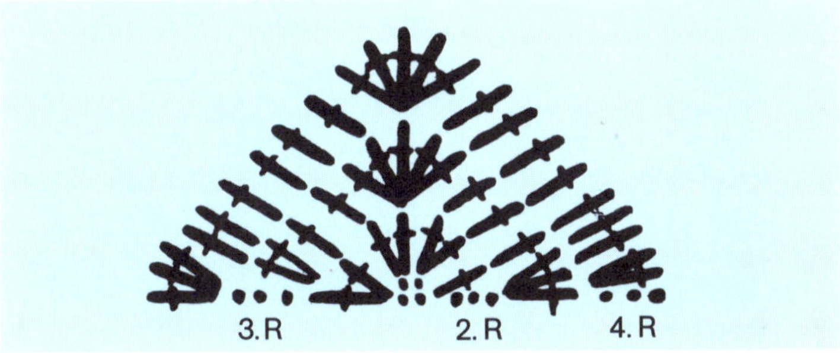

# Häkeltagesdecke

**Material**
Pingouin, Qual »Monsieur Pingouin«, 2700 g natur, je eine Häkelnadel Nr. 3 und 4 1/2.

**Grundmuster**
**1.** Lm. **2.** fM. **3.** Stb. **4.** 3-fach-Stb.

**5. Krebsstich**
fM von li nach re häkeln, dabei immer re neben der zuletzt gearbeiteten M einstechen.

**6. Phantasiemuster**
Maschenzahl teilbar durch 4

**Vorderseite der Arbeit:** 1. R: 3 Lm häkeln, 3 Stb übergehen, ein 3-fach-Stb in die folgende M, dann hinter diesem 3-fach-Stb arbeiten und 1 Stb in das 2. und 3. übergangene Stb arbeiten, dabei HäkelN unter dem hinteren Maschenglied eines jedes Stb einstechen; 1 Stb in die gleiche M wie das 3-fach-Stb, * 3 Stb übergehen, ein 3-fach-Stb in die folgende M, dann hinter diesem 3-fach-Stb arbeiten und 1 Stb in jedes der 3 übergangenen Stb arbeiten, dabei die HäkelN unter das hintere Maschenglied der Stb einstechen; 1 Stb in die gleiche M wie das 3-fach-Stb, ab * wiederholen.

**Rückseite der Arbeit:** 2. R: 3 Lm, 4 Stb übergehen; ein 3-fach-Stb in die folgende M, dann vor diesem 3-fach-Stb arbeiten und 1 Stb in das 2., 3. und 4. übergangene Stb häkeln, dabei HäkelN unter beiden Maschengliedern jedes Stb einstechen. * 4 Stb übergehen, ein 3-fach-Stb in die folgende M, dann vor dem 3-fach-Stb arbeiten, das freibleibt und 1 Stb in jedes der 4 übergangenen Stb häkeln. Dabei HäkelN unter den beiden Maschengliedern der Stb einstechen. Ab * wiederholen (das letzte 3-fach-Stb in die 3. Lm des Reihenbeginns einstechen).

**7. Stäbchenmuster**

**1. R:** Stb häkeln, dabei in das hintere Maschenglied jedes Stb der Vorreihe einstechen.

**2. R:** Stb häkeln, dabei in das vordere Maschenglied jedes Stb einstechen.

**Ausführung**
28 Quadrate wie folgt arbeiten:

48 Lm mit der HäkelN 4 1/2 anschlagen und 3 R Stäbchenmuster arbeiten, 2 R Phantasiemuster, 14 R Stäbchenmuster, 2 R Phantasiemuster, 3 R Stäbchenmuster = 1 Quadrat 33 x 33 cm.

7 Quadrate in der Länge und 4 Quadrate in der Breite ergeben die Decke. Auf der Vorderseite die Quadrate mit fM zusammenhäkeln, dabei das Muster versetzen. Rund um die Decke 1 R Krebsstich häkeln.

---

*Fortsetzung von Seite 167*
*Runder Blüten-Topflappen*

**7. Rd:** 3 Lm, in das nächste Stb 1 Stb, in das nächste Stb 2 Stb, * in die nächsten 4 Stb je 1 Stb, in das nächste Stb 2 Stb, ab * fortlaufend wiederholen, 1 Kettm in die 3. Anfangs-Lm.

**8. Rd:** 3 Lm, in die nächsten 2 Stb je 1 Stb, in das nächste Stb 2 Stb, * in die nächsten 5 Stb je 1 Stb, in das nächste Stb 2 Stb, ab * fortlaufend wiederholen, 1 Kettm in die 3. Anfangs-Lm.

**9. Rd:** 3 Lm, in die nächsten 5 Stb je 1 Stb, in das nächste Stb 2 Stb, * in die nächsten 6 Stb je 1 Stb, in das nächste Stb 2 Stb, in die nächsten 5 Stb je 1 Stb, in das nächste Stb 2 Stb, von * fortlaufend wiederholen.
1 Kettm in die 3. Anfangs-Lm.

**10. Rd:** 2 Lm, in jedes Stb 1 fM, 1 Kettm in die 2. Anfangs-Lm.

**11. Rd:** 2 Lm, in jede fM 1 fM, 1 Kettm in die 2. Anfangs-Lm. Faden vernähen.

Die Vorder- und Rückplatte aufeinander legen (Rückplatte li Seite außen) und mit einer Rd fM (weiß) zusammen häkeln.

**Nächste Rd:** Weiß; 2 Lm, in jede fM 1 fM, dabei zwischen 2 fM über einem Blatt für einen Aufhänger 12 Lm arbeiten. Rd schließen mit 1 Kettm in die 2. Anfangs-Lm.

**Letzte Rd:** Weiß; von li nach re häkeln. 3 Lm, * in die zweitnächste fM 1 fM, 1 Lm, von * fortlaufend wiederholen, dabei in die Lm vom Aufhänger genauso arbeiten, aber stets eine Lm übergehen, in die nächste Lm 1 fM, Rd schließen mit 1 Kettm in die 2. Anfangs-Lm.
Faden vernähen.

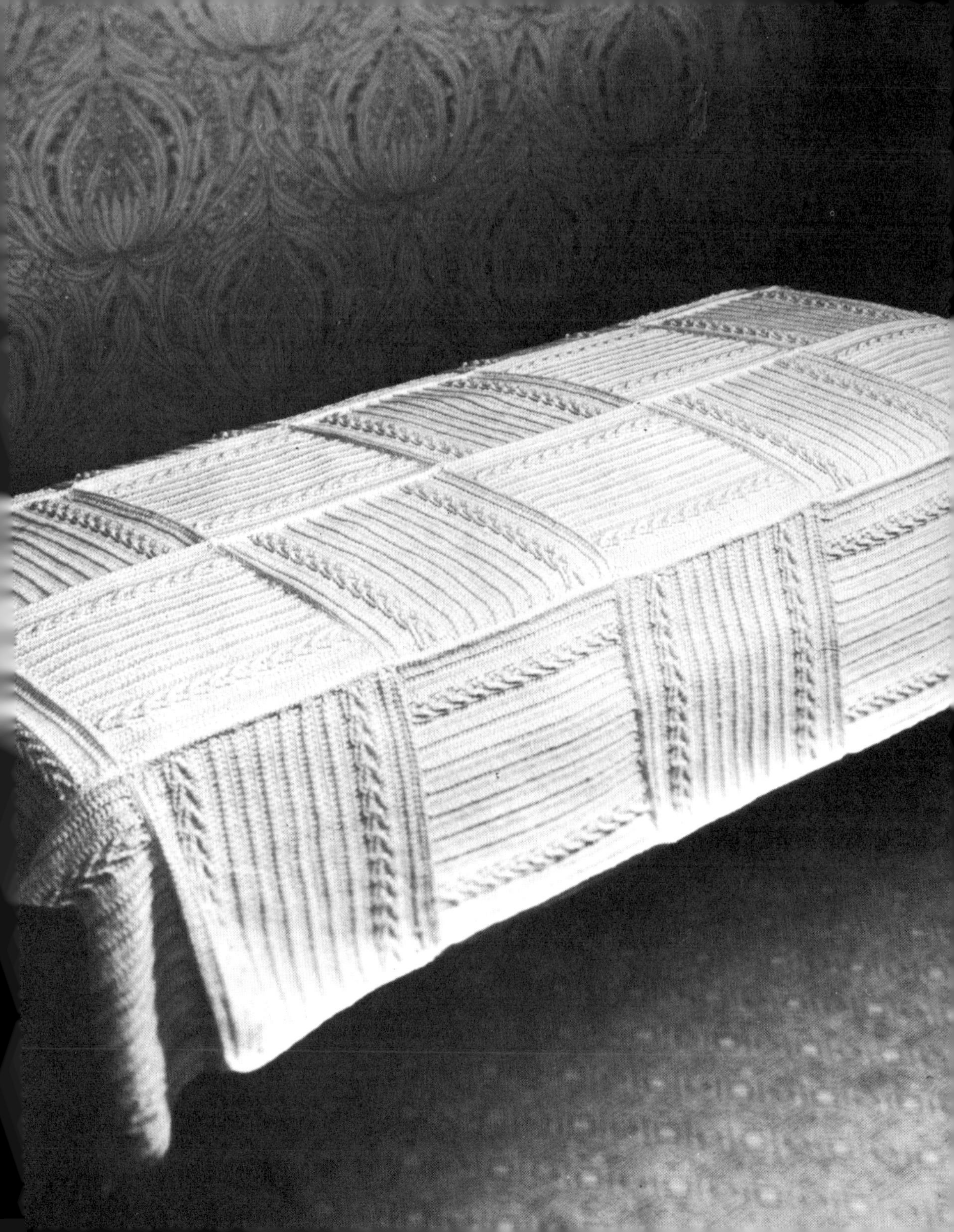

# Eierwärmer

**Material**
MEZ, Qual »Schulmädchen-Garn«, 4 Knäuel weiß oder MEZ »Blau Tulpe«, 2 Knäuel weiß, Reste rot, blau, gelb. Für drei Eierwärmer. Häkelnadel Nr. $2^1/_2$ oder 3.

**Ausführung**
Am unteren Rand mit 38 Lm (Kontrastfarbe) beginnen und mit 1 Kettm in die 1. Lm zum Ring schließen. Die Lm müssen locker gearbeitet werden. Anschließend in Rd wie folgt weiterarbeiten:

**1. Rd:** Kontrastfarbe, 2 Lm, 1 fM in jede der folgenden Anschlag-Lm; mit 1 Kettm in die 2. der zwei Lm Rd schließen und dabei weißen Faden durchholen, kontrastfarbenen Faden nicht abschneiden.

**2. Rd:** Weiß, 3 Lm, 1 U, Faden als Schlinge aus der 1. fM der Vorrunde holen und ca 1 cm langziehen, 1 U, Faden als Schlinge aus der gleichen fM holen, langziehen, 1 U, Faden als Schlinge aus der folgenden fM holen, langziehen, mit 1 U 6 auf der N befindliche Schlingen abmaschen und mit 1 weiteren U die restlichen 2 Schlingen abmaschen (= 1 Büschel);

* 1 U, Faden als Schlinge aus der letzten Einstichstelle holen, langziehen, 1 U, Faden nochmals als Schlinge aus der letzten Einstichstelle holen, langziehen, 1 U, Faden als Schlinge aus der folgenden fM holen, langziehen, mit 1 U 6 auf der N befindliche Schlingen abmaschen und mit 1 weiteren U die restlichen Schlingen abmaschen;

von * fortlaufend wiederholen, für das letzte Büschel die letzte Schlinge aus der 1. Einstichstelle dieser Rd holen, dann sind insgesamt 37 Büschel in der Rd; mit 1 Kettm in die 3. der 3 Lm Rd schließen und dabei den kontrastfarbenen Faden durchholen, weißen Faden nicht abschneiden.

**3. Rd:** Kontrastfarbe, 2 Lm, 1 fM in jedes der folgenden Büschel, mit 1 Kettm in die 2. der 2 Lm Rd schließen und dabei den weißen Faden durchholen, kontrastfarbenen Faden abschneiden und vernähen.

**4. Rd:** Weiß, wie 2. Rd, nur mit Weiß weiterarbeiten.

**5. Rd:** Wie 3. Rd, nur weiß.
Nun abwechselnd 1 weiße Büschel- und 1 weiße fM-Rd arbeiten, jedoch die 13. Rd (fM) mit der Kontrastfarbe häkeln. Insgesamt 8 weiße Büschel-Rd arbeiten, dann mit der Kontrastfrabe oben 2 und am unteren Rand 1 fM-Rd häkeln. Zuletzt eine ca 25 cm lange kontrastfarbene Lm-Kette häkeln und unterhalb der 13. Rd einziehen und zubinden.

# Lampen-schirm

**Größe:** 40 cm Durchmesser.

**Material**
Phildar, Qual »Relais 5«,
2 Knäuel in Poterie,
1 HäkelN Nr. 3.

**Grundmuster**
fM, hStb, Stb, DStb und Blumen. Auf einer Grundkette häkeln Sie die Blumen so:

**1. R:** 3 Lm als Stb, * 1 Lm, 1 M übergehen, 1 Stb auf die folgende M *. Von * bis * über die ganze R wiederholen, mit 1 Stb enden.

**2. R:** 3 Lm als Stb, * 4 Lm, 1 U, die HäkelN in die 1. der 4 Lm einstechen, 1 U, 1 Schlinge durchziehen, 1 U, den Faden durch 2 auf der Nadel liegende Schlingen ziehen, 1 U, die HäkelN in die gleiche M einstechen, 1 U, 1 Schlinge durchziehen, 1 U, den Faden durch 2 auf der Nadel liegende Schlingen ziehen, 1 U, die HäkelN in das folgende Stb einstechen, 1 U, 1 Schlinge durchziehen, 1 U, den Faden durch 2 auf der Nadel liegende Schlingen ziehen, 1 U, die HäkelN in die gleiche M einstechen, 1 U, 1 Schlinge durchziehen, 1 U, den Faden durch 2 auf der Nadel liegende Schlingen ziehen, 1 U, die HäkelN in die gleiche M einstechen, 1 U, 1 Schlinge durchziehen, 1 U, den Faden durch 2 auf der Nadel liegende Schlingen ziehen, 1 U, die HäkelN in das folgende Stb einstechen, 1 U, 1 Schlinge durchziehen, 1 U, den Faden durch 2 auf der Nadel liegende Schlingen ziehen, 1 U, die HäkelN in die gleiche M einstechen, 1 U, 1 Schlinge durchziehen, 1 U, den Faden durch 2 Schlingen auf der Nadel ziehen, 1 U, die HäkelN in die gleiche M einstechen, 1 U, 1 Schlinge durchziehen, 1 U, den Faden durch 2 auf der Nadel liegende Schlingen ziehen, 1 U, den Faden durch die 9 auf der Nadel liegenden Schlingen ziehen, 1 Lm, 3 Lm, 1 U, die HäkelN in die Mitte der soeben gearbeiteten Blume einstechen, 1 U, 1 Schlinge durchziehen, 1 U, den Faden durch 2 auf der Nadel liegende Schlingen ziehen, 1 U, die HäkelN in die Mitte der Blume einstechen, 1 U, 1 Schlinge durchziehen, 1 U, den Faden durch 2 auf der Nadel liegende Schlingen ziehen, 1 U, den Faden durch die 3 auf der Nadel liegenden Schlingen ziehen, 1 Stb auf das folgende Stb *.

Von * bis * so oft wiederholen, wie man Blumen braucht.

**3. R:** 3 Lm als Stb, △* 1 Lm, 1 U, die HäkelN in die Mitte der Blume einstechen, 1 U, 1 Schlinge durchziehen, 1 U, den Faden durch 2 auf der Nadel liegende Schlingen ziehen, 1 U, die HäkelN in die Mitte der Blume einstechen, 1 U, 1 Schlinge durchziehen, 1 U, den Faden durch 2 auf der Nadel liegende Schlingen durchziehen, 1 U, die HäkelN in die Mitte der Blume einstechen, 1 U, 1 Schlinge durchziehen, 1 U, den Faden durch 2 auf der Nadel liegende Schlinge ziehen.
1 U, den Faden durch die 4 auf der Nadel liegenden Schlingen ziehen, man erhält ein Blütenblatt, △ 2 Lm, von △ bis △ für das zweite Blütenblatt wiederholen, 1 Lm, 1 Stb auf das folgende Stb,*. Von * bis * wiederholen.

**Ausführung**
43 Lm anschlagen, mit Kettm zum Ring schließen; die Arbeit in Rd wie folgt häkeln:

**1. Rd:** 1 Lm, 43 fM, dabei die HäkelN in den Ring einstechen, die Rd endet mit 1 Kettm auf Anfangs-Lm = 44 M.

**2. und 3. Rd:** 44 fM häkeln.

**4. Rd:** 1 Lm, 2 fM, * 1 Lm, 1 M übergehen, 3 fM *. Von * bis * über die ganze Rd wiederholen, mit 1 Kettm in Anfangs-Lm enden.

**5. Rd:** 3 Lm als Stb, 2 Stb, * 2 Stb in den 1. M-Bogen der Vor-Rd, 3 Stb *. Von * bis * über die ganze Rd wiederholen, die Rd endet mit 1 Kettm in 3. Anfangs-Lm.

**6. Rd:** 4 Lm als DStb, 4 DStb, * 1 Lm, 5 DStb *. Von * bis * über die ganze Rd wiederholen, mit 1 Kettm in 4. Anfangs-Lm enden.

**7. Rd:** 3 Lm als Stb, 1 Stb auf die gleiche M, * 1 M übergehen, 2 Stb auf die folgende M *. Von * bis * 34 mal über die Rd wiederholen, die Rd mit 1 Kettm in 3. Anfangs-Lm beenden.

**8. Rd:** 3 Lm als Stb, 2 Stb in den Bogen zwischen 2 Stb-Gruppen der Vor-Rd, * 3 Stb in den folgenden Bogen *. Von * bis * 34 mal über die Rd wiederholen, die Rd mit 1 Kettm in Anfangs-Lm beenden.

**9. Rd:** 3 Lm als Stb, 5 Stb, * 1 Lm, 6 Stb *. Von * bis * 17 mal über die Rd wiederholen, die Rd mit 1 Kettm in 3. Anfangs-Lm beenden.

**10. Rd:** 3 Lm als Stb, * 1 Lm, 1 M übergehen, 1 Stb *. Von * bis * über die ganze Rd wiederholen, mit 1 Kettm in 3. Anfangs-Lm beenden.

**11. Rd:** Wie die 9. Rd.

**12. Rd:** 4 Lm als DStb, 1 DStb auf jede M der Vor-Rd, mit 1 Kettm in 4. Anfangs-Lm enden.

**13. Rd:** 3 Lm als Stb, 12 Stb, * 2 Stb auf die folgende M, 13 Stb *. Von * bis * 10 mal

*Fortsetzung Seite 174*

## Modellteil Häkeln

# Leichter Sommerpulli

**Größe:** 38/40,
in Klammern [40/42]

**Material**
Esslinger, Qual »Bouclé«,
200 [220] g weiß und
150 [180] g blau,
1 HäkelN Nr. 3½.

**Grundmuster**
Siehe Häkelschrift.

**Maschenprobe**
22 M in der Breite = 10 cm, 12 R in der Höhe = 10 cm.

**Ausführung**

**Rücken:** Wird quer gehäkelt. Beim Ärmel beginnen. 50 [52] Lm anschlagen. In Streifen und laut Häkelschrift bis 16 cm häkeln. Nun an der rechten Seite 68

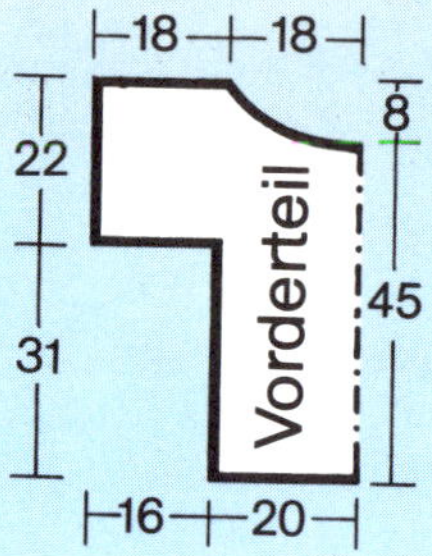


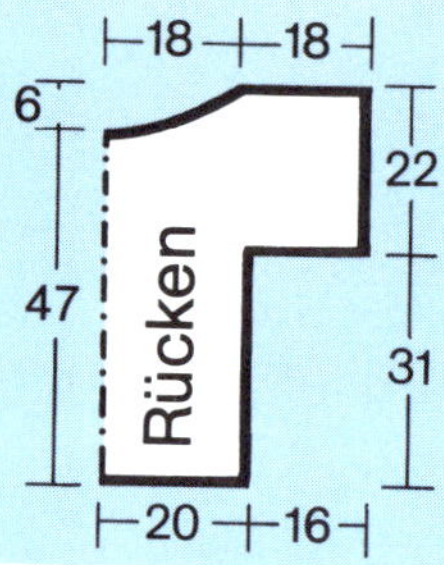

3.–6. R
fortlaufend wiederholen

[72] Lm und je 2 Wende-Lm neu anschlagen und über alle M im Grundmuster noch 2 R häkeln. An der linken Seite für den Halsausschnitt 2 x 3 und 4 x 2 M in jeder 2. R abnehmen = 104 [110] M. Nach 18 [21] cm ab Halsausschnittbeginn ist die Hälfte des Rückens erreicht. Nun den anderen Teil gegengleich beenden.

**Vorderteil:** Wird wie der Rücken gehäkelt, jedoch für den Halsausschnitt 2 x 3 und 6 x 2 M in jeder 2. R abnehmen = 100 [106] M.

**Fertigstellung**
Seiten- und Schulternähte schließen. Den Halsausschnitt mit 1 Rd fM in Blau und in Weiß mit 4 Rd Stäbchen und 1 Rd KrebsM umhäkeln, dabei an den Schulternähten in jeder Rd 3 Stäbchen zusammen abmaschen und in der 3. Rd fortlaufend das 8. und 9. Stäbchen zusammen abmaschen. Den unteren Saum in Blau mit 1 Rd fM und in Weiß den unteren Saum und die Ärmel mit 1 Rd Stb und 1 Rd KrebsM umhäkeln.

• = Lm
| = fM
‡ = Stb

---

*Fortsetzung von Seite 172*

über die Rd wiederholen, mit 1 Kettm in 3. Anfangs-Lm enden.

**14. Rd:** 3 Lm als Stb, * 1 Lm, 1 M übergehen, 1 Stb auf die folgende M *. Von * bis * über die ganze Rd wiederholen, die Rd mit 1 Kettm in 3. Anfangs-Lm beenden.

**15. Rd:** 2 Lm als 1 hStb, * 1 Lm, 1 hStb in den Bogen der Vor-Rd *. Von * bis * über die ganze Rd wiederholen, die Rd endet mit 1 Kettm auf die 2. Anfangs-Lm.

**16. Rd:** 3 Lm als Stb, 1 Stb in den Bogen, * 2 Stb in den folgenden Bogen *. Von * bis * über die ganze Rd wiederholen, die Runde endet mit 1 Kettm in 3. Anfangs-Lm.

**17. Rd:** Wie 14. Rd.

**18. Rd:** 3 Lm als Stb, die 1. R der Blume häkeln, man erhält 25 Blumen über die Rd, mit 1 Kettm in 3. Anfangs-Lm enden.

**19. Rd:** 3 Lm als Stb, die 2. R der Blume häkeln, mit 1 Kettm in 3. Anfangs-Lm enden.

**20. Rd:** 3 Lm als Stb, * 2 Lm, 1 Stb auf das 1. Blütenblatt, 2 Lm, 1 Stb auf das 2. Blütenblatt, 2 Lm, 1 Stb auf das Stb der Vor-Rd *. Von * bis * über die ganze Rd wiederholen, mit 1 Kettm in 3. Anfangs-Lm enden.

**21. Rd:** 3 Lm als Stb, 1 Stb in den Bogen der Vor-Rd, * 2 Stb in den folgenden Bogen *. Von * bis * über die ganze Rd wiederholen, die Rd endet mit 1 Kettm in 3. Anfangs-Lm.

**22. Rd:** * 4 Lm, 1 M übergehen, 1 DStb auf die folgende M, 4 Lm, 1 Kettm in die Kopfm des DStb, 4 Lm, 1 Kettm in die gleiche M, 4 Lm, 1 Kettm in die gleiche M, 4 Lm, 1 M übergehen, 1 fM auf die folgende M *. Von * bis * über die ganze Rd wiederholen. Mit der Arbeit aufhören.

# Häkelmützen

## LINKES MODELL

**Material**
MEZ, Qual »Erika« oder »Blau Tulpe«, 2 Knäuel, Häkelnadel Nr. 2½.

**Ausführung**
Man beginnt mit einer dem Kopfumfang entsprechenden Lm-Kette, die durch 3 teilbar sein muß und schließt sie mit 1 Kettm zum Ring.

**1. Rd:** 2 Lm, in jede AnschlagsM 1 Stb. Mit 1 Kettm Rd schließen.

**2. Rd:** In das folgende Stb 1 Kettm, 6 Lm, in die gleiche Einstichstelle wie die Kettm und das 3. folgende Stb je 1 DStb, die zusammen abgemascht werden, 2 Lm, * in die letzte Einstichstelle und das 3. folgende Stb je 1 DStb, die zusammen abgemascht werden, 2 Lm, ab * fortlaufend wiederholen, in die letzte Einstichstelle 1 DStb bis auf die letzte Schlinge abmaschen, in die 4. Anfangs-Lm 1 Kettm und damit alle auf der Nadel befindlichen Schlingen abmaschen.

**3. Rd:** Um den folgenden Lm-Bogen 1 Kettm, 2 Lm, um den gleichen Lm-Bogen 2 Stb, um jeden weiteren Lm-Bogen 3 Stb, in die 2. Anfangs-Lm 1 Kettm.

**4. Rd:** Wie 2. Rd.
Die 3. und 4. Rd 4 mal wiederholen.

**13. Rd:** Um den folgenden Lm-Bogen: 1 Kettm, 2 Lm, 1 Stb, * um den gleichen Lm-Bogen und den folgenden Lm-Bogen je 1 Stb, die zusammen abgemascht werden, um den letztgenannten Lm-Bogen 1 Stb, von * fortlaufend wiederholen, am Ende der Rd das letzte Stb bis auf die letzte Schlinge abmaschen, in die 2. Anfangs-Lm 1 Kettm und damit alle auf der Nadel befindlichen Schlingen abmaschen.

**14. Rd:** Wie 2. Rd.

**13. und 14. Rd:** 2 mal wiederholen und den Faden ca 30 cm lang abschneiden. Den Endfaden durch alle Lm-Bögen führen, fest anziehen und gut vernähen.
Zum Schluß häkelt man an den unteren Rand noch 3 Rd fM.

## RECHTES MODELL

**Material**
MEZ, Qual »Erika« oder »Blau Tulpe«, je 2 Knäuel pink und orange, Häkelnadel Nr. 2½.

**Ausführung**
Man verhäkelt orange und pink als Doppelfaden. Es wird in der Mitte begonnen und in Rd gehäkelt.

**1. Rd:** 5 Lm, in die 1. Lm: (1 Stb, 1 Lm) 7 mal; in die 4. Lm 1 Kettm.

**2. Rd:** Um die folgende Lm: 1 Kettm, 2 Lm, 1 Stb, 1 Lm, 2 zusammen abgemaschte Stb; 1 Lm, * um die folgende Lm: 2 zusammen abgemaschte Stb, 1 Lm, 2 zusammen abgemaschte Stb, 1 Lm, ab * fortlaufend wiederholen, in das 1. Stb 1 Kettm.

**3. Rd:** Um die folgende Lm: 1 Kettm, 2 Lm, 1 Stb, 1 Lm, 2 zusammen abgemaschte Stb (ist eine Zunahmestelle); 1 Lm, um die folgende Lm 2 zusammen abgemaschte Stb, 1 Lm, * um die folgende Lm: 2 zusammen abgemaschte Stb, 1 Lm, 2 zusammen abgemaschte Stb (ist die nächste Zunahmestelle); 1 Lm, um die folgende Lm 2 zusammen abgemaschte Stb, 1 Lm, von * fortlaufend wiederholen; in das 1. Stb 1 Kettm.

**4. Rd:** Um die folgende Lm: 1 Kettm, 2 Lm, 1 Stb, 1 Lm, 2 zusammen abgemaschte Stb (ist eine Zunahmestelle); 1 Lm, (um den folgenden Lm-Bogen, 2 zusammen abgemaschte Stb, 1 Lm) 2 mal, * um die folgende Lm: 2 zusammen abgemaschte Stb, 1 Lm, 2 zusammen abgemaschte Stb (ist eine Zunahmestelle), 1 Lm, (um den folgenden Lm-Bogen 2 zusammen abgemaschte Stb, 1 Lm), 2 mal, ab * fortlaufend wiederholen; in das 1. Stb 1 Kettm.

**5. bis 10. Rd:** An den Zunahmestellen arbeiten wie in 4. Rd beschrieben, dazwischen um jede Lm 2 zusammen abgemaschte Stb, 1 Lm.

**11. bis 16. Rd:** Um die folgende Lm: 1 Kettm, 2 Lm, 1 Stb; 1 Lm, um jede folgende Lm 2 zusammen abgemaschte Stb, 1 Lm, Rd schließen mit 1 Kettm in das 1. Stb.

**17. Rd:** Um die folgende Lm: 1 Kettm, 2 Lm, 1 Stb; um die folgende Lm 2 zusammen abgemaschte Stb, 1 Lm, * um die 3 folgenden Lm je 2 zusammen abgemaschte Stb, 1 Lm, um die 2 nachfolgenden Lm je 2 zusammen abgemaschte Stb, 1 Lm, ab * fortlaufend bis Rd-Schluß wiederholen; in das 1. Stb 1 Kettm.

**18. Rd:** 2 Lm, in jedes Abmaschglied und in jede Lm 1 Stb, in die 2. Anfangs-Lm 1 Kettm.

**19. Rd:** 2 Lm, in jedes Stb 1 Stb, in die 2. Anfangs-Lm 1 Kettm.

**20. Rd:** 2 Lm, in jedes Stb 1 Stb, dabei gleichmäßig verteilt 7 x 2 Stb zusammen abmaschen, in die 2. Anfangs-Lm 1 Kettm.

**21. bis 23. Rd:** 2 Lm, in jede M 1 fM, in die 2. Anfangs-Lm 1 Kettm.

# Babyjacke mit Kapuze

6 Monate.

**Material**
Phildar, Qual »Pegase«, 2 Knäuel gauloise, 2 Knäuel chlorophylle, 1 Knäuel weiß, 1 HäkelN Nr. 5 und eine 2-hakige tunesische HäkelN Nr. 6, 1 Knopf.

**Grundmuster**
fM, Krebsstich, tunesisches Phantasiemuster:

**1. R:** Farbe Nr. 1, Haken Nr. 1: Eine Lm-Kette anschlagen.

**2. R:** Farbe Nr. 1, Haken Nr. 1: Alle Schlingen auf die Nadel nehmen, wie beim einfachen tunesischen Stich.

**3. R:** Farbe Nr. 2, Haken Nr. 2: Arbeit wenden, die Schlingen eine nach der anderen abmaschen, wie beim einfachen tunesischen Stich.

**4. R:** Farbe Nr. 2, Haken Nr. 2: Alle Schlingen aufnehmen, aber nicht in den Querfaden der Vorreihe einstechen, sondern in die Kopfmasche aus den beiden vorderen Fäden unterhalb des oberen Querfadens einstechen.

**WICHTIG**
Am Anfang der R nicht in die KopfM zwischen dem 1. Längsfaden der RandM und der 2. M einstechen (diese M übergehen), sondern am Ende der R unter dem letzten Querfaden eine zusätzliche Schlinge aufnehmen.
R 3 und 4 fortlaufend wiederholen. Eine Hin- (3) und RückR (4) in Gauloise, eine Hin- (3) und RückR (4) in Weiß, eine Hin- (3) und RückR (4) in Gauloise und eine Hin- (3) und RückR (4) in Chlorophylle. Auf der einen Seite dominiert Gauloise im Relief, auf der anderen Seite dominieren Weiß und Chlorophylle.

**Maschenprobe**
16 M in der Breite = 10 cm,
14 Hin- und Hergänge (14 Streifen) = 10 cm.

**Ausführung JACKE**

Die Jacke wird quer gehäkelt. Beim Ärmel beginnen. 32 M mit der 2-hakigen tunesischen HäkelN in Gauloise anschlagen und im gestreiften tunesischen Phantasiemuster gerade hocharbeiten.
In 16 cm Gesamthöhe nach einem Streifen in Gauloise beidseitig 1 x 26 M aufnehmen. Man hat 84 M. Gerade hocharbeiten.

In 24 cm Gesamthöhe nach einem Streifen in Gauloise die 42 rechten M freilassen und über den 42 linken M weiterarbeiten.

In 34 cm Gesamthöhe nach einem Streifen in Chlorophylle aufhören. Über den 42 rechten M weiterarbeiten, dabei für den Halsausschnitt links in jedem Streifen: 1 x 3, 1 x 2 und 2 x 1 M freilassen.

Es bleiben 35 M. Noch 3 R häkeln und nach einem Streifen in Gauloise in der vorderen Mitte aufhören. Dann 35 M in Gauloise neu anschlagen und 3 Hin- und Hergänge häkeln. In der nächsten R links in jedem Streifen 2 x 1, 1 x 2, 1 x 3 M zunehmen. Man hat 42 M. Auch über den M des Rückens nun weiterhäkeln.

In 42 cm Gesamthöhe nach einem Streifen in Chlorophylle beidseitig 1 x 26 M abnehmen. Gerade weiterhäkeln.

In 58 cm Gesamthöhe nach einem Streifen in Gauloise mit der Arbeit aufhören. Mit Häkelnadel Nr. 5 in Chlorophylle 1 R fM um das ganze Arbeitsstück einschließlich der vorderen Kanten und des Halsausschnittes häkeln.

**Ausführung KAPUZE**

Mit der 2-hakigen tunesischen HäkelN Nr. 6 eine Lm-Kette von 67 M in Gauloise anschlagen und im gestreiften tunesischen Phantasiemuster gerade hocharbeiten.
In 16 cm Gesamthöhe nach einem Streifen in Gauloise beidseitig in jedem Streifen 3 x 8 M abnehmen, dann mit der Arbeit aufhören.
1 R fM mit HäkelN Nr. 5 in Chlorophylle rund um die Kapuze häkeln.

*Fortsetzung Seite 180*

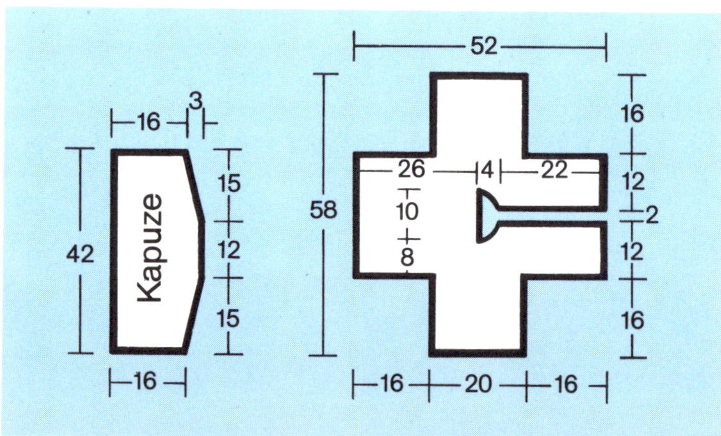

# Reisedecke

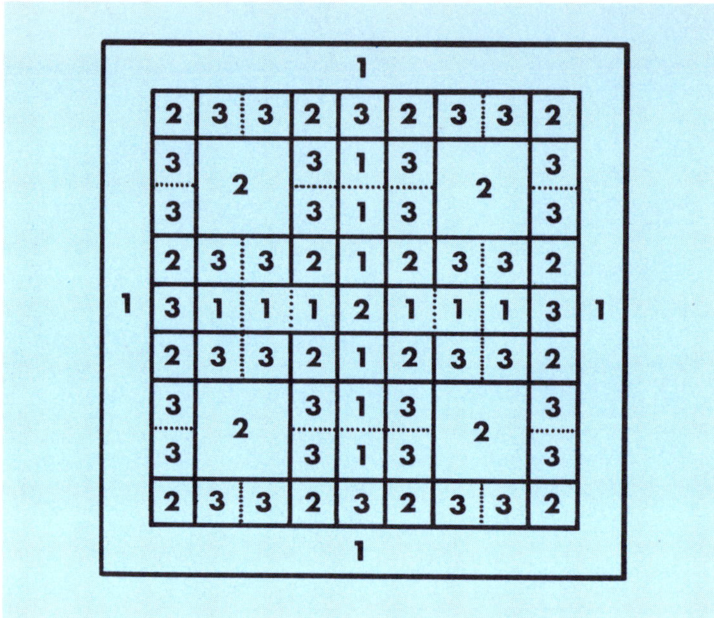


1 = Farbe Cosmos
2 = Farbe Turquoise
3 = Farbe Ekru

**Größe:** 165 x 165 cm.

**Material**
Phildar, Qual »Pronostic«,
11 Knäuel cosmos,
8 Knäuel turquoise,
10 Knäuel ekru,
HäkelN Nr. $2^1/_2$ und 3.

**Muster**
Stb und fM.

**Ausführung**

**1 Kleines Karo**
4 Lm in Cosmos mit HäkelN Nr. 3 anschlagen und 1 Kettm zum Ring schließen, dann Stb in Runden wie folgt weiterarbeiten:

**1. Rd:** 3 Lm als 1. Stb, 1 Lm * 3 Stb in den Ring, 1 Lm *. Von * bis * wiederholen = 3 mal, die Rd endet mit 2 Stb, 1 Kettm in die 3. Anfangs-Lm.

**2. Rd:** 1 Kettm in den Eck-Bogen der Vor-Rd, 3 Lm als 1. Stb, 1 Lm, 1 Stb in den Bogen * 3 Stb in den Eck-Bogen, 1 Lm, 1 Stb in den Bogen *. Von * bis * 3 mal wiederholen, 1 Kettm in die 3. Anfangs-Lm.

**3. Rd:** 1 Kettm in den Bogen, 3 Lm als 1. Stb, 1 Lm, 1 Stb in den Bogen, * 5 Stb, 1 Stb in den Bogen, 1 Lm, 1 Stb in den Bogen *. Von * bis * 3 mal wiederholen, die Rd endet mit 5 Stb, 1 Kettm in die 3. Anfangs-Lm.

**4., 5., 6., 7. Rd:** In gleicher Weise Stb arbeiten, in jeder der 4 Ecken 1 Stb, 1 Lm, 1 Stb.

**8. Rd:** Man hat 17 Stb an jeder Seite (15 cm). Die Arbeit anhalten. 12 kleine Karos in Cosmos, 17 kleine Karos in Turquoise, 36 kleine Karos in Ekru im Ganzen arbeiten.

**1 großes Karo**
4 Lm in Turquoise mit HäkelN Nr. 3 anschlagen und die gleiche Arbeit wie am kleinen Karo ausführen. In der 15. Rd erhält man 31 Stb an jeder Seite (30 cm). Die Arbeit anhalten.

4 große Karos in Turquoise im ganzen arbeiten.

**Fertigstellung**
Die Karos nach der Schemazeichnung mit angegebener Farbfolge zusammensetzen, jeweils mit unsichtbaren Stichen. Um diese Reisedecke 15 R Stb in Cosmos mit HäkelN Nr. $2^1/_2$ arbeiten. In jeder R 3 Stb in jede der 4 Ecken arbeiten, dann mit 1 R fM abschließen.

---

*Fortsetzung von Seite 178*

**Fertigstellung**
Seiten und Ärmel mit HäkelN Nr. 5 zusammenhäkeln, dabei einmal in eine feste M der einen Seite, dann der anderen Seite einstechen, dies in der Farbe Chlorophylle. Die Kapuze in der gleichen Weise im Halsausschnitt anbringen. Um die Ärmelränder mit HäkelN Nr. 5 in Chlorophylle 1 R in Krebsstich häkeln, dann um die ganze Jacke. Unterhalb des Halsausschnitts einen Knopf annähen und gegenüber eine Knopfschlinge anbringen.

# Rücken-freies Sommer-leibchen

5 Jahre, in Klammern [7] und [9] Jahre.

**Material**
Phildar, Qual »Perle 5«, oder »Relais 5«, 2 Knäuel aubergine, HäkelN Nr. 2½.

**Grundmuster**
Kettm fM, Stb, Gitter:

**1. R:** 2 Lm zum Wenden. * 1 Lm, 1 M überspringen, 1 Stb in die folgende M *. Von * bis * wiederholen.

**2. und alle folgenden R:** 2 Lm zum Wenden, * 1 Lm, 1 M überspringen, 1 Stb auf das Stb der VorR *. Von * bis * wiederholen.

**Phantasiemuster**
Siehe Diagramm.

**Muscheln für die Randborte**
2 Lm, 6 Stb dabei die HäkelN in die 3. M der Kette der VorR einstechen, 2 M überspringen, * in die folgende M 1 Kettm, 2 M überspringen, in die folgende M 7 Stb, 2 M überspringen *. Von * bis * wiederholen und mit 1 Kettm die Rd schließen.

**Maschenprobe**
16 Stb in der Breite = 10 cm,
17 R in der Höhe = 10 cm.

**Ausführung**
Auf einer Grundkette von 48 [52, 56] cm Länge 78 [86, 90] M mit HäkelN Nr. 2½ häkeln, man hat 77 [85, 89] Löcher, und im Gitter und Phantasie-Muster weiterhäkeln, siehe Diagramm.

Beiderseits in jeder R 19 x 1 M und 2 R höher:

1 x 1 M (in jeder R 21 x 1 M und 2 R höher 1 x 1 M – in jeder R 19 x 1 und in jeder R 3 x 1 M) abnehmen.

In der 22. [24., 26.] R bleiben 38 [42, 46] M. Danach beiderseits in jeder R 3 x 1 M und in jeder 2. R 3 x 1 M (in jeder R 5 x 1 M und in jeder 2. R 3 x 1 M – in jeder R 4 x 1 M und in jeder 2. R 4 x 1 M) abnehmen.

In der 32. [36., 39.] R bleiben 26 [26, 30] M; mit der Arbeit aufhören.

**Fertigstellung**
Über die Schrägseiten zuerst eine 20 cm lange Kette häkeln, dann 1 R fM, dabei die HäkelN in jeder R des Gitters einstechen. Dann eine 25 cm lange Kette häkeln und mit der Arbeit aufhören.

**Andere Seite:** Gleich arbeiten.

Am unteren Rand des Oberteils auf der re Seite der Arbeit 1 R fM über die Kette der re Seite, den unteren Rand und die Kette der li Seite häkeln. Den oberen Rand des Oberteils genauso häkeln.

Dann die Muscheln der Randborte um das Häkelteil auf der re Seite der Arbeit häkeln. Am Anfang der re Kette des unteren Randes beginnen. Den unteren Rand, die Kette der li Seite wie im Grundmuster beschrieben häkeln.

Auf der anderen Seite der Lm-Kette weiterarbeiten (die Muscheln liegen einander gegenüber), dann die Schrägseite mit der Muschelreihe in folgender Weise behäkeln: 1 Kettm in 1 M, * in die folgende M: 7 Stb, in die nächste M 1 Kettm *. Von * bis * wiederholen, dann längs der Kette wie oben beschrieben häkeln.
Die li Seite leicht bügeln.

**Diagramm**
⌐ı = 1 Stb auf das Stb der Vorreihe, 1 Lm, 1 M überspringen.

✱ = 1 Stb auf das Stb der Vorreihe, 1 Stb in die Lm der Vorreihe.

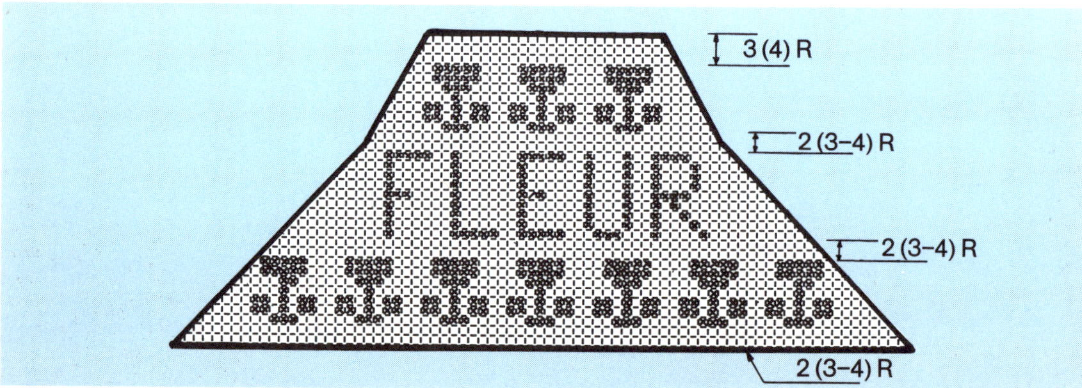

# Runde Tischdecke

**Größe:** 180 cm Durchmesser.

**Material**
Phildar, Qual »Perle 5«,
25 Knäuel blanc,
1 HäkelN Nr. 2.

**Grundmuster**
fM, hStb, Stb, DStb, 3- und 4-fach-Stb mit 5, 6 oder 7 U. (Diese Stb so arbeiten: durch jeden U 1 Schlinge holen und alle U nacheinander wie beim DStb abhäkeln).

**Ausführung**

Mit HäkelN Nr. 2 in Blanc 6 Lm anschlagen und mit 1 Kettm zum Ring schließen. In Runden arbeiten.

**1. Rd:** 1 Lm, 11 fM in den Ring, 1 Kettm in die 1. Lm. Man erhält 12 M.

**2. Rd:** 3 Lm als Stb, 1 Stb in die 1. M, * 2 Stb in die folgende M *. Von * bis * 12 x im ganzen wiederholen, 1 Kettm in die 3. Lm des Anfangs. Man erhält 24 Stb.

**3. Rd:** 3 Lm als Stb, 1 Stb auf die folgende M, * 1 Lm, 2 Stb *. Von * bis * 12 x im ganzen wiederholen, mit 1 Kettm in 3. Lm des Anfangs enden.

**4. Rd:** 3 Lm als Stb, 1 Stb auf die folgende M, * 2 Lm, 2 Stb auf die Stb der VorR *. Von * bis * 12 x im ganzen wiederholen, mit 1 Kettm in 3. Lm des Anfangs enden.

**5. Rd:** 3 Lm als Stb, 1 Stb in die folgende M, * 3 Lm, 2 Stb *. Von * bis * 12 x im ganzen wiederholen, mit 1 Kettm in 3. Lm des Anfangs enden.

**6. Rd:** 3 Lm als Stb, 1 Stb, * 4 Lm, 2 Stb *. Von * bis * 12 x im ganzen wiederholen, mit 1 Kettm in 3. Lm des Anfangs enden.

**7. Rd:** 3 Lm als Stb, 1 Stb, * 4 Stb in den Bogen der VorR, 2 Stb *. Von * bis * 12 x im ganzen wiederholen, mit 1 Kettm in 3. Lm des Anfangs enden.
Man hat 72 Stb.

**8. Rd:** Zwischen die 2 Stb der VorR * 1 Muschel auf 1 fM, 1 hStb, 1 Stb, 1 DStb, 1 3-fach-Stb, 1 4-fach-Stb, dann 6 Lm, 3 Stb übergehen *. Von * bis * 24 x im ganzen wiederholen, Kettm.

**9. Rd:** 6 Kettm auf die M der Muschel der VorR um im Bogen zu beginnen. * 1 fM, 1 hStb, 1 Stb, 1 DStb, 1 3-fach-Stb, 1 4-fach-Stb in den Bogen, 4 Lm *. Von * bis * 24 x im ganzen wiederholen.

*Wichtig:*
In jeder der folgenden Rd die 1. Muschel der VorR mit Kettm übergehen und die R immer im folgenden Bogen beginnen.

**10., 11., 12. und 13. Rd:** Wie die 9. Rd.

**14. Rd:** * 1 fM, 1 hStb, 1 Stb, 1 DStb, 1 3-fach-Stb, 1 4-fach-Stb in den Bogen, 5 Lm *. Von * bis * 24 x im ganzen wiederholen.

**15. Rd:** * 1 fM, 1 hStb, 1 Stb, 1 DStb, 1 3-fach-Stb, 1 4-fach-Stb, 1 5-fach-Stb in den Bogen, 5 Lm *. Von * bis * 24 x im ganzen wiederholen.

**16. und 17. Rd:** Wie die 15. Rd.

**18. Rd:** * 1 Muschel wie bei der 15. Rd. in den Bogen, 6 Lm *. Von * bis * 24 x im ganzen wiederholen.

**19. Rd:** * fM, 1 hStb, 1 Stb, 1 DStb, 1 3-fach-Stb, 1 4-fach-Stb, 1 5-fach-Stb, 1 6-fach-Stb in den Bogen, 6 Lm *. Von * bis * 24 x im ganzen wiederholen.

**20. Rd:** Wie die 19. Rd.

**21. Rd:** * 1 Muschel in den Bogen wie bei der 19. Rd, 7 Lm *. Von * bis * 24 x im ganzen wiederholen.

**22. Rd:** * 1 fM, 1 hStb, 1 Stb, 1 DStb, 1 3-fach-Stb, 1 4-fach-Stb, 1 5-fach-Stb, 1 6-fach-Stb, 1 7-fach-Stb in den Bogen, 7 Lm *. Von * bis * 24 x im ganzen wiederholen.

**23. und 24. Rd:** * 1 Muschel in den Bogen wie bei der 22. Rd; 8 Lm *. Von * bis * 24 x im ganzen wiederholen.

**25. Rd:** * 1 fM, 1 hStb, 1 Stb, 1 DStb, 1 3-fach-Stb, 1 4-fach-Stb, 1 5-fach-Stb, 1 6-fach-Stb, 2 7-fach-Stb in den Bogen, 8 Lm *. Von * bis * 24 x im ganzen wiederholen.

**26. Rd:** △* 1 fM, 1 hStb, 1 Stb, 1 DStb, 1 3-fach-Stb, 1 4-fach-Stb, 1 5-fach-Stb in den Bogen △, 7 Lm, dann 1 Muschel von △ bis △ in denselben Bogen, 7 Lm *. Von * bis * 24 x im ganzen wiederholen, man erhält 48 Muscheln.

**27. Rd:** * 1 fM, 1 hStb, 1 Stb, 1 DStb, 1 3-fach-Stb, 1 4-fach-Stb, 1 5-fach-Stb in den Bogen, 7 Lm *. Von * bis * 48 x im ganzen wiederholen.

**28. Rd:** Wie die 27. Rd.

**29. Rd:** * 1 fM, 1 hStb, 1 Stb, 1 DStb, 1 3-fach-Stb, 1 4-fach-Stb, 1 5-fach-Stb, 1 6-fach-Stb in den Bogen, 7 Lm *. Von * bis * 48 x im ganzen wiederholen.

**30. Rd:** * 1 Muschel in den Bogen wie bei der 29. Rd, 8 Lm *. Von * bis * 48 x im ganzen wiederholen.

**31. Rd:** Wie die 30. Rd.

**32. Rd:** * 1 fM, 1 hStb, 1 Stb,

*Fortsetzung Seite 186*

# Frottée-Handtücher mit aufgenähter Häkelspitze

Braune Spitze ca 6 cm breit, orangefarbene Spitze ca 5 cm breit.

**Material**
MEZ, Qual »Rot Tulpe«, je 1 Knäuel braun und orange, HäkelN Nr. 2, je 1 Frottee-Handtuch in passender Farbe.

**Ausführung**
Die Spitzen werden nach Schemazeichnung gehäkelt. Man beginnt bei A mit einer entsprechend langen Lm-Kette, die Zahlen geben die jeweiligen R an. Laufen Zeichen unten zu einer Spitze zusammen, so stechen die entsprechenden M in eine Einstichstelle; laufen Zeichen oben zu einer Spitze zusammen, so werden sie zusammen abgemascht, d. h. jede M bis auf die letzte Schlinge abmaschen, diese auf der N lassen und mit einem letzten U alle Schlingen zusammen abmaschen.

Zum Schluß um die Anschlag-Lm noch eine Reihe fM häkeln und die Spitzen nach Abbildung annähen.

**Zeichenerklärung**

• = 1 Lm
ǂ = 1 Stb
ǂ = 1 DStb
| = 1 fM

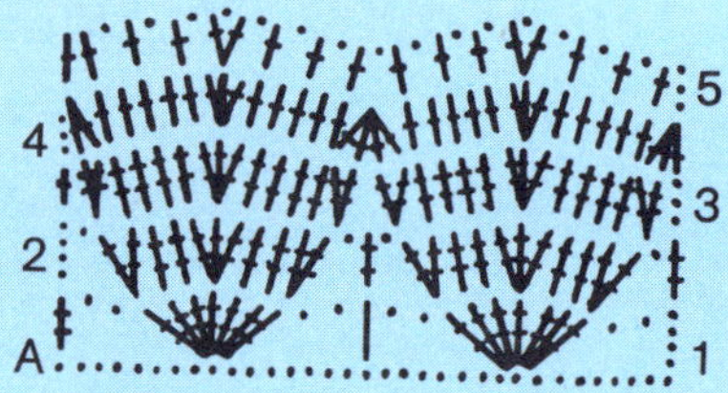

*Fortsetzung von Seite 184*

1 DStb, 1 3-fach-Stb, 1 4-fach-Stb, 1 5-fach-Stb, 1 6-fach-Stb, 1 7-fach-Stb in den Bogen, 8 Lm *. Von * bis * 48 x im ganzen wiederholen.

**33., 34., 35., 36. und 37. Rd:** Wie die 32. Rd.

**38. Rd:** △* 1 fM, 1 hStb, 1 Stb, 1 DStb, 1 3-fach-Stb, 1 4-fach-Stb, 1 5-fach-Stb in den Bogen △, 7 Lm, dann 1 Muschel von △ bis △ in denselben Bogen, 7 Lm *. Von * bis * 48 x im ganzen wiederholen. Man erhält 96 Muscheln.

**39. Rd:** * 1 fM, 1 hStb, 1 Stb, 1 DStb, 1 3-fach-Stb, 1 4-fach-Stb, 1 5-fach-Stb in den Bogen, 7 Lm *. Von * bis * 96 x im ganzen wiederholen.

**40., 41., 42., 43. und 44 Rd:** Wie die 39. Rd.

**45. Rd:** * 1 fM, 1 hStb, 1 Stb, 1 DStb, 1 3-fach-Stb, 1 4-fach-Stb, 1 5-fach-Stb, 1 6-fach-Stb in den Bogen, 7 Lm *. Von * bis * 96 x im ganzen wiederholen.

**46., 47., 48. und 49. Rd:** Wie die 45. Rd.

**50. Rd:** * 1 Muschel wie bei der 45. Rd in den Bogen, 8 Lm *. Von * bis * 96 x im ganzen wiederholen.

**51. Rd:** Wie die 50. Rd.

**52. Rd:** * 1 fM, 1 hStb, 1 Stb, 1 DStb, 1 3-fach-Stb, 1 4-fach-Stb, 1 5-fach-Stb, 2 6-fach-Stb in den Bogen, 8 Lm *. Von * bis * 96 x im ganzen wiederholen.

**53., 54. und 55. Rd:** Wie die 52. Rd.

**56. Rd:** * 1 Muschel wie bei der 52. Rd in den Bogen, 9 Lm *. Von * bis * 96 x im ganzen wiederholen.

**57. und 58. Rd:** Wie die 56. Rd.

**59. Rd:** * 1 fM, 1 hStb, 1 Stb, 1 DStb, 1 3-fach-Stb, 1 4-fach-Stb, 1 5-fach-Stb, 3 6-fach-Stb in den Bogen, 9 Lm *. Von* bis * 96 x im ganzen wiederholen.

**60. Rd:** Wie die 59. Rd.

**61. Rd:** * 1 fM, 1 hStb, 2 Stb, 2 DStb, 1 3-fach-Stb, 1 4-fach-Stb, 1 5-fach-Stb, 3 6-fach-Stb in den Bogen, 9 Lm *. Von * bis * 96 x im ganzen wiederholen.

*Fortsetzung Seite 188*

# Herren-pantoffeln

**Größe:** 42/43.

**Material**
Teppichwolle, Qual »Tapis Pingouin«, 200 g braun, 50 g rohweiß oder »Monsieur Pingouin« (doppelter Faden), 1 HäkelN Nr. 6, Stricknadeln Nr. 5½.

**Grundmuster**
fM, glatt re.

**Sohlen**
Einen 30 cm langen Faden hängenlassen und anschließend daran 22 Lm anschlagen.

**Ausführung**

**1. R:** Über der Lm-Kette 20 fM arbeiten und dafür je unter 2 Fäden der Lm einstechen; dann 5 fM in die folgende M, in die folgende M 1 fM, dann 1 Kettm und in die folgende M, 1 Lm zum Wenden.

**2. R:** Kettm der Vorreihe übergehen, 1 fM zwischen die beiden ersten fM der Vorreihe, 1 fM in die folgende fM, je 2 fM in die folgenden 3 M (= Fuß-Spitze), 5 fM, 1 Kettm, 1 Lm zum Wenden.

**3. R:** Kettm übergehen, 1 fM zwischen die ersten 2 fM, 5 fM in die folgenden 5 M, je 2 fM in jede der 4 folgenden M (= Fuß-Spitze), dann 20 fM, wobei die letzten 18 auf der anderen Seite der Lm-Kette gearbeitet werden. Hier als 2. Faden den zu Beginn hängengelassenen dazunehmen und unter die Lm-Kette legen. In die folgende fM: 3 fM für die Ferse. Abschließend 1 Kettm in den Reihenbeginn der 1. R; in Rd weiterarbeiten.

**4. Rd:** Stets fM arbeiten und an der Fuß-Spitze wie folgt zunehmen: * 2 fM in 1 M, 1 fM in die folgende M *. Von * bis * 4 x wiederholen. An der Ferse: * 2 fM in 1 M, 1 fM in die folgende M *. Von * bis * 3 x wiederholen.

**5. Rd:** Wie die 4. Rd.

**6. Rd:** Nach der letzten Fersenzunahme in der 5. Rd: 12 fM häkeln, 1 Kettm. Die Arbeit beenden. Ebenso 3 weitere Sohlen herstellen.

**Fertigstellung**
Je 2 Sohlen links auf links legen und wie folgt 1 R Kettm arbeiten: Häkelnd gleichzeitig in beide Maschenglieder an der Kante der beiden Sohlen einstechen, 1 U und Schlinge durchholen. * HäkelN genauso in die folgende M beider Sohlen einstechen. 1 U sofort durch die auf der Nadel liegende Schlinge ziehen *. Von * bis * rund um die Sohlen wiederholen. Eine weitere R Kettm arbeiten, wobei lediglich die beiden innenliegenden Maschenglieder der Sohle erfaßt werden.

**TIP**
Nach dieser Anleitung ist auch die Herstellung der anderen Größen möglich. Es werden weniger oder mehr Lm zu Beginn angeschlagen und die Anleitung dementsprechend geändert. (Die Zunahmen werden immer gleichmäßig an Fuß-Spitze und Ferse verteilt.)

**BLATT**

Mit brauner Wolle auf StrickN 21 M anschlagen und glatt rechts stricken. In der 6., 10., 14., 16., 18. und 20. R beiderseits je eine M von der Kante entfernt 1 x 1 M abnehmen. In der 22. R alle M abketten.

**Zweites Blatt:** Gleich arbeiten.

**BORTE**

Mit Weiß über dem Anschlag des Blatts 20 M aufnehmen und 2 R glatt links stricken, dann abketten.

**Fertigstellung**
Das Oberteil gut auf der Sohle festnähen. Die Sohle steht rundherum leicht über.

---

*Fortsetzung von Seite 186*
*Runde Tischdecke*

**62. Rd:** * 1 fM, 1 hStb, 2 Stb, 2 DStb, 2 3-fach-Stb, 1 4-fach-Stb, 1 5-fach-Stb, 3 6-fach-Stb in den Bogen, 9 Lm *. Von * bis * 96 x im ganzen wiederholen.

**63. und 64. Rd:** Wie die 62. Rd.

**65. Rd:** Keine Kettm, die Rd auf der 1. Muschel beginnen, △* 2 fM, dabei zwischen den M der VorR einstechen, 5 Lm △. Von △ bis △ 4 x auf der Muschel wiederholen, 9 fM in den folgenden Bogen *. Von * bis * 96 x im ganzen wiederholen, hier aufhören.

**Fertigstellung**
Die Tischdecke mit der li Seite nach oben in den angegebenen Maßen spannen, in jedes Pikot eine Stecknadel stechen. Unter dem feuchten Bügeltuch aufbügeln. Gut trocknen lassen, bevor man die Stecknadeln abnimmt.

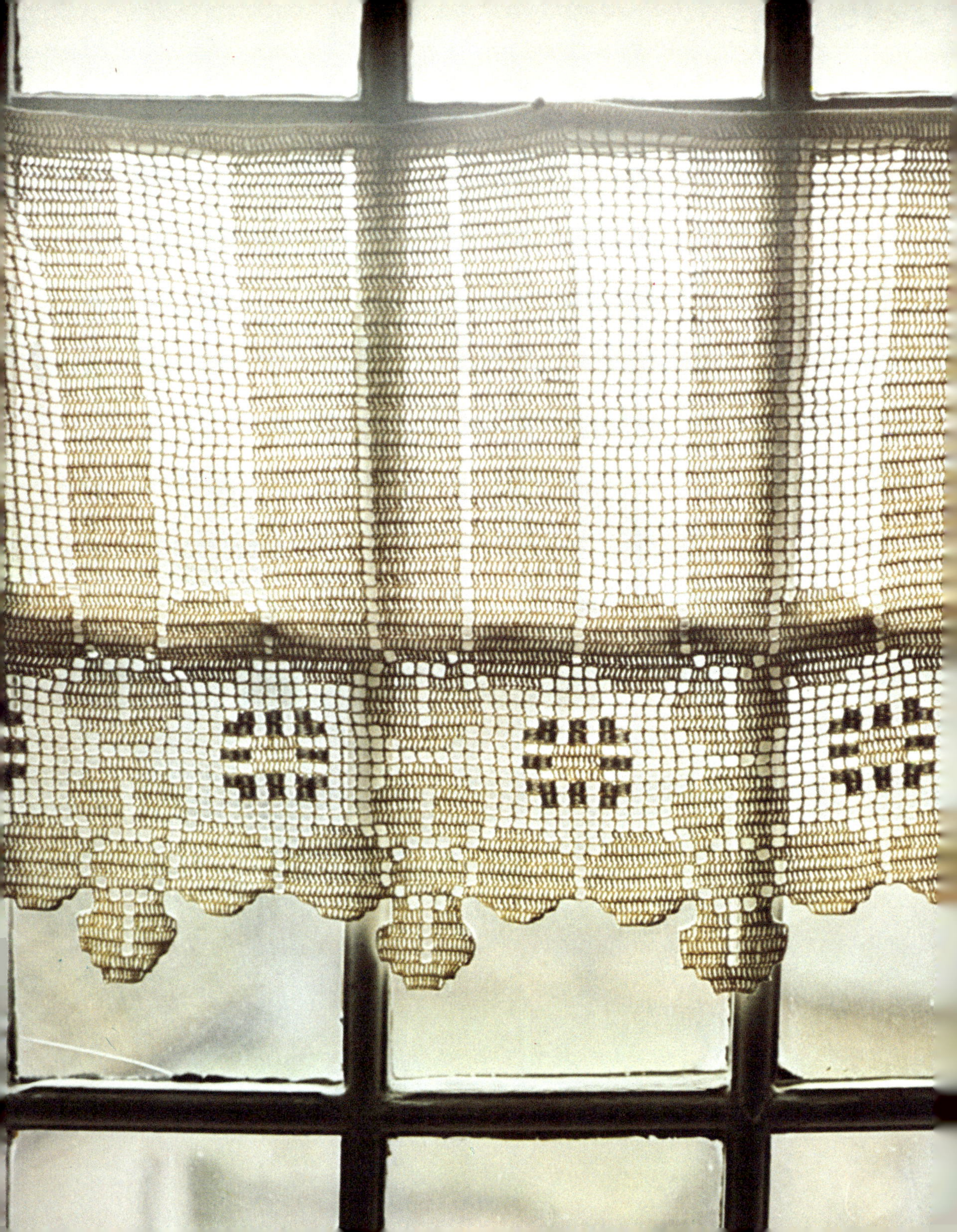

# Vorhang

**Größe:** 60 x 140 cm.

**Material**
Phildar, Qual »Perle 5«, 10 Knäuel ekru, 1 Knäuel Qualität »Clarté« blanc, 1 HäkelN Nr. 1 3/4, 1 Stopfnadel.

**Grundmuster**
DStb, 3-fach-Stb.

**Gittermuster**
Auf einer Grundkette wie folgt häkeln:

**1. R:** 3 Lm, 2 M übergehen, 1 DStb, * 2 Lm, 2 M übergehen, 1 DStb in die folgende M *. Von * bis * wiederholen und mit 1 DStb enden.

**2. R:** 3 Lm zum Wenden, * 2 Lm, 1 DStb auf das DStb der Vorreihe *. Von * bis * wiederholen und mit 1 DStb enden. Diese 2. R fortlaufend wiederholen.

**Stickerei**
Auf dem Häkelnetz im Stopfstich. Die Zeichnung des Diagramms befolgen, die eingefädelte Nadel erst über, dann unter den zu bestickenden DStb des Gitters durchziehen (s. Querstriche).

**Ausführung**
Man beginnt am oberen Rand des Vorhangs. 430 Lm in Ecru mit HäkelN Nr. 1 3/4 anschlagen und DStb wie folgt häkeln:

**1. R:** 4 Lm als 1 DStb, 429 DStb.

**2. R:** 5 Lm als 3-fach-Stb, 429 3-fach-Stb.

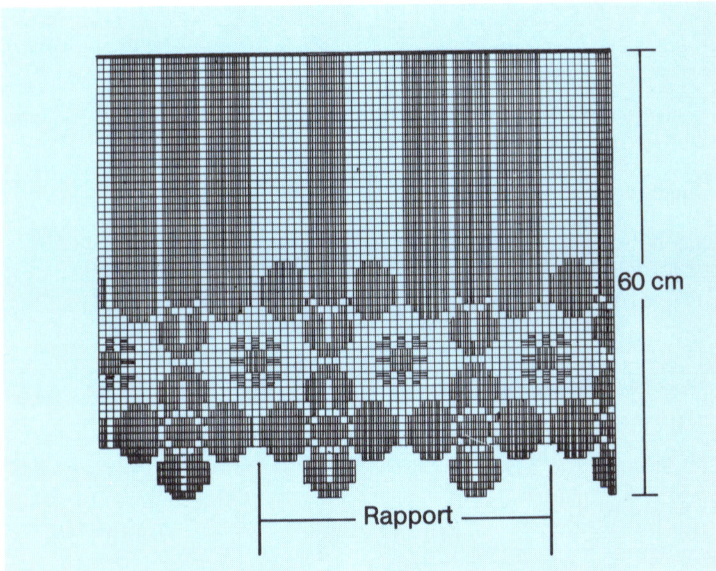


**3. R:** 4 Lm als 1. DStb, 3 DStb, △* 2 Lm, 2 M übergehen, 1 DStb in die folgende M △. Von △ bis △ 8 x im ganzen wiederholen, 15 DStb. Von △ bis △ 8 x wiederholen, 18 DStb, 2 Lm, 2 M übergehen, 16 DStb. 2 Lm, 2 M übergehen, 19 DStb *. Von * bis * 3 x im ganzen wiederholen.

Von △ bis △ 8 x im ganzen wiederholen, 15 DStb in die folgenden M, von △ bis △ 8 x im ganzen wiederholen, 15 DStb in die folgenden M, von △ bis △ 8 x im ganzen wiederholen, 3 DStb. Die Arbeit wenden. Dann DStb und im Gittermuster nach der Schemazeichnung weiterarbeiten, dabei beiderseits 4 DStb für den Rand über der ganzen Arbeit häkeln.

In der 39. R mit der einfachen Blume beginnen, dabei das Diagramm befolgen. Nach dem angegebenen Diagramm bis zur 64. R häkeln.

In der 64. R jede obere Kante des Motivs in DStb und Gittermuster getrennt beenden.

**Fertigstellung**
Die Übergangs-Quadrate nach den Angaben beim Diagramm in Blanc besticken.
Die Arbeit von links mit Stecknadeln aufspannen. Unter einem feuchten Tuch mit dem warmen Eisen leicht überbügeln. Nach völligem Trocknen wieder abnehmen.

# Duftiges Sommerkleid im Noppenmuster

**Größe:** 36, in Klammern [44].

**Material**
Phildar, Qual »Relais 5« oder »Cannelle«, 20 Docken [22] chanvre. Je 1 HäkelN Nr. 2 und $2^1/_2$, 2 Knöpfe, 1 Reißverschluß.

**Grundmuster**
fM; Stb, Löcher, Noppen im Ajourmuster: In die fM der Vorreihe * 1 U, die Nadel einstechen, 1 U, Schlinge durchholen *.

Von * bis * 6 x wiederholen, alle Schlingen bleiben auf der Nadel. 1 U, Faden durch alle Schlingen holen, 1 U und Faden durch die beiden letzten Schlingen auf der Nadel holen.

**Maschenprobe**
27 M in der Breite = 10 cm, 16 R in der Höhe = 10 cm, HäkelN Nr. 2.

Eine Noppe im Ajourmuster = 4 Stb in der Breite.

**Ausführung LEIBCHEN**

Auf einer Grundkette von 86 [98] cm Länge, 234 [266] M mit HäkelN Nr. 2 arbeiten: 1 RandM, 4 Stb, 1 Loch [2 Lm, 2 M überschlagen, je für die 1. R], 1 Stb, 1 Noppe im Ajourmuster beginnt, dann nach der Häkelschrift von rechts nach links arbeiten.

Zwischen den Löchern hat man 11 Stb für die Größe 36 [13 Stb für die Größe 44]. Für die letztere Größe hat man 1 R mehr in jeder Diagonale. Beide Größen haben je eine Noppe im Ajourmuster in der vorderen und in der rückwärtigen Mitte. Die 3. Ajournoppe mit einem andersfarbigen Faden markieren, um die vordere Mitte zu kennzeichnen. Im Hin- und Hergang weiterarbeiten.

**In der 14. R** beidseitig 1 M abnehmen für den Reißverschluß auf der linken Seite und in Runden und im Hin- und Hergang weiterarbeiten.

**In der 41. R** über die mittleren 110 [122] M des Vorderteils weiterarbeiten. Im Hin- und Hergang; der Rücken ist damit beendet.

Beidseitig in jeder R: 1 x 5, 1 x 4 und 2 x 3 M und 3 x 2 M abnehmen [1 x 5, 2 x 4, 2 x 3 und 4 x 2 M].

**In der 44. [46.] R** für den Halsausschnitt die mittleren 16 M unbehäkelt stehenlassen, dann jede Seite gesondert beenden und auf der Halsseite in jeder R: 1 x 5, 1 x 4, 2 x 3 und 2 x 2 M abnehmen. Es verbleiben 7 M, anhalten.

**Andere Seite:** Gegengleich beenden.

*Fortsetzung Seite 194*

**Zeichenerklärung**
† = Stb
• = Lm
| = fM
▬ = Noppe
□ = 2 Lm, 1 M überschlagen

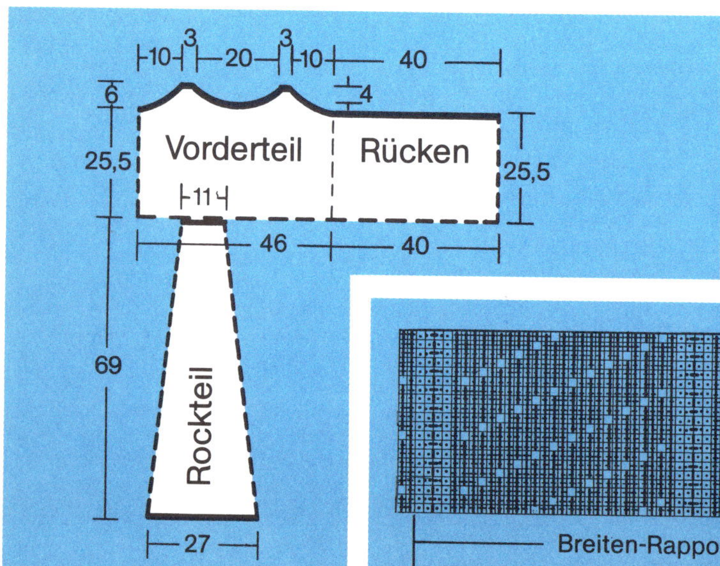


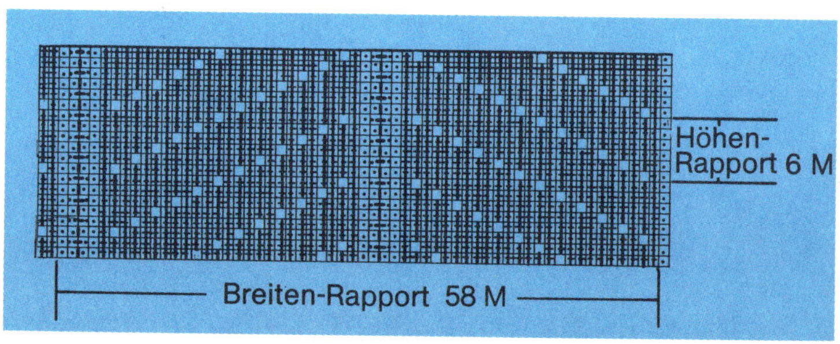

# Häkelpulli mit Reliefstäbchen

**Größe:** 98 bis 104.

**Material**
Schoeller, Qual »La donna«, je 50 g maulbeere, lila, erika, hellrot, rosé, 1 HäkelN Nr. 3¹/₂.

**Grundmuster**

**1. R:** Stb.

**2. R:** * 2 Reliefstb = von vorne um das Stb der Vorreihe stechen und wie ein Stb beenden und 3 Reliefstb von hinten um das Stb der Vorreihe stechen und wie im Stb beenden *. Von * bis * wiederholen. R endet mit 2 Reliefstb, von vorne einstechen.

**3. R:** * 2 Reliefstb von hinten und 3 Reliefstb von vorne einstechen *. Von * bis * wiederholen. R endet mit 2 Reliefstäbchen, von hinten einstechen. 2. und 3. R wiederholen.

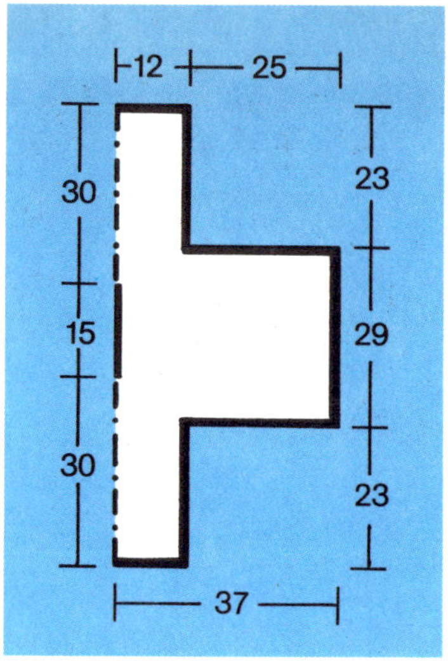


**Streifenrapport**
Rot abschattiert (in R): 5 maulbeere, 3 lila, 5 erika, 6 hellrot, 6 lila, 3 maulbeere, 5 rosé, 2 erika, 4 maulbeere, 6 hellrot, 4 lila, 3 erika, 6 maulbeere, 1 erika, 5 hellrot, 5 maulbeere, 3 lila, 5 erika, 6 hellrot, 6 lila.

**Maschenprobe**
16 Reliefstb in der Breite = 9 cm, 10 R in der Höhe = 9 cm.

**Ausführung**
Man beginnt am Ärmel: 46 Lm und 2 Wende-Lm in Maulbeere anschlagen und im Grundmuster und Streifenrapport häkeln; nach 26 R am Anfang und Ende der R 43 Stb neu dazu anschlagen (= 133 Stb).

Für den Halsausschnitt nach 9 R ab seitlicher Zunahme die Arbeit in der Mitte teilen, dabei das mittlere Stb unbehäkelt lassen und jede Hälfte über weitere 19 R getrennt weiterarbeiten. Nach den 19 R wieder über alle Stb 9 R häkeln (dabei in der Mitte 1 Stb zunehmen). Beiderseits 43 Stb abnehmen und mit den verbleibenden 47 Stb noch weitere 26 R häkeln.

**Fertigstellung**
Teile unter einem feuchten Tuch nach Schnitt leicht dämpfen. Nähte schließen.

---

*Fortsetzung von Seite 192*

**Ausführung ROCK**

Die M aus dem unteren Leibchenrand auffassen, mit HäkelN Nr. 2¹/₂ Stb und Noppen im Ajourmuster, im Hin- und Hergang arbeiten, jedoch in jeder Bahn 22 [26] Stb zwischen die Ajourmuster-Noppen arbeiten.

Mit der Vorderseite beginnen, auf der linken Seite der Arbeit (2. R der Ajourmuster-Noppe) 1 RandM, 5 Stb, 1 Ajourmuster-Noppe, 22 [26] Stb, 1 Ajourmuster-Noppe usw. Diese 1. R endet mit 1 Noppe, 17 [21] Stb, 1 RandM.

Weiterarbeiten und beidseitig der Ajourmuster-Noppe
**in jeder 5. R:** 10 x 1 M und
**in jeder 6. R:** 9 x 1 M zunehmen [in jeder 5. R: 21 x 1 M].

**In der 13. R:** (ab Rock) Für die Taschen über die 140 [160] M ab Schlitz an der Rückseite weiterarbeiten; die restlichen M unbehäkelt stehen lassen.

*Achtung:* Eine Noppe = 4 M. Die Arbeit fortsetzen, ohne die Zunahmen von den beiden Seiten der Ajourmuster-Noppen zu vergessen.

**In der 28. R** hat man 167 [187] M; für den Taschenboden über die 32 [36] M auf der Trennseite weiterarbeiten, hierfür 9 R in Stb arbeiten. Die 64 [72] M in der vorderen Mitte auffassen; die Arbeit fortsetzen, indem man beidseitig dieser M in jeder R 1 x 1 M und 14 x 2 M zunimmt (in jeder R abwechselnd * 3 x 2 M, 1 x 3 M *. Von * bis * noch 2 x wiederholen und 3 x 2 M). Die Zunahmen beidseits der Ajourmuster-Noppen arbeiten.

**In der 28. R** hat man 140 [156] M, anhalten.

Die restlichen 36 [42] M des rechten Vorderteils auffassen, die Arbeit fortsetzen, ohne die Zunahmen von den beiden Seiten der Ajourmuster-Noppen zu vergessen.

*Fortsetzung Seite 196*

# Damenjacke mit Mütze

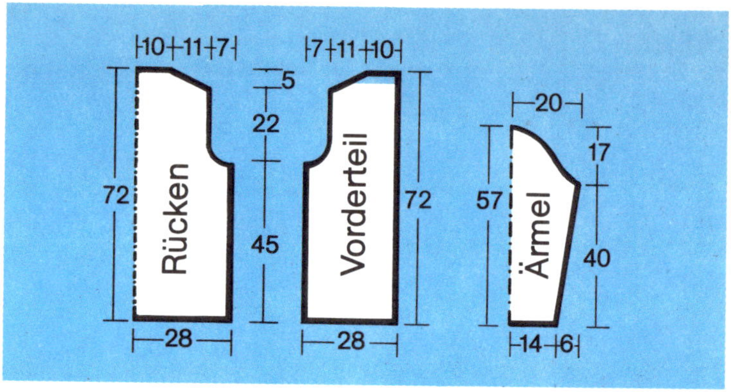


**Größe:** 42/44.

**Material**
Esslinger, Qual »Taiga«, 2000 g natur, HäkelN Nr. 8.

**Grundmuster**
Muschelmuster, siehe Häkelschrift.

**Maschenprobe**
2 Mustersätze in der Breite = 10 cm, 6 R in der Höhe = 10 cm.

**Ausführung JACKE**

**Rücken:** 50 Lm lose anschlagen. Im Grundmuster (= 8 Mustersätze) bis 45 cm = 24 R häkeln. Für die Armausschnitte am Anfang und Ende jeder R 2 x $^{1}/_{2}$ Mustersatz abnehmen = 6 Mustersätze. Nach 22 cm (= 12 R) ab Armausschnittbeginn für die Schulter beidseitig 3 x $^{1}/_{2}$ Mustersatz abnehmen = 3 Mustersätze.

**Vorderteil:** 26 Lm lose anschlagen. Im Grundmuster (= 4 Mustersätze) weiter wie Rücken häkeln. Armausschnitt und Schul-

*Fortsetzung Seite 198*

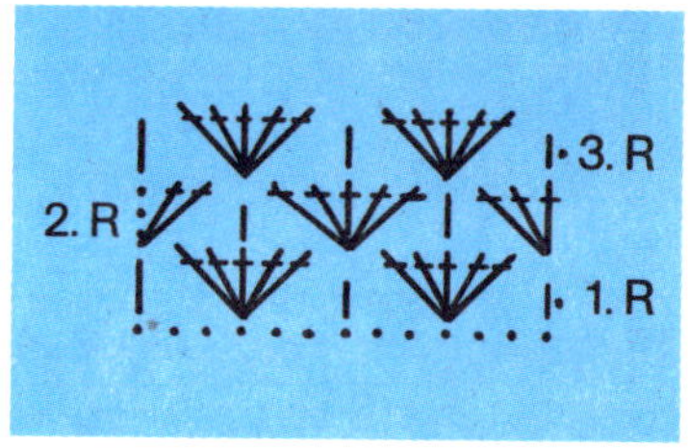


**Zeichenerklärung**
• = Lm
I = fM
† = Stb

---

*Fortsetzung von Seite 194*
*Duftiges Sommerkleid im Noppenmuster*

**In der 28. R** für den Taschenboden über die 32 [36] M auf der Trennseite weiterarbeiten, hierfür 9 R in Stb häkeln. Alle M auffassen, jedoch Taschen und Taschenböden übereinanderlegen. Man hat 290 [322] M im ganzen, d. h. 32 [36] Stb zwischen jeder Ajourmuster-Noppe.

Beidseitig des Schlitzes 1 M abnehmen (Reißverschluß) und in Runden und im Hin- und Hergang weiterarbeiten, ohne die Zunahmen von den beiden Seiten der Ajourmuster-Noppen zu vergessen.

In 69 cm Gesamthöhe oder in 110. R hat man 60 [68] Stb in jeder Bahn; die Arbeit anhalten.

**Ausführung TRÄGER**

4 Lm mit HäkelN Nr. 2$^{1}/_{2}$ anschlagen und in Stb weiterhäkeln, in dem man beidseitig in jeder R 2 x 1 M zunimmt, man hat 8 M. In der 2. R ein Knopfloch aus 2 M einarbeiten. Wenn die gewünschte Länge erreicht ist aufhören.

**Zweiter Träger:** Gleich arbeiten.

**Fertigstellung**
Den Reißverschluß in den Schlitz einnähen. Den oberen Rand und das Leibchen mit 1 Noppenreihe wie folgt umhäkeln:

Am Rückenteil beginnen: * 1 fM, 3 Lm, 1 M überschlagen, 1 Stb in die folgende M, 1 Noppe wie für das Kleid, jedoch für die Schlingen jedesmal um das vorhergehende Stb einstechen. 1 M überschlagen *. Von * bis * wiederholen.

Am Vorderteil durch die R der Randborte einstechen und die Noppen wie am Rückenteil gleichmäßig verteilt anordnen. Mit 1 Kettm in 1. fM enden.

Die gleiche Arbeit um jeden Träger und Oberseite der Taschen ausführen. Die Taschenböden annähen. Die Knöpfe auf das Leibchen nähen. Eine Kordel aus 4 Fäden anfertigen, die Fäden in der Mitte falten (= 8 Fäden) und sie durch die Taille ziehen, in der 1. R des Rockes jedoch abwechselnd über und unter 2 Stb durchziehen. Die Träger auf das Rückenteil nähen. Die Nähte leicht überbügeln.

# Bunte Häkelkissen

**Material**
Phildar, Qual »Pronostic«.

*Linkes Kissen:* 2 Knäuel violett, je 1 Knäuel blau, grün, gelb, orange, rot.

*Rechtes Kissen:* 2 Knäuel violett, 2 Knäuel grün, 1 Knäuel natur, HäkelN Nr. 3, Füllungsmaterial für Kissen.

**Grundmuster**
fM, Kettm.

**Ausführung**

**LINKES KISSEN**

Mit Violett 4 Lm anschlagen und mit einer Kettm zum Ring schließen.

**1. Rd:** 8 fM in den Ring.

**2. Rd:** Alle M verdoppeln = 16 M.

**3., 4. und 5. Rd:** 7 Zunahmen über die Rd verteilen = 37 M.

**6. und 7. Rd:** 6 Zunahmen über die Rd verteilen = 49 M.

**8., 9. und 10. Rd:** 5 Zunahmen über die Rd verteilen = 64 M.

**11. Rd:** 4 Zunahmen über die Rd verteilen = 68 M.

Nun mit Blau um den Ring häkeln: * 1 fM, 15 Lm, 1 M überschlagen *. Von * bis * wiederholen und mit 1 Kettm beenden. Man hat jetzt 35 x 15 Lm.

Jede Rd mit einer Kettm schließen und jede neue Rd mit 1 Lm beginnen (= 1. fM).

Alle folgenden Rd in Rd und im Hin- und Hergang in der folgenden Weise arbeiten: * 7 fM, 2 M in dieselbe M, 7 fM, 1 M überschlagen *. Von * bis * wiederholen und mit einer Kettm beenden. 3 Rd blau, 3 Rd grün, 3 R gelb häkeln. Anhalten.

In Orange die gleiche Arbeit ausführen (1 fM, 15 Lm), jedoch die HäkelN in dem Loch einer jeden Paspel einstechen. 3 Rd orange, 2 Rd rot und 3 Rd violett häkeln.

**RECHTES KISSEN**

Wie das oben beschriebene Kissen arbeiten, jedoch mit veränderter Streifenfolge:

**Streifenfolge für die ersten Paspeln:** 2 Rd natur, 2 Rd violett, 2 Rd grün, 2 Rd natur.

**Streifenfolge für die zweiten Paspeln:** 2 Rd violett, 2 Rd grün, 2 Rd natur, 2 Rd violett, 2 Rd grün, 2 Rd natur.

**Fertigstellung**
Eine Hülle aus Futterstoff nähen und ausstopfen. Eine 22 cm lange Kette häkeln, durch das Loch einer Paspel ziehen und schließen.

34 gleiche Ketten fertigen und durch die 34 Löcher der Paspel ziehen. Eine 30 cm lange Kette häkeln, diese durch die erhaltenen Schlingen ziehen und mit einer Schleife schließen.

---

*Fortsetzung von Seite 196*
*Damenjacke mit Mütze*

ter wie beim Rücken abnehmen. Restliche $1^1/_2$ Mustersätze sind für den Halsausschnitt.

**Zweites Vorderteil:** Gegengleich häkeln.

**Ärmel:** 26 Lm anschlagen. Im Grundmuster (= 4 Mustersätze) bis 40 cm (= 22 R) häkeln, dabei am Anfang und Ende 6 x 1 M in jeder 3. R zunehmen = 6 Mustersätze. Für die Armkugel am Anfang und Ende jeder R 2 x $^1/_2$ Mustersatz, 6 x 1 M und 1 x $^1/_2$ Mustersatz abnehmen = 1 Mustersatz.

**Zweiter Ärmel:** Gleich arbeiten.

**Tasche:** 20 Lm anschlagen. Im Grundmuster (= 3 Mustersätze) 9 R häkeln, die Ränder mit 1 R fM behäkeln.

**Fertigstellung**
Seiten- und Schulternähte schließen. Den Kragen im Grundmuster anhäkeln, dabei an den Schulternähten je 1 Mustersatz zunehmen. In der 1. R statt 5 Stb nur 3 Stb häkeln. In der 2. R über alle M im Grundmuster häkeln = 8 Mustersätze; 7 R häkeln. Nun die vorderen Kanten mit 4 R fM behäkeln, dabei an der Knopflochseite nach 24 cm (ab unterem Rand) über 3 fM 3 Lm für das 1. Knopfloch einarbeiten. 2 weitere Knopflöcher nach je 11 cm einarbeiten. Die gesamte Umrandung und die Ärmel mit 1 R fM behäkeln. Taschen aufnähen, Knöpfe und Ärmel einsetzen.

**Ausführung MÜTZE**

6 Lm anschlagen und zum Ring schließen. Jede Rd mit 1 Kettm schließen und 2 Lm beginnen. In den Ring 12 Stb häkeln.

**2. Rd:** Auf jedes Stb 2 Stb häkeln.

**3. Rd:** Auf jedes 2. Stb 2 Stb. Nun im Grundmuster und in hin- und hergehenden R 7 häkeln, dabei in der 1. Rd des Grundmusters nur 1 Stb zwischen der fM und den 5 Stb übergehen. 3 Hin- und hergehende R in fM häkeln, dabei der Kopfweite entsprechend etwas einhalten.

# Ärmellose Damenweste

**Größe:** 38/40.

**Material**
Phildar, Qual »Clarté« (mit doppeltem Faden arbeiten), 10 Docken weiß, HäkelN Nr. 3½.

**Grundmuster**
fM, hStb, Stb.

**Bogen:** 1. R: * 1 fM, 1 Lm, 1 M überschlagen *. Von * bis * wiederholen.

*In den folgenden R* die gleiche Arbeit ausführen, dabei die fM in den Bogen der VorR häkeln.

**Pikot:** * Über die letzte BogenR: 1 fM über die fM, 1 fM in den Bogen, 3 Lm, 1 fM in die letzte fM häkeln *. Von * bis * wiederholen.

**Noppe:** * 1 Umschlag, die HäkelN in die M stechen, durchziehen, 1 U, den Faden durch die 2 ersten Schlingen ziehen *. Von * bis * in die gleiche M wiederholen, 1 U, den Faden durch die 4 Schlingen ziehen.

**Ausführung**

Ein Quadrat: Mit doppeltem Faden 4 Lm anschlagen und zur Runde schließen.

**1. Rd:** In die Rd 20 Stb häkeln und mit 1 Kettm schließen.

**2. Rd:** * 1 Noppe in 1 M, 1 Lm, 1 Noppe in die folgende M, 4 Lm, 4 M überschlagen *. Von * bis * 3 x wiederholen, mit 1 Kettm schließen. Den Faden abreißen.

**3. Rd:** * In einen »4-Lm-Bogen« 6 Stb, 2 Lm, 6 Stb häkeln *. Von * bis * in jedem der 3 anderen Bögen wiederholen, mit 1 Kettm schließen. Den Faden abreißen.

**4. Rd:** * In einen Eckbogen 5 Stb, 2 Lm, 5 Stb, 1 Lm arbeiten, 5 Stb zwischen die 2 Noppen der 2. R häkeln, 1 Lm *. Von * bis * 3 x wiederholen; mit 1 Kettm schließen. Den Faden abreißen.

**5. Rd:** * In einen Eckenbogen 2 hStb, 1 Lm, 2 hStb, 4 hStb über die Stb der VorR; 1 Noppe in das 3. Stb der 2. »6-Stb-Gruppe« der Ecke der 3. Rd, 4 hStb, 1 Noppe über die 3. M der 1. »6-Stb-Gruppe« der folgenden Ecke der 3. Rd; 4 hStb *. Von * bis * 3 x wiederholen, mit 1 Kettm schließen. Den Faden abreißen.

**6. Rd:** * In einen Eckenbogen 2 hStb, 1 Lm, 2 hStb und auf der ersten Seite 17 hStb * häkeln. Von * bis * wiederholen, mit 1 Kettm schließen. Den Faden abreißen. 20 gleiche Quadrate häkeln.

**Fertigstellung**

**1. Blende:** Das Quadrat 1 und das Quadrat 2 mit 1 R Kettm auf der rechten Seite zusammenhäkeln.

Nur die Hälfte der Kopf-M nehmen. Eine Linie wird auf der re Seite der Arbeit gebildet. Die gleiche Zusammensetzung zwischen 2 und 3 und zwischen 3 und 4 ausführen, um die Blende zu erhalten.

**Die 2. Blende** auf gleiche Weise mit den Quadraten 5, 6, 7 arbeiten,

**die 3. Blende** mit den Quadraten 8, 9, 10 und 11,

**die 4. Blende** mit den Quadraten 12, 13, 14 und 15,

**die 5. Blende** mit den Quadraten 16, 17 und 18,

**die 6. Blende** mit den Quadraten 19, 20, 21 und 22.

Um die 2. Blende, die 3., die 4. und die 5. 1 R hStb mit 2 hStb, 1 Lm, 2 hStb in jede Ecke häkeln.

Um die 1. und die 6. Blende die gleiche Arbeit ausführen, mit Ausnahmen von A nach B (siehe Schemazeichnung, Rand des vorderen Ausschnittes).

Die Blenden immer rechts mit 1 R Kettm aneinanderfügen. Am oberen Rand der 1., 3., 4. und 5. Blende, 3 R hStb arbeiten, dabei 1 M in jeder R beiderseits für die 1. und 6. Blende abnehmen.

**Schultern** mit 1 R Kettm schließen. Am unteren Rand der Weste, am Rand der Vorderteile und des Halsausschnittes sowie um jeden Armausschnitt 1 R fM häkeln. Am Unterrand der Weste nun 4 R Bögen und 1 R Pikot arbeiten.

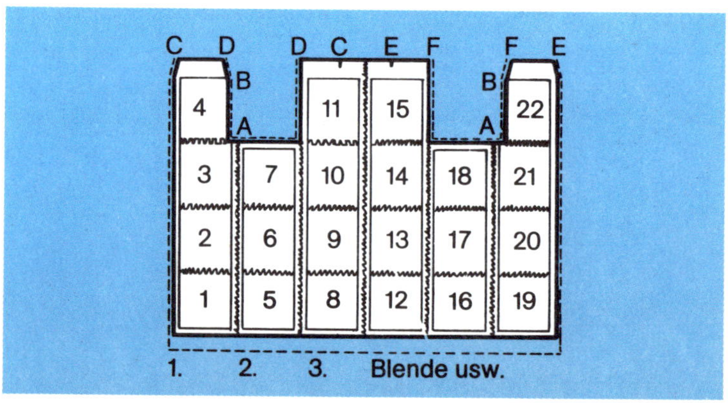

Häkelmuster zur Folkloremütze

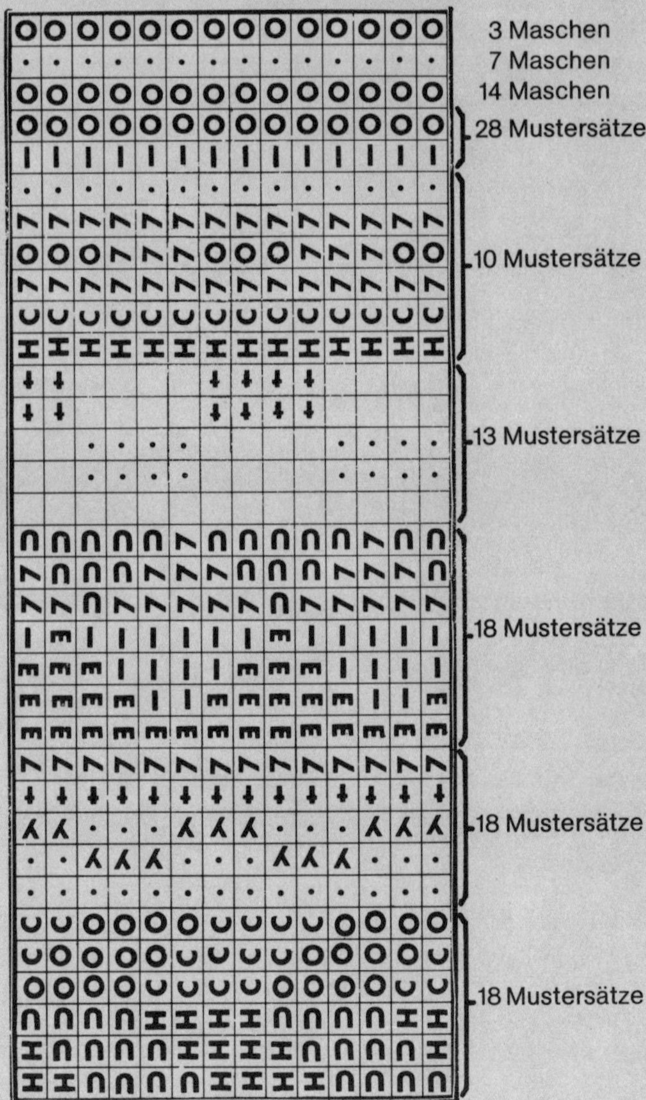


**Zeichenerklärung**
o = rot
I = gelb
↓ = oliv
∩ = pink
• = blau
↖ = dunkelgrün
⅄ = rotgelb
H = petrol
∪ = blaugrün
m = orange
□ = weinrot

# Foklore-mütze

**Material**
Bunte Wollreste in der Stärke dünner Sportwolle, HäkelN Nr. 3.

**Grundmuster**
hStb.

**Maschenprobe**
21 M in der Breite und 18 R in der Höhe = 10 x 10 cm.

**Ausführung**
144 Lm mit petrolfarbener Wolle angeschlagen, 1 Rd hStb häkeln. Dann laut Zählmuster die Bordüren arbeiten. Am rechten Rand des Zählmusters steht die Anzahl der Mustersätze pro Rd. 1 Karo des Zählmusters = 1 M in der Breite und 1 R in der Höhe.

Für die Ohrenklappen mit gelber Wolle 6 Lm anschlagen. In die 4. Lm von der Nadel aus dann in jede folgende Lm 1 hStb, in die letzte Lm 3 hStb (= Mitte), dann die Gegenseite des Anschlags ebenfalls mit hStb behäkeln = 11 hStb. Nun in R weiterhäkeln.

Stets in das 2. oder 3. hStb der Mitte wieder 2 hStb arbeiten. Farbfolge: * 2 R orange, 1 R oliv, 2 R: je 3 M oliv, 3 M pink im Wechsel. Je 1 R petrol, dunkelgrün, blau und rot. Als Abschluß aus der Rundung noch 2 R hStb über je 15 M bzw. 7 M häkeln. Die Ohrenklappen mit roter Wolle mit Pikots umhäkeln: 1 fM, * 3 Lm, 1 fM, zurück in die 1. Lm, 3 fM, ab * wiederholen. Ohrenklappen annähen. Rote Kordeln drehen und befestigen.

# Weißes Sommerabendkleid

**Größe:** 38.

**Material**
Phildar, Qual »Relais 5«,
21 Docken in Weiß,
je 1 HäkelN Nr. 2 und $2^1/_2$,
2 kleine Knöpfe.

**Grundmuster**
Kettm, fM, Stb, Gittermuster:

**1. R:** 2 Lm zum Wenden, 1 Lm, überschlagen * 1 Stb, 1 Lm, 1 M überschlagen *. Von * bis * wiederholen und mit 1 RandStb enden.

**2. R:** 2 Lm zum Wenden * 1 Lm, 1 Stb auf das Stb der VorR *. Von * bis * wiederholen. Die 2. R fortlaufend wiederholen.

**Pikots:** * 2 Kettm, 3 Lm, 1 Kettm zurück in die letzte Kettm *. Von * bis * wiederholen.

**Motive**
Siehe Häkelschrift.

**Maschenprobe**

**Stäbchenmuster:** 24 Stb in der Breite = 10 cm, 15 R in der Höhe = 10 cm.

**Gittermuster:** 30 M in der Breite = 10 cm, 15 R in der Höhe = 10 cm.

**Ausführung**
Am Oberrand beginnen. Auf einer Grundkette 168 Stb mit HäkelN Nr. $2^1/_2$ häkeln und 5 cm gerade hochhäkeln, dann in Rd, im Hin- und Hergang weiterarbeiten.

In 12 cm Gesamthöhe die Arbeit in 6 Bahnen teilen und das 28., 56., 84., 112., 140. und 168. Stb mit einem andersfarbigen Faden markieren, dabei beidseitig dieser markierten M 1 x 1 M abnehmen.

Es verbleiben 156 M. Weiterarbeiten und beidseitig der markierten M in jeder 5. R 4 x 1 Zunahme und in jeder 6. R 13 x 1 Zunahme machen. Man hat 360 Stb.

In 77 cm Gesamthöhe 30 x 12 Stb für das Motiv der Randbordüre mit einem andersfarbigen Faden markieren und über diese 12 Stb wie folgt häkeln:

**1. R:** * 1 Lm, 1 Stb überschlagen, dann 1 Stb auf jedes der 11 folgenden Stb häkeln *. Von * bis * 30 x im ganzen wiederholen.

*Achtung:* Die Arbeit wird in Rd und im Hin- und Hergang ausgeführt, also arbeitet man **die 2.** und alle geraden Rd auf der linken Seite:

* 1 Stb, 1 Lm, 1 Stb überschlagen, 2 Stb auf das folgende Stb, und 1 Stb auf jedes der 6 folgenden Stb, 1 Lm, 1 Stb überschlagen, 1 Stb auf das folgende Stb, 1 Lm über die Lm der 1. R *. Von * bis * 30 x im ganzen wiederholen.

**3. R:** * 1 Lm, 1 Stb auf das Stb der VorR, 1 Lm, 1 Stb überschlagen, 2 Stb auf das folgende Stb, 1 Stb auf jedes der 4 folgenden Stb, 2 Stb auf das folgende Stb, 1 Lm, 1 Stb überschlagen, 1 Stb auf das folgende Stb, 1 Lm, 1 Stb auf das folgende Stb *. Von * bis * 30 x im ganzen wiederholen.

**4. R:** * 1 Stb auf das Stb, 1 Lm, 1 Stb auf das folgende Stb, 1 Lm, 1 Stb auf das folgende Stb, 1 Lm, 1 Stb überschlagen, 2 Stb auf das folgende Stb, 1 Stb auf jedes der 2 folgende Stb, 2 Stb auf das folgende Stb, 1 Lm, 1 Stb überschlagen, 1 Stb auf das folgende Stb, 1 Lm, 1 Stb auf das folgende Stb, 1 Lm *. Von * bis * 30 x im ganzen wiederholen.

**5. R:** * 3 x 1 Gitter häkeln (1 Lm, 1 Stb auf das folgende Stb), dann 1 Lm, 1 Stb überschlagen, 2 Stb auf das folgende Stb, 1 Stb auf das folgende Stb, 1 Lm, 1 Stb überschlagen, 1 Stb auf das folgende Stb, 3 x 1 Gitter *. Von * bis * 30 x im ganzen wiederholen.

**6. R:** Im Gittermuster häkeln. Pro Motiv hat man 9 x 1 Stb und 9 x 1 Lm. Also hat man 270 x 1 Stb und 270 x 1 Lm im ganzen.

**7., 8., 9., 10., 11., 12., 13. und 14. R:** Im Gittermuster arbeiten.

**15. R:** 15 Motive anordnen (siehe *Häkelschrift 1)*, d. h. 1 Motiv über die 2 vorhergehenden Spitzen. Nach den 15 R der Häkelschrift hat man 600 M.

Im Gittermuster weiterhäkeln, indem man in der

**1. R des Gittermusters:** 30 x 1 Zunahme wie folgt arbeitet:

1 Stb auf das Stb, 1 Lm, 1 Stb in die Lm, 1 Lm, 1 Stb auf das Stb,

*Fortsetzung Seite 206*

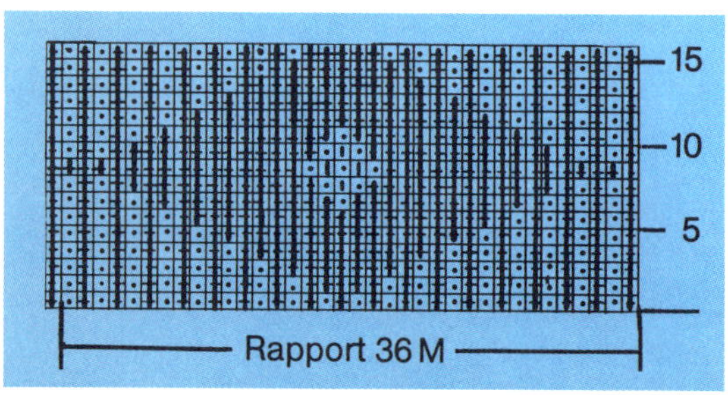


*Häkelschrift 1*

**Zeichenerklärung**
† = Stb
• = Lm
I = fM

# Bikini

**Größe:** 40.

**Material**
Phildar, Qual »Relais 5«, 3 Knäuel in »Muscade«, HäkelN Nr. 2¹/₂ und 2.

**Grundmuster**
1 fM, Lm, Kettm.

**Ausführung BÜSTENHALTER**

**1. Körbchen:** Mit HäkelN Nr. 2¹/₂ 3 Lm häkeln und mit einer Kettm zum Ring schließen. In den Ring 8 fM häkeln. In hin- und hergehenden Rd arbeiten, dabei in jeder Rd 4 M zunehmen. In der 9. Rd hat man 40 M.

**10. Rd:** In Bögen weiterarbeiten: *△ 5 Lm, 2 M übergehen, 1 fM △. Von △ bis △ 3 x wiederholen, dann 5 Lm, 1 fM in die folgende M *. Von * bis * noch 2 x wiederholen. Den 5., 10. und 15. Bogen kennzeichnen, das sind die Eckbögen.

In jeder Rd in jeden Eckbogen 1 fM, 5 Lm und 1 fM häkeln.

**14. Rd:** Man hat jetzt 27 Bögen, darunter 3 Eckbögen. Nun nur auf 2 Seiten des Körbchens weiterarbeiten, dabei in die Ecken 1 fM, 5 Lm und 1 fM häkeln. Über dieser R 1 Rd fM um das ganze Körbchen häkeln. 3 fM in jeden Bogen, dann noch 1 Rd fM häkeln.

**Band**
87 Lm häkeln, dann an der Basis eines Körbchens 34 fM, dann 38 Lm und über diesen M 3 R fM häkeln. Man hat 159 M.

**2. Körbchen:** Gleich häkeln und das Band gegengleich anhäkeln.

**Träger**
Eine Lm-Kette von 90 M anschlagen, mit der HäkelN in die obere Spitze des Körbchens einstechen und 3 R fM häkeln.

**Zweiter Träger:** Gleich häkeln.

**Ausführung HÖSCHEN**

Mit HäkelN Nr. 2¹/₂ eine Lm-Grundkette von 24 cm = 64 M anschlagen und fM häkeln, dabei beidseitig jede 2. R 4 x 3, 3 x 2 und 1 x 1 M und jede 3. R 5 x 1 M abnehmen. Es bleiben 16 M. Gerade häkeln. In 17 cm Gesamthöhe beiderseits in jeder R 36 x 1 M und jede 2. R 9 x 1 M zunehmen. Gleichzeitig in 20 cm Gesamthöhe in verkürzten R wie folgt häkeln:

* Den Faden abschneiden, beidseitig 11 M stillegen und über den mittleren M: 2 Kettm, fM und 2 Kettm, dann 4 R über allen M häkeln *. Von * bis * 10 x im ganzen wiederholen, ohne die seitlichen Zunahmen zu vergessen. In 37 cm Gesamthöhe hat man 106 M. In Bögen weiterarbeiten, dabei bei jedem Bogen 3 M statt 2 M übergehen. Man hat 25 Bögen. Beidseitig in jeder R 6 x ¹/₂ Bogen zunehmen. Man hat 31 Bögen, 3 R gerade hochhäkeln. Über den 64 fM der Vorderseite 17 Bögen häkeln, dann beidseitig in jeder R 2 x ¹/₂ Bogen, 2 x 1 Bogen, 1 x 1¹/₂ Bögen und 1 x 3 Bögen zunehmen. Man hat 32 Bögen, 3 R gerade hochhäkeln, dann aufhören.

**Fertigstellung**
Um das Höschen 2 R fM mit HäkelN Nr. 2 häkeln. Die Bänder wie folgt ausführen: Über 3 fM seitlich am oberen Rand fM 22 cm hochhäkeln. Diese Arbeit auf beiden Seiten vorne und hinten ausführen. Die Bänder zur Schleife binden. Die linke Seite leicht überbügeln. Am oberen Rand ebenfalls überbügeln.

---

*Fortsetzung von Seite 204*

1 Lm. Man hat 330 x 1 Stb und 330 x 1 Lm.

**3. R des Gittermusters:** Wieder 30 x 1 Zunahme = 360 x 1 Stb und 360 x 1 Lm.

**6. R des Gittermusters:** 30 x 1 Zunahme verteilen = 390 x 1 Stb und 390 x 1 Lm.

**Nach der 9. R des Gittermusters:** 39 x 10 Gitter oder 20 M mit einem andersfarbigen Faden markieren und über diese 20 M wie folgt häkeln:

**1. R:** * 1 Stb auf das Stb, 1 Stb in die Lm, 1 Stb auf das Stb und 8 x 1 Gitter (1 Stb und 1 Lm) *. Von * bis * wiederholen, je 39 x im ganzen.

**2. und alle geraden R:** Auf der linken Seite: * 1 Stb in die Lm, 1 Stb auf das Stb, 6 x 1 Gitter, 1 Stb auf das Stb, 1 Stb in die Lm, 1 Stb auf jedes der 3 folgenden Stb *. Von * bis * 39 x im ganzen wiederholen.

**3. R:** * 1 Stb auf jedes der 3 folgenden Stb, 1 Abnahme wie folgt

*Fortsetzung Seite 208*

# Fingerhandschuhe

**Größe:** Variabel.

**Material**
Esslinger, Qual »Fortissima«, 50 g rot, je ein Rest aubergine, blau, altrosa.

**Grundmuster**

**1. Rd:** * 2 Stb, 1 Lm, 1 Stb der VorR übergehen *.

**2. Rd:** * 2 Stb über die Stb der VorR, 1 Stb über die Lm der Vorreihe eine Rd tiefer einstechen *.

1. und 2. Rd von * bis * wiederholen.

**Streifenfolge**
2 Rd altrosa, 2 Rd aubergine, 2 Rd rot, 2 Rd blau.

**Ausführung**

44 Lm anschlagen und mit einer Kettm zur Rd schließen. Jedes 1. Stb der Rd durch 3 Lm ersetzen. 1 Rd Stb häkeln, dann im Muster mit der Streifenfolge weiterarbeiten, dabei den Farbwechsel stets in der 2. Rd vornehmen.

Nach 14 cm für den Daumen 6 Stb stehen lassen und in der nächsten Rd 6 Lm neu anschlagen. Mit Rot und in Stb weiterhäkeln, nach 5 cm für die Finger je 11 Stb und zwischen den Fingern noch 2 Stb zunehmen = 13 Stb pro Finger.

Für den kleinen Finger über 6 Rd häkeln, dann in der 7. Rd je 2 Stb zusammen abmaschen, Rest zusammenziehen. Alle Finger so fertighäkeln.

Für den Ringfinger bis zur Abnahme 8 Rd, für den Mittelfinger 9 Rd und für den Zeigefinger 7 Rd häkeln.

Für den Daumen noch 7 Stb anhäkeln und über 6 Rd in Aubergine arbeiten. Nach der 6. Rd abnehmen, wie beim kleinen Finger.

---

*Fortsetzung von Seite 206*
*Weißes Sommerabendkleid*

arbeiten: 1 U, die HäkelN in die folgende M einstechen, 1 U, 1 Schlinge durchholen, 1 U, den Faden durch 2 Schlingen holen, 1 U, die HäkelN in die folgende M einstechen, 1 U, 1 Schlinge durchholen, 1 U, den Faden durch 2 Schlingen holen, 1 U, den Faden durch alle Schlingen holen. 1 Stb in die Lm, 1 Stb auf das folgende Stb, 4 x 1 Gitter, 1 Lm, 1 Stb auf das folgende Stb, 1 Stb in die Lm, 1 Abnahme *. Von * bis * 39 x im ganzen wiederholen.

**4. R:** * 1 Stb in die Abnahme der VorR, 1 Abnahme, 1 Stb in die Lm, 1 Stb auf das folgende Stb, 2 x 1 Gitter, 1 Lm, 1 Stb auf das folgende Stb, 1 Stb in die Lm, 1 Abnahme, 1 Stb in die Abnahme der VorR, 1 Stb auf das folgende Stb, 1 Lm, 1 M überschlagen, 1 Stb auf das folgende Stb *. Von * bis * 39 x im ganzen wiederholen.

**Nun die 1. R der Häkelschrift 2 wie folgt arbeiten:**

* 1 Lm über das Stb der VorR, 1 fM in die Lm der VorR, 2 Lm, 2 Stb überschlagen, 1 Stb in die Abnahme, 1 Stb auf jedes der 2 folgenden Stb, 1 Stb in die Lm, 1 Stb auf das Stb, 1 Lm, 1 Stb auf das Stb, 1 Stb in die Lm, 1 Stb in jedes der 2 folgenden Stb, 1 Stb in die Abnahme, 1 Lm über das Stb *. Von * bis * 39 x im ganzen wiederholen und die Häkelschrift Nr. 2 fortsetzen.

*Fortsetzung Seite 210*

*Häkelschrift 2*

**Zeichenerklärung**
ƚ = Stb
• = Lm
I = fM

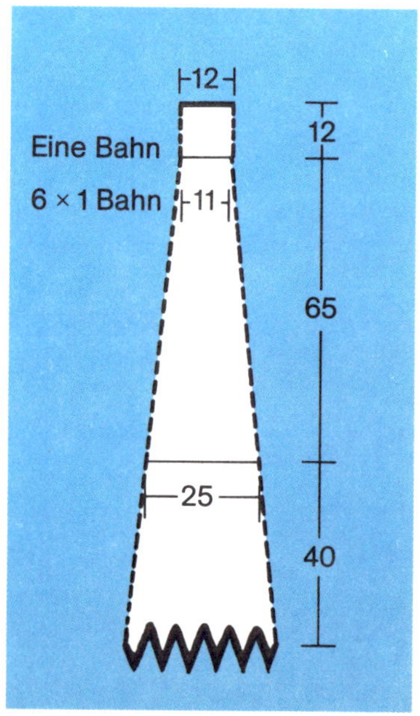

# Gehäkelte Spitzenjacke

**Größe:** 38, in Klammern [44] und [48].

**Material**
Baumwollgarn Filcrosa, Qual »Diana«, 400 [500, 600] g gelb, HäkelN Nr. 3.

**Grundmuster**
Lm, fM, Stb, 3-fach Stb, siehe Häkelschrift.

**Maschenprobe**
1 Musterrapport in der Breite, 14 R in der Höhe = 12 x 10 cm.

**Ausführung**

**Rücken**
122 [138, 152] Lm anschlagen und in folgender Einteilung nach der Häkelschrift arbeiten:

**Größe 38:** 1 x Anfang, 3 x Rapport, 1 x Ende.

**Größe 44:** 1 x verkürzter Anfang (= 9 M), 4 x Rapport, 1 x verkürztes Ende (= 9 M).

**Größe 48:** 1 x Anfang, 4 x Rapport, 1 x Ende. In dieser Einteilung 54 [56, 58] cm nach Häkelschrift arbeiten.

**Vorderteil**
62 [67, 76] Lm anschlagen und in folgender Einteilung nach der Häkelschrift arbeiten:

**Größe 38:** 1 x Anfang, 1 x Rapport, 1 x Ende.

**Größe 44:** 1 x Anfang, 1 x Rap-

*Fortsetzung Seite 212*

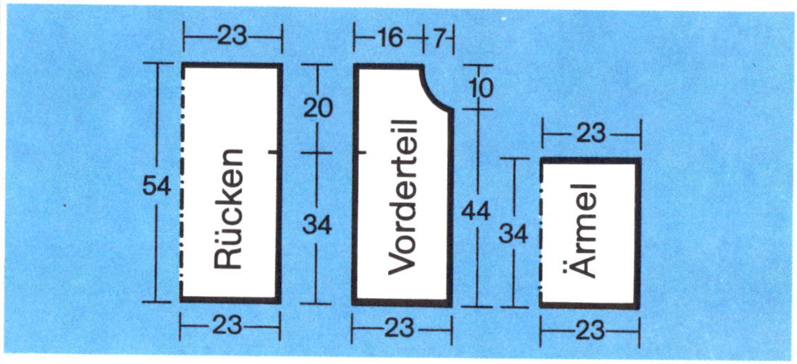


*Fortsetzung von Seite 208*
*Weißes Sommerabendkleid*

**Der obere Rand des Kleides:**
1 Dreieck auf einer Kette von 81 M in der *Häkelschrift 3* arbeiten.

*Häkelschrift 3*

**Zeichenerklärung**
ǂ = Stb
• = Lm
I = fM

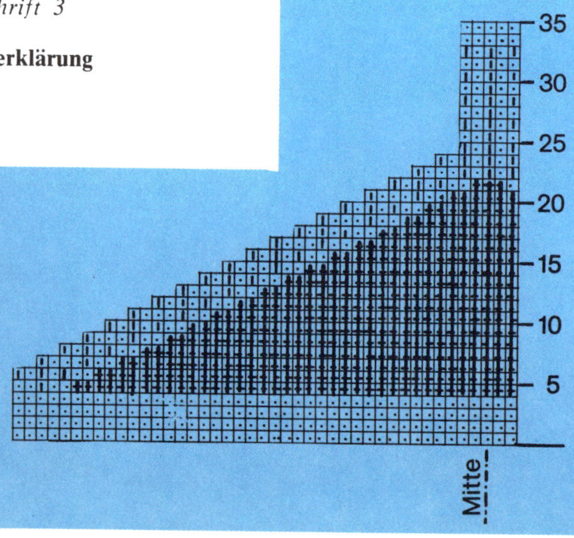


In der 10. R den Faden abbrechen und 1 R über die mittleren 15 M häkeln, den Faden abbrechen und weiterhäkeln. Wenn die Häkelschrift beendet ist, die fM und Lm bis zur gewünschten Länge weiterarbeiten (im Nacken zuknoten). Das zweite Dreieck genauso arbeiten.

**Fertigstellung**
Den unteren Rockrand mit 1 R fM behäkeln, HäkelN Nr. 2. Den oberen Rand mit 3 R fM und Lm, wie für die Träger beschrieben, behäkeln. Den oberen Schlitz mit 1 R fM behäkeln, am Schlitzrand 2 kleine Knopfschlingen einarbeiten. Die Knöpfe gegenüber annähen. Die Dreiecke auf dem Vorderteil befestigen, die unteren Kanten leicht in Falten ziehen, um den weiten Ausschnitt, die Träger und den Rücken die Pikotreihe häkeln. Die Nähte leicht überbügeln.

# Trachtenjacke mit Noppenmuster

**Größe:** 132 bis 140 (9 bis 11 Jahre).

**Material**
Esslinger, Qual »Sport«, 300 g rot, je ein Rest schwarz und grün, HäkelN Nr. $3^1/_2$.

**Grundmuster**
Stb, Noppen aus 3 zusammen abgemaschten Stb, fM, Lm.
Siehe Häkelschriften.

**Maschenprobe**
17 M in der Breite = 10 cm, 11 R in der Höhe = 10 cm.

**Ausführung**
**Rücken:** 72 Lm mit roter Wolle anschlagen. Im Grundmuster nach Zeichnung arbeiten. Die Mitte dabei beachten. Mit 5 Stb beginnen und enden. Bis 16 cm häkeln. Für die Armausschnitte am Anfang und Ende jeder R 1 x 4, 1 x 3, 1 x 2 und 2 x 1 M abnehmen.

*Fortsetzung Seite 215*

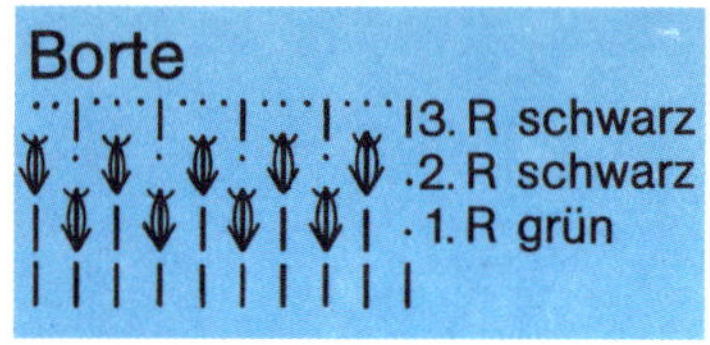


**Zeichenerklärung**
• = Lm
| = fM
+ = Stb
= 3 zusammen abgemaschte Stb

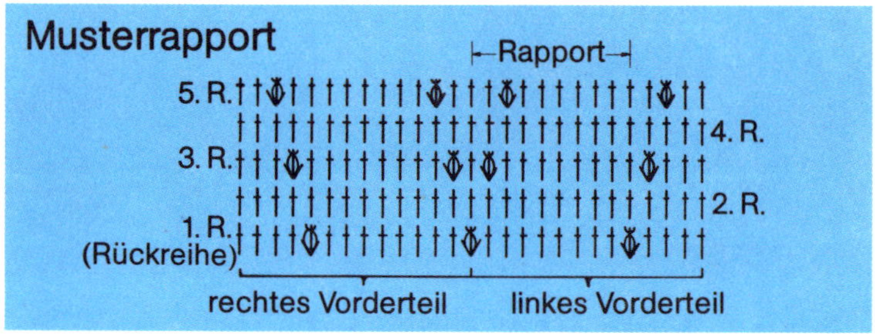


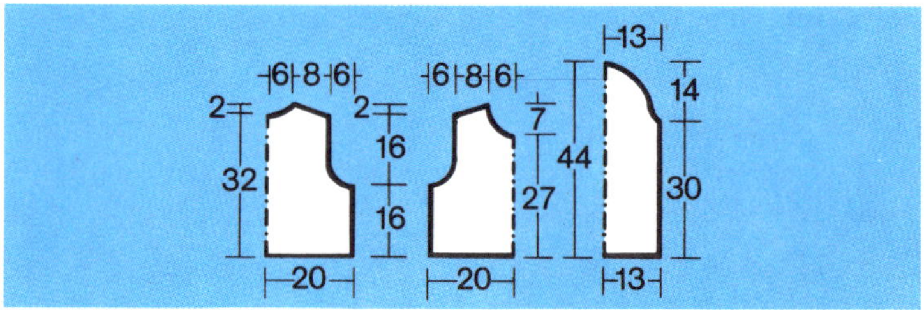


---

*Fortsetzung von Seite 210*
*Gehäkelte Spitzenjacke*

port, 1 x verkürzter Rapport, (= 21 M).

**Größe 48:** 2 x Rapport, 1 x Ende. In dieser Einteilung 44 [46, 48] cm gerade hochhäkeln. Dann für den Halsausschnitt in jeder 2. Reihe 1 x 10 [11, 12], 2 x 4, 1 x 3 [4, 5], 1 x 2 [3, 4] und 1 x 1 M abnehmen. Das Vorderteil ist in 54 [56, 58] cm Höhe beendet.

**Zweites Vorderteil:** Gegengleich arbeiten.

**Ärmel**
122 Lm anschlagen und in folgender Einteilung 34 [35, 36] cm gerade hochhäkeln: 1 x Anfang, 3 x Rapport, 1 x Ende.

**Zweiter Ärmel:** Gleich arbeiten.

**Fertigstellung**
Teile nach Schnitt spannen und zusammennähen. Halsausschnitt und vordere Kanten mit 1 R fM und 1 R Krebsstich umhäkeln (Garn doppelt nehmen).

**Zeichenerklärung**
• = Lm
| = fM
+ = Stb
= 3fach Stb

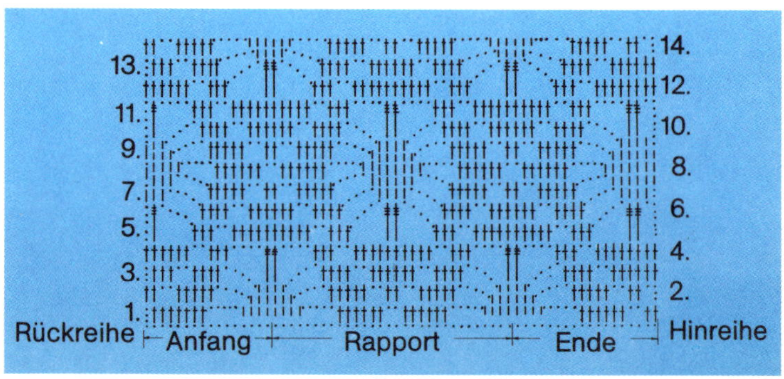

*Fortsetzung von Seite 212*
*Trachtenjacke mit Noppenmuster*

Nach 16 cm ab Armausschnittsbeginn für die Schulter 2 x 4 und 1 x 5 M abnehmen, gleichzeitig nach der 2. Schulterabnahme für den Halsausschnitt die mittleren 19 M stehenlassen und beidseitig an der Halsausschnittkante 1 x 1 M abnehmen.

**Vorderteil:** 38 Lm anschlagen. Im Grundmuster nach Zeichnung mit 2 Stb beginnen und 5 Stb (Seitennaht) enden. Armausschnitt und Schulter wie beim Rücken abnehmen. Nach 11 cm ab Armausschnittsbeginn für den Halsausschnitt 1 x 7, 1 x 2 und 2 x 1 M abnehmen.

**Zweites Vorderteil:** Gegengleich häkeln.

**Ärmel:** 47 Lm anschlagen, M wie folgt einteilen: 18 M in Stb, 1 Noppe, 6 Stb, 1 Noppe und 18 Stb. (Die Noppen laufen bis zum Ende immer übereinander). In dieser Einteilung bis 30 cm häkeln. Für die Armkugel am Anfang und Ende jeder R 2 x 2, 11 x 1, 1 x 2 und 1 x 3 M abnehmen. Rest sind 4 Stb.

**Zweiter Ärmel:** Gleich arbeiten.

**Fertigstellung**
Seiten- und Schulternähte schließen. Am unteren Rand für das Börtchen 7 R in Stb häkeln, dabei in der 1. R fortlaufend auf jedes 3. Stb 2 Stb zunehmen. Die vorderen Kanten und den Halsausschnitt mit 1 R fM behäkeln. Nach 5 cm für das 1. Knopfloch 3 Lm häkeln. Die 3 weiteren Knopflöcher nach je 6 cm. Die Ärmel mit 4 R fM behäkeln, dabei in der 1. R fortlaufend die 3. und 4. M zusammen abmaschen.

Die gesamte Umrandung und die Ärmel mit der Borte umhäkeln. Ärmel einsetzen. In Grün 1 Kordel drehen und in der Taille einziehen. Knöpfe annähen.



# Patchwork-jacke

**Größe:** 38/40.

**Material**
Wollreste (mittelstark), 850 g, davon 250 g olivgrün, 150 g orange, 100 g rosa, 100 g dunkelrot, 100 g dunkelblau und je 50 g schwarz, hellblau und grün, Stricknadeln Nr. 4, HäkelN Nr. 6.

**Grundmuster 1**
fM gehäkelt.

**Grundmuster 2**

**1. bis 6. R:** Kraus re (HinR re, RückR re).

**7. R:** * 15 M re, 1 Noppe (aus folgenden Maschen abwechselnd 1 M re, 1 M li, 1 M re, 1 M li, 1 M re herausstricken. Arbeit wenden, die 5 M li stricken. Arbeit wenden, die 5 M re stricken. Arbeit wenden, die 5 M li stricken. Arbeit wenden. Die 5 M nun wie folgt zusammenstricken: 1 M abheben, die beiden folgenden M zusammenstricken und die abgehobene M überziehen. Die beiden nächsten M zusammenstricken und die eine M darüberziehen). Ab * wiederholen.

**8. bis 18. R:** Kraus re.

**19. R:** Wie 7. R, jedoch Noppen versetzen.

**20. bis 30. R:** Kraus re.

**7. bis 30. R:** Fortlaufend stricken.

**Maschenprobe 1**
(mit doppeltem Faden gehäkelt): 11 M in der Breite und 11 R in der Höhe = 10 x 10 cm.

**Maschenprobe 2**
16 M in der Breite und 32 R in der Höhe = 10 x 10 cm.

**Ausführung**
**Rücken:** In Originalgröße einen Papierschnitt anfertigen. In diesen Schnitt in willkürlicher Einteilung unterschiedliche Rechtecke einziehen. Jedes Teil in der entsprechenden Größe mit doppelt

*Fortsetzung Seite 217*

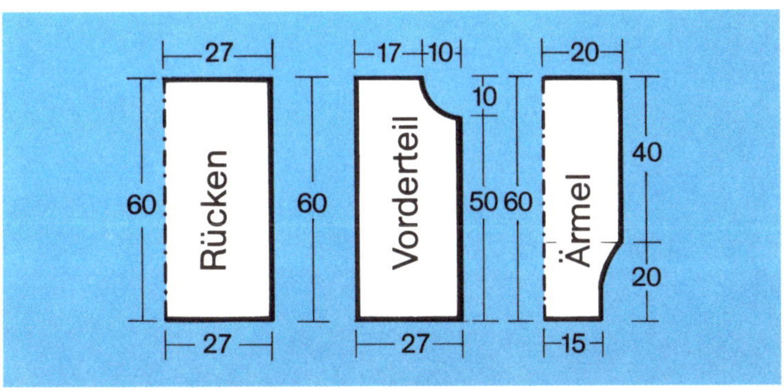

# Häkeltasche

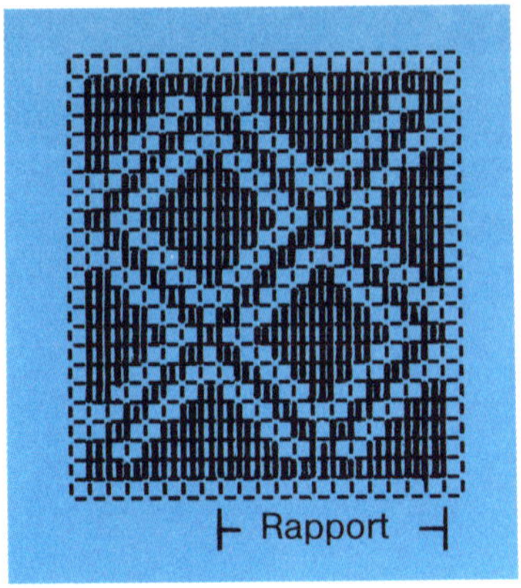


**Zeichenerklärung**
I = 1 Stb
⌐I = 1 Stb, 1 Lm

*Fortsetzung von Seite 215*
*Patchworkjacke*

genommenen, verschiedenfarbigen Faden häkeln. Die einzelnen Teile dann links auf links liegend mit doppeltem Faden mit fM zusammenhäkeln, so daß die Naht auf der rechten Seite erscheint.

**Vorderteil:** Gleich arbeiten.

**Zweites Vorderteil:** Gegengleich arbeiten.

**Ärmel:** Mit orangefarbener Wolle und StrickN Nr. 4 68 M anschlagen und 20 cm 1 M re, 1 M li im Wechsel stricken. Dann mit olivgrüner Wolle im Grundmuster 2 weiterarbeiten, in 60 cm Gesamthöhe alle M gerade abketten.

**Zweiter Ärmel:** Gleich arbeiten.

**Fertigstellung**
Die Teile nach Schnitt spannen und leicht dämpfen. Ärmelnähte schließen, Ärmel einsetzen. Alle Kanten mit doppeltem Faden mit 1 R fM umhäkeln. Für den Verschluß 6 dicke, ca 35 cm lange Zöpfe flechten, die Enden verknoten. Laut Modellbild an die vorderen Kanten der Jacke nähen.

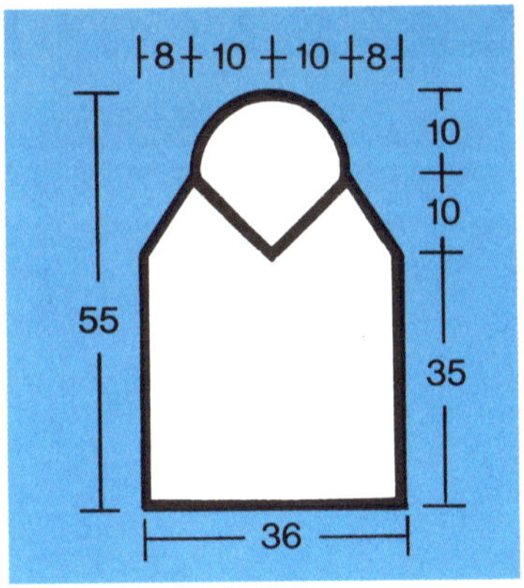


**Material**
Phildar, Qual »Relais 5«,
4 Knäuel, 1 HäkelN Nr. 2,
4 Schnürchen je 27 cm lang.

**Grundmuster**
fM, hStb, Stb.

**Ausführung**

Lm-Kette von 98 M häkeln. Darüber 10 R hStb (= 5 cm), dann in Bögen arbeiten.

**11. R:** * 5 Lm, 2 M übergehen, 1 fM in die folgende M *. Von * bis * wiederholen.

**12. R:** * 5 Lm, 1 fM in den folgenden Bogen *. Von * bis * wiederholen.
Im ganzen 6 Bogenreihen arbeiten (12. R fortlaufend häkeln).

**17. R:** 1 fM, * 2 Lm, 1 fM in den folgenden Bogen * wiederholen.

**18. R:** Mit dem Motiv beginnen (siehe Zeichnung).

**39. R:** Mit Bogenreihen beginnen. Im ganzen 6 Bogenreihen arbeiten.

**45. R:** 1 fM, * 2 Lm, 1 fM in den folgenden Bogen. * Über die ganze Breite wiederholen.

**46. bis 55. R:** hStb.

**56. R:** Arbeit in zwei Teile teilen, d. h. getrennt über je 49 M so weiterarbeiten: 1 fM * 5 Lm, 2 M übergehen, 1 fM in die folgende M, * wiederholen. Sie erhalten 16 Bögen. Beidseitig in jeder 2. R 1 Bogen abnehmen. Sind nur noch 3 Bögen übrig, mit der Arbeit aufhören.

**Zweite Taschenseite:** Gleich häkeln.

**Taschenbügel**
Auf einer Seite der Tasche vom mittleren Einschnitt ausgehend:

3 fM in jeden Bogen der li Seite der Trennung häkeln, den mittleren Bogen übergehen, 80 Lm für den Bügel häkeln, 3 fM in jeden Bogen auf der re Seite häkeln.

4 R fM häkeln, dabei an jedem Ende der R 2 M abnehmen. Dann 4 R fM, dabei an jedem Ende der R 2 M zunehmen. Jetzt von der re Seite ausgehend: 3 fM in jeden Bogen, den mittleren Bogen übergehen. 5 Lm, 5 M übergehen und in die bereits gehäkelte Blende 70 fM, dann 5 Lm, 3 fM in jeden Bogen der li Seite. Dann 4 R fM arbeiten, dabei in jeder R 2 M an beiden Seiten abnehmen. Noch 4 R arbeiten, dabei je 2 M auf beiden Seiten zunehmen.

**Zweiter Bügel:** Gleich arbeiten.

**Fertigstellung**
Beide Taschenteile an den Seiten und am Boden mit unsichtbaren Stichen zusammennähen. Die Blenden nach re umfalten, dabei je zwei Schnüre einziehen, die Blenden mit unsichtbaren Stichen an den re Seiten befestigen.

# Strick- und Häkel-Lexikon

Hier finden Sie die wichtigsten Begriffe erklärt, die jeder wissen sollte, der an Stricken und Häkeln Spaß hat.

Ein Nachschlagewerk von A bis Z, das Sie schnell und übersichtlich über alles Wissenswerte informiert.

Mit 525 Begriffen und 134 Zeichnungen und Fotos.

# abh bis Abn

**abhäkeln** Eine von verschiedenen Methoden, eine Strickarbeit zu beenden. Nehmen Sie die erste Masche auf eine Häkelnadel. Stechen Sie in die nächste Masche ein und ziehen Sie diese durch die erste Masche. Dieser Vorgang wird wiederholt, bis die ganze Reihe abgehäkelt (= abgekettet) ist. Ein abgehäkelter Abschluß ist sehr fest und nicht elastisch.

**abheben** Hier werden eine oder mehrere Maschen von der linken auf die rechte Nadel gehoben, ohne sie zu stricken.
*Siehe Zeichnung.*

*Abheben rechts*

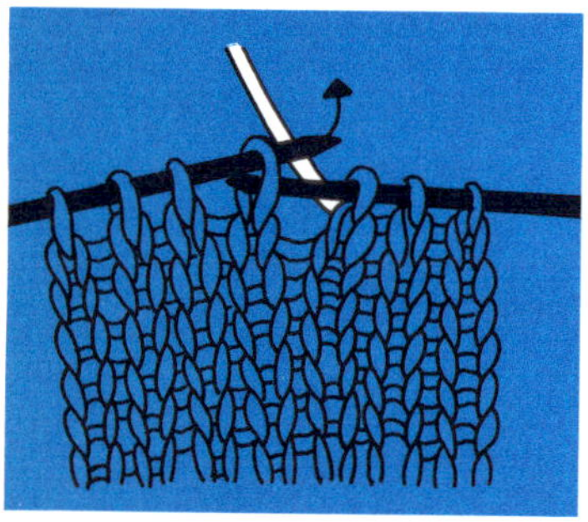

*Abheben links*

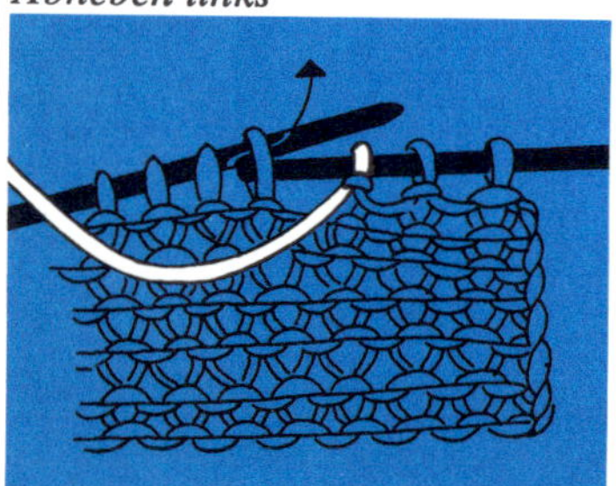

**abketten** Wenn eine Strickarbeit fertig ist, wird die letzte Maschenreihe abgekettet. *Siehe »Grundkurs Stricken«, Seite 14.*

**abketten, wie sie erscheinen** *Siehe »Grundkurs Stricken«, Seite 14.*

**abmaschen** Beim Abmaschen macht man einen Umschlag und zieht den Faden durch eine oder mehrere Schlingen, die auf der Häkelnadel liegen.

**Abnäher** Auch bei Strick- und Häkelstücken müssen manchmal Abnäher eingearbeitet werden. Dies geschieht mit Hilfe einer keilförmigen Öffnung. Die Seiten näht man später wieder zusammen. Eine weitere Möglichkeit: Der Abnäher entsteht durch Zu- und Abnahmen.

Hier die Beispiele:

*1. Senkrechte oder waagrechte, offene Abnäher*
Für senkrechte Abnäher wird das Gestrick an der Abnäherstelle in der Mitte geteilt. Während eine Seite ruht, wird über der anderen nacheinander abgenommen. Hierfür muß die genaue Maschenzahl errechnet und die Abnahmen müssen gleichmäßig auf die gesamte Abnähertiefe verteilt werden. Abschließend die stillgelegten Maschen wieder aufnehmen und je nach Schrägung gerade hocharbeiten. Sie können auch die Abnahmen wie auf der anderen Seite durchführen.

*Senkrechter Abnäher*

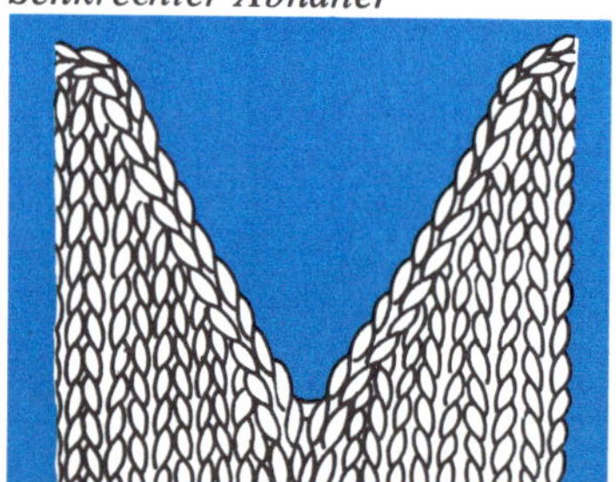

Für waagrechte Abnäher wird die Maschenzahl, die der Abnähertiefe entspricht, gleichmäßig verteilt in mehreren Reihen abgekettet. Um wieder auf die Gesamtmaschenzahl zu kommen, muß man ein- oder mehrmals die erforderlichen Maschen neu anschlagen.

*Waagrechter Abnäher*

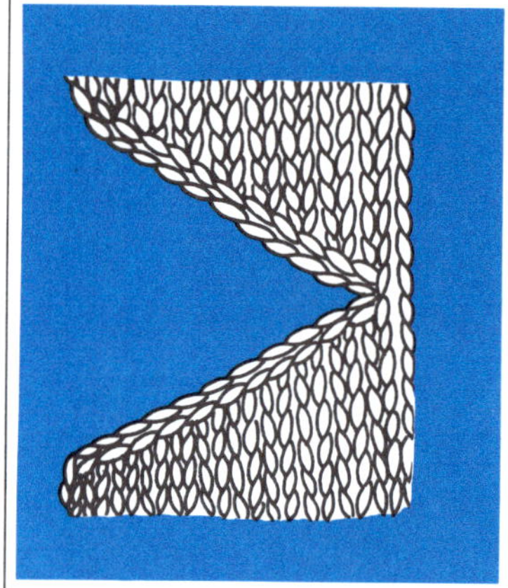

*2. Senkrechte oder waagrechte; geschlossene Abnäher*
Für senkrechte Abnäher wird zunächst die abzunehmende Maschenzahl für die Abnähertiefe sowie die dazugehörende Reihenzahl errechnet. Ein Faden markiert die Masche, über der abgenommen wird. Senkrecht über dieser Masche beginnen nun die entweder nach links oder rechts gerichteten Abnahmen.
*Siehe »Grundkurs Stricken«.*

Wenn Sie in umgekehrter Reihenfolge arbeiten, entsteht der Abnäher durch Zunahmen. Für waagrechte Abnäher stricken Sie verkürzte Reihen. *Siehe »verkürzte Reihen«.*

*3. Später eingearbeitete Abnäher*
Sie werden wie Stoff zugeschnitten und genäht. Markieren Sie den Abnäher mit Heftfaden und steppen mit der Nähmaschine mindestens zweimal an dieser Linie entlang, damit die Maschen später nicht fallen. Schneiden Sie

## abn bis Aj

den Abnäher innerhalb der Stepplinien aus und schließen Sie ihn.

**TIP** Nähte bei offenen Abnähern sehen am besten aus, wenn sie mit Maschenstichen zusammengefügt werden.

*Abnäher in Häkelsachen* werden ebenfalls senkrecht oder waagrecht gearbeitet.

*1. Senkrechte Abnäher* entstehen, wenn Sie beiderseitig einer markierten Masche ab- oder zunehmen.

*2. Waagrechte Abnäher*, z. B. für Brustabnäher, entstehen, wenn Sie verkürzte Reihen häkeln. Dazu lassen Sie – über mehrere Reihen verteilt – die Anzahl Maschen aus, die Sie vorher für die Abnähertiefe und -breite errechnet haben. Ist die gewünschte Abnähertiefe erreicht, wird wieder über die gesamte Breite weitergehäkelt.

**abnehmen** Durch Abnehmen wird die Maschenzahl einer Strick- oder Häkelarbeit verringert und die Schnittform eines Stückes bestimmt. *Siehe »Grundkurs Stricken und Häkeln«, Seite 13.*

**abrunden** Bei gestrickten Kleid-, Rock- und Mantelsäumen empfiehlt es sich, den Saum abzurunden, damit er an den Seiten nicht zipfelt. Schlagen Sie dazu die in der Anleitung genannte Maschenzahl an und teilen Sie diese in drei Teile.

Das zweite Drittel wird abgestrickt. Jetzt wird die Arbeit gewendet und in Hin- und Rück-Reihen gestrickt. Dabei werden an jedem Reihenende einige der stillgelegten Maschen hinzugestrickt. In etwa drei Arbeitsgängen sind die seitlichen Maschen aufgebraucht.

**Abschlußkanten** Abschluß einer Häkelarbeit nach der Fertigstellung. Meist handelt es sich dabei um Pikots. *Siehe »Pikots«* oder um phantasievolle Bordüren, die entweder angehäkelt oder aufgenäht werden. Hier ein Beispiel für eine dekorative Abschlußkante: *Muscheln:* 1 Kettmasche, 2 Maschen übergehen, 5 Stäbchen in die folgende Masche arbeiten, 2 Maschen übergehen, und von nun an wiederholen. *Siehe Zeichnung.*

*Abschlußkante*

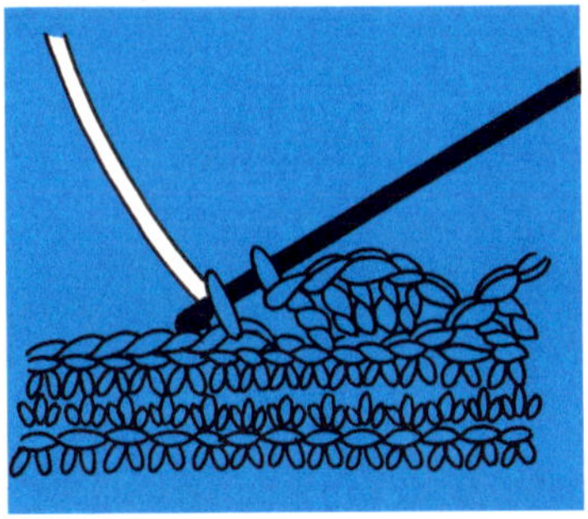

**abwechselnd** Hierbei werden zwei Arbeitsgänge wechselweise ausgeführt.

**Acetat** Kunstfaser auf Zellulose-Basis. Acetat kommt der Seide im Griff und in der Geschmeidigkeit sehr nahe. Acetat wird als Beimischung für Effektgarne verwendet.

**Acryl** Kunstfaser auf Synthesebasis. Acryl ist eine sehr widerstandsfähige Faser, die zu wolligen, weichen Handarbeitsgarnen versponnen wird. Acryl ist waschmaschinenfest und trocknet schnell. Garne aus Acryl eignen sich für weiche, warme Kleidungsstücke, die starker Beanspruchung ausgesetzt sind.

**Ajourmuster** Phantasievolle Lochmuster bei Strick- und Häkelarbeiten. Wir stellen Ihnen hier ein Strick-Ajourmuster vor.

*Ajourmuster*

**TIP** Je komplizierter ein Muster ist, desto wichtiger ist die Maschenprobe!

*Strickmuster*
Maschenzahl durch 10 teilbar und 5 M (3 M + 2 RandM).

*1. R:* RandM, 6 M re, * 1 U, 2 M re zusammenstricken, 8 M re, ab * wiederholen. Die R endet: 1 U, 2 M re zusammenstricken, 5 M re, RandM.
*2. R:* Und alle weiteren RückR M li stricken, auch die U.
*3. R:* RandM, 4 M re, * 2 M re zusammenstricken, 1 U, 1 M re, 1 U, 1 M abheben, 1 M re stricken und die abgehobene M überziehen, 5 M re, ab * wiederholen.

# Al bis an

Die R endet: 2 M re zusammenstricken, 1 U, 1 M re, 1 U, 1 M abheben, 1 M re stricken und die abgehobene M überziehen, 4 M re, RandM.
*5. R:* RandM, ✻ 3 M re, 2 M re zusammenstricken, 1 U, 3 M re, 1 U, 1 M abheben, 1 M re und die abgehobene M überziehen, ab ✻ wiederholen. Die R endet: 3 M re, RandM.
*7. R:* re.
*9. R:* Wie 7. R.
*1. bis 10. R:* Wiederholen.

**Alpaka** Name für feine, weiche Wolle von in Südamerika gezüchteten Alpakas oder wild lebenden Lamas. Alpaka ist schwach gekräuselt, meist rotbraun und glänzend. Es wird mit Schafwolle gemischt oder auch rein versponnen als Handarbeitsgarn angeboten.

**Anfangsmasche** Erste Masche einer Anschlagreihe oder Luftmaschenreihe. *Siehe »Grundkurs Stricken und Häkeln«, Seite 10 und 18.*

**Anfangsschlinge** Diese Schlinge wird zum Anfang einer Luftmaschenreihe als erste Masche gebildet. *Siehe Zeichnung nächste Spalte oben und »Grundkurs Stricken und Häkeln«.*

*Anfangsschlinge*

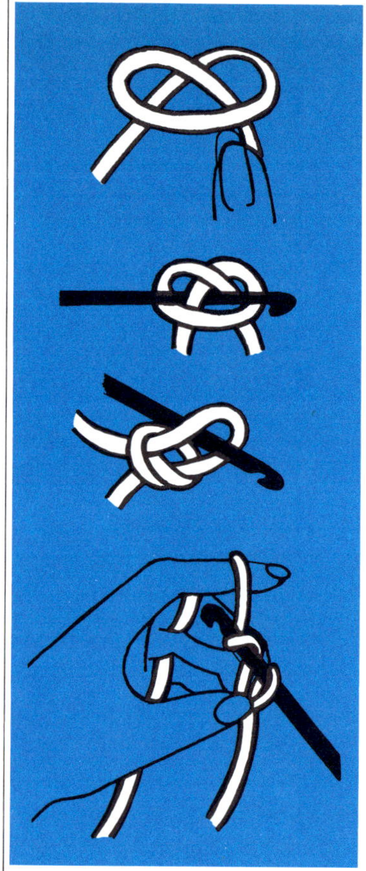

**anfeuchten** Statt fertige Teile zu dämpfen, kann man sie auch anfeuchten – zum Beispiel durch Besprühen mit einer Blumenspritze – und spannen. *Siehe »spannen«.*

**angesetzte Blenden** Für diese Blenden, die separat gestrickt werden, wählen Sie ebenfalls Muster, die sich nicht rollen. Die Blenden können Sie entweder wie das Strickstück verlaufend oder entgegengesetzt stricken. Für ersteres Beispiel schlagen Sie die gewünschte Maschenzahl an und stricken die erforderliche Länge.

Für das zweite Beispiel messen Sie zunächst die Länge der Kante, auf die die Blende aufgesetzt werden soll. Schlagen Sie dann die der Länge entsprechende Maschenzahl an und stricken Sie im gewünschten Muster die erforderliche Breite. Die Maschen werden lose abgekettet. Die Blenden werden nach dem Dämpfen unsichtbar angenäht.

**TIP** Blenden können Sie auch anstricken. Fassen Sie die Randmaschen auf, und stricken Sie die entsprechende Blende. Die abgeketteten Maschen können nach links umgeschlagen und an die Randmaschen genäht werden. Dann hat man eine doppelte Blende.

**angestrickte Blende** Senkrechte oder auch waagrechte Abschlußkanten einer Strickarbeit, die nicht im Grundmuster der Arbeit ausgeführt werden. Die einfachste angestrickte, waagrechte Blende wird aus kraus rechts gestrickten Maschen hergestellt. Ist die gewünschte Breite erreicht, wird im Grundmuster weiter gearbeitet. Sollen sich senkrechte Blenden anschließen (z. B. bei einer Jackenkante), werden die ersten Maschen am Rand ebenfalls kraus rechts gestrickt.

Für angestrickte Blenden eignen sich auch Rippen- oder Perlmuster. Wesentlich ist, daß die Blenden sich nicht rollen. *Siehe Zeichnung.*

*Angestrickte Blende*

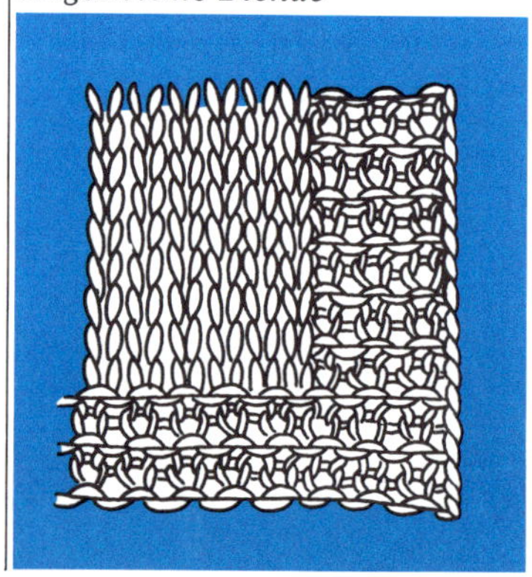

# An bis Ar

**Angorawolle** Aus den langen Haaren der Angorakaninchen wird eine besonders weiche, fein gekräuselte und gut wärmende Wolle gewonnen. Angorawolle eignet sich insbesondere für Rheuma-Unterwäsche. Außerdem wird Angorawolle rein oder/und gemischt für modische Handarbeiten verwendet.

---

**TIP** Häkelarbeiten aus Angorawolle bleiben formbeständig, wenn ein gleichfarbiger Nähseidenfaden mitgehäkelt wird.

---

**Anleitung** Lesen Sie die Anleitungen für Handarbeiten immer *ganz* durch, bevor Sie mit der Arbeit beginnen. Hier einige Tips, wie Sie eine Anleitung auswerten: Addieren Sie zur angegebenen Maschenzahl – falls nicht extra erwähnt – immer 1 bis 2 Maschen als Randmaschen.

Eine Reihe sind immer alle Maschen, die zusammen auf einer Nadel liegen. Die Rückreihe wird auf der linken Seite mit der 2. Nadel ausgeführt. Sie ist die 2. Reihe. Bei geschlossenen Strickstücken mit vier bis fünf Nadeln, oder mit einer Rundstricknadel ist eine Reihe eine gestrickte Runde.

Die Vorderseite einer Arbeit beginnt mit der 1. Reihe; alle ungeraden Reihen gehören zur Vorderseite.

Die Angaben zwischen zwei Sternchen ✻ oder Dreiecken △ sind, so oft wie angegeben, zu wiederholen.

**Anschlag** Der Anschlag ist der Anfang einer Häkel- oder Strickarbeit. *Siehe »Grundkurs Stricken und Häkeln«, Seite 10 und 18.*

**Anschlag am Ende einer Reihe** *Siehe »Grundkurs Stricken und Häkeln«.*

**anschlingen** Auch anhäkeln: Sollen Motive oder Borten an eine bereits teilweise fertige Häkelarbeit angesetzt werden, schlingen Sie diese Dekorationsstücke mit einer Kett- oder Anschlußmasche an der markierten Stelle an.

**Anschlußmasche** Auch Kettmasche oder Gleitmasche genannt. *Siehe »Grundkurs Häkeln«, Seite 18.* Die Anschluß- oder Kettmasche wird meist als erste Reihe über dem Luftmaschenanschlag gehäkelt. Außerdem schließen Sie Häkelrunden mit Kettmaschen.

**anstricken** Um z. B. Kinderkleider zu verlängern oder Ärmelbündchen zu erneuern, muß manchmal angestrickt werden. Es gibt folgende Methoden:

1. Stechen Sie mit der Häkelnadel in jede Masche, holen den Arbeitsfaden durch und legen Sie die Schlinge auf die Stricknadel. Über diesen Maschen können Sie nun die Änderung stricken.

2. Heben Sie die Maschenglieder der Randmaschen auf die Stricknadel und stricken Sie diese verdreht ab.

3. Entlang der Linie, an der angestrickt werden soll, sticken Sie mit Kettenstich *(siehe »Sticken«)* eine Reihe. Die Glieder des Kettenstichs werden auf die Nadel genommen und abgestrickt. *Siehe auch »verlängern«.*

**applizieren** Bedeutet eine Verzierung oder einen Flicken auf einen Untergrund aufnähen. Appliziert wird mit Zierstichen. *Siehe Foto rechte Spalte und »stricken«.*

*Applizieren*

**Aran-Muster** *Siehe »irische Muster«.*

**Arbeit einstellen** Arbeitsende. Beim Stricken wird die Arbeit durch Abketten beendet. Beim Häkeln wird der Faden nicht zu kurz abgeschnitten und durch die letzte Masche gezogen, damit sie sich nicht mehr auflösen kann.

**Arbeitsfaden** Das ist der Faden, aus dem ein Strick- oder Häkelstück gefertigt wird. Als Arbeitsfaden gilt immer der Faden, mit dem gerade gearbeitet wird.

---

**TIP** Holen Sie den Arbeitsfaden immer aus dem Inneren des Knäuels. Dann rutscht es bei der Arbeit nicht hin und her und wickelt sich leicht und ruhig ab.

---

**Arbeitsmuster** *Siehe »Grundmuster«.*

# Arb bis Arm

**Arbeit wenden** Um bei einem glatten Strick- oder Häkelstück eine zweite Reihe zu arbeiten, wird die Arbeit gewendet. Beim Stricken arbeiten Sie eine Randmasche *(siehe »Grundkurs Stricken«, Seite 11);* für Häkelarbeiten muß eine Wendeluftmasche gemacht werden. *Siehe »Grundkurs Häkeln«, Seite 19.*

**Armausschnitt** Es gibt verschiedene Arm-Ausschnitt-Formen wie z. B. Raglan, Kimono, englische Art, fully fashioned mit Schulterplatten usw.

Wir stellen Ihnen hier die gebräuchlichsten Arm-Ausschnitt-Formen vor:

*Klassischer Arm-Ausschnitt:* Die Abnahmen werden symmetrisch am Vorder- und Rückteil vorgenommen. Die Armkugel muß sich in der Rundung dem Armausschnitt anpassen. Die Anleitung des jeweiligen Modells gibt an, wieviel Maschen abgenommen werden. Sie können anhand des Schnittmusters die notwendigen Ab- und Zunahmen auch selbst ausrechnen. *Siehe »Berechnen des Schnittes«, Seite 34.*

*Armausschnitt Klassische Form*

*Armausschnitt Klassische Form*

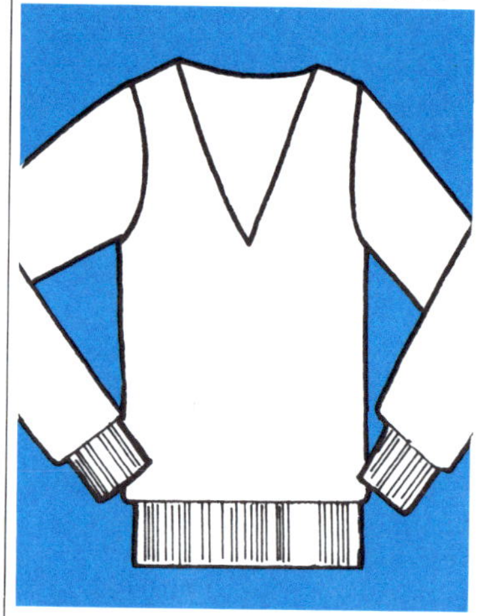

*Raglanform:* Die Raglanschrägung wird für Vorder- und Rückenteil sowie für die Ärmelschrägung gleich gearbeitet. Alle Raglanränder müssen gleichviel

*Armausschnitt Raglanform*

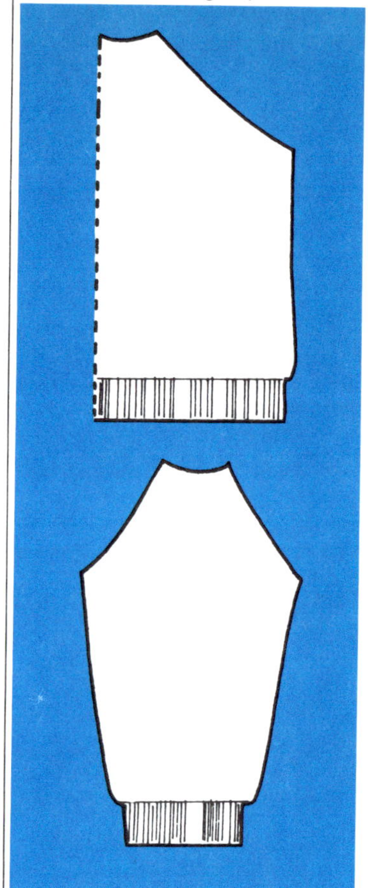

*Armausschnitt Raglanform*

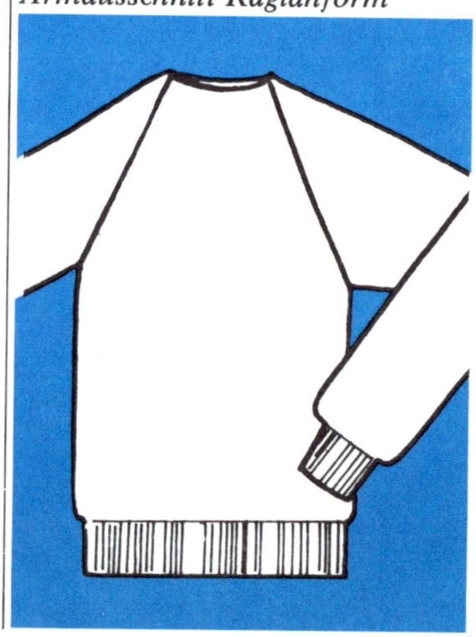

Reihen haben. Die Raglanlinie wird oft durch Ziernähte betont. Die Nähte werden im senkrechten Maschenstich zusammengenäht.

*Kimono:* Kimonoärmel werden beim Arbeiten des Vorder- und Rückenteils gleich mit gestrickt oder gehäkelt. Die aufzunehmende Maschenzahl hängt von der Länge der Ärmel ab.

**Armausschnittblende** Für ärmellose Pullover empfiehlt es sich, gleich eine Blende mitzustricken.

Unser Beispiel:

*Vordere linke Blende:* In einer Rückreihe am Ende zwei Maschen zunehmen. In der nächsten Reihe 1 M re, 1 M li, 1 M re, 1 M li stricken, über drei Maschen einen doppelten Überzug (= eine abgehobene Masche über zwei zusammengestrickte Maschen) ziehen und eine Reihe im Grundmuster fertigstricken.

*2. Reihe (Rückseite):* Die Maschen der Blende wie sie erscheinen im Rippenmuster und am Reihenende zwei Maschen zunehmen.

*3. Reihe:* 6 Maschen im Rippenmuster stricken, dann einen doppelten oder einfachen (je nach Ausschnittsrundung) Überzug arbeiten.
Auf diese Art weiterstricken, bis die gewünschte Blende fertig ist. Die andere Armausschnittblende wird gegengleich gearbeitet.

*Gehäkelte Blenden* geben Armausschnitten Halt und lassen sich leicht in dekorativen Farben absetzen. Dazu häkeln Sie an waagrechten Kanten je 1 feste Masche in jede Masche, an senkrechten Kanten 1 feste Masche in jede 2. Reihe.

---

**TIP** Soll die Blende in einer anderen Farbe gearbeitet werden, sollte die erste Reihe in der Grundfarbe und dann erst in der zweiten Farbe gehäkelt werden.

---

**Armausschnitt gehäkelt** Wenn Sie wissen, wie tief der Auschnitt werden soll, beginnen Sie mit 3 bis 5 Kettmaschen, 1 feste Masche, 1 halbes Stäbchen, 1 Stäbchen. Dann setzen Sie das Muster fort. In der Rückreihe häkeln Sie bis vor das letzte Stäbchen. Es folgt in der nächsten Reihe eine Kettmasche, 1 halbes Stäbchen, 1 Stäbchen, dann das Muster fortsetzen.
Soll der Armausschnitt noch tiefer werden, übergehen Sie in der folgenden Reihe das erste Stäbchen.

**Ärmelbündchen** Für den guten Sitz eines Ärmels sorgt unter anderem das Ärmelbündchen. Meist ist die Ausarbeitung des Bündchens in der Arbeitsanleitung angegeben. Wir stellen Ihnen hier einige Variationen zum Thema Ärmelbündchen vor, damit Sie Ihre eigenen Modellvorstellungen verwirklichen können. Meist sind Bündchen gerippt gestrickt oder gehäkelt.

*1. Rippenmuster 1 re, 1 li:* Schlagen Sie eine gerade Maschenzahl an, und stricken Sie die gewünschte Bündchenhöhe 1 re, 1 li mit Nadeln, die 1 bis 1/2 Nummer dünner sind, als die Nadeln, mit denen weitergearbeitet werden soll.

*2. Rippenmuster 2 re, 2 li:* Maschenzahl durch vier teilbar plus 2 Randmaschen. Dann wie oben beschrieben stricken.

*3. Rippenmuster,* das den Ärmel nicht einhalten soll: Schlagen Sie mehr Maschen für das Bündchen an, als für den Ärmel nötig sind. Stricken Sie das gewünschte Bündchen. Die zuviel angeschlagenen Maschen werden in der ersten Reihe oberhalb des Bündchens abgenommen.

*4. Gehäkeltes, geripptes Bündchen:* Dieses Bündchen wird für sich gehäkelt und an die untere Ärmelkante angenäht. Häkeln Sie das Bündchen quer mit festen Maschen, die jeweils nur in das hintere Maschenglied gearbeitet werden. Dadurch entstehen Rippen. Ist die erforderliche Bündchenweite erreicht, häkeln Sie Anschlag und Ende zusammen und nähen das Bündchen an den Ärmel.

**Ärmelnähte** Sie sollen möglichst flach mit Maschenstich geschlossen werden. Wenn das Bündchen umgeschlagen wird, müssen Sie die nach innen gekehrte Seite so zusammennähen, daß die Naht unsichtbar wird.

**Armkugel** Die Rundung am Ärmel wird als Armkugel bezeichnet.

**auffassen** Sollen Schlingen, stillgelegte Maschen oder Randmaschen erneut in den Strickvorgang aufgenommen werden, dann faßt man sie meist mit Hilfe einer Stricknadel auf.

---

**TIP** Über einer geschlossenen Kante können Sie ein Strickstück weiterarbeiten, indem Sie jeweils eine Schlinge der Maschen der letzten Reihe mit der Stricknadel auffassen und dann abstricken.

---

**auffassen von Luftmaschen** Für die Strickanfängerin gibt es einen einfachen Maschenanschlag. Häkeln Sie die dem Anschlag entsprechende Maschenzahl in Luftmaschen. Fassen Sie dann durch

## auf bis aus

die Schlingen der Luftmaschen mit der Stricknadel die Maschen auf. *Siehe »Grundkurs Stricken«, Seite 10.*

**auffassen von Randmaschen** Um aus dem Rand einer Strickarbeit eine Blende, einen Kragen usw. arbeiten zu können, werden mit Hilfe der Stricknadel die Randmaschen aufgefaßt. Damit sich keine Löcher bilden, stricken Sie diese Maschen verdreht ab.

**aufheben von gefallenen Maschen** Ist eine Masche aus Versehen gefallen, dann können Sie die sogenannte »Laufmasche« mit der Häkelnadel wieder aufheben. Die gefallene Masche wird mit der Häkelnadel erfaßt. Durch sie hindurch wird der nächst höhere Querfaden gezogen. Dieser Vorgang wird wiederholt, bis alle Querfäden aufgearbeitet sind. Die letzte Masche heben Sie wieder auf die Stricknadel. *Siehe Zeichnung.*

*Aufheben gefallener Maschen*

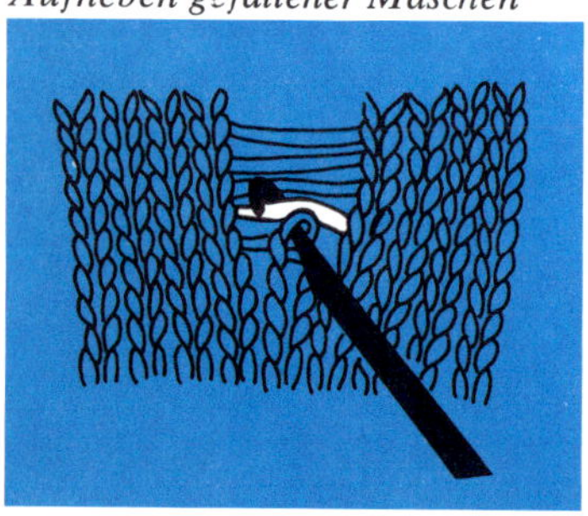

**aufnadeln** Eine Häkel- oder Strickarbeit wird beim Spannen mit Stecknadeln auf eine Unterlage geheftet. Man steckt die Nadeln mit ca. 1/2 Zentimeter Abstand in den Rand, um eine möglichst gleichmäßige Form zu bekommen. Diese Arbeit wird »aufnadeln« genannt.

**aufnehmen** *Siehe »zunehmen« und Grundkurs »Stricken und Häkeln«, Seite 12 und 20.*

**aufnehmen am Rand** *Siehe Grundkurs »Stricken und Häkeln«, Seite 13 und 20.*

**aufrauhen** Spezialwolle, z. B. Pelzwolle, wird mit einer Metallbürste aufgerauht und bekommt dadurch eine filz- oder pelzartige Oberfläche.

**aufstricken eines Saumes** *Siehe »Saum aufstricken«.*

**aufziehen** Wollen Sie eine Strick- oder Häkelarbeit ändern, verkleinern oder ganz neu beginnen, müssen Sie das Stück aufziehen. Dazu muß der Arbeitsfaden, der durch die letzte Masche gezogen wurde, wieder vorsichtig herausgeholt werden. Jetzt kann die Wolle zu einem möglichst lockeren Knäuel aufgewickelt werden. Ist sie sehr kraus geworden, dann ziehen Sie die Wolle stramm über ein Holzbrett und hängen sie über Wasserdampf. Die Wolle glättet sich beim Trocknen.

**ausbessern** *Um dünne, zerschlissene Stellen* im Gestrick auszubessern, verwenden Sie einen Faden der verarbeiteten Wolle. Beginnen Sie an der rechten unteren Kante der dünnen Stelle, und sticken Sie mit dem Faden den Verlauf der Maschen nach. Bei zerrissenen Stellen müssen die Maschen erneuert werden. Entfernen Sie zunächst die überhängenden Fadenenden und vernähen Sie sie im Gestrick so, daß ein rechteckiges Loch entsteht. Spannen Sie waagrechte Fäden von den Randmaschen des Lochs ausgehend über die Öffnung. Sie müssen vorsichtig und locker arbeiten, damit sich die Stelle nicht zusammenzieht. Nun sticken Sie mit Stielstichen von unten eine erste Reihe von Maschenhälften bis zum oberen Rand. Wenden Sie die Arbeit und sticken die andere Hälfte des Maschenbildes. Wiederholen Sie diese gestickte Maschenbildung solange, bis das Loch gefüllt ist. *Siehe Zeichnung.*

---

**TIP** Nähen Sie in die Nähte eines Strickstücks einige Wollfäden ein. So haben Sie immer gleichfarbenes Garn zum Ausbessern zur Hand.

---

*Ausbessern*

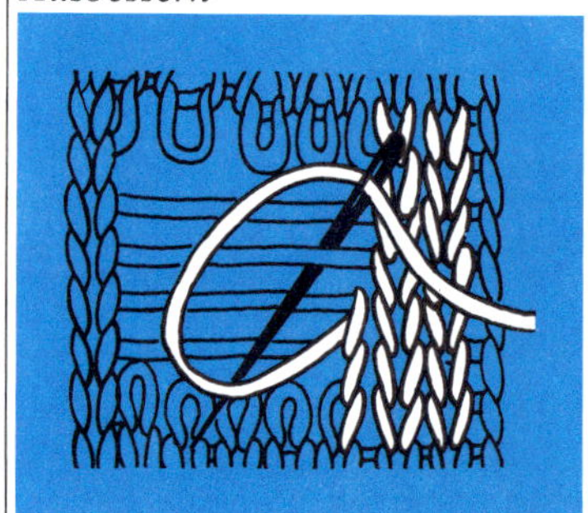

**ausrechnen eines Schnitts** *Siehe »Berechnen des Schnitts«, Seite 34.*

**ausstopfen** Gehäkelte oder gestrickte Tiere, Püppchen oder kleine Kissen sehen erst hübsch aus, wenn sie gut und gleichmäßig ausgestopft sind. Zerschnittene Nylon- oder Perlonstrümpfe eignen sich ausgezeichnet für diese Arbeit. Die Stücke sind weich und klumpen nicht zusammen. Auch Schaumstoffstückchen können zum Ausstopfen verwendet werden. Wichtig ist, daß Sie die Tiere und Püppchen sehr prall füllen. Stopfen Sie zunächst die dünnen Teile aus – Arme und Beine – und dann erst Kopf und Rumpf.

# Ba bis Bl

**Babywolle** Weiche, meist zweifach gedrehte Wolle. Sie eignet sich z. B. besonders für Babybekleidung und Bettjäckchen. Babywolle wird heute auch aus Mischfasern (Wolle mit Chemiefaser) hergestellt. Das Handarbeitsstück ist dadurch pflegeleichter und zugleich strapazierfähiger.

**Badeanzüge** Selbstgearbeitete Badeanzüge kommen sehr in Mode. Aus Chemiefasern oder Baumwolle sind sie leicht zu pflegen und trocknen schnell.

**Badetaschen** Verwenden Sie dazu buntes Baumwollgarn. Verarbeiten Sie es nach eigenen Entwürfen gehäkelt oder gestrickt. Füttern Sie die Tasche mit wasserdichter Plastikfolie.

**Bänder häkeln** *Siehe »Borten«.*

**Banderole** Ein um das Wollknäuel gewickelter Papierstreifen, auf dem alle Angaben über Qualität, Marke und Farbe der Wolle stehen.

**Bast** Eine Faser, die unter der Rinde des Pflanzenstengels liegt. Bast kann man für die verschiedensten Bastelarbeiten verwenden. Bast läßt sich leicht verstricken und verhäkeln. Es gibt heute im Gegensatz zum ungleichmäßigen Naturbast auch Kunstbast in vielen fröhlichen Farben.

**Baumwolle** Eine Wollart, die aus den Samenbüscheln des Baumwollstrauches gewonnen wird und sich fein und dick verspinnen läßt. *Siehe »Materialkunde«, Seite 29.*

**Beilaufgarn** Schwach gedrehtes Garn, das sich zur Verstärkung von Fußspitzen, Fersen usw. eignet.

**besticken von gestricktem Grund** Mit Hilfe eines einfachen Kettenstiches lassen sich auf jedem glatt rechts gestrickten Grund reizvolle Muster aufsticken. Egal, ob Sie sich für einfache Karomuster (Querstreifen werden eingestrickt, nur die Längsstreifen werden gestickt) oder für anspruchsvolle Norwegermuster entschieden haben, Sie müssen immer mit einer Art Kettenstich oder Maschenstich versuchen, die Maschen eines Gestricks nachzuahmen. Soll das aufgestickte Muster nicht wie »gestrickt« aussehen, können Sie natürlich in allen möglichen Sticktechniken arbeiten. *Siehe »Sticken«.*

**Bettüberwurf** Bettüberwürfe sind am besten aus Einzelteilen zu arbeiten, die dann zu einer großen Decke zusammengefügt werden. Beginnen Sie gleichgroße Quadrate zu stricken oder zu häkeln. Diese Quadrate setzen Sie dann zusammen. Die Nähte zwischen den Quadraten können mit überwendlichen Stichen ausgeführt oder gehäkelt werden. *Siehe »Patchwork« und »Modellteil«.*

**Bikini** Für den Bikini gilt das gleiche wie für Badeanzüge: Verwenden Sie dazu Baumwolle oder Syntheticgarne. *Siehe »Modellteil«, Seite 206.*

**Blattborte** Ein altes Strickmotiv ist die Blattborte. Sie können sie für Pullis, Westen, Patchworkdecken und vieles andere verwenden.

Hier die Strickanleitung:

Maschenzahl teilbar durch 7, plus 6, plus RandM.

*1. R:* 6 M li, * 1 U, 1 M re, 1 U, 6 M li *.
*2. R:* * 6 M re, 3 M li *, 6 M re.
*3. R:* 6 M li, * 1 M re, 1 U, 1 M re, 1 U, 1 M re, 6 M li, *.
*4. R:* * 6 M re, 5 M li *, 6 M re.
*5. R:* 6 M li, * 2 M re, 1 U, 1 M re, 1 U, 2 M re, 6 M li *.
*6. R:* * 6 M re, 7 M li *, 6 M re.
*7. R:* 6 M li, * 3 M re, 1 U, 1 M re, 1 U, 3 M re, 6 M li *.
*8. R:* * 6 M re, 9 M li *, 6 M re.
*9. R:* 6 M li, * 1 einfacher Überzug, 5 M re, 2 M rechts zusammenstricken, 6 M li *.
*10. R:* * 6 M re, 7 M li *, 6 M re.
*11. R:* 6 M li, * 1 einfacher Überzug, 3 M re, 2 M rechts zusammenstricken, 6 M li *.
*12. R:* * 6 M re, 5 M li *, 6 M re.
*13. R:* 6 M li, * 1 einfacher Überzug, 1 M re, 2 M rechts zusammenstricken, 6 M li *.
*14. R:* * 6 M re, 3 M li, * 6 M re.
*15. R:* 6 M li, * 1 doppelter Überzug, 6 M li *.
*16., 18. und 20. R:* re
*17. und 19. R:* li

*Blattborte*

# Bl bis Bü

**Blenden** *Siehe »angestrickte Blende«, »angesetzte Blende«, »Armausschnittblende«, »gehäkelte Blenden«, »doppelte Blende«.*

**Bogenmuster** Hübsche Abschlußkante an Kragen, Ärmel, Kissen oder Kindersachen. Bogenmuster bestehen immer aus einem Luftmaschenbogen, der mit einer festen Masche an der Vorreihe befestigt wird. In diesen Bogen arbeiten Sie nun eine Reihe Stäbchen oder feste Maschen. Über die Bögen wird dann wieder eine Reihe Luftmaschenbögen gehäkelt usw.

Hier ein Beispiel: Über einem Anschlag oder Rand beginnen Sie mit einer festen Masche, häkeln 5 Luftmaschen, 1 feste Masche in die dritte Masche des Anschlags, 5 Luftmaschen, 1 feste Masche usw. In der zweiten Reihe häkeln Sie nun je 5 Stäbchen in jeden Bogen. In der dritten Reihe (siehe 1. Reihe) werden die festen Maschen zwischen den Luftmaschenbogen jeweils in das mittlere Stäbchen der Vorreihe gehäkelt.

**Bordüren** Borten, die an ein Strick- oder Häkelstück angearbeitet werden oder aufgesetzt werden.

**Borten** Gehäkelte Borten eignen sich zur Verzierung verschiedenster Modelle: Beginnen Sie dazu entweder mit einem Luftmaschenanschlag, der so lang wie die gesamte Borte ist. Häkeln Sie dann das gewünschte Muster. Oder beginnen Sie mit einem Luftmaschenanschlag in Breite der fertigen Borte und arbeiten darüber die gewünschte Länge. Diese Arbeitsweise hat den Vorteil, daß Sie die Borte beliebig verlängern können. *Siehe auch »Abschlußkanten«, »Feston«, »Pikots« und »Modellteil«.*

**Bouclé** Ein Wollgarn, in das feine Boucléschlingen eingesponnen werden. Bei Verarbeitung zeigt Bouclégarn eine frottéeartige Oberfläche.

**Boutiquestil** Farbenfrohe, fröhliche Handarbeitsmode im Freizeitlook. Beim Boutiquestil ist alles erlaubt, was gefällt. Es werden die verschiedensten Arbeitsweisen gemixt: z. B. Gehäkeltes wird bestickt, und auf Gestricktes wird appliziert.

**Brassière** Kleines, hochsommerliches Trägerhemdchen. Es wird hauptsächlich aus Baumwoll- oder Leinengarnen hergestellt.

**Brennprobe** Wenn Sie nicht wissen, welches Garn Sie vor sich haben, machen Sie die »Brennprobe«. Nehmen Sie dazu ein Stückchen des Arbeitsfadens und zünden ihn an:

*Baumwolle* brennt schnell mit heller Flamme, glüht nach und hinterläßt fast keine Rückstände. Geruch wie verbranntes Papier.

*Leinen* brennt genauso wie Baumwolle. Den Unterschied erkennen Sie an der Struktur der Leinengarne, die typische Knötchen und Verdickungen zeigt.

*Wolle* schmort mehr als sie brennt. Geruch wie verbrannte Haare.

*Chemiefasern* brennen zum Teil hell, zum Teil schmoren sie. Der Rückstand ist hart und schwarz.

**Brilliantgarn** Baumwollgarn, das durch Kalandern stark glänzend gemacht wird. Es eignet sich für Häkelarbeiten und Stickereien.

**bügeln** *Siehe »Wollpflege-Tips«, Seite 43.*

**Bündchen** Abschlußkanten an Ärmeln (siehe Ärmelbündchen) und Taillen. Bündchen halten die Weite ein und werden meist gerippt gestrickt.

---

**TIP** Arbeiten Sie die Bündchen mit dünneren als für die Arbeit notwendigen Nadeln. Eingezogener Gummifaden erhöht die Elastizität des Bündchens. *Siehe »Gummifaden«.*

---

**Büschelmasche oder Büschelstäbchen** Beliebte Muster, die einem Häkelstück (z. B. Mützen) Fülle und Struktur geben.

*1. R:* Luftmaschenanschlag
*2. R:* 3 Lm, * Umschlag, in die nächste Lm des Anschlags einstechen, Schlinge durchholen, auf HäkelN lassen, △ Umschlag, in nächste Lm des Anschlags einstechen, Schlinge durchholen △, 1 x wiederholen. Jetzt alle auf der Nadel liegenden Maschen zusammen abmaschen, 1 Lm, * wiederholen bis zum Ende der Reihe.
*3. und alle übrigen R:* 3 Lm, * in die 1. Lm der Vorreihe: Umschlag, Schlinge durchholen, Umschlag, Schlinge durchholen, Umschlag, Schlinge durchholen, alle auf der Nadel befindlichen Glieder zusammen abmaschen, 1 Lm, * wiederholen bis zum Reihenende.
*Siehe Foto nächste Seite oben links.*

# Ca bis De

*Büschelmasche bzw. Büschelstäbchen*

**Cablé** Bezeichnung für speziell gedrehtes Wollgarn (meist 3 mal zweifach gedreht), das besonders formbeständig ist.

**Cablé-Muster** *Zopf in Cablé:* Maschenzahl teilbar durch 8, plus 3, plus Randmaschen.

*1. R:* * 3 M li, 5 M re, * 3 M li.
*2. R und alle geraden R:* Wie die M erscheinen.
*3. R:* * 3 M li, 1 M re, △ 1 M auf eine HilfsN hinter die Arbeit legen, 1 M re, die HilfsnadelM re abstricken △ (2 mal) *, 3 M li.
*5. R:* Muster in der 3. R wiederaufnehmen.

**Cape** Umhang. Wird in den verschiedensten Ausführungen, Mustern und Qualitäten hergestellt. *Siehe »Pelerine« und »Modellteil«.*

**Cardigan** Überlange Strick- und Häkelweste mit V-Ausschnitt.

**changierend** Die Farbe wechselnd. Farbchangierendes Garn wird auch »ombriertes« oder »geflammtes« Garn genannt.

**Chenille** Handarbeitsgarn für effektvolle Häkel- und Strickarbeiten mit samtartiger Oberfläche.

**Cheviotgarn** Wolle von Schafen, die in Süd-Schottland gezüchtet werden. Das Haar der Cheviot-Wolle ist lang, glänzend, wenig gekräuselt und grob.

**Crossbredwolle** Englische Bezeichnung für Wolle, die aus einer Kreuzung von Merino- und Leicesterschafen hergestellt wird.

**dämpfen** Zum Bügeln wird ein feuchtes Tuch verwendet. *Siehe »Wollpflege-Tips«, Seite 43.*

**darüberziehen** Um beim Stricken einen bestimmten Abnahmeeffekt zu erreichen, z. B. bei Raglanschrägungen, wird zunächst eine Masche ungestrickt abgehoben. Diese Masche wird anschließend über die nächste gestrickte Masche gezogen. *Siehe auch »Überzug«.*

**Daumenzwickel oder Daumenspickel** Keilförmige Zunahme beim Faust- oder Fingerhandschuh, mit der man die nötige Weite für den angestrickten Daumen erhält. *Siehe auch »Spickel«.*

**Deckchen gehäkelt** Vielseitig verwendbar sind gehäkelte Deckchen aus Baumwollgarn. Die Muster entstehen aus Stäbchen, Luftmaschenbogen, Pikots, festen Maschen usw. Wenn Sie nach eigenem Entwurf eine Decke arbeiten wollen, beginnen Sie immer mit einem Luftmaschenring. Daran schließt sich eine Runde fester Maschen. Jetzt sind der Phantasie keine Grenzen mehr gesetzt.

---

**TIP** Wechseln Sie dichte Musterfolgen mit luftigen ab, und beenden Sie die ganze Arbeit mit einem Rand aus hübschen Pikots. Spannen Sie zum Schluß die Arbeit mit rostfreien Nadeln und besprühen Sie sie mit Sprühstärke. *Siehe »spannen« und »Häkeldeckchen« und »Pikots«.*

---

**Decke aus krausgestrickten Quadraten** Wenn Sie Ihre allerersten Strick-Künste gleich in ein großes Arbeitsstück umsetzen wollen, können Sie sich an eine Decke aus krausgestrickten Quadraten wagen.

Ein Beispiel: Eine Decke, für die pro Quadrat 25 Maschen mit doppelter Wolle (euro cablé) angeschlagen werden. 24 gestrickte Reihen – immer rechte Maschen – ergeben ein Quadrat. Sie können innerhalb der Quadrate beliebige Streifen- und Farbkombinationen stricken. Aus 63 Quadraten wird die Decke dann mit dickem Wollgarn sichtbar zusammengehäkelt.

---

**TIP** Wenn Sie schon viele Maschenproben gemacht haben, können Sie auch aus diesen Maschenproben eine fröhliche Decke zusammensetzen.

---

**Deltahäkelei** Im Gegensatz zur Filethäkelei, die sich auf rechteckigen Formen aufbaut, entsteht die Deltahäkelei durch Dreiecke.

Der Gittergrund entsteht so:

Lm-Anschlag: 3 Wende-Lm, 1 Stb in die 1. Lm, * 2 Lm, in die Einstichstelle des letzten Stb 1 zur Hälfte abgemaschtes Stb arbeiten, 2 Lm übergehen, 1 zur Hälfte abgemaschtes Stb in die folgende Lm, nun die beiden Stb zusammen abmaschen, ab * wiederholen.

Jede R mit 3 Lm wenden, wiederholen. *Siehe Häkeldiagramm nächste Seite oben links.*

# De bis do

*Deltahäkelei Häkelstenogramm*

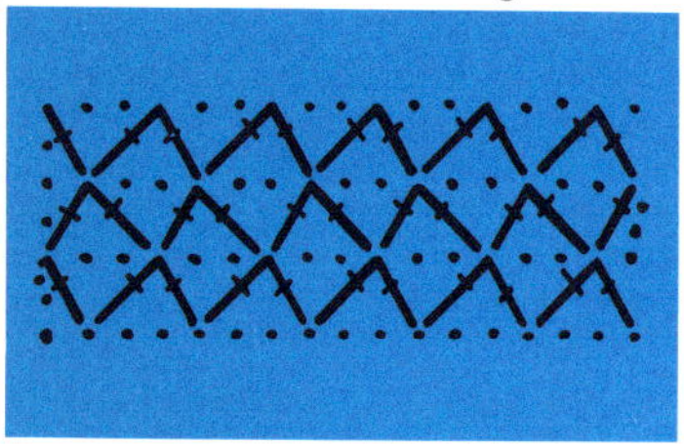

/\ = zusammen abgemaschte Stäbchen
• = Luftmasche

**Deux pièce** Das Wort kommt aus dem Französischen, Übersetzung »zwei Stück«, und bezeichnet ein zweiteiliges Kleid.

**Diagonal-Rippenmuster** Hier gibt es verschiedene Variationen. Dazu ein Strickmuster als Anregung: r = rechts l = links, M in den RückR stricken wie sie erscheinen.

7. R. r l l r r l l r r l l r r l l r r l l r r l l r
5. R. l l r r l l r r l l r r l l r r l l r r l l r r
3. R. l r r l l r r l l r r l l r r l l r r l l r r l
1. R. r r l l r r l l r r l l r r l l r r l l r r l l

*Diagonal-Rippenmuster*

**Diagonalstreifen** Mehrfarbige Streifenmuster bei Häkel- oder Stricksachen. Diese Streifen ziehen sich schräg über das gesamte Maschenbild. Je nach Schrägung des Streifens wird in jeder oder in jeder zweiten Reihe die Farbe um eine Masche verschoben. Der nicht benötigte Faden liegt locker hinter der Arbeit.

**dichte Masche** In manchen Gegenden Deutschlands ist dies die Bezeichnung für feste Maschen. *Siehe »feste Masche«.*

**Dochtgarn aus Baumwolle** Weiches Vorgarn, das zumeist noch weiter versponnen wird. Es kann für Kerzendochte verwendet werden.

**Dochtwolle** Lockeres, offen gedrehtes Kammgarn, auch Dochtgarn genannt. Dochtwolle läßt sich mit starken Nadeln zu hübschen Modellen verarbeiten.

**doppelte Abnahme** *Siehe »Grundkurs Stricken und Häkeln«, Seite 14 und 21.*

**doppelte Blende** Für eine doppelte, angestrickte Blende wird glatt rechts hochgestrickt und zwar doppelt so breit, wie die fertige Blende werden soll. Dann wird das Gestrickte nach links umgeschlagen und an die Randmaschen genäht.

**doppelte Luftmasche** Weitere Bezeichnung: »Anschlag mit festen Maschen«. Doppelte Luftmaschen ergeben gleichmäßige und elastische Anschläge. Arbeiten Sie wie folgt:
Häkeln Sie zwei Luftmaschen. Stechen Sie nun in die erste der beiden Luftmaschen ein und holen Sie den Faden durch. Ziehen Sie nun den Faden durch die beiden jetzt auf der Nadel liegenden Schlingen. Nun stechen Sie in das linke der direkt unter der Häkelnadel liegenden 2 Maschenglieder, holen den Faden durch und maschen die beiden Schlingen wieder gemeinsam ab. Diesen Vorgang wiederholen Sie, bis der Anschlag lang genug ist. *Siehe Zeichnung.*

*Doppelter Luftmaschenanschlag*

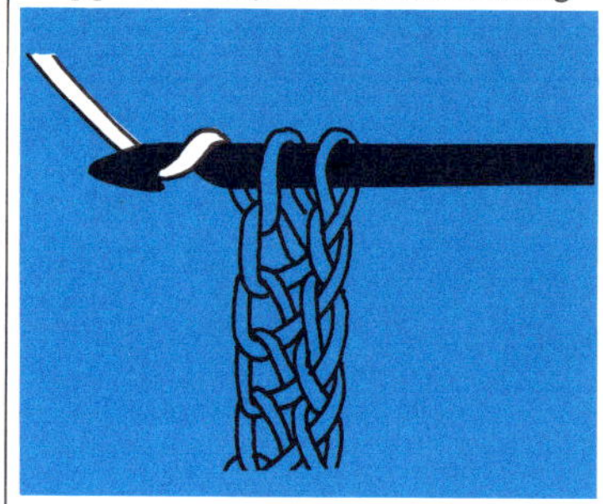

**doppelter Faden** Hier soll laut Arbeitsanleitung mit »doppeltem Faden« gearbeitet werden. Sie nehmen zwei Fadenenden in die linke Hand und arbeiten damit, als wäre es ein Faden.

**doppeltes Stäbchen** *Siehe »Grundkurs Häkeln«, Seite 19.*

**doppelte Zunahme** *Siehe »Grundkurs Stricken und Häkeln«, Seite 13 und 20.*

**doppelt stricken** Für einen doppelt gestrickten Saum oder für Strickstücke, bei denen das Futter gleich mitgearbeitet werden soll, können Sie »doppelt stricken«. Es werden in einem Vorgang Innen- und Außenseite gestrickt. Zwischen beiden Seiten entsteht ein Hohlraum. Sie können auch zweifarbig gestrickt werden. Schlagen Sie eine gerade Maschenzahl auf Strumpfstricknadeln an. Sie benötigen 1/3 mehr Maschen als für ein normal gestricktes Stück gleicher Breite.

*Arbeitsablauf:*
Randmasche stricken, erste Masche wie eine Linksmasche abheben, Faden hinter die Arbeit legen, zweite Masche stricken, Faden vor die Arbeit legen, die nächste Masche wie eine Links-

masche abheben, Faden hinter die Arbeit legen, eine Masche rechts stricken, Faden vor die Arbeit legen, wiederholen bis zum Ende der Reihe, Arbeit wenden und genauso weiterarbeiten.
Soll das doppelt Gestrickte beim Saum beendet werden, stricken Sie auf der Vorderseite jeweils die abgehobenen Maschen mit den folgenden Maschen rechts zusammen. Danach die Arbeit glatt rechts fortsetzen. Wollen Sie das doppelt Gestrickte zweifarbig arbeiten, stricken Sie jeweils die eine Reihe in Farbe A und die Rückreihe in Farbe B. Benützen Sie dafür je zwei Knäuel in jeder Farbe.

**Doubleface** Das Modell ist doppelseitig gearbeitet und kann auf beiden Seiten getragen werden. *Siehe »doppelt stricken«.*

**Dreiecktuch** Es gibt zwei verschiedene »klassische« Grundmethoden, Dreiecktücher zu häkeln.

1. Beginnen Sie über einem Luftmaschenanschlag, der so lang ist, wie die breiteste Seite des Tuches. Darüber häkeln Sie Büschelmaschen oder Phantasiemuster und nehmen an beiden Seiten regelmäßig bis zur Spitze ab. Die Seiten werden überhäkelt und Fransen eingeknüpft.

2. Beginnen Sie mit einem Luftmaschenring aus 9 Maschen.

*1. R:* 3 Lm und 2 Stb, 1 Lm, 3 Stb in den Ring häkeln.

*2. R:* 3 Lm zum Wenden, 2 Stb zwischen das 1. und 2.Stb oder VorR, 1 Lm, dann in die Lm der VorR 3 Stb, 1 Lm, 3 Stb, 1 Lm. In das letzte Stb 3 Stb häkeln.

*3. R:* 3 Lm zum Wenden. 2 Stb zwischen das 1. und 2. Stb, Stb der VorR, 1 Lm. Dann immer 3 Stb, 1 Lm zwischen die drei Stb der VorR häkeln. In die Lm, die die Mitte der Arbeit bildet, werden in jeder Reihe 3 Stb, 1 Lm, 3 Stb gehäkelt. In das letzte Stb 3 Stb häkeln. *Siehe Häkeldiagramm.*

*Dreiecktuch*

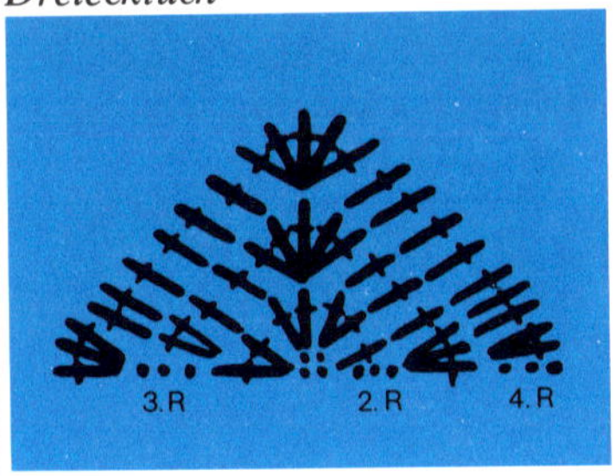


† = 1 Stb
• = 1 Lm

**dreifaches Stäbchen** Für das dreifache Stäbchen schlingt man zunächst den Faden dreimal um die Häkelnadel, sticht in das darunterliegende entsprechende Maschenglied der Vorreihe oder des Anschlags und mascht dann wie beim Doppelstäbchen – nur einmal mehr – ab.

**durchbrochene Zunahme** Beim gewöhnlichen Zunehmen versucht man Löcher im Gestrick zu vermeiden. Bei der durchbrochenen Zunahme dagegen sind diese Löcher Dekoration. Nehmen Sie beim Zunehmen einen Umschlag auf die Stricknadel, und stricken Sie in der nächsten Reihe nicht verdreht ab.

**Durchmesser** Der Durchmesser einer runden Handarbeit wird durch den Mittelpunkt von einer Seite zur anderen gemessen.

**Ecken häkeln** Für Halsausschnitte, Blenden und Säume muß man manchmal Ecken arbeiten. Je exakter sie ausgeführt werden, umso schöner wird das Arbeitsstück. Hier drei verschiedene Möglichkeiten, Ecken zu bilden:

*1. Spitze Ecken durch Zunahmen:* In die für die Eckbildung vorgesehene und markierte Masche häkelt man drei Maschen und dann in jeder weiteren Reihe wiederum drei Maschen in die mittlere der drei Maschen der Vorreihe.

*Spitze Ecke durch Zunahme gehäkelt*

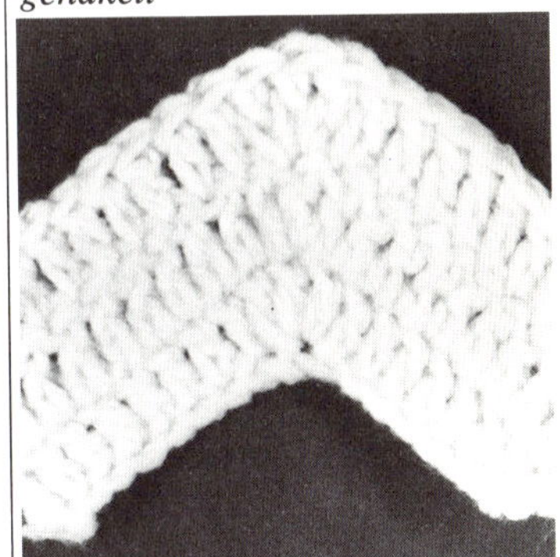

*2. Spitze Ecke durch Abnahme:* Über der als Ecke markierten Stelle überspringt man beim Abhäkeln zwei Maschen, in der nächsten Reihe wieder zwei usw. Sollen Stäbchen abgenommen werden, werden zwei Stäbchen unvollendet gelassen, d. h., es bleiben noch je zwei Schlingen auf der Nadel, und die werden dann gemeinsam abgemascht. Das erste Stäbchen wird in die Masche vor der Eckmasche eingestochen, das zweite in die Masche hinter der Eckmasche.
*Siehe Foto nächste Seite oben links.*

# Eck bis ei

*Spitze Ecke durch Abnahme gehäkelt*

*3. Rechtwinklige Ecken durch Zunahme:* In die Eckmasche arbeitet man eine feste Masche, eine Luftmasche und wieder eine feste Masche. In der nächsten und allen folgenden Reihen werden diese Maschen jeweils in die Luftmasche gearbeitet.

**Ecken in Phantasiemustern** Wenn Sie eine Umrandung in einem Phantasiemuster machen, dann fügen Sie an der Ecke je nach Muster ein oder zwei Motive an. Wie das genau zu arbeiten ist, müssen Sie von Fall zu Fall ausprobieren. Es gibt dafür keine festen Regeln.

**Ecken stricken** Gestrickte Ecken entstehen wie beim Häkeln durch Zu- oder Abnahmen. Für rechtwinklige Ecken bei Halsausschnitten, Taschen, Jackenblenden stricken Sie in der Eckmasche eine einfache Abnahme.

Für spitze Ecken, z. B. V-Ausschnitte, arbeiten Sie eine doppelte Abnahme mit Überzug der mittleren Masche (die M vor der MittelM abheben, die MittelM vor die Arbeit legen, die abgehobene M mit der folgenden M zusammenstricken und die MittelM darüberziehen). *Siehe Foto.*

*Ecken stricken*

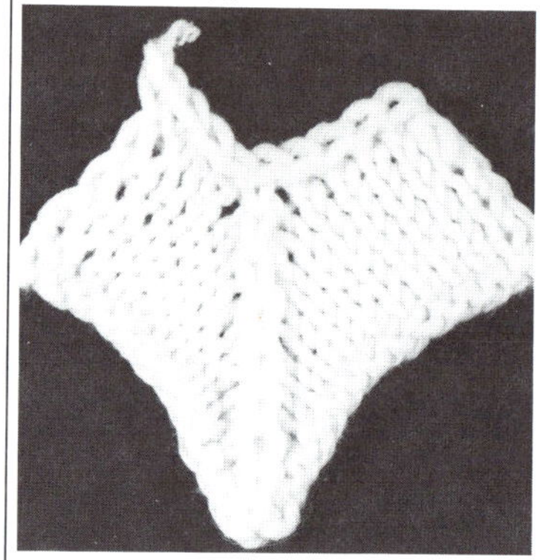

**Eckmotiv** Für Borten, Häkelspitzen muß ein »Eckmotiv« gearbeitet werden. Dieses Eckmotiv entsteht so: Man erweitert das Muster rechtwinklig oder man setzt ein ganz anderes Muster ein.

Dazu im Häkelsteno zwei Eckmotive:

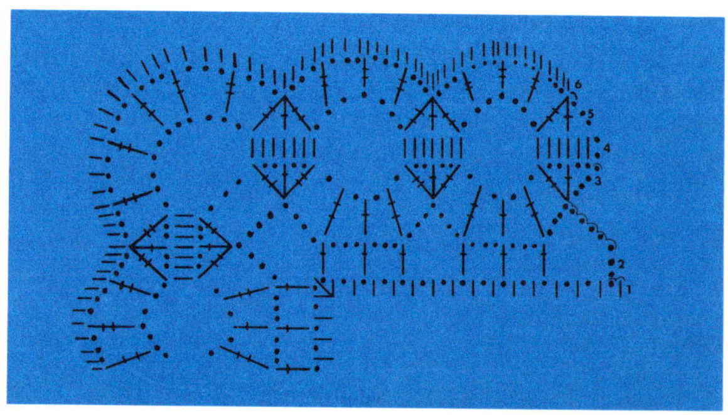

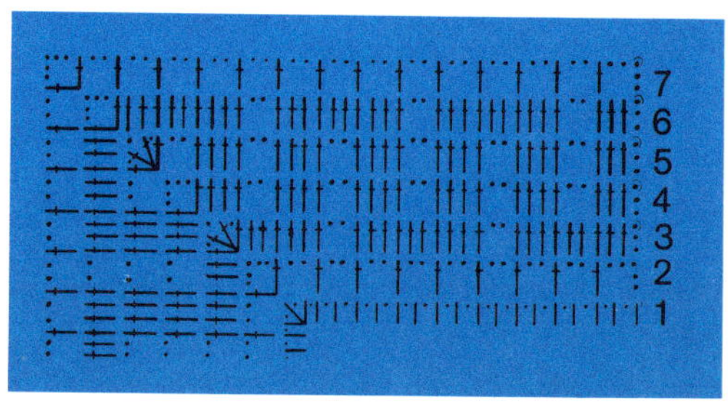


• = 1 Luftmasche
⌒ = 1 Kettmasche
| = 1 feste Masche
† = 1 Stäbchen
‡ = 1 Doppelstäbchen

**Eierwärmer** Eine hübsche kleine Arbeit für Häkelanfängerinnen sind Eierwärmer. Verwenden Sie MEZ Schulmädchengarn. *Siehe »Modellteil«.*

**einknüpfen von Fransen oder Schlingen** *Siehe »Fransen« und »Schlingen«.*

**einstechen** *Stricken:* Bei rechten Maschen wird die Stricknadel von vorne links nach hinten rechts in den vorne liegenden Teil der Masche eingestochen. Bei linken Maschen wird von rechts nach links in das hinten liegende Maschenglied eingestochen.
*Häkeln:* Beim Häkeln wird mit der Häkelnadel in die beiden obenliegenden Maschenglieder der Masche der Vorreihe eingestochen.

**einstechen in das hintere Maschenglied** Hier heißt es, nur in das hintere der beiden oben liegenden Maschenglieder mit der Häkelnadel einstechen.

# ei bis Fa

**einstechen in das vordere Maschenglied** Hier heißt es, nur in das vordere der beiden oben liegenden Maschenglieder mit der Häkelnadel einstechen.

**einstechen in die Luftmasche** Hier heißt es, zwischen die beiden Maschenglieder der Luftmasche mit der Häkelnadel einstechen.

**Einzelmotiv** Ein in sich abgeschlossenes Arbeitsstück, gehäkelt oder gestrickt. Aus Einzelmotiven werden Decken, Tischläufer usw. zusammengesetzt. *Siehe »Motive stricken«, »Motive häkeln«.*

**Eisengarn** Die handelsübliche Bezeichnung für gebleichtes Baumwollgarn, das durch Imprägnieren und Bürsten besonders glatt und glänzend gemacht wird. Eisengarn ist besonders steif und fest.

**Ellbogen** Wenn sie durch Abnützung dünn geworden sind, kann man sie im Maschenstich mit einem gleichfarbigen Faden übersticken. *Siehe »ausbessern«.* Oder Sie ziehen oberhalb des Ellbogens einen Faden und stricken über den freigewordenen Maschen einen farblich passenden Streifen in die Ärmel. Der Ärmel wird mit der aufgezogenen Wolle des Unterärmels fertig gestrickt oder der bereits fertige Unterärmel wird mit Maschenstich an das Neugestrickte angesetzt. Damit das Ganze flotter aussieht, stricken Sie außerdem noch einen Kragen, eine Tasche oder einen längeren Taillenbund in der Ellbogenfarbe an.

---

**TIP** Hübsch sehen gehäkelte Motive aus – Apfel, Herz, Blume – wenn sie als »Flicken« auf den dünnen Ellbogen aufgenäht werden.

---

**Estremadura** Garn aus reiner, langfasriger Baumwolle. Es ist weiches, farbechtes Garn und eignet sich für Strümpfe, Gardinen, Babybekleidung, Topflappen usw.

**Fadenführung** *Siehe »Haltung der Hände« im »Grundkurs Stricken und Häkeln«, Seite 11 und 17.*

**Faden verbinden** Manchmal können Sie beim Knäuelwechsel nicht bis zum Rand arbeiten, um dort den Faden neu anzusetzen (z. B. bei rundgestrickten Sachen). Sie müssen die Fadenenden innerhalb der Arbeit verbinden. Teilen Sie dazu das alte und das neue Fadenende und schneiden je eine Hälfte in Länge von etwa 10 cm ab. Die beiden verbliebenen, »halben« Fadenenden werden miteinander verdreht, so daß ein Faden normaler Garnstärke entsteht. Jetzt können Sie weiterarbeiten, ohne daß die Ansatzstelle sichtbar wird.

**Faden vernähen** Überhängende Fäden sollen unsichtbar im fertigen Arbeitsstück verschwinden. Fädeln Sie die Fäden in eine Stopfnadel und nähen Sie diese mit einfachen Vorstichen möglichst im Rand der Arbeit einige Zentimeter ein. Dann kann der Rest des Fadens abgeschnitten werden. Arbeiten Sie nicht zu fest, sonst löst sich der Faden im elastischen Gestrick und hängt lose heraus.

**Faden ziehen** Um ein *Strickstück* waagrecht zu teilen, zieht man an einer Seite einen Faden, ohne ihn abzureißen, bis er ganz stramm durch das Gestrick abgebildet ist. Jetzt schneiden Sie auf der anderen Seite diesen Faden durch und ziehen ihn vorsichtig aus dem Gestrick heraus. Dadurch liegen die Schlingen über und unter dem gezogenen Faden frei. Sie können jetzt mit der Stricknadel zur weiteren Verarbeitung aufgenommen werden.

Um ein *Häkelstück* abzuteilen, fädeln Sie zunächst einen andersfarbigen Wollfaden auf eine dicke Sticknadel. Dann stechen Sie die Sticknadel durch die beiden sichtbaren Maschenglieder jeder Masche oder jedes Stäbchens der Reihe, an der Sie trennen möchten. Nun schneiden Sie jede einzelne Masche der über dieser Markierung liegenden Reihe durch. Entfernen Sie die Wollfäden: Vor Ihnen liegt die saubere Reihe Maschen, an denen Sie nun weiterarbeiten können.

**Fallmasche** Eine gestrickte Masche, die von der Stricknadel gefallen ist und sich über mehrere Reihen hin aufgelöst hat. Sie wird auch »Laufmasche« genannt.

**Fallmaschenreihe** *Siehe »aufheben von gefallenen Maschen«.* Eine Reihe von Maschen, die als Muster in eine Arbeit eingeplant sind.

*Hier ein Zopfmuster mit fallengelassenen Maschen:* Maschenzahl durch 9 teilbar, plus RandM.

*1. R:* * 4 M li, 2 re verkreuzte M, 3 M li *.
*2. R:* * 3 M re, 1 M li, 1 Zwischenzunahme (aus dem horizontalen Faden vor der nächsten M 1 M re verschränkt herausstricken) 1 M li, 4 M re *.
*3., 5., 7., 9. R:* * 4 M li, 3 M re, 3 M li *
*4., 6., 8. R:* * 3 M re, 3 M li, 4 M re *
*10. R:* * 3 M re, 1 M li, 1 M fallen lassen, 1 M li, 4 M re *.

# fal bis Far

*Zopfmuster mit Fallmaschen*

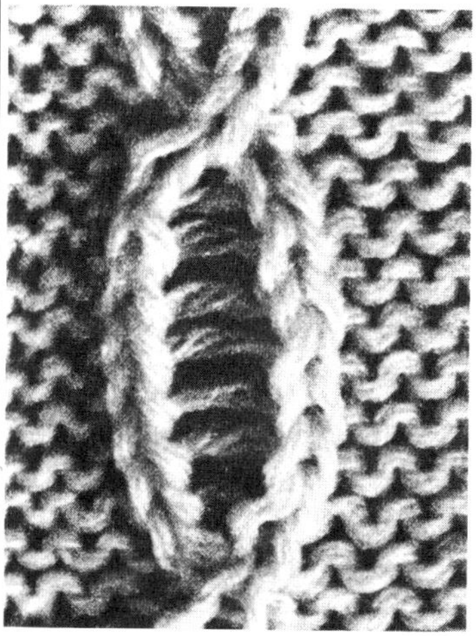

Als Fallmaschen werden außerdem verlängerte Maschen in waagrechten Reihen bezeichnet.

*Krausmuster mit Fallmaschenreihe*

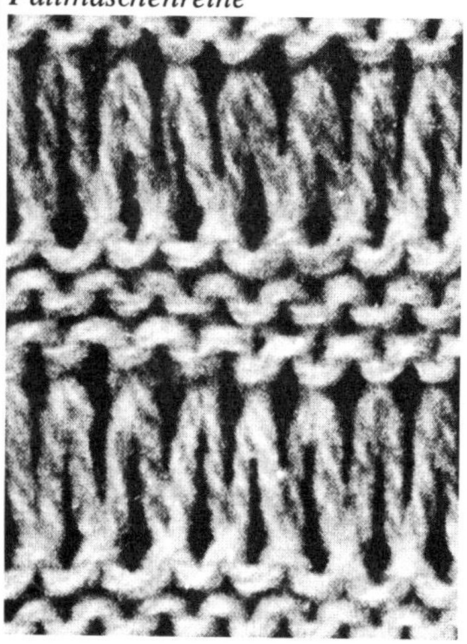

Man macht dazu in einer Reihe zusätzlich zu jeder Masche einen Umschlag und läßt diesen in der nächsten Reihe wieder fallen.

Hier zwei Beispiele:

*Krausmuster mit Fallmaschenreihe:* Beliebige Maschenzahl.

*1. bis 4. R:* re.
*5. R:* Jede M re stricken, dabei den Faden 2 mal um die Nadel schlingen.
*6. R:* Jede M re stricken, dabei einen der beiden U fallen lassen.

*Glatt rechts mit doppelter Fallmaschenreihe:* Beliebige Maschenzahl.

*1., 3., 5., 7. R:* re.
*2., 4., 6. R:* li.
*8. R:* (Rückseite der Arbeit): jede M re stricken, dabei den Faden 1 mal um beide Nadelspitzen schlingen, dann 1 mal um die re Nadel normal.
*9. R:* Wie die 8. R.
*10. R:* Jede M re stricken, dabei den 2. U von der li Nadel gleiten lassen.
*11. R:* Muster in der 1. R wieder aufnehmen.

*Glatt rechts mit doppelter Fallmaschenreihe*

**falsches Patent** Ein Rippenmuster, das dem Patentmuster ähnlich sieht, aber nicht ganz so dicht gearbeitet wird. Die Maschenzahl muß durch 4 teilbar (+ 2 RandM) sein: 1. und 2. R wiederholen. Hierzu ein Beispiel:

*1. R:* * 3 M re, 1 M li. *
*2. R:* * 2 M re, 1 M li, 1 M re. *

**Falten** *Die Rippen-Falte;* sie ist die einfachste, besteht aus breiten Rechtsrippen, die die sogenannte Oberfalte bilden und aus schmaleren Linksrippen, die die Faltentiefe bilden.

*Falten in glatt rechts gestrickten Arbeiten;* sie entstehen durch einen speziell gestrickten **»Knick«**. Für den Außenbruch wird jeweils eine Masche nur abgehoben und dann auf der Rückseite links abgestrickt. Für die Innenfalte wird jeweils eine linke Masche auf der Vorderseite gestrickt, auf der Rückseite wird links durchgestrickt.

---

**TIP** Um zu berechnen, wieviel Maschen Sie für einen Faltenrock – sei es mit runden Quetschfalten, einer Kellerfalte oder Sonnenplissee – aufnehmen müssen, fertigen Sie am besten einen Papierschnitt an. In diesen Schnitt falten Sie gleich die vorgesehenen Falten mit ein. Beim Auseinanderklappen können Sie die gesamte Breite abmessen.

---

**Farbbandnummer** Jedes Wollknäuel hat auf der Banderole eine Farbbandnummer. Alle Knäuel mit der gleichen Nummer sind im gleichen Färbebottich gefärbt worden und garantiert farbgleich. Achten Sie also beim Kauf darauf, daß alle Ihre Knäuel die gleiche Nummer haben.

**Farbunterschiede** Sie können weitgehend vertuscht werden, wenn Sie mit zwei Knäueln der verschiedenen Farbbandnummern gleichzeitig arbeiten. Stricken oder häkeln Sie zwei Reihen mit dem ersten Knäuel, die nächsten beiden Reihen mit dem zweiten Knäuel usw.

**Farbwechsel** Damit beim gestreiften Rippenmuster der Farbwechsel bei den linken Maschen nicht so auffällt, können Sie die erste Reihe mit der neuen Farbe glatt rechts stricken.

---

**TIP** Dieser Trick eignet sich nicht für Sachen, die von beiden Seiten getragen werden (z. B. Schals).

---

**Fausthandschuhe** *Siehe »Modellteil«.*

**Fehler verbessern** *Siehe »aufheben von gefallenen Maschen«.*

**Fensterbild** Aus Skandinavien stammt die Idee, feine Filethäkelei auf einen leichten Holzrahmen zu spannen und als Dekoration ans Fenster zu hängen. Wollen Sie eigene Ideen verwirklichen, zeichnen Sie sich auf kariertes Papier einen einfachen Entwurf. Sie können nun das Motiv häkeln, indem Sie die Kästchen im Filetgrund mit Stäbchen füllen. Kreuzstichmuster lassen sich auch gut als Filet-Fenster-Bilder-Vorlagen verwenden.

**Ferse** Um einem Strumpf die richtige Form zu geben, wird eine Ferse eingestrickt. *Siehe »Strümpfe stricken«.*

**Fertigstellung** *Siehe »Fertigstellen« im »Grundkurs Stricken und Häkeln«, Seite 38.*

**feste Masche** Grundmasche beim Häkeln. *Siehe »Grundkurs Häkeln«, Seite 18.*

**Feston** Eine bogenförmige Abschlußkante einer Handarbeit. Meist ist Feston gestickt, kann aber auch gehäkelt werden. Dazu häkeln Sie Luftmaschenbögen und behäkeln sie dann je nach Breite mit Kettmaschen, festen Maschen, halben Stäbchen, Stäbchen, Doppelstäbchen, Stäbchen, halben Stäbchen, festen Maschen, Kettmaschen.

**Filet** Häkelei in Netztechnik. Über einem Luftmaschenanschlag wird das Netz aus: 1 Stäbchen, 1 Luftmasche, 1 Stäbchen usw. aufgebaut. Um Muster hineinzuarbeiten, werden die Netzöffnungen mit Stäbchen gefüllt. Für Filethäkelei werden hauptsächlich Baumwoll- oder Kunstseidengarne verwendet. *Siehe »Modellteil«.*

**Fingerhandschuhe** *Siehe »Modellteil«.*

**Flachs** Eine Faserpflanze, aus der das Leinengarn gesponnen wird.

**Flammengarn** Baumwollgarn, das im Strang verschiedenfarbig – geflammt – *bedruckt ist.*

**Flauschwolle** Dreifach gedrehte Wolle mit flauschiger Oberfläche. Sie ergibt wollige, weiche Strick- und Häkelsachen.

**Flecken** Wie Flecken in Wollsachen zu bearbeiten sind, wird unter »Pflegeanleitungen« erklärt.

**Florgarn** Feinfädiger, gasierter *(siehe »gasiertes Garn«)* Baumwollfaden.

**folgend** Die nächste Masche oder Reihe.

**Fond** Der Hintergrund bei irischer Spitzenhäkelei. Es gibt zwei Möglichkeiten, diesen Fond zu arbeiten:

1. Es wird ein Gitternetz aus beliebigen Pikotmustern in der gewünschten Größe gehäkelt und dann die Blüten und Blätter der irischen Häkelmotive darauf befestigt.

2. Alle einzeln gehäkelten Motive werden im beliebigen Muster locker auf einen Stoffgrund geheftet. Die Zwischenräume – den Fond – füllen Sie nun mit Pikothäkelei aus. Dazu häkeln Sie eine Anschlußmasche auf den Rand eines Motivs, häkeln einen Luftmaschenbogen aus 2 Luftmaschen, 1 Pikot (= 6 LM, 1 fM in die 1. der 6 Lm) und 2 Luftmaschen.

Den Bogen befestigen Sie an einem anderen Motiv mit einer Anschlußmasche. In den folgenden Reihen stechen Sie die Anschlußmaschen auch zwischen die Pikots ein. So versuchen Sie, den gesamten Fond netzartig auszufüllen. *Siehe Foto.*

*Fond*

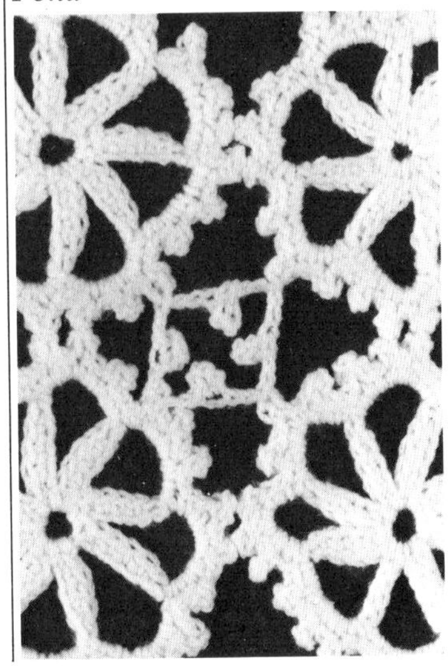

# fo bis Ga

**fortlaufend** Von jetzt an den Mustersatz immer wiederholen.

**fortsetzen** So weiterarbeiten.

**Fransen** Als Abschluß an Schultertüchern und ähnlichem werden Fransen eingeknüpft. Wieviele Fäden Sie für eine Franse brauchen, hängt von der Stärke des Materials ab. Machen Sie sich zunächst eine Probefranse. Wenn Sie wissen, wie lang und dick die Fransen werden sollen, schneiden Sie sich ein Stück Pappe von doppelter Länge zurecht. Darum wickeln Sie die halbe Anzahl Fäden der fertigen Franse. Schieben Sie die Fäden von der Pappe, und legen Sie sie auf halbe Länge zusammen. Mit Hilfe einer dicken Häkelnadel ziehen Sie die entstandene Schlinge durch den Rand Ihrer Handarbeit. Durch die Schlaufe holen Sie jetzt den frei hängenden Teil der Franse und ziehen ihn fest. *Siehe Zeichnung.*

*Fransen A*

Um die Länge der Fransen gleichmäßig abzuschneiden, spannen Sie die Kante auf und streichen die Fransen schön glatt. Legen Sie ein mit Bleigewichten oder Steinen beschwertes Lineal darauf. Schneiden Sie nun die Fransen an der Linealkante ab.

---

**TIP** Noch dekorativer wirken Fransen, wenn Sie sie untereinander verknüpfen. *Siehe Zeichnung.*

---

*Fransen B*

**Frottéegarn** Woll- oder Baumwollgarn, manchmal mit Chemiefasern gemischt. Zwei lose und ein festgedrehter Zwirn sind so zusammengedreht, daß abwechselnd feine Knötchen und Schlingen den Frottée-Effekt ergeben.

**Fusseln** Weiche Wollsachen bekommen nach mehrmaligem Waschen leicht Fusseln auf der Oberfläche. Mit einem Rasierapparat zum Naßrasieren können Sie die Fusseln entfernen. Dazu legen Sie das Wollstück glatt und möglichst gespannt auf den Tisch und streichen vorsichtig mit dem Rasierer drüber.

**Gabelhäkelei** Eine Handarbeit, bei der man zusätzlich zu Faden und Häkelnadel noch eine »Gabel« benötigt. Diese Häkelei dient zum Herstellen von Litzen und Bändern, die ihrerseits wieder zusammengehäkelt werden können. Sie können daraus Stolen, Tischdecken, Röcke und vieles mehr arbeiten.

Und so wird gehäkelt:

Bilden Sie eine Anfangsschlinge wie zum Häkeln und schieben Sie sie über die linke Spitze der Gabel. Ziehen Sie den Knoten so an, daß er zwischen den beiden Gabelspitzen sitzt. Nun wird der Faden einmal um die rechte, einmal um die linke Spitze gelegt.

Dabei befestigt man den Arbeitsfaden jeweils in der Mitte mit einer festen Masche. Wenn Sie nur einen Faden der unteren Schlinge erfassen, erhalten Sie einen schmalen Mittelgrat. Soll der Mittelgrad breiter sein, erfaßt man beide unteren Schlingen.

*Gabelhäkelei A*

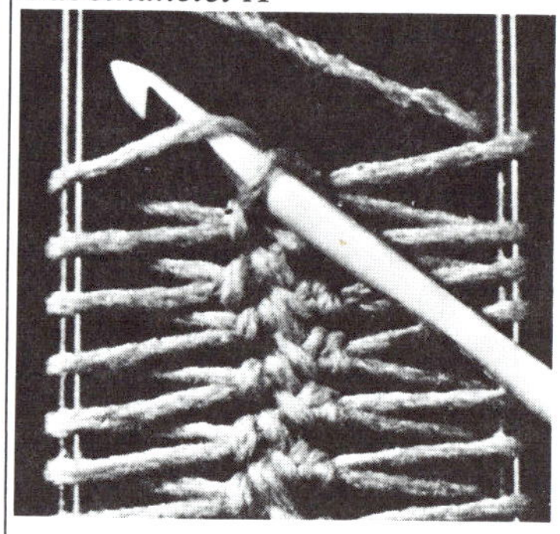

Ist die Gabel voll und die gewünschte Länge der Bordüre noch nicht erreicht, lassen Sie alle

*Gabelhäkelei B*

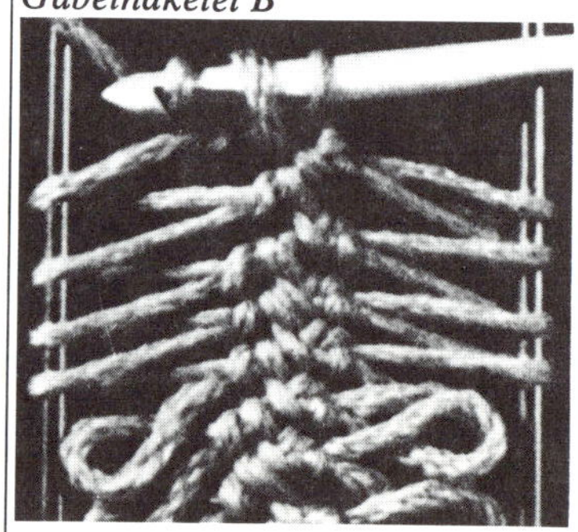

# Ga bis ge

Schlingen, bis auf vier oder fünf, von der Gabel gleiten und arbeiten weiter.

Ist die erforderliche Länge erreicht, lassen Sie alle Schlingen von der Gabel gleiten und häkeln sie am Rand mit festen Maschen ab. Dabei wird jede einzelne Schlinge erfaßt und von hinten nach vorn eingestochen. Durch diese Methode erscheinen die Schlingen verschränkt.

*Gabelhäkelei C*

Die vorgefertigten Bordüren können nun auf jede beliebige Weise zusammengehäkelt werden.

Hier noch ein Beispiel, wie man eine Gabelbordüre phantasievoll gestalten kann:

*Einsatz mit verdrehten Schlingen* Die einfache Borte mit Baumwolle, einer Gabel Nr. 4 und einer Häkelnadel Nr. 3½ arbeiten. Die Borte in der gewünschten Länge anfertigen, dabei jede Schlinge mit 1 fM schließen, und die Häkelnadel immer von unten nach oben in die linksliegende Schlinge einstechen. Beide Kanten der Borte wie folgt abhäkeln:

*1. R:* ✻ 1 fM in 4 Schlingen, wobei diese beim Auffassen kreisförmig herumgedreht werden, 3 Lm ✻, von ✻ bis ✻ wiederholen.
*2. R:* ✻ 1 fM in die fM der VorR, 3 Lm, 1 fM in die mittlere M des Lm-Bogens (= 3 Lm) der VorR, 3 Lm ✻, von ✻ bis ✻ wiederholen.

*Einsatz mit verdrehten Schlingen*

**Gamaschen** Warme Höschen für Kleinkinder, die keinen geschlossenen Fuß – wie bei Strampelhosen – haben, sondern deren Fußblatt über dem Schuh getragen wird. Die Hosen werden durch einen Steg aus Gummiband oder Garn am Hochrutschen gehindert.

**Gardinen häkeln** Eine reizvolle Fensterverkleidung sind selbstgearbeitete Gardinen. Man verwendet hierfür entweder reine Baumwollgarne, die sich gut waschen lassen, oder pflegeleichte Synthetics. *Siehe »Modellteil«.*

**gasiertes Garn** Baumwollgarn, dessen Oberfläche mit Gasflammen abgesengt wird. Dadurch ist dieses Garn sehr glatt und frei von Flusen.

**Gästehandtücher** Kleine Baumwollhandtücher, die nach einmaligem Benutzen gewaschen werden. Daher eignen sich für Gästehandtücher nur gut waschbare Garnqualitäten. Anfänger können sich aus Baumwollgarn erst einmal Mustertücher stricken oder häkeln. Das fertige Tuch wird mit festen Maschen umhäkelt, eine Aufhängeschlinge angebracht und eventuell mit einem buntem Monogramm bestickt.

**gegengleich** Da viele Arbeitsstücke symmetrisch sind, wird bei den Anleitungen nur eine Seite beschrieben. Es heißt dann: »Arbeiten Sie die andere Seite gegengleich«. Das bedeutet: die Angaben, die beim ersten Arbeitsstück rechts angemerkt waren, gelten nun links und umgekehrt.

---

**TIP** Anfängerinnen schreiben sich am besten die Erklärung für den 2. Teil mit umgekehrten Angaben auf. Dann kann bei Ab- und Zunahmen nichts schief gehen.

---

**gegengleich beenden** Ein symmetrisches Arbeitsstück wird gegengleich *(siehe oben)* beendet.

**Gegenknopf** Ein kleiner, meist durchsichtiger Knopf, der auf der linken Seite eines Arbeitsstückes dem Knopf der Vorderseite gegengenäht wird. Dadurch kann der schwere Knopf nicht ausreißen.

**gehäkelte Blenden** Um Strickkanten Halt zu geben, können Sie sie mit festen Maschen umhäkeln.

*Senkrechte Kanten:* Arbeiten Sie in jede Randmasche (= jede 2. Reihe) eine feste Masche.

*Waagrechte Kanten:* Arbeiten Sie in jede Masche der gestrickten Kante eine feste Masche.

## ge bis Gi

Soll die Blende in einer anderen Farbe ausgeführt werden, häkelt man die erste Runde in der Grundfarbe. Erst die zweite Reihe wird in der Schmuckfarbe gearbeitet. Dadurch sind Unebenheiten bei der Kantenbildung nicht zu sehen.

**gerade hocharbeiten** Ohne Veränderung der Maschenzahl oder des Grundmusters weiterarbeiten, bis neue Arbeitsanweisungen gemacht werden.

**Gerstenkornmuster** Ein beliebtes Strickmuster, mit dem eine recht gleichmäßige Oberfläche erzielt wird:

*1. R:* re.
*2. R:* * 1 M re, 1 M li, ab * wiederholen.
*3. R:* re.
*4. R:* * 1 M li, 1 M re, ab * wiederholen.
*1. bis 4. R:* Wiederholen.

**Gesamtlänge** Bezeichnet die Länge, die ohne Saumzugabe oder Nähte benötigt wird.

**geschlossene Arbeit** Sie wird entweder auf einer Rundstricknadel oder auf einem Nadelspiel gestrickt. Dabei wird immer auf der Vorderseite gearbeitet. Das Gestrick ist in sich geschlossen, man soll Anfang und Ende nicht erkennen.

**TIP** Wenn sich bei den Übergängen von einer Nadel zur anderen doch Streifen bilden, stricken Sie die Maschen versetzt ab. Das heißt: Nehmen Sie eine Masche der folgenden Nadel auf die gerade beendete. So verschiebt sich der Übergang ständig.

**gezwirnt** Zusammengedreht. Je stärker ein Garn gezwirnt ist, umso härter und widerstandsfähiger ist es.

**Gittermuster** Ein- oder zweifarbige Muster in den verschiedensten Variationen. Hier drei Beispiele:

*Maschenzahl teilbar durch 6 + 3 M:*

*1. R:* Rot, Vorderseite, re stricken.
*2. R:* Rot, Rückseite, li stricken.
*3. R:* Gelb, 3 M re, * 1 M abheben ohne sie zu stricken, 5 M re *, R endet mit 1 M abheben und 3 M re. Von * bis * wiederholen.
*4. R:* Gelb, 3 M re, * die abgehobene M der Vorreihe abheben, 5 M re *. Von * bis * wiederholen. R endet mit 1 M abheben und 3 M re.
*5. R:* Gelb, 3 M li, * die abgehobene M abheben, 5 M li, *. Von * bis * wiederholen. R endet mit 1 M abheben, 3 M li.
*6. R:* Gelb, wie R 4.
*7. R:* Rot, re stricken.
*8. R:* Rot, li stricken.
*9. R:* Gelb, * 1 M abheben, 5 M re *. Von * bis * wiederholen. R endet mit 1 M abheben.
*10. R:* Gelb, * die abgehobene M abheben, 5 M re *. Von * bis * wiederholen. R endet mit 1 M abheben.
*11. R:* Gelb, * 1 M abheben, 5 M li *. Von * bis * wiederholen. R endet mit 1 M abheben.
*12. R:* Gelb, wie R 10.
*13. R:* Das Muster in R 1 wieder aufnehmen.

*Gittermuster A*

*Maschenzahl durch 8 teilbar, plus RandM:*

*1. R:* * 1 M li, 7 M re *.
*2. und 8. R:* * 1 M re, 5 M li, 1 M re, 1 M li *.
*3. und 7. R:* * 2 M re, 1 M li, 3 M re, 1 M li, 1 M re *.
*4. und 6. R:* * 2 M li, 1 M re, 1 M li, 1 M re, 3 M li *.
*5. R:* * 4 M re, 1 M li, 3 M re *.

*Gittermuster B*

*Maschenzahl durch 6 teilbar, plus RandM:*

*1. und 3. R:* * 2 M li, 2 M re, 2 M li *.
*2. und alle geraden R:* Wie die M erscheinen.
*5. R:* * 2 li M auf eine HilfsN hinter die Arbeit legen, 1 M re, die 2 stillgelegten M li stricken, 1 M auf eine HilfsN vor die Arbeit legen, 2 M li, die stillgelegte M re *.
*7. R:* Muster in der 1. R wieder aufnehmen, um 3 M verschieben mit 1 M re beginnen, * 4 M li, 2 M re. *
*Siehe auch »Hebemasche«.*

## Gl bis Gü

*Gittermuster C*

**Glanzgarn** Mercerisierter Baumwollzwirn, der hauptsächlich für Häkelarbeiten verwendet wird. Eisengarn wird ebenfalls als Glanzgarn bezeichnet.

**glatt rechts** Bei einer geschlossenen Arbeit wird ausschließlich rechts gestrickt.

Bei einer offenen Arbeit dagegen hin rechts und zurück links, nur dann bildet sich auf der Vorderseite ein glattes, rechtes Maschenbild.

**gleiche Teile arbeiten** Für den Anfänger ist es manchmal schwierig, zwei völlig gleiche Teile, z. B. Ärmel, herzustellen. Schlagen Sie deshalb auf einer Nadel mit zwei Knäuel Wolle beide Ärmel gleichzeitig an. Und stricken Sie dann immer gleichmäßig eine Reihe am ersten Ärmel, eine Reihe am zweiten Ärmel usw. Dadurch können Sie alle Zu- und Abnahmen richtig und gleichmäßig ausführen.

Bei Häkelsachen ist es weniger günstig, die Arbeit nach jeder Reihe aus der Hand zu legen. Arbeiten Sie deshalb jeden Teil so weit, bis eine Veränderung (Zunahme, Abnahme, Musteränderung) eintritt. Häkeln Sie dann am anderen Stück genauso weit und führen die Änderung aus. *Siehe Zeichnung.*

*Gleiche Teile gleich arbeiten*

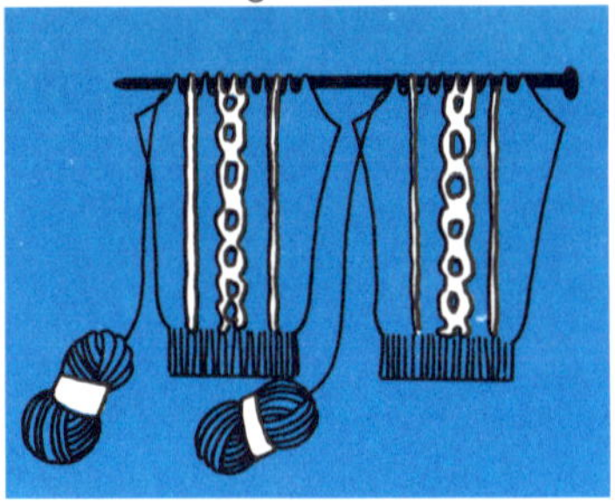

**Glitzergarn** Woll-, Synthetic- oder Baumwollgarn, das mit einem glänzenden – Lurex oder ähnlichem – Faden versponnen ist. Glitzergarne verwendet man gerne für abendliche Garderobe, Schultertücher und Abendtäschchen.

**Gobelingarn** Stramm gedrehtes Wollgarn. Man verwendet es zum Teppichknüpfen und zum Sticken von Gobelins. Gobelingarn kann auch für haltbare Bastelarbeiten verwendet werden.

**Größen** Die Größen, die bei Strickanleitungen angegeben werden, stimmen oft nicht mit den üblichen Konfektionsgrößen überein. Nehmen Sie daher genau Maß, bevor Sie sich entscheiden, in welcher Größe Sie ein Stück arbeiten wollen. *Siehe auch »Maßtabelle«.*

---

**TIP** Sind bei einer Arbeitsanleitung mehrere Größenangaben vermerkt, dann umranden Sie vor Arbeitsbeginn die für Sie wichtige Zahl mit einem roten Filzstift.

---

**Grundmuster** Unter Grundmuster versteht man das Muster, aus dem der Hauptteil des Handarbeitsstückes gearbeitet wird. Kragen, Bündchen, Taschen usw. werden oft nicht im Grundmuster ausgeführt. Die Maschenprobe soll immer im Grundmuster erstellt werden.

**Grundschnitt** *Siehe »Der Schnitt«, Seite 33.*

**Gummifaden** Gibt Strick- und Häkelbündchen mehr Elastizität und Halt. Sie können den Gummifaden mit einstricken. Einfacher ist es aber, ihn in die fertige Arbeit einzuziehen. Fädeln Sie dazu den Gummifaden in die Stopfnadel und ziehen ihn auf der Rückseite des Rippenmusters durch alle Reihen. Stechen Sie jeweils in die vorderen Maschenglieder ein, damit der Gummifaden auf der Vorderseite nicht zu sehen ist. *Siehe Zeichnung.*

*Gummifaden einziehen*

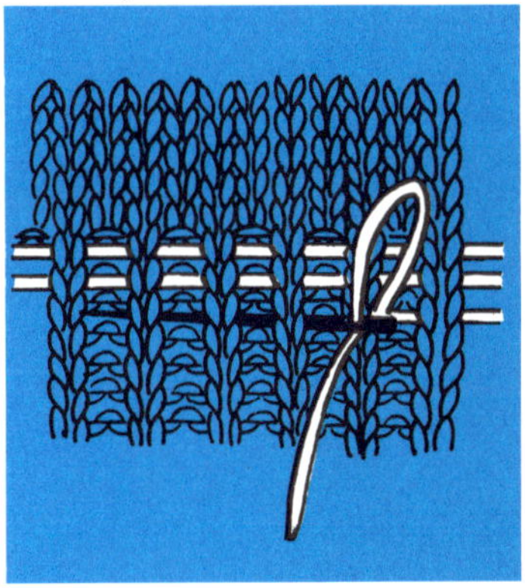

**Gürtel** Lassen sich sehr leicht häkeln oder stricken.

# Ha bis Hä

**Hahnentrittmuster** Sind alte, beliebte Strick- und Häkelmuster in zwei verschiedenen Farben. Hier je ein Beispiel:

*Gestricktes Hahnentritt-Muster:* Maschenzahl teilbar durch 4.

*1. R:* re (Vorderseite): 2 M weiß, * 1 M grün, 3 M weiß, * 1 M grün, 1 M weiß. Von * bis * wiederholen.
*2. R:* li (Rückseite): * 1 M weiß, 3 M grün *. Von * bis * wiederholen.
*3. R:* re: * 1 M weiß, 3 M grün *. Von * bis * wiederholen.
*4. R:* li: 2 M weiß, * 1 M grün, 3 M weiß *, 1 M grün, 1 M weiß. Von * bis * wiederholen.
*1. bis 4. R:* Wiederholen.

*Gestricktes Hahnentritt-Muster*

*Tunesisches Hahnentritt-Muster:* Maschenzahl durch 4 teilbar. Mit Farbe rot die Lm-Kette des Anschlags häkeln. Mit Farbe rot die 4 ersten Reihen wie beim einfachen tunesischen Muster arbeiten.
*5. R:* (HinR) Farbe schwarz, 1 Lm, das 1. senkrechte Maschenglied übergehen * 2 verkreuzte M (1 U, das folgende senkrechte Maschenglied der 1. R senkrechter Maschenglieder übergehen, Häkelnadel unter dem folgenden senkrechten Maschenglied derselben R einstechen, 1 U,
1 Schlinge durchholen, 1 U,
2 Schlingen abmaschen, 1 U,
Häkelnadel unter dem übergangenen Maschenglied einstechen,
1 U, 1 Schlinge durchholen, 1 U,
2 Schlingen abmaschen);
1 Schlinge durch jedes der 2 folgenden Maschenglieder der 2. R senkrechter Maschenglieder holen *. Von * bis * wiederholen, enden, indem man 1 Schlinge durch das letzte senkrechte Maschenglied holt.
*6. R:* Farbe schwarz. Die RückR des einfachen tunesischen Musters arbeiten.
*7. R:* (HinR) Farbe ekrü, 1 Lm, das 1. senkrechte Maschenglied übergehen *, 1 Schlinge durch jedes der 2 folgenden senkrechten Maschenglieder der VorR holen, 2 verkreuzte M, dabei über den 2 folgenden senkrechten Maschengliedern der vorletzten R senkrechter Maschengliedern arbeiten *. Von * bis * wiederholen, enden, indem man 1 Schlinge durch das letzte senkrechte Maschenglied holt.
*8. R:* Farbe ekrü, die RückR des einfachen tunesischen Musters arbeiten. Immer die 5., 6., 7. und 8. R wiederholen, dabei abwechselnd 2 R Farbe rot, 2 R Farbe schwarz und 2 R Farbe ekrü arbeiten.

*Tunesisches Hahnentritt-Muster*

**Häkeldecke** An diesem Beispiel sehen Sie, wie aus einzelnen kleinen Häkeldeckchen eine Tischdecke oder ein Läufer gemacht werden kann. Die runden Teile werden mit den quadratischen zusammengesetzt. *Siehe Schemazeichnung: Häkeldiagramm.*

*Zeichenerklärung*

| = Luftmasche
• = Kettmasche
∩ = feste Masche
† = Stäbchen
‡ = Doppelstäbchen
○ = Pikot, d. h. 5 Lm, 1 Kettm in das Abmaschglied der fM bzw. der zusammen abgemaschten DStb.

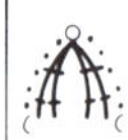
= 1 Kettm in das 1. DStb der 2. Rd, 5 Lm, 4 zusammen abgemaschte DStb auf die DStb der 2. Rd (d. h. jedes DStb bis zur letzten Schlinge abmaschen, diese auf der Nadel lassen und mit 1 weiteren U alle Schlingen zusammen abmaschen), 1 Pikot, 5 Lm, 1 Kettm in die Einstichstelle wie letztes DStb.

Die dicker gezeichneten Lm am Rundenbeginn ersetzen jeweils die 1. Masche.

*Häkelschrift*

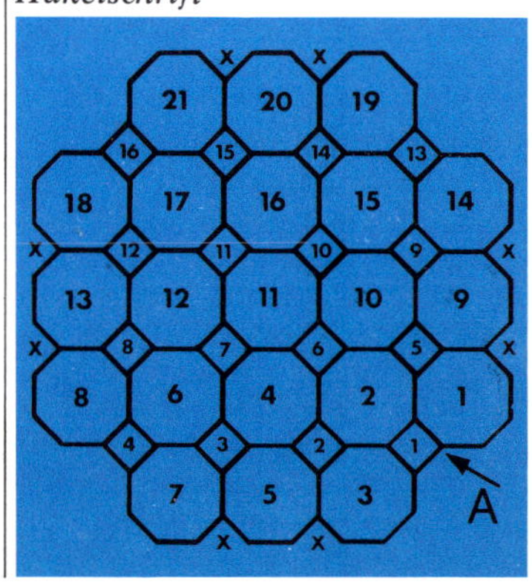

# Hä bis Hal

*Häkeldecke im Häkeldiagramm*

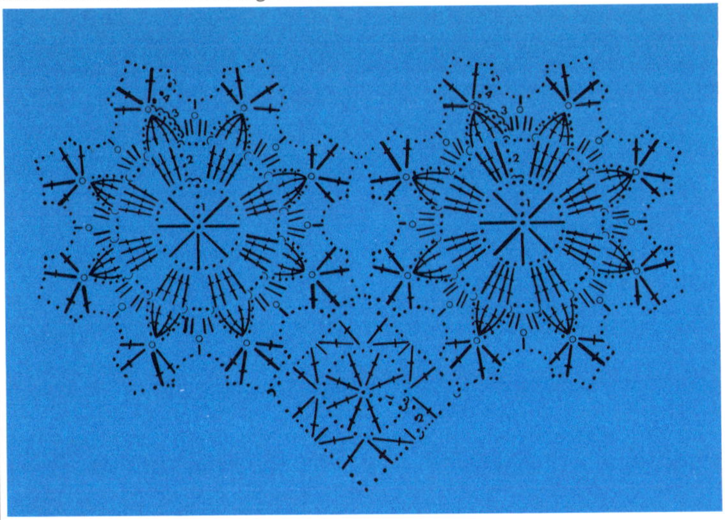

**Häkelgarn** Zum Häkeln können Sie eigentlich jedes Garn verwenden. Typisches »Häkelgarn« ist aber zumeist Baumwollgarn, wie z. B. Schulmädchengarn, Rote Tulpe, Blaue Tulpe, ABC-Garn etc.

**Häkelkunstseide** Stark glänzendes Garn aus Reyon.

**häkeln** *Siehe »Grundkurs Häkeln«.*

**Häkelnadel** Für jede Häkelarbeit brauchen Sie die entsprechende Häkelnadel.

**Häkelprobe** Maschenprobe, gehäkelt.

**Häkelschrift** Häkelsteno, Häkeldiagramm. Bei dieser Spezialschrift wird mit Hilfe von Symbolen die Mustererklärung vereinfacht und verdeutlicht. Jedes Symbol steht für eine bestimmte Masche. Die Symbole sind leider nicht bei allen Anleitungen gleich. Sie müssen sich also immer an die jeweils beigefügte Zeichenerklärung halten. Wenn Sie bei einer offenen Arbeit nach der Häkelschrift arbeiten, vergessen Sie nicht, daß Sie die 1. Reihe auf der Rückseite der Arbeit ausführen. Sie müssen also die Häkelschrift von links nach rechts ablesen. Das gilt auch für alle anderen Reihen mit ungerader Zahl. Hier ein Beispiel:

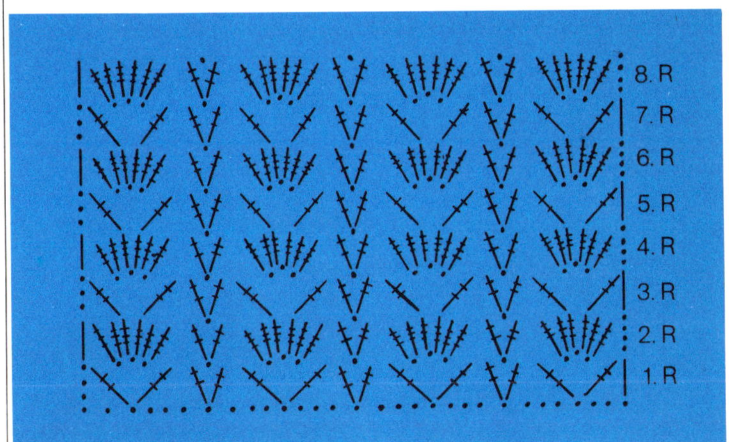


• = Lm
ǂ = Dstb
ǂ = 3-fach Stb

**Häkelsteno** Häkelschrift.

**halbes Stäbchen** *Siehe »Grundkurs Häkeln«, Seite 19.*

**halbieren eines Fadens** Sie ziehen das Fadenende etwas auseinander, fassen zwei gleich dicke Enden an und trennen dann den gesponnenen Faden langsam in zwei Hälften. *Siehe »Faden verbinden«.*

**Halsausschnitt** Meist finden Sie bei Modellbeschreibungen eine genaue Anleitung für den Halsausschnitt. Wenn Sie aber eigene Modelle entwerfen wollen, hier einige Halsausschnittformen:

*Der V-Ausschnitt:* Teilen Sie das Pullover-Vorderteil an der Stelle in zwei Hälften, an der die Spitze

# Hal bis He

des Ausschnittes liegen soll. Jede Seite des Ausschnitts wird getrennt gestrickt. Verteilen Sie die Abnahmen für die mehr oder weniger starke Schrägung über die gesamte Ausschnittlänge. Wieviele Maschen sie nehmen müssen, errechnen Sie an Hand Ihres Papierschnitts und der Maschenprobe.

Das Wichtigste am V-Ausschnitt ist die sauber gearbeitete Blende.

Fassen Sie – nach dem Schließen der Schulternähte – die Randmaschen um den Ausschnitt herum mit Strumpfstricknadeln auf. Stricken Sie nun die Blende im Rippenmuster. In der Spitze des Ausschnitts wird die sogenannte Zentralmasche festgelegt. Und hier werden dann in jeder zweiten Runde doppelte Abnahmen vorgenommen. *Siehe »angestrickte Blende«* und *»Grundkurs Stricken und Häkeln«.*

Die Ausschnittblende kann auch separat fertiggestellt und aufgenäht werden. Für gehäkelte V-Ausschnitte wird genauso abgenommen.

*Viereckiger Halsausschnitt:* Für einen viereckigen Ausschnitt ketten Sie in der Mitte des Vorderteils die gewünschte Maschenzahl in der vorgesehenen Ausschnitthöhe ab. Rechts und links davon stricken Sie jedes Teil separat fertig. Der rückwärtige Ausschnitt ist genauso breit wie der vordere, nur nicht so tief. Wenn die Schulternähte zusammen genäht sind, können Sie jede gewünschte Blende an den Ausschnitt setzen. An den Ecken wird die Weite mit doppelter Abnahme eingehalten. *Siehe »Grundkurs Stricken und Häkeln«.* Ein gehäkelter viereckiger Ausschnitt wird nach dem gleichen Prinzip gearbeitet.

*Runder Halsausschnitt:* Hierfür wird bis zum Halsansatz hochgestrickt. Die Gesamtbreite des Halsausschnitts wird anhand eines Schnittmusters festgehalten. Jetzt das mittlere Drittel des Ausschnitts stillegen oder abketten, die beiden Seitenteile separat hochstricken und systematisch die für die Rundung erforderlichen Maschen abnehmen. Abschließend die stillgelegten Maschen plus Randmaschen auf ein Nadelspiel auffassen und die Blende fertigstricken. Auch der Rollkragen wird nach dieser Vorlage gearbeitet. Bei runden, gehäkelten Ausschnitten können Sie sich nach der Beschreibung für den gehäkelten Armausschnitt richten. *Siehe »Armausschnitt«.*

*Ovaler Halsausschnitt:* Beginnen Sie hierfür etwa 5 bis 10 cm unterhalb des Halsansatzes. Ketten Sie in der Mitte ein Drittel der für den Ausschnitt ausgezählten Maschen ab und stricken die beiden Seiten einzeln fertig. Achten Sie darauf, daß beim Abnehmen die Rundung anfangs stärker ist und dann bis zur Schulternaht gerade verläuft.

Für die Blende werden die Rand- und abgeketteten Maschen aufgefaßt und beliebig hochgestrickt. Die Blende kann umgeschlagen und angesäumt oder aber einfach abgekettet werden. Bei der letztgenannten Methode kann man überflüssige Weite vermeiden, indem ein über das andere Mal mehrere Maschen zusammen abgenommen werden. Für gehäkelte ovale Ausschnitte gelten die gleichen Regeln.

---

**TIP** Rechenpapier ist eine große Hilfe zum Ausrechnen der Abnahmen. Zeichnen Sie den Schnitt originalgroß auf kariertes Papier. Mit Hilfe der Maschenprobe brauchen Sie jetzt nur noch an den Kästchen die Zu- oder Abnahmen abzulesen.

---

**Halsausschnittblende** *Siehe »Blenden«.*

**handgesponnene Wolle** Die Fäden dieser Wollart sind ungleichmäßig dick und nicht sehr fest gedreht. Sie ist kaum noch im Handel. Heute gibt es aber Wolle zu kaufen, die, fabrikmäßig versponnen, der handgesponnenen sehr ähnlich kommt.

**Handschuhe** *Siehe »Damenfäustlinge« und »Fingerhandschuhe«* im *»Modellteil«.*

**Hanf** Eine zwei bis drei Meter hohe Pflanze, aus der Fasern, Öl und Vogelfutter gewonnen werden. Hanffasern werden für grobe Handtücher, Zeltplanen usw. verwendet. Bei Handarbeiten werden sie zu gehäkelten Fußmatten, Netzen, Gürteln und ähnlichem verarbeitet.

**Hebemasche** Durch Hebemaschen erzielen Sie Rechtsrippen auf glatt rechts oder links gestricktem Grund.

*Rechts gerichtete Hebemasche:* Die zweite Masche auf Hilfsnadel vor die Arbeit legen, erste Masche auf die linke Nadel heben, zweite Masche von Hilfsnadel auf rechte Nadel heben, erste Masche stricken.

*Links gerichtete Hebemasche:* Erste Masche auf Hilfsnadel vor die Arbeit legen, zweite Masche stricken, erste Masche auf rechte Nadel heben. Rückseite linke Masche stricken. *Siehe Zeichnung.*

# He bis ir

*Rechte Hebemasche*

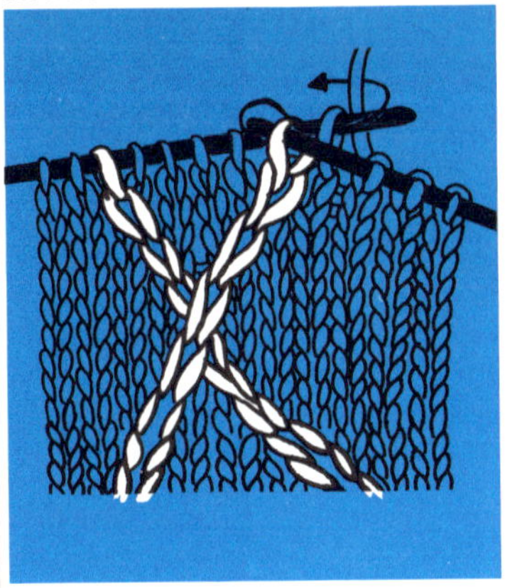

*Linke Hebemasche*

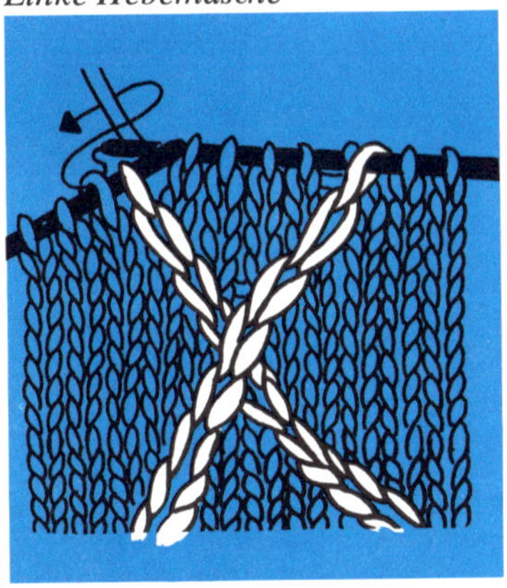

**Heftstiche** Einfache Auf- und Ab-Stiche (Vorstiche). Sie werden mit Heftfaden genäht, um ein Teil vor dem endgültigen Festnähen anzuheften. Ist die Naht ausgeführt, wird der Heftfaden entfernt.

**Hexenstich** Ein äußerst dehnbarer Stickstich, mit dem elastische Säume und ähnliches befestigt werden. *Siehe »Sticken«.*

**Hilfsfaden** Ein Hilfsfaden markiert Stellen, an denen z. B. immer wieder abgenommen werden soll. Sie können einen Hilfsfaden auch durch stillgelegte Maschen ziehen, bis sie wieder auf die Nadel genommen werden. Der Hilfsfaden ist dünner und von anderer Farbe als der Arbeitsfaden.

**Hilfsnadel** Auf die Hilfsnadel werden Maschen genommen, die für kurze Zeit stillgelegt werden. Die Hilfsnadel sollte immer eine Spiel-Stricknadel sein, damit man sie an beiden Enden aus der Arbeit herausnehmen kann.

---

**TIP** Für Zopfmuster gibt es spezielle Hilfsnadeln, die etwas gebogen sind, so daß die stellgelegten Maschen nicht so leicht herausgleiten können.

---

**Hin-Reihe** Die erste gestrickte Reihe nach dem Anschlag. Die zweite Reihe ist die »Rückreihe« und zeigt das Maschenbild der Rückseite. Die Hinreihe ist immer auf der Vorderseite. Die Vorderseite ist ihnen zugewandt, wenn der Anfangsfaden des Anschlags rechts hängt.

**Höhe – Breite** Die *Höhe* einer Strick- oder Häkelarbeit ergibt sich aus der Anzahl der gearbeiteten Reihen.
Die *Breite* ergibt sich aus der Maschenzahl.

**hohl annähen** Unsichtbar annähen. Der Faden liegt dabei unsichtbar unter dem Saum.

**Hohlsaumtechnik** Bezeichnung für Häkelarbeiten, die im Muster die Durchbrüche bei Hohlsaumstickereien nachahmen.

**home spun** Englisch = heimgesponnen. Es bezeichnet grobes, knotiges Wollgarn. Es ist meist mischfarbig oder rohweiß. Diese Wolle wird für dicke, rustikale Stricksachen bevorzugt.

**Hüttenschuhe** Dicke, bunte Wollsocken mit einer dünnen Ledersohle.

**Imitatgarn** Ein grobes Baumwollgarn, das aus kurzfaserigen Baumwollsorten hergestellt wird.

**imprägnieren** Wasserabstoßend machen.

**im Wechsel** Abwechselnd.

**Indanthren** Bezeichnung für licht-, wasch- und wetterechte Färbungen.

**Indio-Muster** Muster, die den Folkloremotiven der Indios in Südamerika nachempfungen sind. Indiomuster sind weitgehend in Naturfarben gearbeitet. Ausnahme: Mexikanische Motive.

**irische Muster** *Gehäkelt:* Die irische Häkelei besteht aus zwei Elementen: dem gehäkelten Grundnetz oder Fond, und den aufgenähten oder eingearbeiteten Blüten- und Blattmustern.

*Irische Muster gehäkelt*

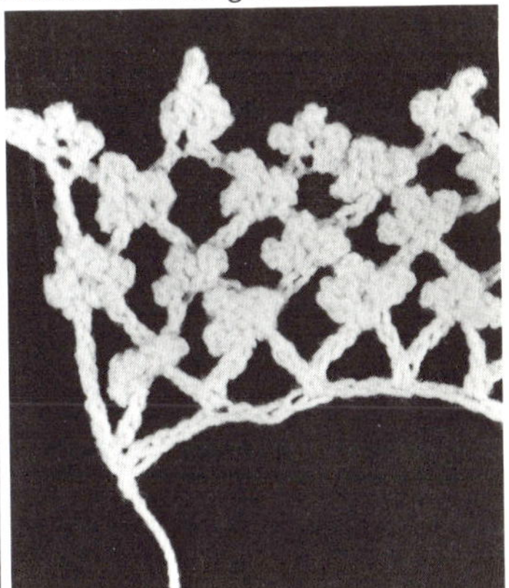

# Is bis Ja

*Irische Muster gestrickt*

3 2 4 1

Für das Grundnetz gibt es verschiedene Möglichkeiten. Hier ein Beispiel:

Schlagen Sie eine Luftmaschenkette an.

*1. R:* 1 fM in die 2. M des Anschlags. ✻ 7 Lm häkeln, über 3 Lm zurückgehen, 1 Kettm in die 3. Lm, 3 Lm, 1 Kettm, in die 1. der drei Lm, 3 Lm, 1 Kettm in die 1. Lm, 1 Kettm in die 1. Lm vor den 3 Pikots (so nennt man die entstandenen Blättchen). Dann 3 Lm, 1 fM in die 3. Lm des Anschlags. Ab ✻ an wiederholen.
*2. R:* 5 Lm, ✻ 3 Lm, wieder drei zusammengefaßte Pikots, 3 Lm, 1 fM in die Mitte der darunterliegenden Pikots, 3 Lm, 3 Pikots, 3 Lm, fM in die Mitte der darunter liegenden Pikots usw. Die fM sind so einzustechen, daß sie in der zweiten R vor den Pikots liegen.
*3. R:* 5 Lm, ✻ 3 Lm, 3 Pikots, 3 Lm, 1 fM usw. Diesmal werden die fM so eingestochen, daß sie hinter den Pikots liegen.
*2. und 3. R:* Wiederholen.

*Irisches Muster gestrickt:* Aus dicker, handgesponnen wirkender Naturwolle werden Stricksachen im irischen Stil – auch Aranmuster genannt – gearbeitet. Das Muster setzt sich aus verschiedenen Zopf-, Perl- und Rippenbildungen zusammen. Hier ein typisches Pullovermuster:

*1. Perlmuster:*
✻ 1 M re, 1 M li ✻. Alle 2 R das Muster versetzen.

*2. Zopfmuster:*
Über 6 M, zunächst glatt re stricken. In der 5. dann alle 8 R: die ersten 3 M auf 1 HilfsN vor die Arbeit legen, 3 folgende M re stricken, dann die 3 M der HilfsN re stricken.

*3. Persianermuster (Maschenzahl teilbar durch 4):*
*1. R:* li.
*2. R:* ✻ 3 M li zusammenstricken, aus der folgenden M: 1 M re, 1 M li, und noch 1 M re stricken ✻
*3. R:* li.
*4. R:* ✻ 1 M re, 1 M li und noch 1 M re aus einer M herausstricken, 3 M li zusammenstricken ✻. Diese 4 R fortlaufend wiederholen.

*4. Rautenmuster:* Über 14 M.
*1. R:* 5 M li, 4 M re, 5 M li.
*2. und alle geraden R:* M stricken, wie sie erscheinen.
*3. R:* 5 M li, 2 M auf 1 HilfsN vor die Arbeit legen, 2 folgende M re stricken, dann die 2 M der HilfsN re stricken, 5 M li.
*5. R:* 4 M li, 2 M re verkreuzen (1 M hinter der Arbeit stillegen, 2 folgende M re stricken, dann die stillgelegte M re stricken), 2 M li verkreuzen (2 M auf 1 HilfsN vor die Arbeit legen, folgende M li stricken, dann die M der HilfsN re stricken), 4 M li.
*7. R:* 3 M li, 2 M re verkreuzen, 1 M li, 1 M re, 2 M li verkreuzen, 3 M li. Diese Verkreuzungen fortsetzen und in der Mitte das Perlmuster stricken. Wenn man 10 M in der Mitte hat, werden die Verkreuzungen in entgegengesetzter Richtung gestrickt, dabei immer nur die einzelne Ma li stricken. Nach 4 M re in der Mitte das Muster in R 3 wieder beginnen.

**Islandwolle** Grobe, naturfarbene, teilweise nicht entfettete Wolle im »homespun« Charakter.

**Jacquardmuster** Darunter versteht man zwei- oder mehrfarbige Strick- und Häkelmuster. Auch Norwegermuster gehören zu den Jacquards. Um ein gleichmäßiges Maschenbild zu erreichen, muß der Farbwechsel sehr sorgfältig durchgeführt werden.

*Hier einige Tips für gestrickte Jacquardmuster:* Bei Mustern, deren Farben gleichmäßig über die ganze Fläche verteilt sind, wird der Faden, der gerade nicht gestrickt wird, auf der Rückseite mitgeführt. Der Faden sollte nicht zu fest angezogen werden, sonst zeigen sich auf der Vorderseite Ausbuchtungen.

Bei großen Motiven verschiedener Farbe braucht der Faden nicht auf der Rückseite mitgeführt werden. Stricken Sie bis zum Farbwechsel mit der ersten Farbe, schlingen Sie den Faden um das Garn der zweiten Farbe, und arbeiten Sie mit der zweiten Farbe weiter. Diese Technik nennt sich: mit verkreuzten Fäden arbeiten. Beim Farbwechsel sollten Sie darauf achten, daß die letzte Masche der vorhergehenden Farbe nicht zu locker und nicht zu fest gestrickt ist. *Siehe Zeichnung.*

# Jä bis Ka

*Jacquardmuster*

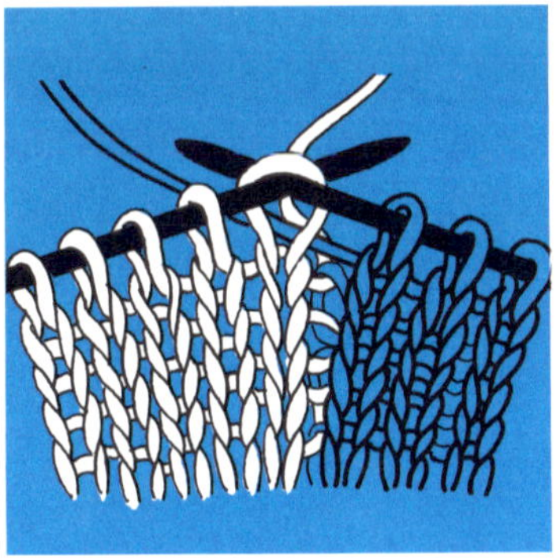

Bei kleinen, verstreut liegenden Motiven verwenden Sie für jedes Motiv ein extra Knäuel. Der Farbwechsel geschieht wie oben beschrieben durch Verkreuzen der Fäden. Der Faden der Hauptfarbe wird an der Rückseite hinter den Motiven vorbeigeführt.

*Gehäkelte Jacquardmuster* werden entweder aus festen Maschen oder Stäbchen gearbeitet. Beim Farbwechsel gehen Sie folgendermaßen vor: der letzte Umschlag (Abschluß für Stäbchen oder feste Masche) wird mit der zweiten Farbe gemacht. Jetzt kann mit dieser Farbe weitergearbeitet werden. Der nicht benötigte Faden wird hinter der Arbeit mitgeführt. *Siehe Zeichnung.*

*Gehäkeltes Jacquardmuster*

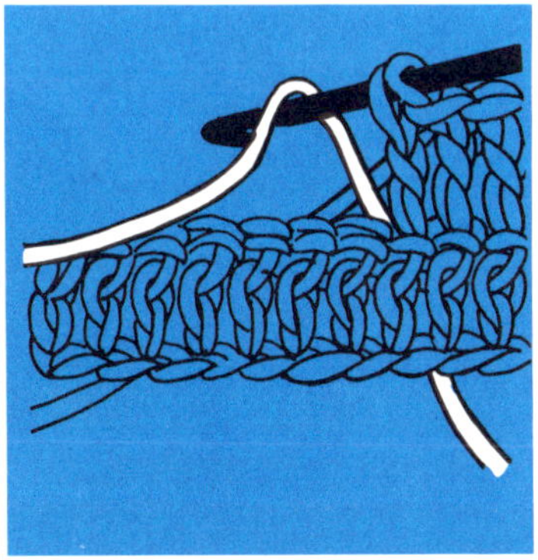

*Farbwechsel bei Jacquardmuster*

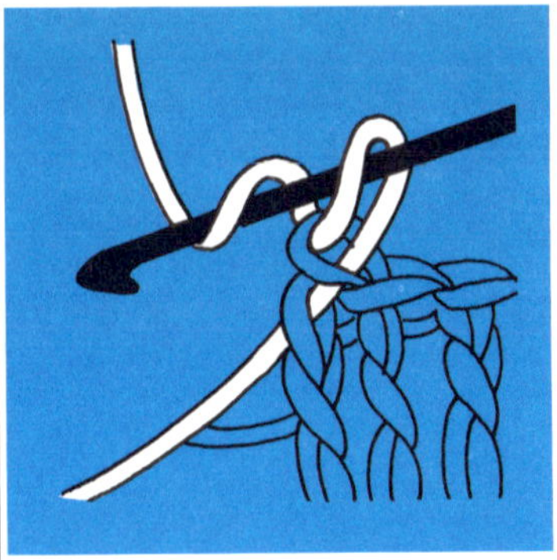

**Jährlingswolle** Weiche, ungleichmäßige Wolle vom 10 bis 12 Monate alten Schaf.

**Jaspégarn** Meliertes Baumwollgarn, aus verschiedenfarbigen Fäden zusammengesponnen.

**Jute** Die billigste Spinnfaser, die es gibt. Sie wird aus der bis zu 6 m hohen Jutepflanze gewonnen. Aus Jute werden z. B. Bindfäden und Säcke hergestellt. Jute wird auch für Bastelarbeiten verwendet.

**Kalandern** Baumwollgarne werden durch Kalandern griffiger, und bekommen – ganz nach Wunsch – Glanz oder ein stumpfes Aussehen. Dazu wird ein besonderes Preßwalz-Verfahren angewandt.

**Kamelhaar** Ausgefallene Flaumhaare von Kamelen und Dromedaren. Kamelhaar ist sehr fein und weich. Es ist eine sehr beliebte Wolle.

**Kammgarn** Garn, das nach einem besonderen Spannverfahren hergestellt wird aus langfasriger Schafwolle. Weiches Kammgarn wird aus feiner Merinowolle, festes Kammgarn aus Cheviotwolle gesponnen.

**Kantenbildung** Bei Stricksachen, die sich leicht rollen – beispielsweise, wenn sie glatt rechts gestrickt sind – muß senkrecht zur Arbeit eine Kante gebildet werden. Damit sie exakt umgebrochen werden kann, muß im Glattrechts-Gestrick entweder eine Links-Rippe oder eine besondere Maschenfolge in der Bruchkante gearbeitet werden. Dazu stricken Sie auf der rechten Seite an der Bruchstelle 1 Masche rechts, auf der linken Seite – genau darüber – heben Sie eine Masche ab und legen dabei den Faden *vor* die Arbeit. Bei Fertigstellen des Strickstücks wird die Kante umgeschlagen und der Rand mit unsichtbaren Stichen festgenäht.

Bei Häkelarbeiten werden kaum Kanten gebildet, da sich Gehäkeltes an den offenen Kanten nicht rollt.

**Käppchen** Gestrickte Ferse beim Strumpf. *Siehe »Strümpfe stricken«.*

**Karo gefüllt** Bei der Filethäkelei besteht der Netz- bzw. Filetgrund aus lauter gleichmäßigen Karos. Anleitung für das einzelne Karo: Über dem Luftmaschenanschlag wird 1 Stäbchen, 1 Luftmasche, 1 Stäbchen, 1 Luftmasche usw. gehäkelt. Dabei werden die Stäbchen immer in die Stäbchen der Vorreihe gearbeitet. Bei einem »gefüllten« Karo häkelt man anstatt von Luftmaschen Stäbchen.

# Ka bis Kn

**Kaschmirwolle** Stark glänzendes und besonders weiches, seidenartiges Haar der Kaschmirziege aus Vorderasien. Kaschmirwolle wird für hochfeine Kammgarne versponnen.

**Keilbildung** *Gestrickt: Siehe »Spickel«.*

*Gehäkelt:* Teilen Sie die Maschen für den Keil durch die Anzahl der Reihen. Beispiel: Der Keil ist 20 Maschen breit und 5 Reihen hoch d. h. 20 : 5 = 4. Beginnen Sie nun am Ende der Reihe. Häkeln Sie 4 Maschen, wenden die Arbeit und häkeln zurück zum Rand. Wendeluftmasche, 8 Maschen häkeln, Arbeit wenden, zurückhäkeln, Wendeluftmasche, 12 Maschen häkeln, wenden usw. bis 20 Maschen überhäkelt sind. Ab hier wird wieder normal mit der gesamten Maschenzahl weitergearbeitet.

**Kelimwolle** Lose gezwirntes, offenes, meist vierfaches Wollgarn. Kelimwolle wurde speziell für Kelimteppiche und andere strapazierfähige Handarbeiten entwickelt.

**Kettmasche** Anschlußmasche. *Siehe »Grundkurs Häkeln«, Seite 18.*

**Kimono-Ärmel** Angeschnittene Ärmelform. Die Ärmel werden in einem Stück mit dem Vorder- und Rückenteil des Pullovers gestrickt oder gehäkelt. *Siehe »Armausschnitt«.*

**Kissen** Kissenhüllen eignen sich hervorragend für das Ausprobieren von verschiedenen Häkel- und Stricktechniken.

---

**TIP** Machen Sie Ihre Kissen möglichst in gleichen Farben, aber mit vielfältigen Mustern. Verwenden Sie dafür nicht zu weiche Wolle, damit die Kissen nicht fusseln. *Siehe »Modellteil«.*

---

**Kleiderbügel behäkeln** Eine hübsche Arbeit für Anfänger. Als Material eignen sich Wollreste aller Stärken. Allerdings sollten Sie für einen Kleiderbügel immer bei der gleichen Wollstärke bleiben. Häkeln Sie zunächst einen Luftmaschenring, der nicht zu locker um den Kleiderbügel paßt. Über diesen Luftmaschenring wird nun einfarbig oder mehrfarbig, mit festen Maschen oder Stäbchen ein Schlauch von der Länge des Kleiderbügels gehäkelt. Drehen Sie den Haken heraus und ziehen Sie den Schlauch über den Bügel. Nähen Sie die Enden zu und schrauben den Haken wieder ein.

**Knäuelwechsel** Wenn ein Knäuel zu Ende geht, muß der Faden des neuen Knäuels möglichst unauffällig in die Arbeit eingebracht werden. Am einfachsten geschieht das am Rand. Lassen Sie die beiden Garnenden hängen und vernähen Sie sie später in der Naht. Bei rundgestrickten Arbeiten gibt es keinen Rand, der Fadenwechsel muß innerhalb der Strickarbeit stattfinden. Teilen Sie beide Fadenenden etwa 10 bis 15 cm und verbinden die Hälften zu einem gemeinsamen Faden, den Sie nun abstricken. Die herunterhängenden anderen Fadenenden schneiden Sie vorsichtig in der Rückseite der Arbeit. Eine andere Möglichkeit für den Knäuelwechsel: Verbinden Sie beide Fäden mit einem lockeren Knoten. Arbeiten Sie so, daß der Knoten auf der Rückseite liegt. Nach Beendigung der Arbeit wird der Knoten aufgemacht, und die beiden Fadenenden werden vorsichtig und möglichst unsichtbar vernäht.

**Knöpfe behäkeln** Eine Methode, die Knöpfe passend zum Strick- oder Häkelmodell zu arbeiten. Schließen Sie dazu 3 bis 6 Luftmaschen zum Ring und behäkeln Sie diesen Ring dicht mit festen Maschen. In der nächsten Runde wird in jede feste Masche eine Büschelmasche gearbeitet. Die weitere Runde besteht wieder aus festen Maschen, wobei immer 2 feste Maschen in eine Masche der Vorreihe gehäkelt werden. Ist der Knopf größer, kann man noch eine Runde feste Maschen dazufügen. Legen Sie den Knopf auf das Gehäkelte und schließen ihn durch Abnehmen ein. Das geht so: In die erste Masche einstechen, 1 Umschlag, Schlinge durchholen, Nadel in die folgende Masche einstechen, 1 U, 1 Schlinge, 1 U, die 3 Schlingen abmaschen, 1 fM. Wiederholen bis Schlinge.

**Knöpfe häkeln** Schließen Sie 4 bis 6 Luftmaschen – je nach gewünschter Knopfgröße – zu einem Ring. Häkeln Sie in den Ring feste Maschen, bis er gefüllt ist. Auf diesem Kreis häkeln Sie so viele Runden feste Maschen, bis der Knopf dick genug ist. Einen flachen Knopf können Sie an der Außenkante umhäkeln. Für einen Halbkugelknopf stülpen Sie den Rand so um, daß die Mitte des Knopfes nach außen kommt. Der Rand wird innen gut festgenäht. *Siehe Zeichnung nächste Seite oben links.*

*Knopf häkeln*

*Knopf häkeln*

**Knopflöcher** *Gestrickt:* Für ein *waagrechtes Knopfloch* werden – je nach Knopfgröße – 2 bis 4 Maschen abgekettet. In der nächsten Reihe wird die gleiche Anzahl Maschen wieder angeschlagen.

*Knopfloch gestrickt senkrecht*

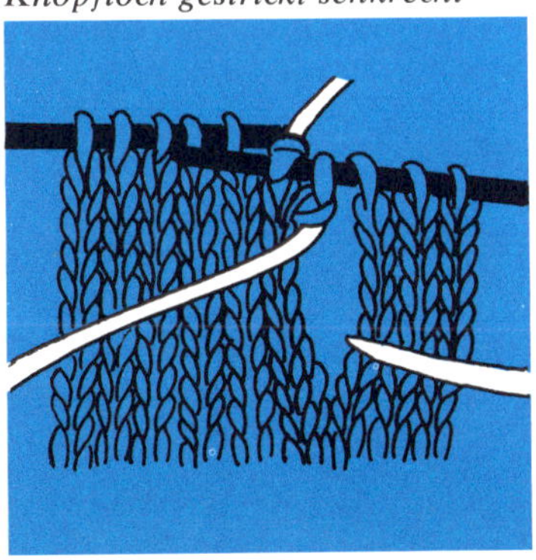

Für *senkrechte Knopflöcher* teilen Sie die Arbeit. Stricken Sie die entsprechende Reihenzahl auf der einen Seite des Knopflochs hoch, stricken die andere Seite und arbeiten dann über der ganzen Breite weiter. *Kleine, runde Knopflöcher* entstehen, wenn Sie zwei Maschen zusammenstricken und danach einen Umschlag machen. *Knopflöcher in einer doppelten Blende* bestehen aus jeweils zwei, auf gleicher Höhe gearbeiteten Knopflöchern. Nach dem Doppeln der Blende werden die Knopflöcher mit Knopflochstich zusammengefaßt.

*Knopfloch gehäkelt waagrecht*

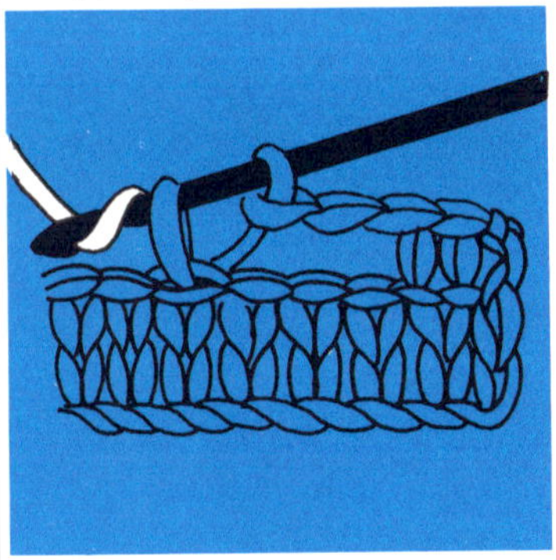

*Gehäkelt:* Für ein *waagrechtes Knopfloch* wird die entsprechende Breite mit Luftmaschen übergangen und anschließend weitergehäkelt. Für *senkrechte Knopflöcher* wird die Arbeit rechts und

*Knopfloch gehäkelt senkrecht*

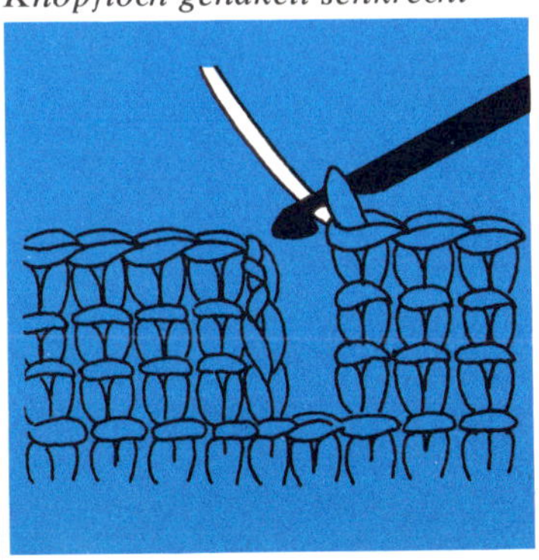

links des Knopflochs getrennt weitergearbeitet. Ist die gewünschte Höhe erreicht, häkeln Sie wieder über die gesamte Breite. *Kleine, runde Knopflöcher* entstehen, wenn Sie eine Masche mit einer Luftmasche übergehen. *Siehe Zeichnungen.*

**Knopflochöse** Knopflochösen werden nachträglich an den Rand einer Häkel- oder Strickarbeit angebracht. Vernähen Sie den Arbeitsfaden im Rand. Bilden Sie nun eine Schlaufe – in der benötigten Knopflochgröße – in dem Sie mehrmals hin und her nähen. Diese Schlaufe benähen Sie nun mit eng aneinander gereihten Knopflochstichen. *Siehe Zeichnung.*

*Knopfloch-Öse*

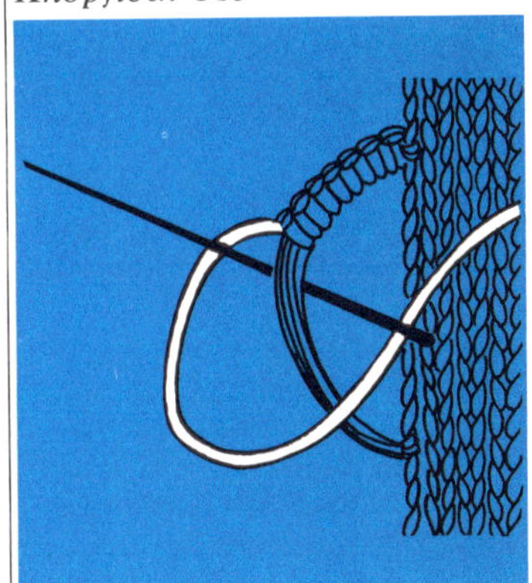

# Kno bis Ko

**Knopflochstich** Dieser Stich gibt Knopflöchern Halt. Sie können ihn eng oder weit arbeiten. Je näher die einzelnen Stiche nebeneinander liegen, desto fülliger und auffälliger wird der Rand des Knopflochs. Versuchen Sie den Stich zunächst auf einem Probestück. *Siehe Zeichnung.*

*Knopflochstich*

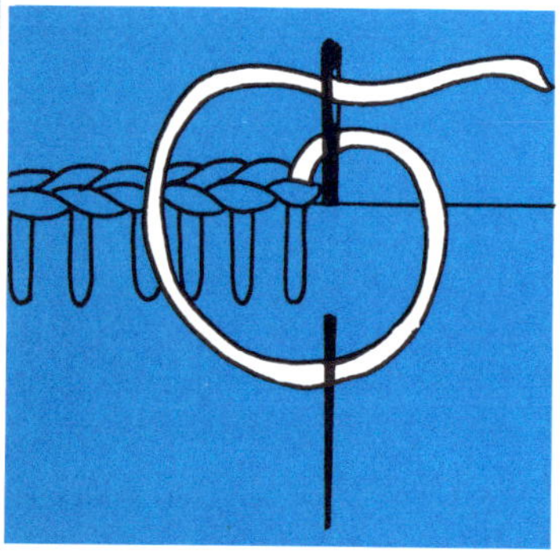

**Knötchenrand** Für alle gestrickten Ränder, die später zusammengenäht werden, eignet sich der Knötchenrand. Dazu wird unabhängig vom Grundmuster jeweils die letzte (Rand-)Masche rechts abgestrickt. In der Rückreihe wird der Faden hinter die Arbeit gelegt und die erste Masche wie zum Linksstricken abgehoben. Beim Zusammennähen des Knötchenrandes werden nur die »Knötchen« erfaßt.

**konfektionieren** Fertigstellen eines gestrickten oder gehäkelten Modells. *Siehe »Fertigstellen«, Seite 36.*

**Kordel** Für Gürtel, Bordüren und vieles andere werden Kordeln gebraucht. Kordeln können Sie in verschiedenen Techniken ausführen.

*Die gedrehte Kordel:* Messen Sie vier bis acht Fäden, dreimal so lang wie die fertige Kordel, ab. Schlagen Sie die Fäden auf die Hälfte zusammen und machen am offenen Ende einen Knoten.

*Kordel drehen A*

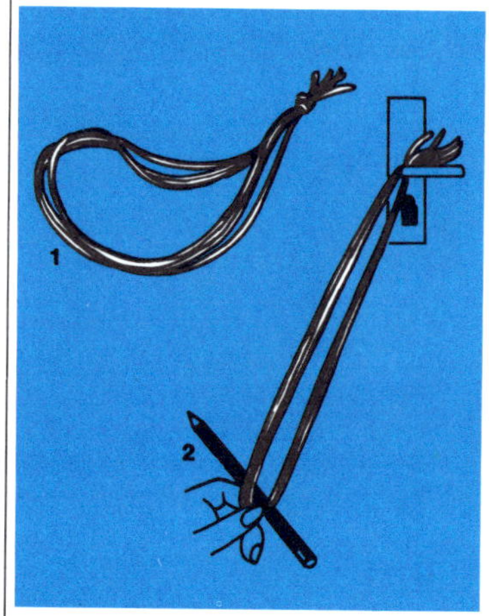


*Kordel drehen B*

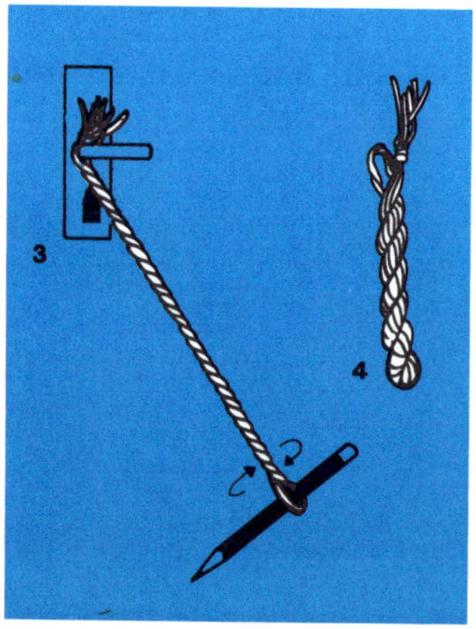


Dieser Knoten wird an einem Nagel, Türgriff o. ä. befestigt. Am gegenüberliegenden Ende wird jetzt mit Hilfe einer Stricknadel oder eines Bleistiftes die Fäden in eine Richtung gedreht. Je länger Sie drehen, desto gleichmäßiger und fester wird die Kordel. Jetzt den Knoten aus der Befestigung lösen, die gedrehten Fäden in der Mitte umschlagen und eine Schere einhängen. Die Kordel dreht sich jetzt von selbst zusammen.

*Die gehäkelte Kordel:* Schlagen Sie 4 Luftmaschen an und schließen Sie diese zu einem Ring. Von innen 3 Reihen feste Maschen häkeln. Ab der 4. Reihe nehmen Sie von innen einstechend das waagrechte Maschenglied – es liegt zwischen zwei festen Maschen der Vorrunde – und häkeln feste Maschen. Es entstehen spiralförmige Rippen. Wenn die Schnur dicker sein soll, schlagen Sie entsprechend mehr Maschen an.

*Die geflochtene Kordel:* Legen Sie zwei Wollfäden – es können verschiedenfarbige sein – in der Mitte über kreuz zusammen und stecken die Fäden am Kreuzungspunkt fest. Es zeigt nun ein Fadenende nach Norden, eines nach Westen, eines nach Süden und eines nach Osten. Kreuzen Sie zuerst die von Nord nach Süd liegenden Fäden und dann die von West nach Ost liegenden Fäden übereinander. Der gleiche Vorgang wiederholt sich immer wieder.

---

**TIP** Spreizen Sie die bereits gekreuzten Fäden möglichst weit auseinander, dann gelingt das Verkreuzen der nächsten Fäden besser.
Wenn die fertige Schnur eine Länge von 40 cm haben soll, muß jeder der beiden Fäden 100 cm lang sein. Etwa 10 cm gehen durch das Flechten verloren.

---

# Ko bis Kr

*Die geknüpfte Kordel:* Der Faden muß 6mal so lang sein wie die gewünschte Kordel. In der Mitte des Fadens wird begonnen. Bilden Sie eine Anfangsschlinge wie zum Häkeln. Stecken Sie den Zeigefinger der rechten Hand durch diese Schlinge, und halten Sie den Knoten der Schlinge mit dem Mittelfinger und Daumen fest. Holen Sie jetzt mit dem Zeigefinger der linken Hand den links liegenden Arbeitsfaden durch die Schlinge durch. Nehmen Sie den Knoten der Schlinge in die linke Hand, lassen den rechten Zeigefinger aus der Schlinge gleiten und ziehen den Faden an. Nun holt man mit dem rechten Zeigefinger den rechten Arbeitsfaden durch die linke Schlinge usw.

*Die Strickliesel-Kordel:* Mit der Strickliesel können sogar Kinder die hübschen Kordeln herstellen, die wie gestrickt aussehen. Die Kordeln werden in beliebiger Länge gearbeitet. *Siehe »Strickliesel«.*

**Kordeldurchzug** Eine Reihe, die aus abwechselnd 2 Stäbchen, 2 Luftmaschen besteht, und durch die eine Kordel gezogen werden kann. Wird häufig bei gehäkelten Ponchos, Röcken usw. verwendet.

**Kragen** Es gibt eine Menge verschiedener Kragenformen, die sich im Wandel der Mode immer wieder ändern. Klassiker unter den Kragen sind der

*Schalkragen.* Er wird entweder mitgestrickt oder angesetzt. Der Schalkragen paßt sich meist einem V-Ausschnitt an. Es wird auf jeder Seite dieselbe Maschenzahl angeschlagen, die für den V-Ausschnitt abgekettet wurde. Dazu kommt je 1 Randmasche. Der äußere Kragenrand verläuft gerade, am inneren Rand dagegen wird entsprechend der Abnahme an dem V-Ausschnitt zugenommen bis zur Rückenmitte. Die andere Kragenhälfte wird gegengleich gearbeitet.

Beim angestrickten Schalkragen fassen Sie die Randmaschen des V- und Rückenausschnitts auf. Dazu brauchen Sie mehrere Nadeln. Zunächst stricken Sie über der rückwärtigen Mitte einige Reihen über den Randmaschen, an jedem Reihenende werden einige von den aufgefaßten Maschen hinzugenommen. Sind alle Maschen aufgenommen und hat der Kragen die nötige Breite, werden alle Maschen auf einmal abgekettet. *Siehe Zeichnung.*

*Schalkragen*

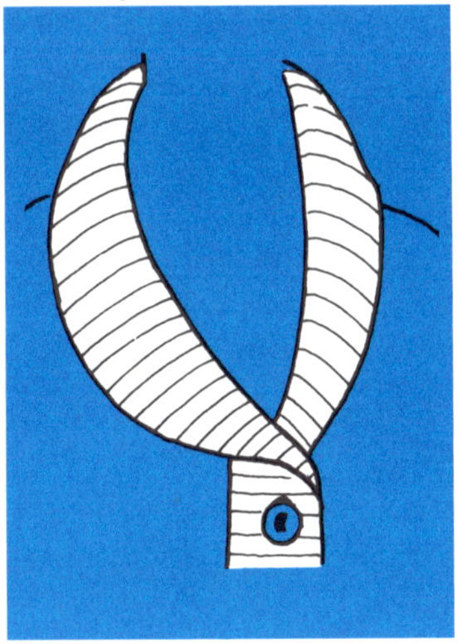

*Der Rollkragen.* Er wird über einem runden, anliegenden Ausschnitt gearbeitet. Schulternähte

*Rollkragen*

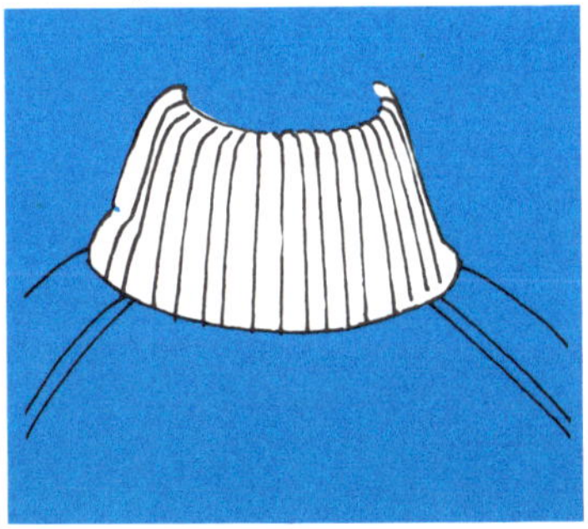

schließen und die stillgelegten Maschen auf vier Nadeln verteilen. Nun wird im Rippenmuster die gewünschte Höhe gestrickt Um einen dehnbaren Rand zu bekommen, ketten Sie durch Nähen ab. *Siehe Zeichnung.*

*Das Stehbörtchen.* Wird wie der Rollkragen gearbeitet, allerdings nicht so hoch gestrickt. Das fertige Börtchen wird nach innen umgeschlagen und angesäumt.

*Stehbörtchen*

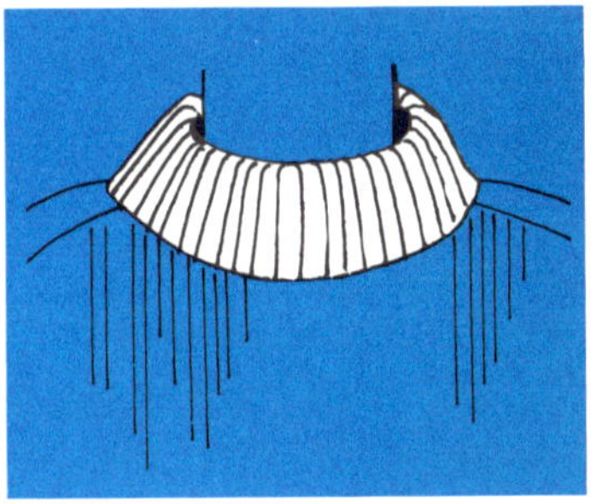

*Der Polokragen.* Fassen Sie alle Maschen eines runden Halsausschnitts auf. Dabei wird die Breite der Verschlußkante auf beiden Seiten nicht mit aufgenommen. Stricken Sie in Hin- und Herreihen die gewünschte Kragenhöhe. *Siehe Zeichnung nächste Seite oben links.*

# kr bis La

*Polokragen*

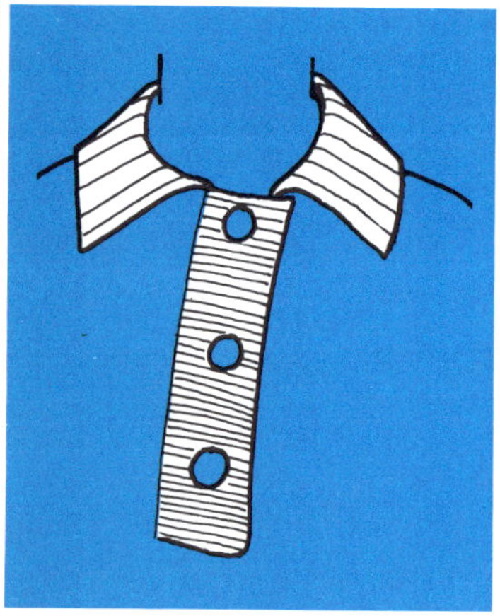

**kraus rechts** Bezeichnung für Strickarbeiten, die in Hin- und Rückreihen nur mit rechten Maschen gestrickt sind.

**Krebsstich** Auch Krebsmasche. Das ist eine Reihe fester Maschen, die von links nach rechts – also entgegen der normalen Richtung – gehäkelt werden. Krebsmaschen bilden einen hübschen, festen Rand bei Häkeleien und Gestricktem. *Siehe Zeichnung.*

*Krebsstich*

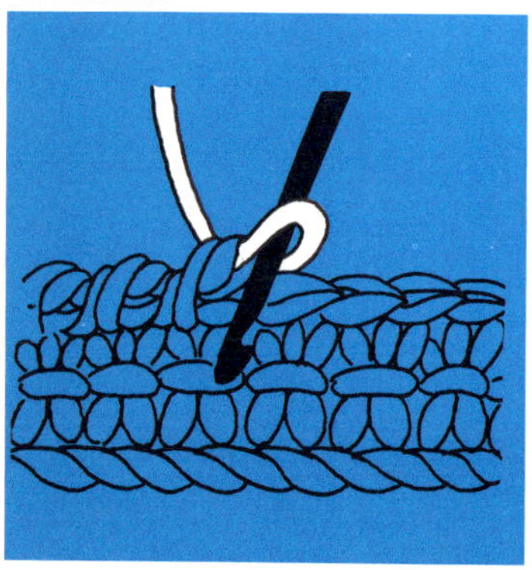

**Kreppgarn** Hochgedrehtes Garn. Es enthält durch Dämpfen den kreppartigen Charakter und durch Drehung den sandartigen Griff.

**Kreuzanschlag** *Siehe »Grundkurs Stricken«, Seite 10.*

**Kreuzstäbchen** Das Kreuzstäbchen besteht aus 4 kreuzweise übereinanderstehenden Stäbchen, die durch 2 Luftmaschen voneinander getrennt sind. Beginnen Sie über einem Luftmaschenanschlag. Am Reihenanfang 3 Luftmaschen häkeln, 2 Luftmaschen übergehen, umschlagen und in die 6. Luftmasche des Anschlags einstechen und das untere links stehende Stäbchen häkeln. 5 Luftmaschen häkeln, umschlagen, im Kreuzungspunkt die beiden senkrechten Glieder erfassen, das obere linke Stäbchen häkeln. Das war der Rand, jetzt werden alle übrigen Kreuzstäbchen wie folgt gehäkelt: * 2 mal umschlagen, in die nächste Masche der VorR einstechen, Faden holen, Faden durchziehen, Faden holen und 1 mal durch 2 Schlingen ziehen, umschlagen, in die 3. Masche einstechen, Faden holen, durchziehen, Faden holen und 4 mal durch zwei Schlingen ziehen, 2 Luftmaschen, umschlagen, im Kreuzungspunkt die beiden senkrechten Glieder erfassen, Faden holen, durchziehen, Faden holen, 2 mal durch 2 Schlingen ziehen *. *Siehe Zeichnung.*

*Kreuzstäbchen*

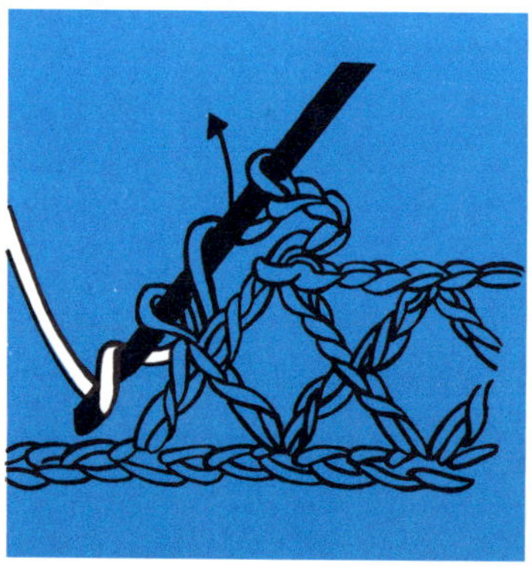

**Kreuzstich** Stickstich, der vorzugsweise auf Stoff gearbeitet wird. Bei gleichmäßig glatt rechts gestrickten Pullovern oder Westen sehen Stickereien mit Kreuzstich auch hübsch aus. Nehmen Sie dazu Stickwolle, die der Stärke des Gestricks entspricht. Stechen Sie immer in die Zwischenräume der Maschen ein. Als Vorlagen für Kreuzstichstickereien eignet sich Filetmuster.

*Kreuzstich*

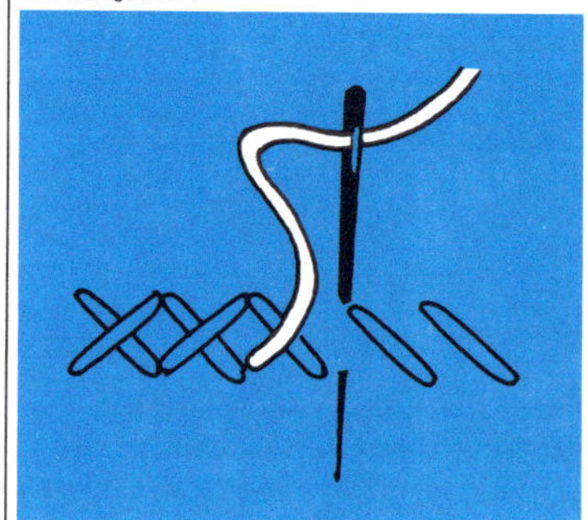

**Krimmerwolle** Weiches, offenes Mohairgarn mit unaufgeschnittenen, dicken Kräuselschlingen.

**Laméwolle** Bei dieser Wollart wird ein glänzender, nicht oxydierender Metallfaden mitgesponnen.

**Lampenschirme** Sie eignen sich sehr gut zum Behäkeln und Bestricken. Hierbei können Sie ihrer Phantasie freien Lauf lassen. Füttern Sie den Lampenschirm mit dünnem Jerseystoff, bevor Sie den Überzug anbringen. Jetzt kann das Licht nicht mehr blenden. *Siehe auch »Modellteil«.*

# La bis Ma

**Landwolle** Rohweiße oder in den bekannten Strumpffarben drei- bis vierfach gedrehte Wolle. Für derbe, strapazierfähige Stricksachen geeignet.

**Laufmaschenmuster** Dieses kinderleichte Muster läßt sich gut für Pullis verarbeiten. Teilen Sie Ihre Arbeit, auf der das Muster entsteht, in gleiche Teile, stricken Sie zwei Maschen zusammen und machen Sie gleich danach jeweils einen Umschlag. Jetzt einige Reihen normal weiterstricken und dann die Masche über dem Umschlag fallen lassen. Es bildet sich eine kleine Laufmasche. Um wieder auf die ursprüngliche Maschenzahl zu kommen, machen Sie über der Laufmasche einen Umschlag. Das Muster läßt sich auch versetzt einarbeiten, dabei spielt die Länge oder Kürze keine Rolle.

**Leinengarn** Aus Flachs gesponnenes Garn. Leinengarn hat reizvolle Verdickungen und Knötchen und eignet sich hervorragend für sommerliche Handarbeiten.

**linke Masche** *Siehe »Grundkurs Stricken«, Seite 12.*

**linke Seite** Manchmal weiß man nicht, ob man die linke oder rechte Seite einer Handarbeit vor sich hat.

---

**TIP** Sie haben die linke Seite vor sich, wenn sich der Restfaden des Anschlags links befindet.

---

**Lochmuster** Dieses sehr beliebte Muster wird so gestrickt: Umschlag machen, 2 Maschen rechts zusammenstricken. In der Rückreihe wird der Umschlag nicht verschränkt verarbeitet.

*Hierzu ein bekanntes Lochmuster:* Gerade Maschenzahl anschlagen.
*1. bis 4. R:* glatt re.
*5. R:* RandM. * Umschlag, 2 M re zusammenstricken *, RandM.
*6. R:* Alle M, auch Umschläge li stricken.
*1. bis 6. R:* Fortlaufend wiederholen. *Siehe Foto.*

*Lochmuster*

**loopen** Handarbeitstechnik, die dem Häkeln sehr ähnlich ist und mit einer speziellen Loop-Nadel gemacht wird. Die Nadel hat im Unterschied zur Häkel- oder Stricknadel an der Spitze eine Öse, durch die der Arbeitsfaden läuft.

**Louisianagarn** Bezeichnung für Garn aus amerikanischer Baumwolle.

**Luftmasche** *Siehe »Grundkurs Häkeln«, Seite 17.*

**Luftmaschenanschlag** *Siehe »Grundkurs Häkeln«, Seite 17.*

**Luftmaschenkette** *Siehe »Grundkurs Häkeln«, Seite 18.*

**Lurexgarn** Nicht oxydierendes Gold- oder Silbergarn. Eignet sich für festliche Abendgarderobe.

**Lüstergarn** Durch eine Spezialbehandlung erhält dieses Garn erhöhten Glanz und größere Festigkeit.

**Makogarn** Diese Garnart wird aus gelblicher, ägyptischer Baumwolle gesponnen. Sie ist feiner, weicher und glänzender als normale Baumwollgarne.

**Markierung** Mit einem andersfarbigen Faden markieren Sie Ihre Arbeit, damit Sie z. B. die Mitte immer genau vor Augen haben.

---

**TIP** Wenn Sie nicht immer wieder die Reihen nachzählen wollen, markieren Sie jede 10. bis 20. Reihe mit einem Hilfsfaden am Rand.

---

**Masche** Eine Schlinge, die entweder durch Häkeln oder Stricken entsteht.

**Maschen abheben** Bei dieser Methode werden Maschen – ohne sie zu stricken – von der linken auf die rechten Nadel gehoben. Bei rechten Maschen liegt der Arbeitsfaden hinter der Arbeit, bei linken Maschen davor.

**Maschen abketten** *Siehe »Grundkurs Stricken«, Seite 14.*

**Maschen anfügen** Wenn Sie beim *Stricken* mehrere Maschen am Rand anfügen wollen, wird von der Randmasche aus ein entsprechender Anschlag gemacht.

Beim *Häkeln* erweitert man die Reihe durch Anfügen einer entsprechend langen Luftmaschenkette.

# Ma bis me

**Maschenanschlag** *Siehe »Anschlag« im »Grundkurs Stricken«, Seite 10.*

**Maschenbild** Bezeichnung für die rechte Seite eines Gestricks oder einer Häkelarbeit. Das Maschenbild sollte möglichst gleichmäßig gearbeitet werden.

**Maschenbremse** Bezeichnung für einen verschiebbaren Knopf an Jackenstricknadeln mit flexiblem Perlonschaft.

**Maschen fallenlassen** Durch das absichtliche Fallenlassen von gestrickten Maschen entsteht ein Lochmuster. *Siehe auch »Laufmaschenmuster«.*
Lassen Sie unabsichtlich eine Masche fallen, wird sie mit der Häkelnadel wieder hochgehäkelt. *Siehe »aufheben einer gefallenen Masche«.*

**Maschenglied** Bei der Schlinge, die auf der Stricknadel liegt, heißt der vorn liegende Faden »vorderes Maschenglied«, der hinten liegende »hinteres Maschenglied«. Beim Häkeln bezeichnet man die beiden obenliegenden Fäden der Kopfmasche als Maschenglied. Der vordere Faden heißt »vorderes Maschenglied«, der hintere »hinteres Maschenglied«.

**Maschen langziehen** Bei dieser Methode wird über zwei oder mehrere Reihen gearbeitet. Schlagen Sie den Arbeitsfaden ein- oder mehrmals um die rechte Nadel, und stricken Sie so die Masche ab. Auf der Rückseite die Masche normal abstricken und dem Umschlag fallen lassen. *Siehe »Zugmaschenmuster«.*

**Maschenprobe** Um eine Strick- oder Häkelarbeit korrekt auszuführen, muß zuerst eine Maschenprobe gemacht werden.

**Maschenraffer** Übergroße »Sicherheitsnadel«, auf der Maschen stillgelegt werden.

**Maschen ruhenlassen** Soll z. B. bei einem Halsausschnitt erst nur eine Seite fertiggestellt werden, läßt man die andere Ausschnittsseite »ruhen«. Dafür nimmt man am besten einen Maschenraffer zu Hilfe.

**Maschenstich** Mit dem Maschenstich können Muster in Stricksachen eingestickt werden. Der Faden hierzu soll die gleiche Stärke wie der Arbeitsfaden haben, damit dieser nicht durchscheint. Stechen Sie von hinten in die Mitte der Masche, führen Sie die Stricknadel nun unter der darüberliegenden Masche von rechts nach links durch und stechen in die Maschenmitte zurück. Dieser Vorgang wiederholt sich bei der nächsten Masche. Mit dem Maschenstich können auch zwei Strickteile glatt miteinander verbunden werden. *Siehe »Fertigstellen«, Seite 38.*

**Maßnehmen** *Siehe Seite 32.*

**Maßtabelle** *Siehe Seite 36.*

**Mäusezähnchen** Damit sich ein Stricksaum hübsch umbrechen läßt, können Sie eine Reihe Mäusezähnchen arbeiten. Dazu stricken Sie glatt rechts die erwünschte Saumbreite. In der nächsten Reihe stricken Sie zwei Maschen rechts zusammen, machen einen Umschlag und wiederholen das bis zum Ende der Reihe. Auf der linken Seite werden alle Maschen links abgestrickt. Anschließend glatt rechts weiter arbeiten. Der Saum läßt sich nun leicht umschlagen und in der Kante erscheinen »Mäusezähnchen«.

*Mäusezähnchen A*

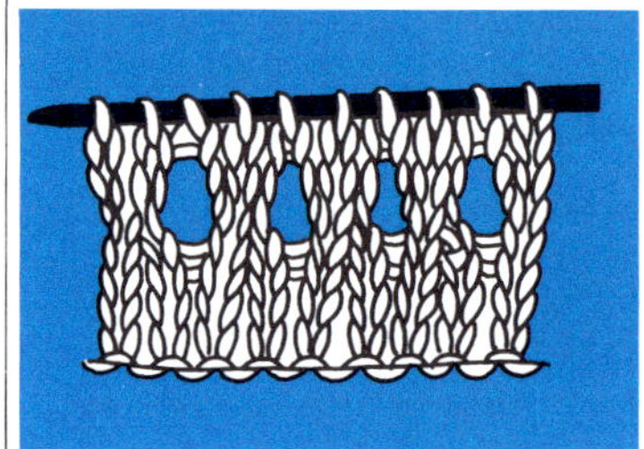

Mäusezähnchen gehäkelt: *Siehe »Pikots«. Siehe Zeichnung.*

*Mäusezähnchen B*

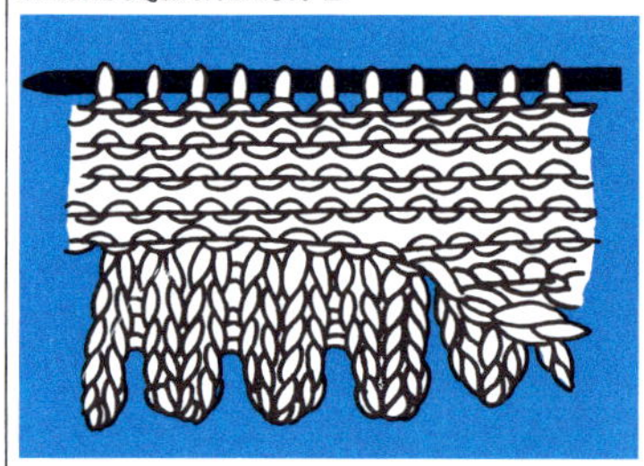

**Materialkunde** *Siehe Seite 28.*

**Matratzenstich** *Siehe Seite 38.*

**Melange** Buntes Wollgarn, verschiedenfarbig gesponnen, und mit zweifarbigen Fasern intensiv vermischt.

**meliertes Garn** Eine Garnart die aus verschiedenfarbigen Fäden versponnen wird.

**TIP** Um sogenannte Schattenbilder beim Arbeiten mit meliertem Garn zu vermeiden, arbeiten Sie am besten mit zwei Knäueln gleichzeitig. D. h. Sie stricken oder häkeln zwei Reihen mit dem 1. Knäuel, dann 2 Reihen mit dem 2. Knäuel usw.

# Me bis Mo

**Mengenangaben** Nicht immer sind die Mengenangaben bei Modellbeschreibungen genau. Die benötigte Menge variiert auch je nachdem, wie fest oder locker Sie arbeiten. Besorgen Sie sich vor Beginn der Arbeit also ausreichend Wolle mit der gleichen Farbnummer. Ihr Fachgeschäft legt Ihnen für eine bestimmte Zeit sicher auch die Wolle zurück.

**mercerisiert** Baumwollgarn, das durch Absengen überstehender Fasern und durch eine Behandlung mit Natronlauge glänzend gemacht wird.

**Merinowolle** Besonders feine und weiche Wolle der Merinoschafe. Diese Wolle wird zu feinen Kammgarnen versponnen und eignet sich gut für füllige, wärmende Strick- und Häkelsachen.

**Modal** Eine Kunstfaser auf Zellulose-Basis. Modal ist hochnaß- und mercerisierfest und hat einen niedrigen Schrumpf.

**Mohair** Glänzendes, schwach gekräuseltes Haar der Angoraziegen. Mohair wird der Schafwolle beigemischt und kann für flauschige, weiche Handarbeiten verwendet werden.

**Motive häkeln** Als Motiv bezeichnet man ein quadratisches oder rundes Häkelstück. Meist setzt man mehrere Motive zu einer Fläche zusammen. Beim Häkeln von Motiven sind der Phantasie keine Grenzen gesetzt. Hier zwei beinahe »klassische« Motive, aus denen sich hübsche Patchworkdecken zusammensetzen lassen:

*Old america*
6 Lm in heller Farbe mit einer Kettm zur Rd schließen.

*1. Rd:* Helle Farbe, 3 Lm, dann in den Ring, 2 Stb, 3 Lm, * 3 Stb, 3 Lm * (3 mal); mit einer Kettm in 3. Lm am Anfang enden.
*2. Rd:* Dunkle Farbe, * 3 Stb, 3 Lm und nochmals 3 Stb um die 3 Lm, 1 Lm * (4 mal) mit einer Kettm in Kopfmasche des Stb am Anfang enden.
*3. Rd:* Helle Farbe, * 3 Stb, 3 Lm und nochmals 3 Stb um die 3 Lm, 1 Lm, 3 Stb um die Lm, 1 Lm * (4 mal); mit einer Kettm in Kopfmasche des Stb am Anfang enden.
*4. Rd:* Dunkle Farbe, * 3 Stb, 3 Lm und nochmals 3 Stb um die 3 Lm (Ecke), 1 Lm, 3 Stb, 1 Lm, 3 Stb, 1 Lm * (4 mal).

Zur Fertigstellung den Arbeitsfaden bei 7 oder 8 cm abschneiden, ihn durch die letzte Lm ziehen, dann mit einer Sticknadel den Faden durch die Kopfmasche des 1. Stb ziehen, ihn wieder durch die Lm, noch einmal durch das 1. Stb und schließlich über die 6 Stb in der Ecke durchholen.

*Old america*

*Blumen-Motiv*
6 Lm anschlagen und mit 1 Kettm zur Rd schließen.

*1. Rd:* 2 Lm, 23 Stb in den Ring. Mit 1 Kettm in die 2. Lm die Rd schließen.
*2. Rd:* 4 Lm, 1 Stb in die gleiche M wie die Kettm, 1 Lm, * 2 M übergehen, 1 Stb, 2 Lm und noch 1 Stb in die folgende M, 1 Lm * (7 mal). Rd mit 1 Kettm um die 2. Lm schließen.
*3. Rd:* 2 Lm, 1 Stb, 2 Lm und noch 2 Stb um die 2 restlichen Lm, dann 1 fM um die Lm, die 2 Stb trennt, * 2 Stb, 2 Lm und noch 2 Stb um 2 Lm und 1 fM um 1 Lm * (7 mal). Rd mit 1 Kettm in die 2. Lm schließen.
*4. Rd:* * 3 Stb, 1 Lm und noch 3 Stb um die 2 Lm der Vorreihe, 1 fM beiderseits der fM * (8 mal). Arbeit beenden.

*Blumen-Motiv*

**Motive stricken** Der Anfang für ein gestricktes Motiv ist im Gegensatz zum gehäkelten etwas schwieriger. Für ein quadratisches Motiv schlagen Sie 4 Maschen an. Es ist nicht leicht, diese 4 Maschen auf drei Nadeln zu verteilen und zur Runde zu schließen. Aber mit etwas Geduld gelingt es schon.

Stricken Sie die ersten 4 Maschen rechts ab. In der nächsten Runde machen Sie nach jeder rechten Masche 1 Umschlag.
*3. Rd:* Alle Maschen rechts stricken.

# Mo bis Na

*Motive stricken A*

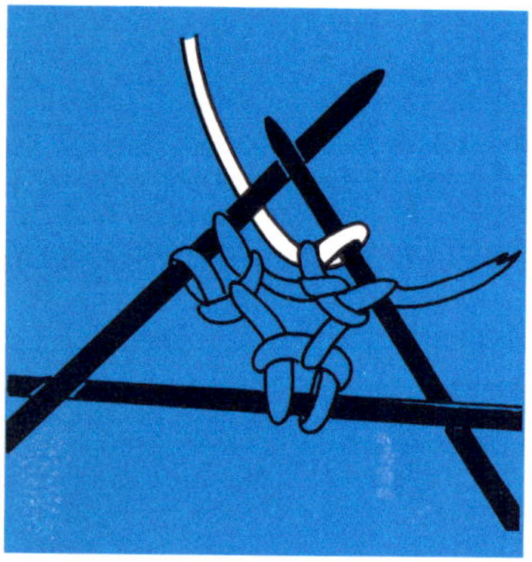

*4. Rd:* Wechselnd 1 Masche rechts, 1 Umschlag, 1 Masche links.
*5. Rd:* Alle Maschen und Umschläge rechts stricken.
*6. Rd:* 1 Masche rechts, 1 Umschlag, 3 Maschen links, 1 U, 1 Masche rechts, 1 Umschlag usw.
*7. Rd:* Alle Maschen rechts stricken. Sie können nun immer weiter so stricken und in den Ecken durch je zwei Umschläge zunehmen.

Ist das Motiv groß genug, wird abgekettet. Mit Blattmustern z. B. können Sie die Dreiecke im Quadrat füllen. Ebenso ist es möglich, zweifarbig zu arbeiten. Sollen in den Ecken keine Lochborten entstehen, stricken Sie die Umschläge verdreht ab. Sechsecke werden über einen Anfang von sechs Maschen gestrickt. Hier genügt es, wenn nur in jeder dritten Runde rechts und links der Anfangsmaschen zugenommen wird. *Siehe Zeichnung.*

*Motive stricken B*

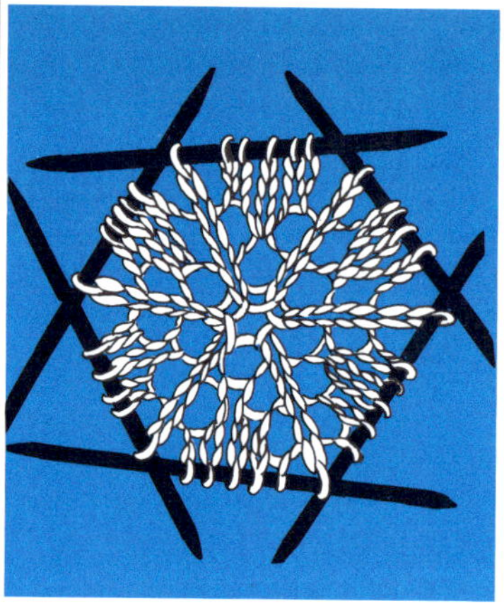

**Motive zusammenfügen** Quadrate, Acht- oder Sechsecke werden zusammengehäkelt. Sie legen die Motive nebeneinander, stechen mit der Nadel einmal in das eine und dann in das andere Motiv und häkeln Kettmaschen. Dabei wird abwechselnd je eine Randmasche jedes Motivs übergangen. Sie können auch beide Randmaschen gleichzeitig erfassen und abhäkeln, dadurch wird die Häkelnaht dicker.

Gestrickte Motive, deren Ränder abgekettet sind, werden ebenso zusammengehäkelt. Sind die Maschen nicht abgekettet, werden die Motive mit Maschenstich verbunden. Durch diese Methode sind die Übergänge von einem Motiv zum anderen fast unsichtbar. Motive können auch zusammengenäht werden. Sie werden nebeneinander und mit überwendlichen Stichen verbunden.

**Muschelborte** *Siehe »Abschlußkanten«.*

**Muschelhäkelei** Über einem Luftmaschenanschlag beginnen Sie mit 1 festen Masche, übergehen 2 Luftmaschen und häkeln in die folgende Luftmasche 5 Stäbchen. 2 Luftmaschen übergehen, 1 feste Masche in die 3. folgende Luftmasche, 2 Luftmaschen übergehen, 5 Stäbchen in die nächste Luftmasche usw. Für eine gerade Seitenkante muß jede Reihe mit einer festen Masche beendet werden. Dann: 3 Luftmaschen, wenden, 2 Stäbchen in die feste Masche der Vorreihe, auf das mittlere Stäbchen der folgenden Muschel eine feste Masche. In die nächste feste Masche der Vorreihe nun wieder 5 Stäbchen usw. Diese Reihe wird mit 3 Stäbchen beendet, eine Wendeluftmasche, 5 Stäbchen in die nächste feste Masche usw. *Siehe Foto.*

*Muschelhäkelei*

**Musterrapport** Ein sich wiederholendes Muster.

**Mustersatz** Ein sich wiederholendes Muster.

**Mützen** *Siehe »Modellteil«.*

**Nadeln** *Alles über Strick- und Häkelnadeln lesen Sie auf den Seiten 24 bis 27.*

**Nadelspiel** Fünf Stricknadeln, die jeweils auf beiden Seiten spitz sind. Nadelspiele werden zum Rundstricken gebraucht.

**Nadelstärke** Welche Stärke eine Nadel hat, ist auf jeder einzelnen Nadel eingeprägt. Welche Nadelstärke Sie zu Ihrer Wolle benötigen, steht auf der Banderole der Wolle.

# Nä bis No

**Nähnadeln** Zum Vernähen überhängender Fäden und zum Schließen der Nähte in Wollsachen werden Stopf- oder Sticknadeln verwendet. Achten Sie darauf, daß die Nadeln eine stumpfe Spitze haben.

**Naht** Wie die Naht beim Zusammenfügen der Einzelteile eines Strick- oder Häkelstückes gearbeitet wird, können Sie unter »Fertigstellung« nachlesen.

**Nahtband** Festes Baumwollband, das vor allem bei schweren Wollsachen z. B. an den Schulternähten mitgefaßt wird. Dadurch können sich die Nähte nicht ausdehnen.

**Netzmuster** Als Netzmuster bezeichnet man bei der Filethäkelei den durchbrochenen Untergrund. *Siehe »Filet«*. Netzmuster für Ball- oder Einkaufsnetze bestehen aus einfachen Luftmaschenbögen:

Beginnen Sie über einem Luftmaschenring. Behäkeln Sie ihn mit etwa 15 festen Maschen. Dann häkeln Sie in jede feste Masche eine etwa 5 cm lange Luftmaschenkette. In diese Schlingen häkeln Sie weitere Luftmaschenketten, die jeweils mit einer festen Masche befestigt werden. Diese Masche wiederum wird nicht in eine Luftmasche der Schlinge eingestochen, sondern um die Masche herumgeführt. Dadurch können sich die Netzschlingen besser dehnen. Häkeln Sie nun rundherum so lange Schlingen, bis Ihr Netz groß genug ist. Zuletzt können Sie Ringe einhängen oder eine Kordel direkt durch die Schlingen fädeln.

**Netzpatent**
Das Muster erscheint auf der linken Seite, gerade Maschenzahl.

*1. R:* RandM, * 1 U, folgende M li abheben, 1 M re, ab * wiederholen, RandM.
*2. R:* RandM, * 2 M re, den U der VorR li abheben (der Faden liegt hinter dem U), ab * wiederholen, RandM.
*3. R:* RandM, * folgende M mit dem U re zusammen stricken, 1 U, 1 M li abheben, ab * wiederholen, RandM.
*4. R:* RandM, 1 M re, * den U der VorR li abheben (Faden liegt hinter dem U), 2 M re, ab * wiederholen, die R endet: den U der VorR li abheben, 1 M re RandM.
*5. R:* RandM, * 1 U, 1 M li abheben, folgende M mit dem U re zusammenstricken, ab * wiederholen, RandM.
*2. bis 5. R:* Wiederholen.

*Netzpatent*

**Neuanlegen eines Fadens** *Siehe »Knäuelwechsel«.*

**Nomotta-Wolle** Markenzeichen für eine mottensicher ausgerüstete Wolle.

**Noppengarn** Woll- oder Baumwollgarn, das mit anders- oder gleichfarbigen Verdickungen versehen ist.

**Noppenmuster** Auf einem einfarbigen, glatt re gestrickten Grund im gleichmäßigen Abstand (alle 12 M) und versetzt (alle 12 R) eine Noppe arbeiten: 5 M re in 1 M stricken, dabei abwechselnd 1 mal von vorn und 1 mal von hinten einstechen, wenden; über diese 5 M 4 R glatt re arbeiten. Dann mit der li N nacheinander die ersten M über die 5. ziehen, wobei mit der nächstliegenden begonnen wird.

*Noppenmuster*

**Norwegermuster**
Aus Norwegen stammen diese beliebten zwei- oder mehrfarbigen Muster. Sie erscheinen immer

*Norwegermuster*

# Ob bis Pe

*Norwegermuster Schemazeichnung*

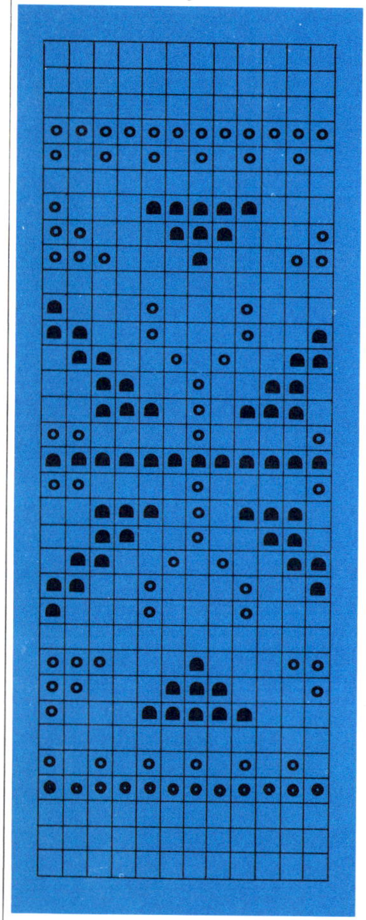

□ = weiß
o = rot
● = schwarz

*Siehe auch Norwegerpullover im »Modellteil«.*

auf der rechten Seite, auf der Rückseite laufen die nicht gestrickten Fäden mit. Norwegermuster werden immer nach Zählmustern gestrickt. Am besten eignen sich die Vorlagen, die nur geringe Abstände zwischen den Farbwechseln haben. So werden die Spannfäden auf der Rückseite nicht zu lang. Für die Norwegermuster gelten die gleichen Vorschriften wie für Jacquardmuster. *Siehe »Jacquardmuster«.*

Links ein Beispiel für Norwegermuster.

**Oberweite** Körperumfang knapp unterhalb der Schulterhöhe.

**Offene Arbeit** Eine Arbeit, die in Hin- und Rückreihen gefertigt wird.

**Ombrégarn** Von hell bis dunkel schattiertes Baumwollgarn zum Häkeln von Spitzen, Deckchen usw.

**Öse** Eine halbkreisförmige Schlinge, die mit Knopflochstich umstochen wird. Dient als Knopfloch. Die Öse kann auch mit festen Maschen umhäkelt werden. *Siehe »Knopflochöse«.*

**Ovaler Halsausschnitt** *Siehe »Halsausschnitt«.*

**Passe** Das Schulterteil bei Strick- und Häkelkleidung.

**Patchwork** Aus Amerika stammende Methode, aus Einzelteilen ursprünglich Flicken-Decken zusammenzusetzen. *Siehe »Modellteil« Seite 215 und »Motive häkeln«, »Motive stricken«.*

**Patentmuster** Strickmuster, das durch eine besondere Umschlagtechnik beidseitig dicke Rippen aufzeichnet.

*Einfaches Patent:* Gerade Maschenzahl.
*1. R:* RandM, * 1 U, die nächste M li abheben, 1 re M *, ab * wiederholen, RandM.
*2. R:* RandM, * 1 U, die nächste M li abheben, den U der Vorreihe mit der abgehobenen M rechts zusammenstricken, * wiederholen, RandM. Weiter wie in der 2. R stricken.

*Halbpatent:* Gerade Maschenzahl.
*1. R:* RandM, * 1 M re, 1 U, 1 M li abheben, * wiederholen, RandM.
*2. R:* RandM, * die abgehobene M der Vorreihe mit dem U rechts zusammenstricken, 1 M li, * wiederholen, RandM. 1. und 2. R abwechselnd arbeiten.

**Pelerine** Ein ärmelloser, runder Umhang, gestrickt oder gehäkelt.

**Pelzwolle** Eine Spezialwolle, die nach der Arbeit auf einer Seite mit einer Drahtbürste aufgerauht wird. Das gibt der Oberfläche einen pelzartigen Charakter. Die Wolle eignet sich gut für die Herstellung von Decken oder Morgenröcken.

**Perlen einhäkeln** Die Perlen werden zunächst aufgefädelt, und dann können sie einzeln in die Arbeit mit festen Maschen eingehäkelt werden. *Siehe Zeichnung nächste Seite oben.*

**Perlen einstricken** Perlen, die in ein Gestrick eingearbeitet werden, müssen zunächst auf den Arbeitsfaden aufgefädelt werden und dann nacheinander eingestrickt werden. *Siehe Zeichnung nächste Seite oben.*

**Perlgarn** Zweifacher, festgedrehter mercerisierter Baumwollzwirn mit perlartigem Aussehen. Perlgarn kann zum Stricken und Häkeln verwendet werden.

**Perlmuster** Es wird auch Reismuster genannt. Gerade Maschenzahl.

# Pe bis Po

*Perlen einstricken*

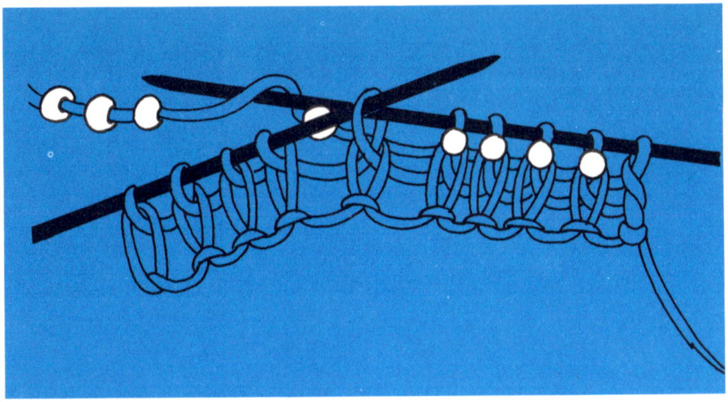

*Perlen einhäkeln*

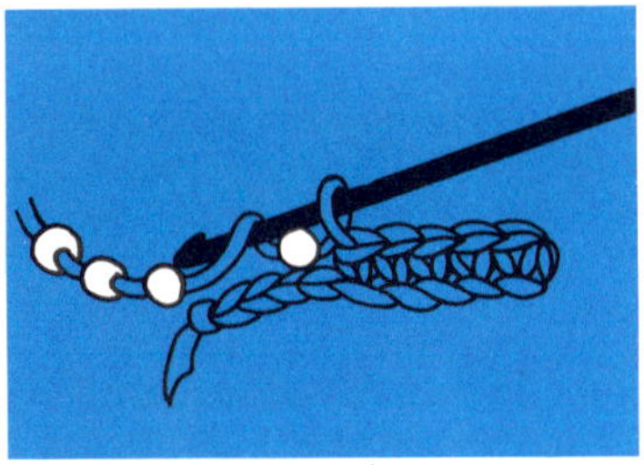

*1. R:* RandM, * 1 M re, 1 M li * wiederholen, RandM.
*2. R:* RandM, * 1 M li, 1 M re * wiederholen, RandM.

Durch das Versetzen der rechten und linken M ergibt sich die perlartige Struktur. Perlmuster rollen sich nicht, eignen sich daher besonders für angestrickte Blenden und Kanten.

**Perlrand** Diese Strick-Abschlußkante ergibt einen glatten festen Rand. Stricken Sie ihn so: Auf der Vorderseite der Strickarbeit wird die erste Masche immer abgehoben und die letzte Masche immer rechts gestrickt.

**Perlwolle** Kammgarnzwirn aus zwei festgedrehten Fäden, in perlartiger Struktur. Eignet sich für feine Strick- und Häkelsachen.

**Perlzunahme** *Siehe »Grundkurs Stricken«.*

**Pflegeanleitungen** *Siehe »Wollpflege-Tips«, Seite 42.*

**Pfeil** In Häkelstenogrammen und gezeichneten Mustersätzen finden Sie immer wieder einen Pfeil eingesetzt. Dieser Pfeil bezeichnet Beginn und Ende eines Mustersatzes.

**Pikots** Gehäkelte Spitzenmasche. Wird als Kantenspitze und bei irischer Häkelei im Fond angewandt.

Eine Anleitung für eine einfache Reihe Pikots:

3 Lm, * in die mittlere Lm zurück einstechen 1 fM, in die erste Lm

*Pikots*

1 Stb, 3 Lm, * wiederholen.
Noch einfacher:
5 Lm, in die erste Lm zurück einstechen, 1 fM, 5 Lm, in die 1. Lm eine fM usw.

Pikotmuster: Maschenzahl durch 4 teilbar.
*1. R:* * 5 Lm, 3 M übergehen, in die folgende M 1 fM, 3 Lm und nochmals 1 fM arbeiten, ab * wiederholen. 5 Lm; 3 M übergehen; 1 fM.
*2. R:* * 5 Lm; in die 3. der 5 Lm: 1 fM, 3 Lm, 1 fM arbeiten, ab * wiederholen. 5 Lm, 1 fM.
2. R wiederholen. *Siehe Foto.*

**Plisseefalten** Auf glatt rechts gestricktem Grund können mühelos dauerhafte Plisseefalten eingearbeitet werden. Die Faltentiefe kann man nach Belieben festlegen. Im Faltenknick nach außen wird eine Masche rechts abgehoben und auf der linken Seite links gestrickt. Der Innenbruch der Falte wird auf der rechten Seite links und auf der linken Seite rechts gestrickt.

**Polyamid** Bezeichnung für Spinnfasern aus chemischer Herstellung. Polyamid-Fasern sind ungewöhnlich reiß- und scheuerfest, sehr leicht und gut wärmend. Polyamidfasern werden für viele Handstrickgarne verarbeitet.

**Polyester** Ebenfalls eine Chemiefaser. Sie zeichnet sich durch Reißfestigkeit aus. Sie ist wollig und knitterarm.

# Po bis Qua

**Polokragen** *Siehe »Kragen«.*

**Pompon** Als Verzierung für Mützen oder als Abschlüsse von Kordeln verwendet man gerne Pompons.

Zeichnen Sie auf Pappe zwei gleichgroße Kreise mit einem Innenkreis von ca 2 cm Durchmesser. Der Abstand vom Innenrand zum Außenrand ist der halbe Durchmesser des fertigen Pompons.

*Pompon A*

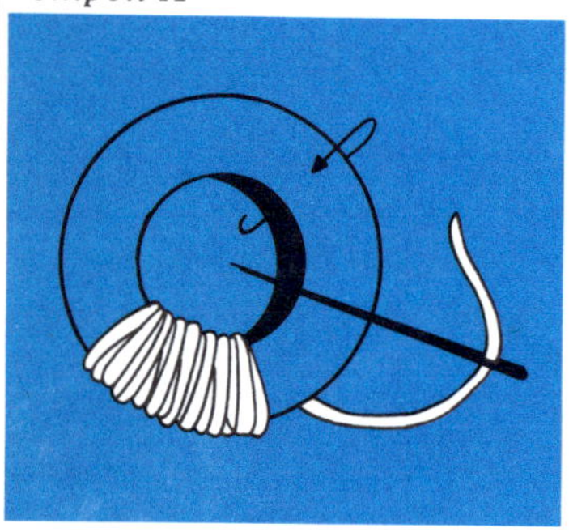

*Pompon B*

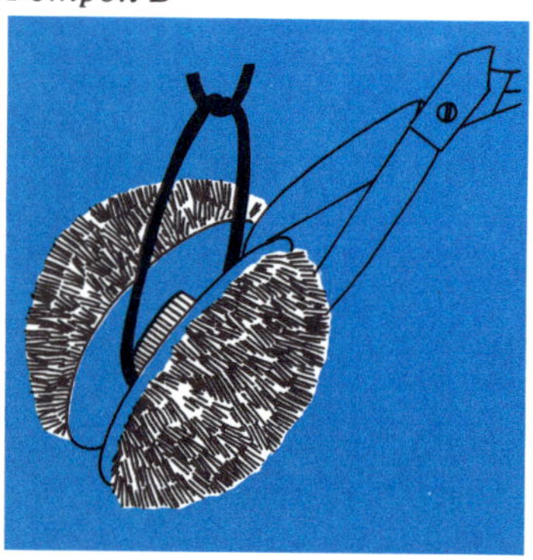

Schneiden Sie die beiden Ringe aus und legen sie aufeinander. Ein langer, doppelter Faden wird auf eine Stopfnadel gefädelt und der Ring so lange mit dem Faden umwickelt, bis Sie kaum noch durch die Mitte kommen. Schieben Sie jetzt eine spitze Schere zwischen die beiden Pappscheiben und schneiden die Wolle am Außenrand durch. Die Pappscheiben vorsichtig etwas auseinanderziehen und die Fäden dazwischen mit einem langen Faden umwickeln und festbinden. Anschließend die Pappscheiben herauslösen und die Pompons in Form schneiden. Wenn Sie den Pompon über Wasserdampf halten, öffnen sich die Wollfäden und geben ihm ein samtartiges Aussehen.

Beim bunten Pompon werden die Pappscheiben abwechselnd mit verschiedenfarbigen Fäden umwickelt. Die Bindefadenenden nehmen Sie zum Annähen des Pompons. *Siehe Zeichnung linke Spalte.*

**Pompon gehäkelt** Wickeln Sie den Faden einige Male um den Finger, nehmen den Wollring und behäkeln ihn mit 6 festen Maschen. Ziehen Sie den Faden des Rings an, damit sich das Loch fest schließt. Häkeln Sie nun in jede feste Masche wiederum zwei feste Maschen, es folgt eine normale Runde. Dieser Arbeitsvorgang wird noch einmal wiederholt, bevor es an das Abnehmen und zwar in umgekehrter Reihenfolge geht. 1 Runde je zwei Maschen übergehen, 1 Runde nicht abnehmen.

Vor Abnahmeende wird der Pompon mit Wolle oder Schaumstoffresten ausgefüllt. Pompon schließen und Luftmaschenkette anhäkeln.

*Gehäkelte Pompons*

**Puppenkleider** Für kleine Mädchen sind Puppenkleider geeignete Objekte, die ersten Häkelkünste auszuprobieren. Sie sollten sich dabei zunächst auf gerade Formen und feste Maschen beschränken. Ist erst einmal ein Pullunder oder eine lange Hose geschafft, können Sie auch auf runde Formen mit Ab- und Zunahmen übergehen.

**Quadrate häkeln** Sollen Quadrate nicht einfach aus Hin- und Herreihen entstehen, kann wie folgt gehäkelt werden:

*Quadrat, von der Mitte ausgehend gehäkelt:*

*1. Rd:* 8 Lm zum Ring schließen.
*2. Rd:* In jede Lm 1 fM.
*3. Rd:* 2 fM, in die erste M der Vorrunde, 1 fM, 3 fM in die nächste M, 1 fM, 3 fM in die nächste M, 1 fM, 3 fM in die nächste M, 1 fM.
*4. Rd:* 5 fM in die 1. M, 3 fM in die nächsten fM der Vorrunde, 5 fM in die EckM, 3 fM in die nächsten M usw. Jetzt kann man die Ecken schon klar erkennen. Von nun an bei jeder mittleren Eckmasche die Zunahme vornehmen.

*Ein Quadrat aus Stäbchen:* Hierfür häkeln Sie in die Ecke 7 Maschen, 1 Luftmasche, 3 Stäbchen. Diese 7 Maschen wiederum müssen bei der nächsten Ecke in die Luftmasche der Vorreihe eingearbeitet werden.

*Quadrat, von einer Ecke aus gehäkelt:* Häkeln Sie 2 Luftmaschen und arbeiten in die erste Luftmasche 3 feste Maschen mit Wendeluftmasche. In die mittlere feste Masche der 1. Reihe 3 feste Maschen, dann 1 feste Masche, Wendeluftmasche, wenden. Ab jetzt jeweils in die mittlere der drei Eckmaschen der Vorreihe 3 feste Maschen häkeln. Zweite Quadrathälfte gleich arbeiten und miteinander verbinden. *Siehe Foto.*

*Quadrate häkeln*

**Quasten** Verzierung, die sich für Schultertücher, Kordeln und Mützen eignet. Dazu schneiden Sie sich einen rechteckigen Karton zurecht, dessen eine Seite so lang wie die fertige Quaste sein muß. Umwickeln Sie den Karton nun schön gleichmäßig mit Wolle. Je mehr Sie wickeln, desto dicker wird die Quaste. Binden Sie nun an einer Seite die Fäden fest mit Wolle zusammen. Die überhängenden Bindefäden nehmen Sie zum Annähen der Quaste. Schneiden Sie an der unteren Kartonseite die Wollfäden auf. Umwickeln Sie das Wollbündel 1 bis 3 cm unterhalb der oberen Seite mehrmals mit Wolle und vernähen dann den Faden unsichtbar.
Wenn Sie viele gleichgroße Quasten herstellen wollen, ist es ratsam, einen entsprechend breiten, möglichst langen Pappstreifen mit Wollbündeln in je 1 cm Abstand zu umwickeln. Dies geht schneller. Dann jedes Bündel oben zusammenbinden, die Fäden durchschneiden und die Quasten einzeln fertigstellen. *Siehe Zeichnung.*

*Quasten A*

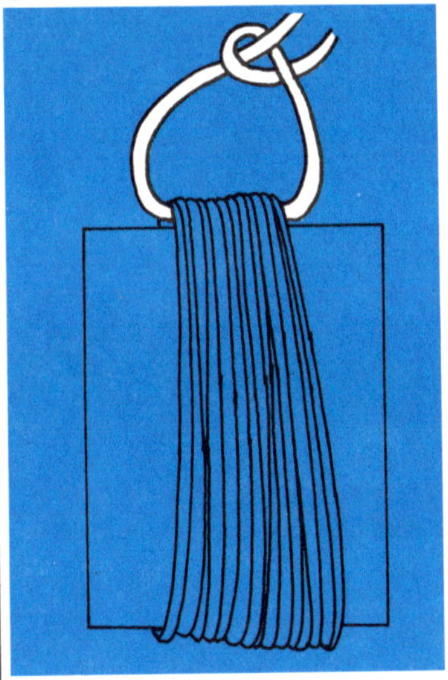

*Quasten B*

# Qua bis Ra

**Querdraht** Querfaden zwischen zwei Strickmaschen.

**quergestricktes Knopfloch** *Siehe »Knopflöcher«.*

**Querrippen** Plastisch erscheinende Rippen im glattgestrickten Grund. *Schmale Querrippen* entstehen, wenn in gleichmäßigen Abständen in glatt rechts gearbeiteten Sachen eine Reihe links gestrickt wird. Für *breitere Querrippen* werden mehrere Reihen links gestrickt. *Gehäkelte Querrippen* entstehen, wenn jeweils nur das hinten oben liegende Maschenglied der Vorreihe beim Einstechen erfaßt wird.

**Raglan** Schnittform bei der am Ärmel das Schulterteil mit angeschnitten ist. Die Naht zwischen Ärmeln, Vorder- und Rückenteil läuft schräg von der Achsel bis zum Halsausschnitt. Die Maschenabnahmen für die Raglanschrägung werden meist einige Maschen vom Rand entfernt vorgenommen. Dadurch entsteht ein dekoratives Band an der Nahtstelle. *Siehe »Armausschnitt«.*

**Ramie** Eine Bastfaser, die sehr strapazierfähig ist und wegen ihrer glatten, schmutzunempfindlichen Oberfläche sehr beliebt ist. Aus Ramie werden Nähzwirne und Häkelgarne für Spitzen hergestellt.

**Randmasche** *Siehe »Grundkurs Stricken und Häkeln«, Seite 11 und 19.*

# Ra bis Re

**Rapport** Musterwiederholung.

**Rechenscheibe** Wertvolles Hilfsmittel, um sich das Ausrechnen der benötigten Maschen für eine Handarbeit zu erleichtern. Diese Rechenscheibe ist in allen Handarbeitsgeschäften oder großen Kaufhäusern erhältlich.

**rechte Masche** *Siehe »Grundkurs Stricken«, Seite 11.*

**rechts verdrehte Masche** Im Gegensatz zur rechten Masche wird hier in das hintere Maschenglied eingestochen und die Masche dann rechts abgestrickt.

**rechtwinkelig spannen** Zeichnen Sie sich auf einer Unterlage einen rechten Winkel auf. Die Strick- oder Häkelarbeit wird den Linien nach darüber gespannt. Die Ecken müssen rechtwinkelig erscheinen. Diese Methode ist für Spitzendecken oder Sets geeignet.

**Reihe** Alle Maschen, die zusammen auf einer Stricknadel liegen, bezeichnet man als Reihe. Die Anschlagreihe dagegen zählt nicht als Reihe.
Beim Häkeln sind alle Maschen, die von einem Rand zum anderen gehäkelt werden, eine Reihe.

**Reihen zählen** Im Glatt-rechts-Gestrick zählt jede Maschenreihe auf der Vorderseite als eine Reihe. Bei kraus rechts Gestricktem ist die oben liegende Rippe eine Reihe, ebenso die innen liegende eine Reihe. Bei Gehäkeltem lassen sich die Reihen leicht an den querliegenden Maschengliedern abzählen.

---

**TIP** Um nicht jedesmal am unteren Rand mit dem Zählen zu beginnen, können Sie sich jede 10. oder 20. Reihe mit einem Hilfsfaden markieren.

---

**Reismuster** Eine weitere Bezeichnung für Perlmuster.

**Reißverschluß** *Siehe »Fertigstellen«, Seite 40.*

**Reißwolle** In einem Reißwolf werden die Fabrikabfälle oder Altkleidung zerrissen und die Fasern neu versponnen. Das Ergebnis sind minderwertige Garne.

**Reliefstäbchen** Sie geben den Häkelarbeiten Halt, Abwechslung und aparte Musterungen. Reliefstäbchen werden nicht in das Stäbchen der Vorreihe eingestochen, sondern waagrecht um dieses herumgehäkelt. Führen Sie hierzu die Nadel von rechts nach links hinter dem Stäbchen herum, machen den Umschlag und arbeiten das Stäbchen normal fertig. Reliefstäbchen lassen sich auch aus Doppel- und Dreifachstäbchen häkeln. Hier drei Musterbeispiele:

*Rauten*
Maschenzahl durch 10 teilbar, plus 8 M.

*1. und 2. R:* 3 Lm, dann 1 Stb in jede M.
*3. R:* 3 Lm, * 3 Stb, 1 Stb, dabei die 2 letzten Schlingen auf der N nicht abmaschen: 1 3-faches Stb, dabei die HäkelN waagrecht um das 3., folgende Stb der 1. R einstechen und mit dem letzten U die 3 letzten auf der N liegenden Schlingen abmaschen; 5 Stb hinter dem 3-fachen Stb, 1 3-fach-Stb um das gleiche Stb der 1. R arbeiten, dabei die 2 letzten Schlingen auf der N behalten; 1 Stb in die folgende M der 2. R, dabei die 3 letzten Schlingen auf der N zusammen abmaschen *.
*4. R:* 3 Lm, 1 Stb in jede M.
*5. R:* 3 Lm, 7 Stb; * 1 Stb, dabei die 2 letzten Schlingen auf der N behalten; 1 3-faches Stb, dabei die HäkelN waagrecht um das 1. 3-fache Stb der 3. R einstechen und 3 Schlingen auf der N behalten; 1 3-faches Stb um das 2. 3-fache Stb der 3. R, dabei die 4 letzten Schlingen auf der N zusammenabmaschen; 9 Stb *.
*6. R:* Wie die 4. R.
*7. R:* Muster in der 3. R wieder aufnehmen, dabei die beiden 3-fachen Stb um die 2 3-fachen Stb der 5. R arbeiten.

*Rauten*

*Flache Rippen*

*1. R:* 3 Lm, dann 1 Stb in jede M.
*2. R:* 3 Lm, * 5 Stb, dabei die HäkelN waagrecht und auf der Vorderseite der Arbeit um die Stb der Vorreihe einstechen, 5 Stb, dabei die HäkelN waagrecht und hinter der Arbeit um die Stb der Vorreihe einstechen *. 1 Stb in die 3. Lm.
*3. und alle weiteren R:* Wie die 2., dabei die Reliefstäbchen jeweils übereinander arbeiten.

# Re bis Ro

*Flache Rippen*

*Schachbrettmuster*
Wie für die flachen Rippen arbeiten, dabei abwechselnd nur 4 Stb von der Vorderseite aus und 4 Stb von der Rückseite aus häkeln und das Muster alle 2 R versetzen.

*Schachbrettmuster*

**Reste verwerten** Bei den meisten Handarbeiten bleiben kleine oder größere Wollreste übrig. Sammeln Sie diese Reste. Sie können daraus Patchworkdecken, Puppenkleider, Handschuhe und vieles anderes arbeiten.
Wenn Sie ein größeres Stück, z. B. einen Pullover, stricken möchten, sammeln Sie lauter Wolle von der gleichen Fadenstärke. Teilen Sie die Wollreste in je vier gleiche Knäuel. Stricken Sie nun in bunten Ringeln einen Pulli. Beginnen Sie mit den beiden Ärmeln, die Sie gleichzeitig arbeiten, damit das Muster übereinstimmt. Dann werden die Vor- und Rückenteile gestrickt. Versuchen Sie auch hier das Muster gleich wie auf den Ärmeln zu stricken. Damit so ein Pulli nicht zu unruhig wirkt, können Sie auch eine Grundfarbe dazu kaufen und Kragen, Bündchen und Taschen daraus stricken.

**Rheumawolle** Reine Naturwolle – manchmal mit Angorabeimischung – für Gesundheitswäsche.

**Rhombenmuster** Gehäkelt: *Siehe »Reliefstäbchen«*. Rhombenmuster können im Jacquardstil oder als Rippenmuster im irischen Stil gestrickt werden. Auch mit Hebemaschen erzielen Sie Rhombenmuster.

**Ringe umhäkeln** Plastikringe lassen sich leicht mit festen Maschen umhäkeln. Knoten Sie den Faden am Ring fest. Stechen Sie mit der Häkelnadel von vorne durch die Ringmitte, holen Sie den Umschlag durch und häkeln Sie eine feste Masche. Anfangs halten Sie die Maschen mit dem linken Daumen etwas fest, damit sie nicht mehr nach innen rutschen. Die oberen Maschenglieder der festen Masche liegen am äußeren Rand des Ringes. Häkeln Sie so viele feste Maschen, bis der Ring dicht voll ist. Die heraushängenden Anfangs- und Schlußfäden werden zum Aneinandernähen der Ringe gebraucht oder unsichtbar vernäht. *Siehe Zeichnung.*

*Ringe umhäkeln*

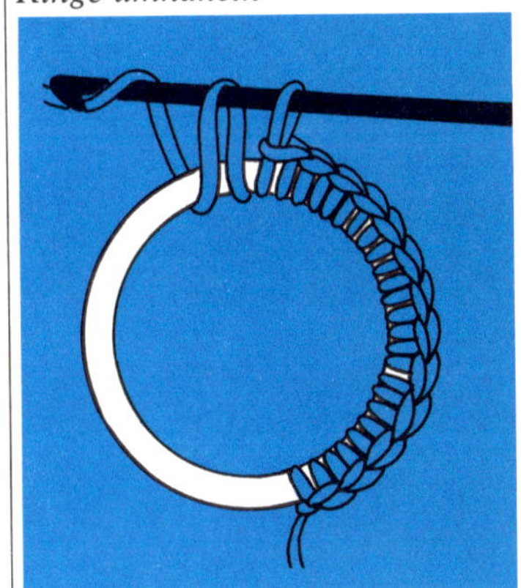

**Rippenmuster** *Gestrickte Rippenmuster* entstehen, wenn 1 rechts, 1 links oder 2 rechts, 2 links gearbeitet werden. Nach einigen Reihen zieht sich das Gestrick zu Rippen zusammen. Diese elastischen Muster eignen sich für Ärmelbündchen, Rollkragen und anderes.

*Gehäkelte Rippen* entstehen bei Mustern aus festen Maschen, wenn nur in das hintere oben liegende Maschenglied der festen Masche der Vorreihe eingestochen wird.

**Rist** Fußrücken.

**Rohwolle** Ungewaschene, geschorene Schafwolle.

**Rollkragen** *Siehe »Kragen«*.

# Ro bis Säu

**Rosenstich** In manchen Gegenden auch die Bezeichnung für eine normale feste Masche.

**Rosetten** Rundgehäkelte, blumenartige Motive. Hier zwei Beispiele. Aus diesen Rosetten lassen sich u. a. Westen oder Abendtaschen zusammensetzen.

*Fünfblättrige Rosette:*
4 Lm anschlagen und zum Ring schließen. Jede Rd mit 1 Kettm schließen.

*1. Rd:* In den Ring 1 fM, ∗ 5 Lm, 1 fM ∗. Von ∗ bis ∗ 4 x wiederholen.
*2. Rd:* Auf jeden Lm-Bogen 7 fM häkeln.
*3. Rd:* Bis zur 3. fM in Kettm häkeln, ∗ auf die 4. fM 1 fM, 5 Lm, 1 fM häkeln, 4 Lm ∗. Von ∗ bis ∗ 1 x wiederholen.
*4. Rd:* 4 Lm, ∗ auf den 1. Lm-Bogen 9 DStb, auf die folgenden 4 Lm 1 fM ∗. Von ∗ bis ∗ 5 x wiederholen.

*Fünfblättrige Rosette*

*5. Rd:* Auf das 1. DStb 1 fM, 1 Picot (= 3 Lm, 1 fM in die 1. Lm), 1 fM auf das folgende DStb ∗. Von ∗ bis ∗ 7 x wiederholen.

*Einfarbige Rosette:*
4 Lm mit einer feinen Häkelnadel anschlagen, mit 1 Kettm zur Rd schließen.

*1. Rd:* 12 fM in den Ring.
*2. Rd:* 2 fM in jede M, wobei die Häkelnadel jeweils in das hintere Maschenglied einzustechen ist.
*3. Rd:* ∗ 1 fM in das hintere Maschenglied, 1 M, 2 Lm, 1 M übergehen ∗.
*4. Rd:* Um jeden Lm-Bogen ∗ 1 fM, 1 Stb, 2 DStb, 1 Stb, 1 fM ∗ und die Arbeit beenden.

*Einfarbige Rosette*

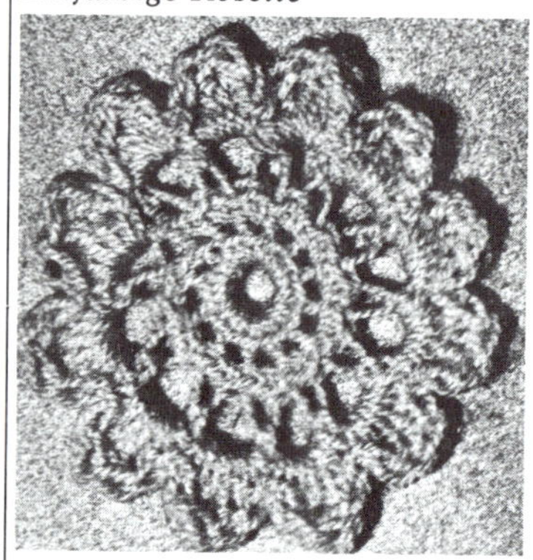

**Rückseite** Die linke und rückwärtige Arbeitsseite. Wenn Sie die Rückseite vor sich haben, liegt der Anfangsfaden des Anschlags links.

**Runde** Bezeichnung für eine geschlossene Reihe beim Häkeln oder Stricken.

**Runde schließen** *Siehe »Grundkurs Stricken und Häkeln«.*

**rundhäkeln** *Siehe »Grundkurs Häkeln«, Seite 21 und 22.*

**Rundpasse** Schulterteil, vorwiegend bei Norwegerpullovern verwendet. Hierfür stellt man zunächst Ärmel, Vorder- und Rükkenteil bis zur Achselhöhle fertig.

Dann werden alle Maschen auf eine Rundstricknadel oder mehrere Nadeln aufgenommen und die Passe mit regelmäßigen Abständen gestrickt. *Siehe »Modellteil«.*

**Rundstricknadel** *Siehe »Werkzeugkunde«, Seite 25.*

**Sanfor** Bezeichnung für einlaufgeschützte Baumwolle.

**Saum aufstricken** Mit einer Hilfsnadel werden die Anschlagmaschen aufgefaßt. Diese Nadel liegt nun hinter der Stricknadel. Jetzt wird immer eine Masche auf der vorderen Nadel mit einer Masche der hinteren Nadel zusammengestrickt.

**Saum doppelt gestrickt:** *Siehe »doppelt gestrickt«.*

**Säume** Für gehäkelte Sachen werden normalerweise keine Säume gearbeitet, weil Häkelsachen sich nicht am Rand zusammenrollen. Glatt rechts Gestricktes muß dagegen – wenn kein Rippenbündchen oder eine Perlmusterblende angestrickt wurde – einen Saum bekommen.

*Saum mit Links-Rippe:* Über dem Anschlag werden entsprechend der Saumbreite mehrere Reihen glatt rechts und am Saumbruch eine Reihe links gestrickt. Dieser Saum kann hohl angenäht oder aufgestrickt werden. *Siehe unten.*

*Saum mit Mäusezähnchen:* Über einer geraden Maschenzahl die Saumbreite glatt rechts stricken. Für den Bruch wird eine Reihe Mäusezähnchen gearbeitet *(siehe »Mäusezähnchen«).* Saum umschlagen und hohl annähen oder aufstricken.

*Rechtwinkliger Saum:*
Diese diagonal geschlossene Eck-

bildung erfolgt durch das Zusammenlegen eines senkrechten und eines waagrechten Saumes. Er ist formbeständig und glatt.

Arbeitsweise: Die angegebene Maschenzahl für ein Vorderteil, weniger 1 mal die Breite des Saumes anschlagen (z. B. 80 M für das Vorderteil und 10 M für den senkrechten Saum, man benötigt also 70 M). Nun alle 2 R an der Seite des senkrechten Saumes 1 M zunehmen, bis man 80 M auf der Nadel hat. Dann 1 R rechts auf links stricken (Bruchkante) und die Zunahme (1 M) alle 2 R fortsetzen. Wenn man 90 M auf der Nadel hat, die Arbeit gerade hoch weiterarbeiten. Bei der Fertigstellung wird der senkrechte und der waagrechte Saum auf links umgeschlagen, an der Schrägkante verbunden und mit den entsprechenden Linksmaschen zusammengenäht.

*Rechtwinkliger Saum*

*Abgerundeter Saum:*
Man muß die Zahl der M und R (Breite und Höhe), die für die Rundung erforderlich ist, vorher ausrechnen. Es werden so viele Zunahmen gemacht, wie M in der Breite vorhanden sind. Je nach Reihenzahl kann man ausrechnen, wenn eine Zunahme gemacht werden muß, um der Rundung die gewünschte Form zu geben. Wenn also das Vorderteil 80 M breit ist und für die Rundung 24 M und 24 R erforderlich sind, kann man folgende Arbeitsweise nehmen: 80 M anschlagen und bis zur gewünschten Saumhöhe gerade hochstricken. Dann die 24 M an der Kante der Rundung stilllegen und über den 56 restlichen M weiterarbeiten. Wenn man nun ausgerechnet hat, daß für eine bestimmte Rundung in jeder 2. R 1 x 5 M, 2 x 4 M, 2 x 2 M und 7 x 1 M zugenommen werden soll, was 24 M entspricht, so strickt man diese Zunahmen über die stillgelegten M in verkürzten R, bis alle M aufgebraucht sind. Dieser Saum wird oft durch einen senkrechten Saum verlängert.

Nach Beendigung der Rundung in einer R 10 M zunehmen und diese M bis zur gewünschten Höhe mitstricken. Bei der Fertigstellung wird der waagerechte Saum auf links umgeschlagen, er paßt genau in die Rundung, und mit dem senkrechten Saum verbunden.

*Abgerundeter Saum*

**Schachbrettmuster** Gehäkelt: *Siehe »Reliefstäbchen«.*
Bei der *gestrickten Handarbeit* setzt sich ein Schachbrettmuster aus rechten und linken Maschen zusammen, die blockartig übereinander versetzt werden. Beispiel: 4 Reihen abwechselnd 4 Maschen glatt rechts, 4 Maschen glatt links stricken. In der fünften Reihe mit 4 linken Maschen beginnen, dann 4 rechte Maschen. Das Muster ist jetzt versetzt. Breite und Höhe der einzelnen Felder lassen sich beliebig variieren. *Siehe Foto.*

*Schachbrettmuster*

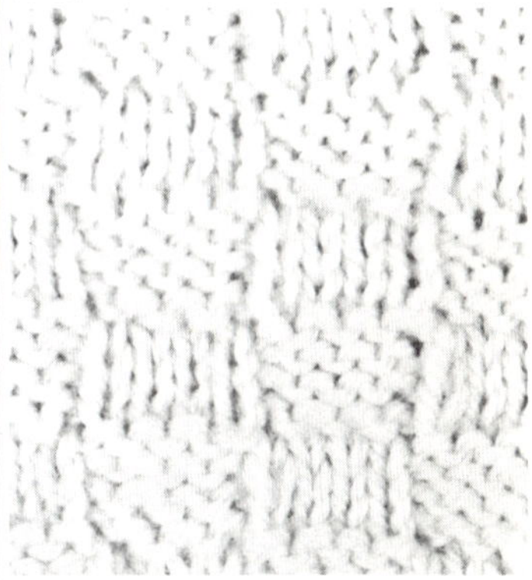

**Schal** Einen Schal kann jeder Anfänger im Stricken ganz leicht herstellen. Sie beginnen mit einem beliebig breiten Anschlag und stricken dann entweder kraus rechts oder im Rippenmuster, 1 rechts, 1 links so lange hin und her, bis die gewünschte Länge erreicht ist. *Siehe auch »Modellteil«.*

Gehäkelt wird ein Schal am besten mit Stäbchen. Über einer entsprechend langen Luftmaschenkette wird hin- und her gehäkelt ohne Zu- und Abnahme.
*Achtung:* Die erste Masche in der Reihe wird immer durch 3 Luftmaschen ersetzt.

# Schl bis Schu

**Schlauchpullover** Dieser Pullover wird im Rippenmuster 2 rechts 2 links mit einer Rundnadel schlauchförmig hochgestrickt. Für die Armlöcher werden einige Maschen abgekettet und Vorder- und Rückenteil gesondert fertiggestellt. Die Ärmel werden ebenfalls rund gestrickt. Nach dem Einsetzen der Ärmel und Schließen der Schulternähte – hier empfiehlt sich der Maschenstich – wird ein langer Rollkragen angestrickt. Die Maschenzahlen errechnen Sie an Hand der Maschenprobe und Ihrer Maße.

**Schließen der Nähte** *Siehe »Fertigstellen«, Seite 38.*

**Schlinge** Masche, die während der Arbeit auf die Nadel genommen wird.

**Schlinge durchholen** Den Umschlag auf der Häkelnadel durch die Masche holen.

**Schlinge langziehen** Die auf der Häkelnadel befindliche Schlinge in die gewünschte Länge ziehen.

**Schlingenmuster** *Gestrickt:* Gearbeitet wird mit doppeltem Faden.

*1. R:* = Rückseite: li M.
*2. R:* RandM, 1 M re, * 1 M re, die M wieder auf die linke Nadel heben, den Arbeitsfaden über den linken Daumen nach vorne holen und eine Schlaufe bilden. Den Faden wieder zurück hinter die Arbeit führen. Jetzt nochmals in die M der Vorreihe einstechen, 1 re M stricken und beide re M mit einem Umschlag zusammenstricken. 1 re M * wiederholen. Das hört sich sehr kompliziert an, aber es ist nicht schwer, wenn Sie das Muster Schritt für Schritt nacharbeiten.
*3. R:* re M.
*4. R:* Wie 2. R, allerdings das Muster um eine Masche versetzen, damit sich die Schlingen schuppenförmig übereinanderlegen.

Ist die Arbeit beendet, ziehen Sie die Schlingen etwas an, indem Sie eine Nadel in jede Schlingenreihe schieben. Sollen die Schlingen aufgeschnitten werden, müssen sie auf dem Rücken der eingeschobenen Stricknadel aufgetrennt werden. Bürsten Sie nun die Fäden von unten nach oben und umgekehrt. Gut angefeuchtet wird dann jedes Strickteil noch einmal mit einem grobzinkigen Kamm gekämmt und anschließend getrocknet.

*Gehäkelt:*
Wesentlich einfacher lassen sich Schlingen häkeln. Die Schlingen werden hinter der Arbeit gebildet, die mit einer Reihe fM beginnt. Arbeit wenden:

1 Lm, * Häkelnadel in die erste M einstechen, den linken Mittelfinger vor den Faden legen, mit dem anderen Ende des Fadens eine fM häkeln. Finger aus der Schlinge nehmen. * wiederholen. In der Rückreihe fM häkeln.

Sollen die Schlingen größer werden, legen Sie Ring und Mittelfinger vor den Faden. Bei gleichmäßigen Schlingen nimmt man ein Flachstäbchen in gewünschter Breite zur Hilfe. Für dichtere Schlingen wickeln Sie den Faden mehrmals um den Stab und häkeln sie zusammen.

**Schlitzränder umhäkeln** Bei gestrickten Schlitzrändern stechen Sie in jede Randmasche ein und häkeln eine feste Masche. Bei gehäkelten Rändern wird in jeden Zwischenraum zwischen zwei Reihen fester Maschen eingestochen. Soll der Rand in einer Kontrastfarbe umhäkelt werden, wird die 1. Runde in der Farbe des Modells und erst die 2. Runde mit der anderen gearbeitet.

**Schmuckfarbe** Bei zweifarbigen Wollsachen nennt man die Farbe, die seltener verarbeitet wird, Schmuckfarbe.

**Schnellstrickwolle** Besonders dicke Handstrickwolle, die sich leicht und schnell verarbeiten läßt.

**Schnitt** Ein Plan aus Papier, nach dessen Maßen die Handarbeit angefertigt wird. *Siehe »Der Schnitt«, Seite 33.*

**Schnitt ändern** *Siehe Seite 34.*

**Schnittmuster** Vorlage für einen selbst anzufertigenden Schnitt.

**Schnittschema** Verkleinerte Darstellung eines Schnitts als Hilfe bei Arbeitsanleitungen.

**Schnüre** *»Siehe »Kordeln«.*

**Schrittlänge** *Siehe »Maßnehmen«, Seite 32.*

**Schrittnaht** Naht, die über das Gesäß von hinten zur vorderen Mitte oder zum Reißverschluß führt.

**Schulmädchengarn** Markenname für Baumwoll-Häkel- und Strickgarn, das sich besonders für Anfänger eignet. Schulmädchengarn gibt es in vielen fröhlichen Farben. Es läßt sich gut für Topflappen verarbeiten.

**Schulternaht** Soll die Schulternaht sehr flach und fast unsichtbar

# Schu bis Sm

werden, ketten Sie die Maschen nicht ab, sondern verbinden Vorder- und Rückenteil mit Maschenstich. *Siehe auch »Fertigstellen«, Seite 39.*

**Schurwolle** Qualitätsbezeichnung für Wolle, die vorher noch keinem Spinn- oder Verfilzungsprozeß unterzogen wurde.

**Schweißwolle** Ungewaschene Rohwolle oder die Bezeichnung für Wolle, die gegen das Verfilzen präpariert wurde.

**Seide** Hochglänzende Textilfaser aus den Kokons der in China, Japan usw. gezüchteten Raupe des Maulbeerspinners. Etwa 300 bis 1200 m Seidenfaden vom insgesamt 3000 m langen Faden des Kokons können zu Seidengarn versponnen werden. Der Rest kurzer Fäden wird zur sogenannten Schappe-Seide verarbeitet.

**Seidenglanzgarn** Glänzendes Kunstseidengarn. Es wird für Spitzen und Gabelhäkelei, Kunststricken usw. verwendet.

**Seitenlänge** *Siehe »Maßnehmen«, Seite 32.*

**Seitennähte** Sie können auf verschiedene Weisen geschlossen werden. *Siehe »Fertigstellen«, Seite 39.*

**senkrechtes Knopfloch** *Siehe »Knopflöcher«.*

**Serviettenringe** Für Anfänger sind gehäkelte Serviettenringe eine nette kleine Arbeit. Über einem entsprechend langen Luftmaschenring wird spiralförmig bis zur gewünschten Breite hochgehäkelt.
Eine hübsche Verzierung: Gehäkelte Blüten – *siehe »irische Häkelei«* – oder gestickte Buchstaben.

**Set** Dieses Wort kommt aus dem Englischen und bezeichnet Zusammengehöriges. Unter einem Set versteht man bei Handarbeiten *erstens* Jacke und Pulli (Twinset), *zweitens* Mütze, Schal und Handschuhe, *drittens* Badezimmerset: Vorleger, Toilettendeckel usw., *viertens* kleine Platzdecke, die an Stelle einer Tischdecke aufgelegt wird.

**Shetlandwolle** Außergewöhnlich weiche Wolle. Sie wird von Schafen, die auf den Shetlandinseln leben, gewonnen.

**Sicherheitsnadel** Ein vielseitiges Hilfsmittel beim Stricken. Z. B. werden Maschen stillgelegt, nimmt man dazu gerne eine Sicherheitsnadel. Beim Zopfmuster kann sich die ungeübte Strickerin helfen, in dem sie die zu verkreuzenden Maschen auf einer Sicherheitsnadel aufhebt. Dies ist leichter als mit der Hilfsnadel.

**Sisal** Tropische Pflanze, aus deren Blättern sehr widerstandsfähige Fasern hergestellt werden. Sisal eignet sich zur Verarbeitung von Bindfäden, Knüpfgarnen, Seilen, Teppichen und Makrameegarnen.

**Smok** Sticktechnik: Sie wird besonders bei Stoffen verwendet und zeigt durch Bündeln und Raffen ein plastisches Muster. In Strickstücken z. B. – bei Babyjäckchen und Kinderkleidchen – lassen sich auch Smokstickereien ausführen: Hier ein Beispiel:

*Smok*

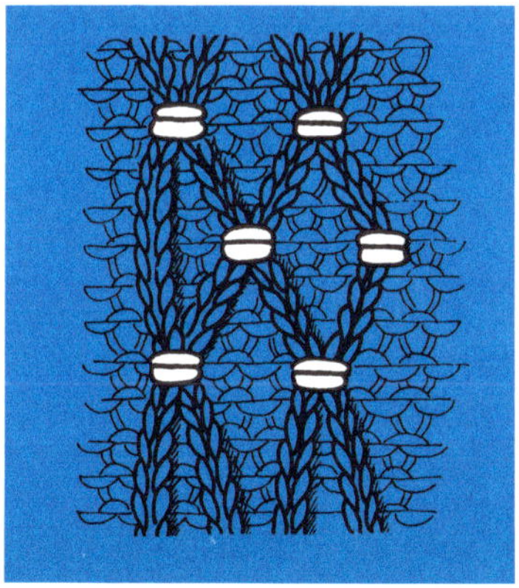

Maschenzahl durch vier teilbar, plus Randmaschen.
*1. R:* RandM, * 3 M li, 1 M re, * wiederholen, RandM.
*2. R:* RandM, * 1 M li, 3 M re *, * wiederholen, RandM. So weiterstricken, bis die gewünschte Höhe für die Smokarbeit erreicht ist.
Nun mit einer Kontrastfarbe das Strickstück besticken. Fangen Sie an der oberen Strickkante an und sticken Sie zwei Sticklinien gleichzeitig. Stechen Sie von rechts nach links unter die Rechtsmasche der ersten Rippe ein, dann unter die Rechtsmasche der zweiten Rippe. Mit einem Steppstich die beiden Rippen zusammenfassen. Den Faden auf der Rückseite lassen und drei Reihen tiefer in die zweite der beiden freien Rippen von links nach rechts einstechen. Steppstich zurück in die erste Rippe, so daß wieder zwei Rippen zusammengezogen werden. Nun wieder drei Reihen darüber die linke Rippe und die danebenliegende Rippe zusammenfassen usw. Bleibt eine Rechtsrippe am Rand übrig, wird sie mit der vorletzten Masche zusammengezogen.

Wenn man über zwei Reihen arbeitet, bleibt das Smokteil elastischer.

**Smyrnawolle** Dickes weiches, zweifach gedrehtes Wollgarn für Knüpf-, Strick-, Stick- und Häkelarbeiten.

# So bis sti

**Socken** *Siehe »Strümpfe stricken«.*

**spannen** Vor dem Zusammenfügen einzelner Strickteile sollten diese gespannt und gedämpft werden. *Siehe »Fertigstellen«, Seite 37.*

Spitzendecken z. B. werden mit Wäschestärke befeuchtet, mit Stecknadeln gleichmäßig auf ein Holzbrett gespannt. Die Decke kann entweder von alleine trocknen oder trocken gebügelt werden.

**Spickel** Dreieckiger Keil, der entweder eine Strickarbeit erweitert (Daumenspickel) oder enger macht (Strumpfspickel).

Der *Daumenspickel im Handschuh* wird so gearbeitet: Beginn der Zunahme ist etwa 3 cm vom Rippenbündchen. Vor und nach der ersten Masche der ersten Nadel wird je eine Masche zugenommen, indem das waagrechte Zwischenglied auf die Nadel gehoben und verdreht abgestrickt wird.

Zwei Runden ohne Zunahme stricken. Dann rechts und links von den zugenommenen Maschen jeweils 1 Masche zunehmen. Wieder zwei Runden ohne Zunahme stricken. Dann wieder wie oben beschrieben zunehmen, so lange, bis die zugenommenen Maschen etwa 1/3 der gesamten Maschenzahl betragen.

Für den *Spickel im Strumpf* wird über den vom Käppchen aus den Randmaschen aufgenommenen Maschen abgenommen. Abgenommen wird rechts und links so oft, bis wieder soviele Maschen wie vor Beginn der Ferse auf den Nadeln sind.

**Spielstricknadeln** Fünf gleichlange Stricknadeln mit je zwei Spitzen. Sie werden zum Rundstricken verwendet.

**Spitzen** Gehäkelte oder gestrickte, durchbrochene Muster, die den geklöppelten Spitzen nachempfunden sind. *Siehe auch »Taschentuchspitzen«.*

**Spitzengarn** Spezielles Baumwoll- oder Kunstseidengarn, das gehäkelte oder gestrickte Spitzen besonders klar zeichnet.

**Spitzenmuster** Einfaches Spitzenmuster ist eine Pikotkante. *Siehe »Pikots«.*

**Sportwolle** Vielseitig verwendbare Standardqualität. Sie läßt sich zu Pullovern, Handschuhen, Socken usw. verarbeiten.

**Stäbchen** *Siehe »Grundkurs Häkeln«, Seite 19.*

**Stehbörtchen** 2 bis 3 cm hoher Kragen, der am runden Halsausschnitt angestrickt wird.

**Sternmotive häkeln** *Sechseckiges Sternmotiv:* 6 Lm anschlagen und mit 1 Kettm zur Rd schließen.

*1. Rd:* In den Ring ✻ 1 Stb, 1 Lm ✻. Von ✻ bis ✻ 12 x arbeiten. Die Rd und alle weiteren mit 1 Kettm schließen.
*2. Rd:* ✻ 1 Stb auf 1 Stb, 2 Stb um die Lm der Vorrunde, 1 Stb auf 1 Stb, 2 Lm ✻. Von ✻ bis ✻ 6 x.
*3. Rd:* ✻ 2 Stb auf das 1. Stb, 1 Stb auf jedes der 2 mittleren Stb, 2 Stb auf das letzte Stb, 2 Lm ✻. Von ✻ bis ✻ 6 x.
*4. Rd:* Ab dieser Rd die Häkelnadel nur unter dem hinteren Maschenglied der M einstechen. ✻ 2 Stb auf das 1. Stb, 4 Stb, 2 Stb auf das letzte Stb, 3 Lm ✻. Von ✻ bis ✻ 6 x.
*5. Rd:* ✻ 1 Stb auf jedes Stb, 3 Lm, 1 fM in die mittlere M der 3 Lm, 3 Lm ✻.
*6. Rd:* ✻ 1 Stb übergehen, 1 Stb auf jedes der 6 folgenden Stb, 1 Stb übergehen, dann in jedem Lm-Bogen 3 Lm und 1 fM, 3 Lm ✻. Von ✻ bis ✻ 6 x.
*7. Rd:* ✻ 1 Stb übergehen, 1 Stb auf jedes der 4 folgenden Stb, 1 Stb übergehen, dann in jeden Lm-Bogen 3 Lm und 1 fM, 3 Lm ✻. Von ✻ bis ✻ 6 x.
*8. Rd:* ✻ 2 Stb zwischen das 2. und 3. Stb der 4 Stb der Vorrunde, dann in jeden Lm-Bogen 3 Lm, 1 fM, 3 Lm ✻. Von ✻ bis ✻ 6 x.
*9. Rd:* 3 Lm (= 1 Stb), 3 Stb in den Lm-Bogen, dann 4 Stb in 1 Lm-Bogen, 3 Lm, 2 Stb übergehen (4 x), ✻ 4 Stb in den folgenden Lm-Bogen, 3 Lm, 2 Stb übergehen ✻. Von ✻ bis ✻ 5 x. Die Rd mit 1 Kettm in die 3. Lm am Rundenbeginn schließen. Die Arbeit einstellen.

*Sternmotiv*

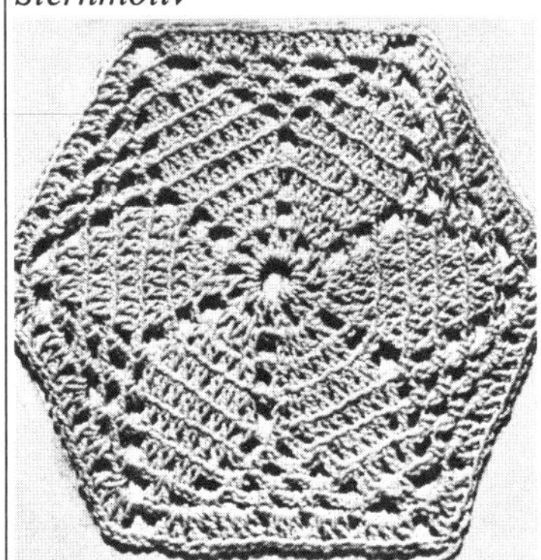

**sticken** Zur Wiederholung für alle, die gerne ihre gestrickten oder gehäkelten Sachen besticken wollen, hier die gebräuchlichsten Stickstiche: Stielstich, Kreuzstich, Hexenstich, Steppstich, Spannstich, Kettenstich, Knopflochstich, auch Schlingstich genannt.

# Sti bis Str

*Stielstich*

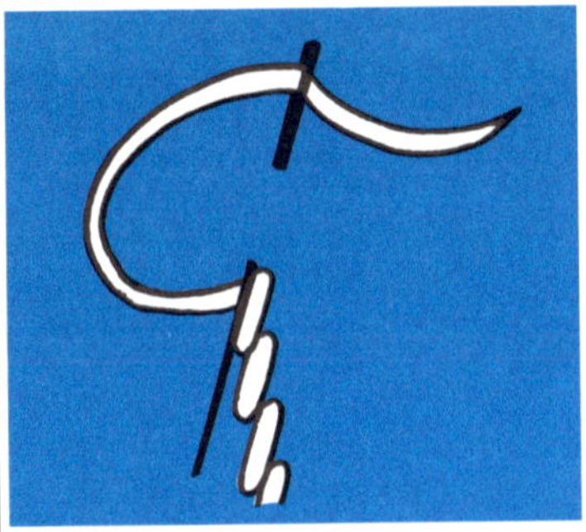

*Kreuzstich*

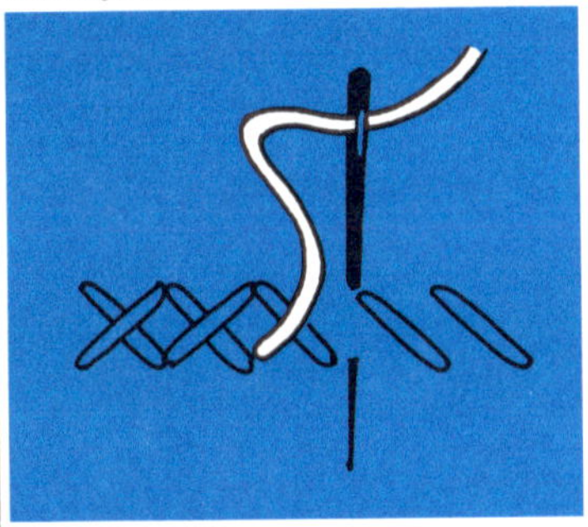

*Hexenstich*

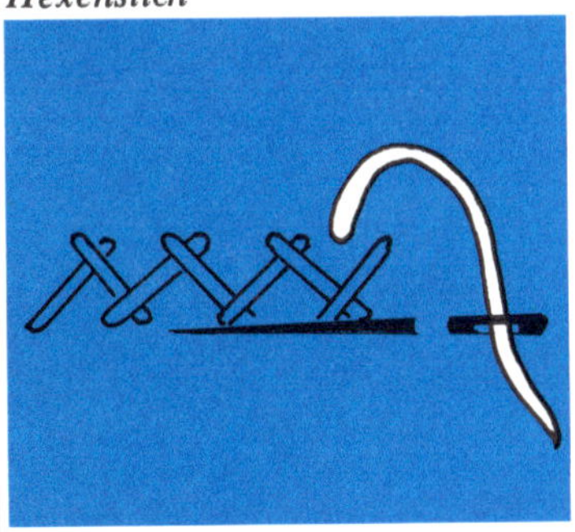

*Steppstich*

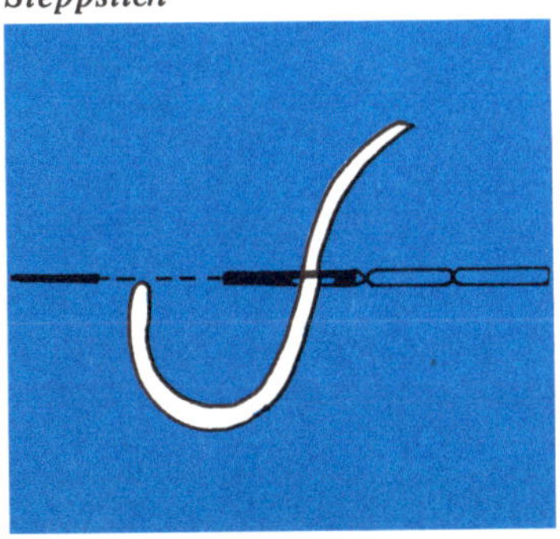

*Spannstich*

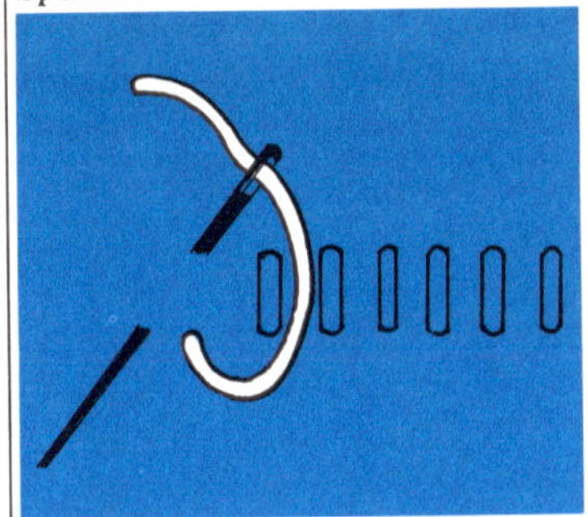

*Kettenstich*

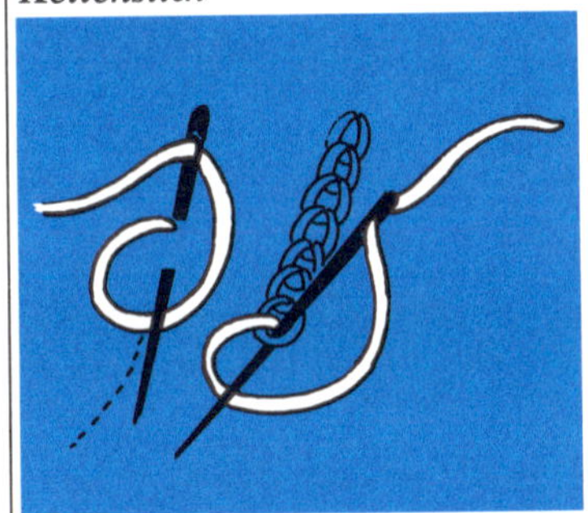

*Schlingstich oder Knopflochstich*

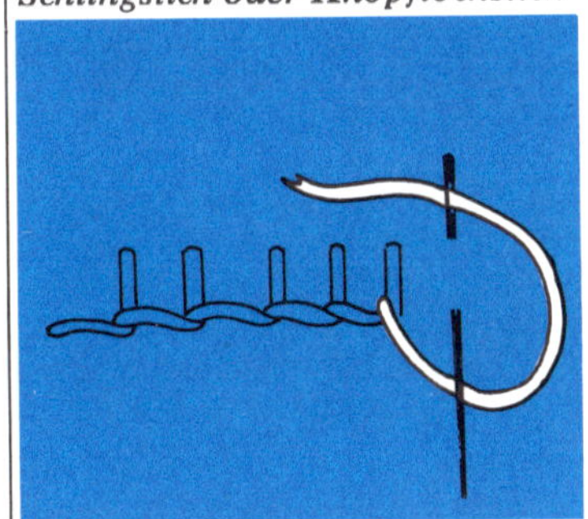

**Stickgarn** Glänzendes, mercerisiertes Baumwollgarn. Es gibt Perlgarn zum Sticken, Sticktwist, Vierfach-Stickgarn und Mattstickgarn.

**stillegen** Maschen, die vorübergehend nicht gestrickt werden, auf eine Hilfsnadel, eine Sicherheitsnadel oder einen Maschenraffer nehmen und so lange ruhen lassen, bis mit ihnen weitergearbeitet wird.

**Stola** Großes, breites Schultertuch. Meist gehäkelt. *Siehe »Modellteil«.*

**stopfen** So nennt man das Reparieren von Löchern mit Hilfe einer dem Weben ähnlichen Auf- und Ab-Technik. Zum Stopfen spannt man zunächst mehrere Fäden in eine Richtung über das Loch und füllt es dann quer aus, indem man den Faden auf und ab durch die gespannten Fäden strickt.

Schöner sind Löcher repariert, wenn man sie mit Maschenstich überarbeitet. *Siehe »ausbessern«.*

**Stopfwolle** Dünne, mehrfach-gezwirnte, mit Perlon oder Nylon verstärkte Wolle.

---

**TIP** Nähen Sie in die Seitennähte eines Pullis immer einige Fäden der verarbeiteten Wolle ein. Ist später einmal ein Loch zu stopfen, haben Sie immer passendes Garn, selbst wenn sich durch vieles Waschen die Farbe der Pullis verändert hat.

---

**Streichgarn** Ein nach dem Streichgarnverfahren hergestelltes Material aus kurzen, gekräuselten Fasern. Diese Fasern werden bei der Herstellung von Kammgarn ausgekämmt und dann zu Streichgarn verarbeitet.

# Stre bis Stri

**Streifen** Zwei- oder mehrfarbige Streifen sind eine hübsche Verzierung für jedes Strick- oder Häkelstück. *Beim Häkeln* ist der Übergang von einer Farbe zur anderen völlig unkompliziert: man beginnt einfach mit der neuen Farbe.

*Beim Stricken* dagegen sollte der Farbwechsel immer bei einer Reihe rechter Maschen einsetzen.

*Achtung:* Wenn das hin- und hergestrickte Arbeitsstück von zwei Seiten tragbar sein muß (z. B. ein Schal), kann der Farbwechsel nur beim Rippenmuster unauffällig gestaltet werden.

**Strickapparate** Eine große Hilfe für alle, die wenig Zeit zum Stricken oder eine große Familie zu »bestricken« haben.

Mit Handstrickapparaten sind heutzutage viele Arbeitsgänge auszuführen, und die fertigen Stücke sehen trotzdem wie »handgestrickt« aus. Vor dem Kauf eines Strickapparates sollte man sich folgende Fragen überlegen:

Wie oft wird der Apparat benützt?

Steht die Anzahl der Arbeitsstücke in einem vernünftigen Verhältnis zum Anschaffungspreis?

Werden nur einfache Modelle gestrickt oder lohnt es sich, einen Doppelbettstrickapparat anzuschaffen? Wie gut können Sie mit einem technischen Gerät umgehen?

Fällt es Ihnen leicht, Muster auszurechnen?

Ist genügend Stellplatz für das Gerät vorhanden?

Warum stricken Sie?

Wollen Sie sich dabei abends etwas entspannen oder aber Kleidungsstücke rationell und preiswert herstellen?

Vor dem Kauf sollten Sie sich möglichst viele verschiedene Modelle vorführen lassen.

*Wichtig:* Probieren Sie jeden Strickapparat persönlich aus und lassen sich von Freunden beraten, die selbst bereits ein solches Gerät besitzen.

Erst nach sorgfältiger Überprüfung dieser Fragen sollten Sie entscheiden, ob sich der Erwerb eines Strickapparates *für Sie* lohnt.

**stricken** *Siehe »Grundkurs Stricken«.*

**Strickgarn** Bezeichnung für zwei- oder mehrfach gedrehte Garne verschiedenster Qualitäten.

**Strickliesel** Ein Kinderspielzeug, mit dem einfarbig oder bunte Kordeln »gestrickt« werden. Diese Kordeln lassen sich u. a. zu schneckenförmigen Untersetzern und Täschchen verarbeiten.

*Strickliesl*

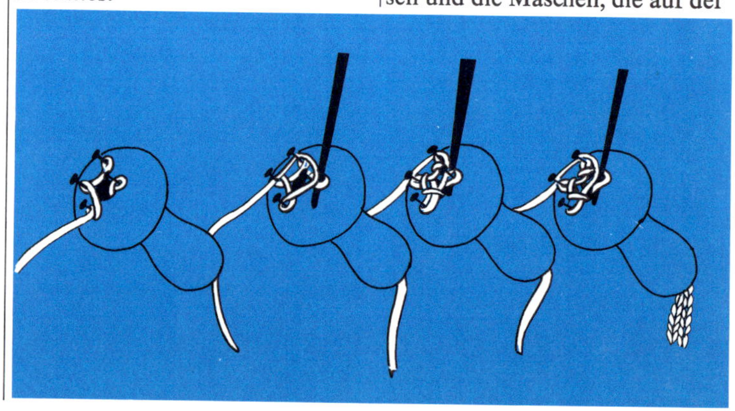

*Arbeitsanleitung Strickliesel:* Lassen Sie den Fadenanfang durch die Röhre hängen. Knoten Sie den Faden an einem Nagel fest, dann schlingen Sie ihn um jeden einzelnen der Nägel. Führen Sie den Faden über die erste Schlinge. Heben Sie mit einer dicken Stricknadel die unten liegende Schlinge über den Faden und den Nagelknopf. Den gleichen Vorgang wiederholen Sie bei jedem Nagel. Es entsteht jedesmal eine neue Masche. Mit dem heraushängenden Fadenanfang können Sie die Kordel spannen und herunterziehen. Ist die Kordel lang genug, heben Sie die Schlingen von den Nägeln und ziehen das Fadenende durch die Schlingen.

**Strickmuster** Sind eine Zusammensetzung aus linken und rechten Maschen, Umschlägen, Ab- und Zunahmen.

**Stricknaht** Eine Naht, die im Maschenstich ausgeführt wird.

**Strickschrift** Ein Diagramm, das sich aus Zeichen oder Buchstaben zusammensetzt. Eine Hilfestellung, um das Muster leichter abzulesen.

*Achtung:* Die Strickschrift zeigt meist nur die Vorderansicht eines Musters. Sie müssen also beim Stricken der Rückreihe die Strickschrift von links nach rechts ablesen und die Maschen, die auf der

# Stri bis Strü

Vorderseite rechts erscheinen sollen, links abstricken und umgekehrt!

Manche Strickschriften berücksichtigen die veränderten Verhältnisse beim Zurückstricken. *Aufgepaßt, falls das Muster rundgestrickt wird.*

**Strickstich** Mit dem Strickstich können Muster in glattrechts gearbeitete Sachen gestrickt werden. Die Muster wirken wie »mitgestrickt«.

**Strümpfe stricken** Wenn Sie Strümpfe ohne spezielle Vorlage stricken wollen, hier ein Beispiel:

Schlagen Sie die benötigte Maschenzahl an – man kann Sie mit Hilfe einer Maschenprobe und nach dem Umfang oberhalb des Knies errechnen – und verteilen sie auf vier Strumpfstricknadeln. Stricken Sie nun ein Bündchen im Rippenmuster oder einen Saum aus Mäusezähnen. Dann arbeiten Sie im gewünschten Muster – Zopf- oder Rippenmuster – bis zur Wade. Nehmen Sie jetzt $^1/_4$ der Maschen ab, verteilt auf die Länge bis 10 cm oberhalb der Ferse. Abgenommen wird jeweils zu Beginn und Ende der Abnehmerrunde. Ist die Wade fertig, stricken Sie noch einige Runden und beginnen dann die Ferse.

---

**TIP** Bei dicken Rippenmustern braucht nicht unbedingt für die Wade abgenommen werden, denn das elastische Muster schließt sich von allein um das Bein.

---

*Die Ferse:* Hierzu wird die Hälfte der Maschen, die auf vier Nadeln gleichmäßig verteilt sind, stillgelegt. Über der anderen Hälfte stricken Sie glatt hoch, bis ein Quadrat entsteht. Jetzt teilen Sie die auf der Nadel befindlichen Maschen in drei Teile und stricken die beiden ersten Drittel rechts ab

*Strumpf stricken A*

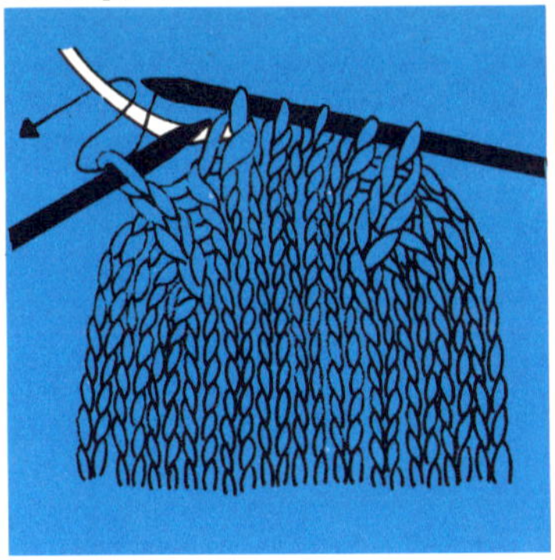

und die nächstfolgenden beiden Maschen rechtsverschränkt zusammen. Das ist der Anfang des Fersenkäppchens. Jetzt die Arbeit wenden, bis zum ersten Drittel des Käppchens links zurückstricken, die beiden ersten Maschen links zusammenstricken und die Arbeit wenden. Dann heben Sie die erste Masche ab und stricken rechts bis zur Lücke, die in der Vorreihe entstanden ist. Jetzt die beiden Maschen rechts und links von der Lücke zusammenstricken, die Arbeit wenden und an der nächsten Lücke auf der linken Seite wiederum zusammenstricken. Dieser Arbeitsvorgang wird wiederholt, bis die Maschen an beiden Seiten aufgebraucht sind. Anschließend verteilen Sie die Maschen des Käppchens auf 2 Nadeln und fassen jeweils die Randmaschen der Ferse auf. Von nun an stricken

*Strumpf stricken B*

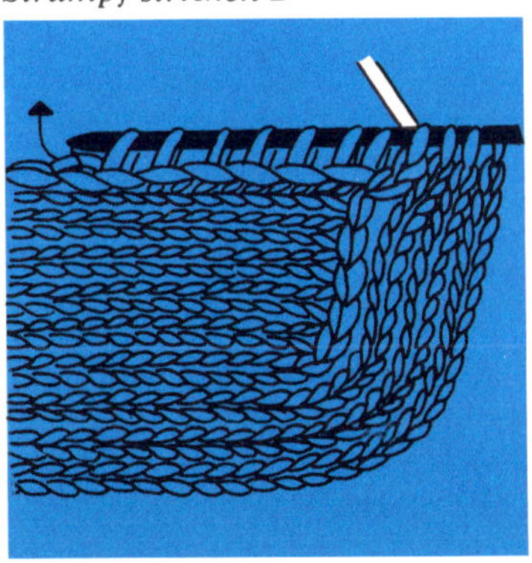

Sie wieder in Runden. In der ersten Reihe werden die Maschen allerdings verschränkt gearbeitet. *Siehe Zeichnung.*

Als nächstes nehmen Sie beidseitig des Beginns der Kappe in jeder zweiten Runde ab, und das solange, bis wieder die ursprüngliche Maschenzahl auf allen vier Nadeln ist. Diese Abnahmen haben auch die Bezeichnung »Strumpfspickel«. Jetzt können Sie in Runden die Fußlänge bis zur Strumpfspitze stricken.
Die Strumpfspitzen sind auf zwei Arten, nämlich mit band- oder sternförmiger Abnahme, zu stricken.

*Bandförmige Abnahme:* Man nimmt am Ende der 1. Nadel und am Anfang der 2. Nadel ab. Die 1. Nadel bis auf 4 Maschen normal, die dritt- und viertletzte Masche rechts zusammenstricken. Die beiden letzten Maschen der 1. Nadel ebenso die beiden ersten Maschen der 2. Nadel wieder rechtsstricken. Dann Masche 3 und 4 verdreht zusammenstricken. Bei der 3. und 4. Nadel wiederholt sich der Vorgang. Jetzt drei Runden normal stricken und dann wie oben beschrieben abnehmen.
2 normale Runden stricken, abnehmen, nochmals 2 Runden stricken und abnehmen. Jetzt wird dreimal jede zweite Runde abgenommen und danach jede Runde, bis nur noch die Maschen der Bandbreite auf den Nadeln liegen. Diese Maschen werden zusammengenäht.

# Stru bis Ta

*Sternförmige Abnahme:* Am Schluß jeder Nadel die zweit- und drittletzte Masche zusammenstricken. Die Reihenfolge der Abnahme siehe oben. Zuletzt befinden sich nur noch 8 Maschen auf den Nadeln, die zusammengenäht werden.

**Strumpfwolle** Diese Wollart wird in den Standardfarben angeboten und ist meist mit Perlon oder Nylon verstärkt. Strumpfwolle ist ergiebig, elastisch, angenehm am Fuß und strapazierfähig.

**Tagesdecken** Bettüberwürfe. Sie sind leicht aus Einzelteilen in Patchwork zu arbeiten. *Siehe auch »Modellteil« Seite 168.*

**Taschen** Praktisch und zugleich dekorativ sollen Taschen als Strick- und Häkelmodelle sein.

Zum Thema Taschen gibt es zahlreiche Variationen. Wir haben Ihnen hier die wichtigsten zusammengestellt.

*Aufgesetzte Taschen:* Stricken Sie ein Quadrat, Rechteck oder eine andere Taschenform in jedem beliebigen Muster. Damit sich der Rand nicht rollt, die obere Kante mit Rippen, Perl- oder Krausmuster abschließen. Die fertige Tasche wird an der gewünschten Stelle aufgenäht.

*Eingearbeitete Taschen:* Stricken Sie im Grundmuster bis zur Stelle, wo die Taschen-Blende angesetzt werden soll. Beginnen mit dieser Blende, während rechts und links davon normal weitergearbeitet wird. Ist die gewünschte Höhe erreicht, werden die Maschen der Blende abgekettet. Dann schlägt man die Zahl der abgeketteten Maschen auf einer Hilfsnadel auf und strickt glatt durch.
Ist der Taschenbeutel groß genug, werden die Maschen auf der Hilfsnadel in das normale Strickstück eingearbeitet und das Teil im Grundmuster fertig gestrickt. Der Taschenbeutel wird später unsichtbar an der Innenseite angenäht. *Siehe Zeichnung.*

*Taschen A*

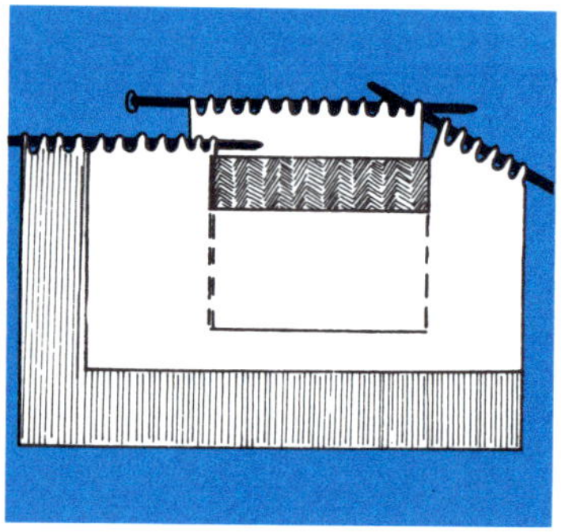

**TIP** Wenn die Tasche nicht auftragen soll, kann der Taschenbeutel in einer passenden Farbe mit dünnerer Wolle gestrickt werden.

*Senkrechte Taschen:* Die Arbeit wird an der markierten Stelle geteilt, ein Schlitz gearbeitet und auf jeder Seite separat hochgestrickt. Ist der Tascheneingriff groß genug, wird wieder mit einer Nadel weitergearbeitet. Am vorderen Schlitzrand nun die Maschen auffassen und im Rippen- oder Perlmuster die Taschenblende stricken. Nach dem Abketten müssen Sie die Randmaschen der Blende möglichst unsichtbar annähen. In diese Art von Taschenöffnung kann nun ein gestrickter oder ein genähter Taschenbeutel eingesetzt werden.

*Schräge Taschen:* Die Arbeit wird an der unteren Schlitzkante geteilt, die Reihen über dem Taschenbeutel separat gestrickt und die Schrägung durch entsprechendes Abnehmen erreicht. Auf einer Hilfsnadel schlägt man die Maschenzahl, die der Taschenschlitzbreite entspricht, an und strickt die Höhe der Tasche bis zur Schrägung. Diese Maschen werden nun auf die Nadel, die bisher stillgelegt war, gegeben und es wird im Grundmuster bis zum Schlitzende hochgearbeitet. Jetzt können wieder alle Maschen zusammen auf einer Nadel zur Beendigung des Teils im Grundmuster gestrickt werden. Für die Blende der Taschenschrägung nehmen Sie die Randmaschen auf und stricken im Kraus-, Rechts-, Perl- oder Rippenmuster.
Sie können auch einen kleinen Streifen einzeln stricken und später als Blende aufnähen. Der Taschenbeutel wird auf der linken Seite unsichtbar angenäht *Siehe Zeichnung.*

*Taschen B*

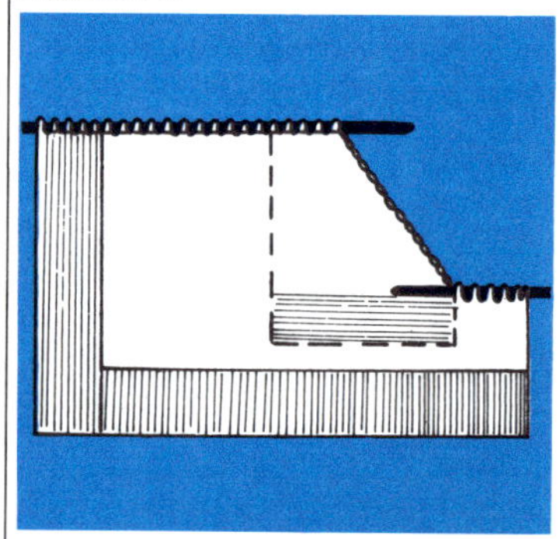

*Gehäkelte Taschen* werden im allgemeinen genau wie gestrickte Taschen gearbeitet. Da Gehäkeltes aber dicker ist und Taschen eventuell unangenehm auftragen, können auch Taschenbeutel aus Stoff eingenäht werden. Dabei sollte aber die Taschenblende immer einen Untertritt aus dem Grundmuster haben.

# Ta bis tu

**Taschentuchspitzen** Sie werden aus feinem Baumwollspitzengarn mit dünnen Häkelnadeln gearbeitet. Für Taschentuchspitzen wird ein sogenanntes »Anhäkeltaschentuch« verwendet. *Siehe Spitzenmuster bei »Eckmotiv«.*

**teilbar durch** Oft steht zu Beginn einer Arbeitsanleitung »Maschenzahl teilbar durch . . . plus Randmaschen«. Das heißt: Haben Sie anhand Ihrer Maschenprobe die benötigten Maschen für den Anschlag errechnet, dann sollte sich diese Maschenzahl glatt durch die am Anfang teilen lassen. Nur so kann das Muster richtig gestrickt oder gehäkelt werden. Geht aber die Rechnung nicht auf, dann müssen Sie den Anschlag durch Hinzufügen oder Entfernen von Maschen auf die richtige Zahl bringen.

**Tennismode** Tenniskleidung ist in der Grundfarbe immer weiß. Pullover und Pullunder haben meist V-Ausschnitte. Die Ärmel sollten viel Bewegung ermöglichen. Wenn diese Punkte stimmen, können Sie nach jedem beliebigen Strick- oder Häkelmuster Tenniskleidung arbeiten. In Blenden und Kragen sehen eingearbeitete Ringel in dunkelblau, rot oder grün hübsch aus. *Siehe auch »Modellteil«.*

**Teppichwolle** Strapazierfähige Wolle für Teppichknüpfarbeiten. Teppichwolle ist fest im Griff, mottensicher und farbecht. Sie eignet sich zum Stricken und Häkeln.

**Topflappen** Beliebtes Übungsobjekt für Anfänger.
*Siehe auch »Modellteil«.*

**Topflappengarn** Kräftige, strapazierfähige Baumwolle für Topflappen, Badevorleger usw.

**Trachtenmode** Alpenländisch orientierte Mode. *Siehe auch »Modellteil«.*

**Trendfarbe** Trend bezeichnet eine Richtung. Trendfarben sind zur Zeit beliebte Modefarben. Gegensatz zu Trendfarben sind die sogenannten Standardfarben. Farben, die nie aus der Palette der Handarbeitsgarne verschwinden.

**Trockenwolle** Wasserabstoßend ausgerüstete Wolle, die besonders für Sportbekleidung geeignet ist.

**Troddeln** *Siehe »Quasten«.*

**tunesisch häkeln** Tunesisch gehäkelte Arbeiten haben Stoffcharakter, sie sind sehr fest und eignen sich für Jacken, Mäntel und Decken. Das Muster besteht aus zwei Reihen. Bei der Hinreihe werden alle Schlingen wie zum Stricken auf die Häkelnadel genommen. Man arbeitet mit einer langen Nadel mit Knopf am Ende. In der Rückreihe werden alle Schlingen wieder abgemascht. Am Ende dieser Reihe bleibt wie beim normalen Häkeln eine Masche auf der Nadel. Es wird immer auf der Vorderseite der Arbeit ohne zu wenden gehäkelt.
*Der Anfang:* Aus einem Luftmaschenanschlag holt die Häkelnadel durch jede Luftmasche eine Schlinge auf die Nadel. Nachdem alle Schlingen gleichmäßig auf der Nadel liegen, beginnt die Rückreihe: 1 Umschlag, durchholen durch die erste Schlinge, * Umschlag, den Arbeitsfaden durch die beiden nächsten auf der Nadel liegenden Maschen holen. Diesen Vorgang setzen Sie bis zum Rand fort. Die letzte Schlinge wird etwas langgezogen. Bei der jetzt folgenden Hinreihe werden die Schlingen immer durch die senkrechten Glieder der Vorreihe geholt. Die Rückreihe wird wie oben beschrieben gearbeitet.

*Tunesisch A*

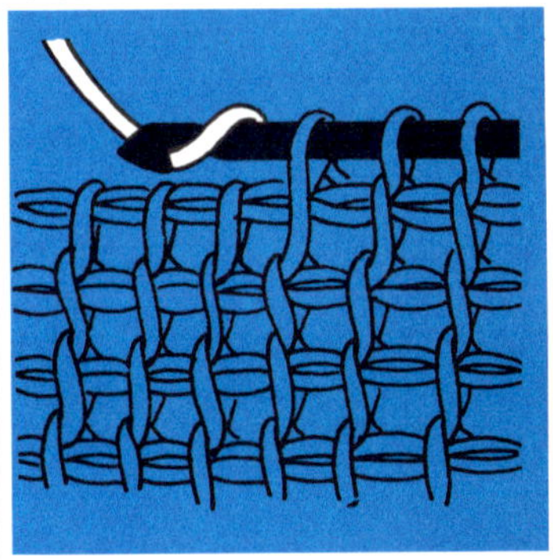

*Tunesisch B*

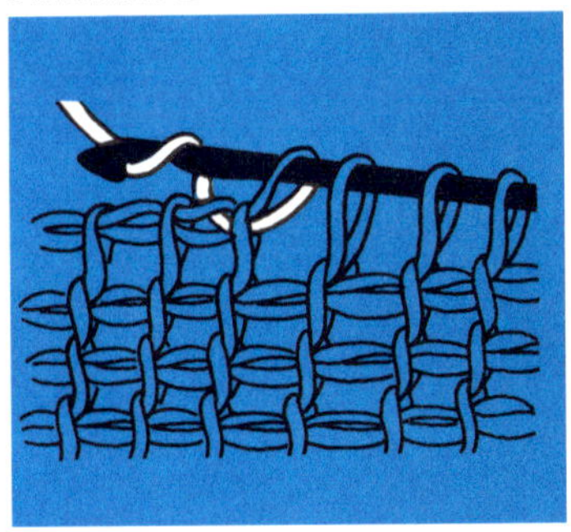

*Links-tunesischer Häkelstich*
1 Lm zu Beginn der HinR, dann * 1 linken U (den Faden vor die Nadel legen), Häkelnadel in 1 M der Lm-Kette einstechen, den Faden unter die Häkelnadel führen, 1 U und Schlinge durchholen *. Alle Schlingen verbleiben auf der Nadel. Die RückR wie beim einfachen tunesischen Muster arbeiten. In den folgenden R die Häkelnadel jeweils von rechts nach links unter das senkrechte Maschenglied der Vorreihe einste-

# Tw bis üb

chen, um die Schlingen hochzuholen.

*Links-tunesischer Häkelstich*

*Füllstich*
Die beiden ersten R wie beim tunesischen Häkelstich arbeiten. In den folgenden HinR die Häkelnadel zwischen zwei senkrechte Maschenglieder, unter dem Querfaden der 2. R einstechen. Alle Schlingen liegen auf der Nadel.

*Füllstich*

Die RückR wie beim einfachen tunesischen Häkelstich arbeiten.

Die vorhergehende HinR wiederholen, das Muster jedoch um 1 M verschieben. Um das Muster auszugleichen, aus der letzten M der Vorreihe 1 Schlinge hochholen.

*Tunesischer Kreuzstich*
Die beiden ersten R wie beim einfachen tunesischen Häkelstich arbeiten. In den folgenden HinR die Häkelnadel von rechts nach links unter das 2. senkrechte Maschenglied der Vorreihe einstechen, eine Schlinge durchholen, dann aus dem 1. Maschenglied eine Schlinge durchholen. Die RückR werden wie beim einfachen tunesischen Häkelstich gearbeitet.

*Tunesischer Kreuzstich*

*Tunesisch abketten:* Am Arbeitsende mit festen Maschen in die senkrechten Maschenglieder einstechen.

*Abnehmen und zunehmen beim Tunesisch häkeln:* Im Prinzip wird wie beim normalen Häkeln durch Überspringen gearbeitet oder zweimal in eine Masche eingestochen.

**Tweedmuster** Dieses Muster wird zweifarbig glatt rechts gestrickt. Für den Anschlag eine der beiden Farben benützen. Dann abwechselnd eine Masche in der ersten, die nächste Masche in der zweiten Farbe stricken, die nächste Reihe wird farbversetzt gearbeitet.

**Tweedwolle** Eine Wollart, die mit verschiedenfarbigen Noppen und Schlingen versponnen ist. Beim Verarbeiten ergibt sich tweedartiger Charakter.

**Twinset** Pulli mit passender Jacke.

**Twist** Achtfach, lose gedrehtes Baumwollgarn, das nur schwach gezwirnt ist. Twist wird zum Stricken und Stopfen verwendet. Twistfäden lassen sich gut teilen.

**Typenmuster** Strickschrift.

**übergehen** Bedeutet beim Häkeln eine oder mehrere Maschen ungehäkelt überspringen.

**überhäkeln** Am Rand einer Strickarbeit die Maschen mit festen Maschen behäkeln.

**überkreuzte Stäbchen** Maschenzahl teilbar durch 4 plus 2 M.

*1. R:* 1 Lm, fM häkeln.
*2. R:* 2 Lm, * 1 M übergehen, je 1 Stb in 3 folgende M, Nadel vor den3 Stb vorbeiführen und in die übergangene M zurückstechen, 1 U, Schlinge durchholen und sie bis in Höhe der Stb langziehen, 1 U durch die 2 Schlingen zie-

*Überkreuzte Stäbchen*

# Üb bis ver

hen ✻. Mit 1 Stb in die letzte M enden. 1. und 2. R wiederholen.

**Übertritt** Bei einem Verschluß bezeichnet man die Blende, die über der unteren liegt, als Übertritt. Knopflöcher werden in den Übertritt eingearbeitet.

**überziehen** *Siehe »Überzug«.*

**Überzug** Hierbei unterscheidet man zwischen einfachem und doppeltem Überzug.

*Einfacher Überzug* ist eine Masche abheben, 1 Masche stricken und die abgehobene über die gestrickte Masche ziehen.

*Doppelter Überzug:* 1 Masche abheben, 2 Maschen zusammenstricken, die abgehobene über die gestrickte Masche ziehen.

**umhäkeln** Bei manchen Mustern muß eine Kante oder ein Rand umhäkelt werden. Dabei können Unebenheiten ausgeglichen oder mit einer anderen Farbe dekorative Akzente gesetzt werden. Am einfachsten ist es, mit einer Reihe Anschluß- oder Kettmaschen zu umhäkeln. Einen besonders festen Rand erhalten Sie, wenn Sie mit Krebsmaschen umhäkeln.

**Umrandungen** Decken, Sets und ähnliche Handarbeiten werden zum Abschluß meist umrandet. Dies geschieht einmal, wie oben unter »umhäkeln« beschrieben. Hübscher sieht es bei Decken und Sets jedoch aus, wenn Sie sich zu einer besonders dekorativen Umrandung entschließen.

Hier einige Beispiele:

*1.* Mit einer kontrastfarbenen dickeren Wolle werden im Wechsel feste Maschen und Luftmaschen gehäkelt. Die feste Masche wird zwei Reihen tief eingestochen.

*2. Zweifarbige Umrandung:* Mit der ersten Farbe in die Kante 1 feste Masche, 3 Luftmaschen häkeln, dann 2 Maschen der Kante übergehen, 1 feste Masche arbeiten. Nadel aus der Schlinge ziehen, Schlinge und Faden nach vorne legen. Mit der zweiten Farbe in die 1. übergangene Masche 1 feste Masche häkeln, Arbeitsfaden liegt vorne, 3 Luftmaschen, dann 1 feste Masche in die 2. folgende Masche der Kante, Nadel herausziehen, Schlinge und Faden nach vorne legen. Nun die Schlinge der 1. Farbe erfassen, 3 Luftmaschen häkeln, dann 1 feste Masche in die 2. folgende Masche, Nadel herausziehen, Schlinge der 2. Farbe erfassen, 3 Luftmaschen usw.

*3. Umrandung in Pikot:* 1 feste Masche, ✻ 3 Luftmaschen, 1 Kettmasche in die erste Luftmasche, 1 Masche übergehen, 1 feste Masche, ✻ wiederholen.

*4. Umrandung in Feston:* 1 feste Masche, ✻ 3 Luftmaschen, 1 Masche übergehen, 1 feste Masche, ✻ wiederholen.

*5. Muschelkante: Siehe »Abschlußborten«.*

**Umschlag** Den Arbeitsfaden um die Strick- oder Häkelnadel schlagen.

**umstechen** Offene Kanten werden mit überwendlichen Stichen versäubert = umstochen.

**uni** Einfarbig.

**unterbrechen der Arbeit** Wenn Sie die Häkel- oder Strickarbeit – vor allem bei kompliziertem Muster – für einige Zeit unterbrechen, sollten Sie sich die Reihe, an der Sie gerade arbeiten, notieren. Dann brauchen Sie bei Wiederaufnahme der Arbeit nicht lange und mühsam das Muster nachzuzählen.

**unterstreichen** Die Arbeitsanleitungen sind oft für verschiedene Größen angegeben. Unterstreichen Sie sich die Zahlen, die für Ihre Arbeit in Frage kommen, mit Rotstift!

**Untertritt** Unterer Teil einer Verschlußblende. Das Gegenteil ist der Übertritt. *Siehe »Übertritt«.*

**V-Ausschnitt** *Siehe »Halsausschnitt«.*

**verdrehte Maschen** Diese Maschenart gibt dem Rippenbündchen mehr Elastizität und vermeidet das Entstehen von Löchern. Eine rechte Masche wird verdreht gestrickt, indem man in das hinten liegende Maschenglied einsticht und strickt. Linke Maschen, indem man von hinten nach vorne in das hinten liegende Maschenglied einsticht.

**verkleinern und vergrößern eines Schnitts** *Siehe »Schnitt«.*

**verkreuzte Maschen** Bei dieser Maschenart wird zunächst die zweite und dann die erste Masche gestrickt. Beim Häkeln eine Masche der Vorreihe übergehen, und eine feste Masche – oder je nach Muster ein Stäbchen – gehäkelt. Die nächste Masche wird in die übergangene Masche der Vorreihe eingestochen. *Siehe auch »überkreuzte Stäbchen«.*

# verk bis vers

**verkürzte Reihen** Hier wird nicht bis zur Randmasche gestrickt. Verkürzte Reihen eignen sich für runde Säume, eingearbeitete Abnäher usw. Bei der verkürzten Reihe stricken Sie bis zu der Stelle, an der die allmähliche Verbreiterung beginnen soll, wenden die Arbeit und stricken zurück. Je nach Stärke der Schrägung wird in jeder Reihe eine bestimmte Anzahl Maschen nicht gestrickt. Ist die gewünschte Höhe erreicht, können Sie über die gesamte Breite weiterarbeiten.

**TIP** Damit keine Löcher an den Wendestellen entstehen, heben Sie den Querfaden zwischen der Wendemasche und der nicht gestrickten Masche auf die Nadel. Wenn die Ausgangsbreite erreicht ist, stricken Sie die hochgeholte Schlinge mit der danebenliegenden Masche zusammen.

Bei gehäkelten, verkürzten Reihen ist die erste Masche nach dem Wenden eine Anschluß- oder Kettmasche, die nächste Masche eine feste und je nach Muster die nächste ein Stäbchen. Wenn die gewünschte Höhe erreicht ist, wird über die gesamte Breite weitergehäkelt.

**verlängern** Beim Verlängern von Pullovern, Kleidern, Ärmeln usw. ziehen Sie im *Gestrickten* einen Faden und nehmen die freigewordenen Schlingen auf eine Stricknadel. Jetzt können Sie im Rippen- oder im Grundmuster anstricken.

**TIP** Kinderkleider, die Sie später einmal verlängern wollen, sollten von oben nach unten gestrickt oder gehäkelt werden. Dadurch ist die Verlängerung dann kaum sichtbar.

Beim *Gehäkelten* wird am Anschlag ein Faden gezogen und die erste Reihe freigelegt. Von hier aus können Sie nun in die andere Richtung weiter häkeln und verlängern. *Siehe auch »anstricken«.*

**vernähen** Heraushängende Fäden – vom Knäuelwechsel z. B. – auf eine dicke Sticknadel fädeln und in die Ränder des Arbeitsstückes durch einfache Vorstiche einnähen. Der Rest wird abgeschnitten.

**versäumen** Bei der Fertigstellung eines Arbeitsstückes werden alle Ränder, die nicht durch das Muster eine feste saubere Kante haben, überwendlich umstochen. Außerdem zählt zum Versäubern einer Arbeit das Vernähen heraushängender Fäden.

*Versäumen*

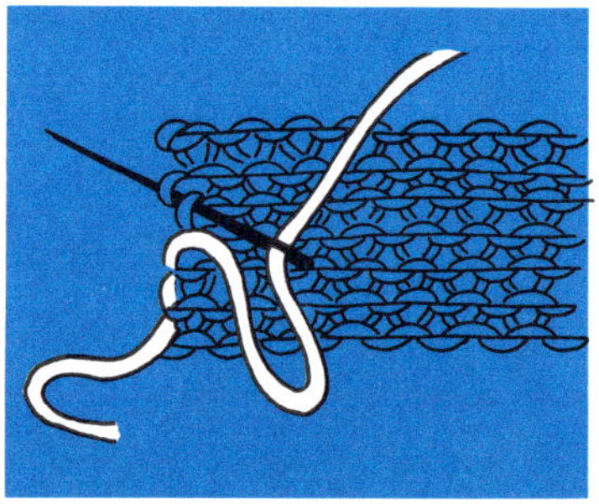

**Verschlüsse** Als Verschlüsse eignen sich bei Wollsachen zum Beispiel:

*Knopflochleiste im Übertritt:* Knopflöcher werden quer oder längs gearbeitet. *Siehe Knopfloch.*

*Schlitz mit Knopfloch und Öse:* Beide Seiten neben dem Schlitz getrennt fertigarbeiten, die Kanten umhäkeln und am Rand Ösen anarbeiten.

*Quergearbeitete Blende:* Ist der Schlitz fertig, werden die Randmaschen aufgefaßt und Übertritt und Untertritt gestrickt. Knopflöcher nicht vergessen!

*Verschluß durch Kordeldurchzug:* Am Ausschnittrand Lochreihe arbeiten. Kordel durchziehen, mit Schleife schließen. *Siehe »Kordeldurchzug«.*

*Reißverschluß: Siehe »Fertigstellen«.*

*Schulterverschluß:* Wird ein Pullover in der Schulterschrägung geschlossen, empfiehlt es sich, an der Vorderkante Ösen anzuhäkeln. Die Knöpfe werden auf die Rückseite genäht. Man kann auch einen Reißverschluß verwenden.

**verschränkte Maschen** *Siehe »verkreuzte Maschen« und »verdrehte Maschen«.*

**versetzt** Das Muster wird um eine Masche oder einen Rapport verschoben. *Beispiel Perlmuster:* Die Maschen – 1 rechts, 1 links – werden in der nächsten Reihe »versetzt«, d. h. über der rechten Masche der Vorreihe wird jetzt eine linke und umgekehrt gestrickt.

**verstärken** Dieser Begriff ist sehr vieldeutig:

*1. Verstärken von Ferse und Spitze eines Strumpfes:* Zum normalen Arbeitsfaden wird ein Beilauffaden in der passenden Farbe gegeben und mitgestrickt.

*2. Verstärken von Nähten bei schweren Stricksachen:* Hier wird z. B. in die Schulternähte ein Nahtband mitgefaßt. So können die Schultern nicht verziehen.

# vert bis we

*3. Verstärken eines Knopflochs:* Mit Wolle und einer Stopfnadel mit Vorstichen um den Rand des Knopfloches einige Male nähen. Anschließend mit Knopflochstich das Knopfloch verstärken.

**verteilen auf** Wenn eine Strickarbeit in Runden ausgeführt wird, müssen Sie die Maschen gleichmäßig auf Strumpfstricknadeln verteilen.

**Viereckiger Halsausschnitt** *Siehe »Halsausschnitt«.*

**Viereck häkeln** *Siehe »Quadrate häkeln.«.*

**Vigognegarn** Grobgarn aus Wolle, Baumwolle und anderen Beimischungen von minderer Qualität.

**Vorderseite** Die Vorderseite einer Arbeit liegt vor Ihnen, wenn der Anfangsfaden des Anschlags auf der rechten Seite ist.

**Vorreihe** Vorhergehende Reihe.

**Waden abnehmen** *Siehe »Strümpfe stricken«.*

**Waffelmuster** Eignet sich für sportliche Stricksachen. Hier ein Beispiel:

Maschenzahl durch 3 teilbar + 2 RandM.

*1. und 3. R:* * 2 M re, 1 M li *.
*2. R:* * 1 M re, 2 M li *.
*4. R:* re.

**waschen** *Siehe »Pflegeanleitung«.*

**waschmaschinenfest** Handarbeitsgarne, die in der Waschmaschine gewaschen werden können, ohne zu verfilzen.

**Webmuster** Geben gestrickten und gehäkelten Modellen Webcharakter. Oftmals wird ein Karomuster durch senkrecht hochgehäkelte Luftmaschenketten in einer quergestreiften Handarbeit – die gehäkelt oder gestrickt ist – nachgeahmt. Beim Hochhäkeln liegt der Arbeitsfaden hinter dem Maschengrund. Stechen Sie an der gewünschten Stelle von vorne ein. Holen Sie den Faden auf die Nadel, stechen Sie oberhalb nochmal ein, holen den Faden durch und ziehen ihn durch die bereits auf der Nadel liegende Schlinge.

Hier ein Beispiel für ein Webmuster in gehäkeltem Grund: Ein Stäbchennetz mit Ajourlinien wie folgt arbeiten:

Maschenzahl durch 9 teilbar, plus 8.

*1., 2., 4. und 5. R:* In Grün: * 8 Stb, 1 Lm, 1 M übergehen *, 8 Stb in allen folgenden Reihen, die Ajourlinien über den Lm fortsetzen.
*3. R:* Am Ende der 2. R. die Arbeit nicht wenden, sondern am Beginn der 2. R. wieder aufnehmen und in Rot in f M arbeiten.
*6., 7., 9. und 10. R:* In Weiß wie die 1., 2., 4. und 5. R.
*8. R:* Wie die 3. R.
*11. R:* Muster in der 1. Reihe wieder aufnehmen.

Eine Luftmaschenkette in Rot über jede Ajourlinie häkeln.

**Webstich** Eine Kombination von Häkeln und Weben. Der Untergrund der Arbeit besteht aus einem Gitter von Stäbchen, die jeweils durch eine Luftmasche getrennt sind. Auf diesem Untergrund wird nun mit dreifachem Stopffaden und einer dicken Teppichnadel gearbeitet. Stechen Sie senkrecht durch die Löcher des Gitters und zwar abwechselnd über oder unter einer Luftmasche. In die danebenliegende stechen Sie versetzt ein, also erst unter, dann über die Luftmasche. Durch verschiedenfarbige Fäden können stoffähnliche Stücke hergestellt werden. Hübsch sehen Schals in dieser Technik aus. Lassen Sie dazu die senkrechten Fäden am Rand lang überstehen: Sie werden als Fransen miteinander verknüpft.

**wechselnd** Abwechselnd.

*Waffelmuster*

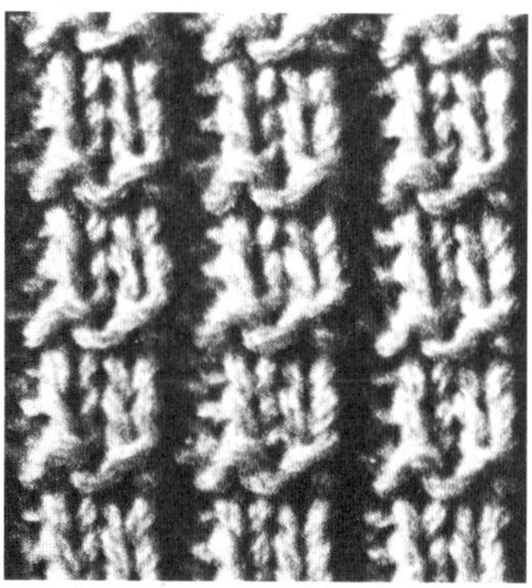

*Webmuster*

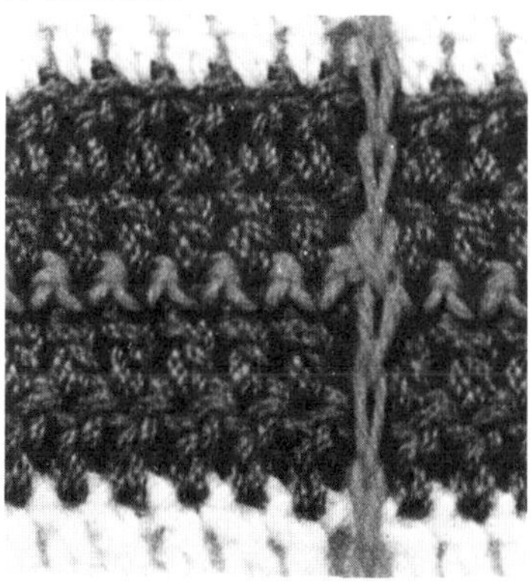

# We bis Zi

**Wendeluftmasche** Luftmasche, die beim Wenden einer Häkelarbeit die erste Masche der Reihe ersetzt. *Siehe »Grundkurs Häkeln«, Seite 19.*

**wenden** Das Arbeitsstück umdrehen und die nächste Reihe stricken oder häkeln.

**Wickelmasche** Bei der Wickelmasche ist der Arbeitsvorgang ähnlich wie beim halben Stäbchen. Der Arbeitsfaden wird hier allerdings 3 bis 5 mal, je nach Höhe der Masche, um die Nadel geschlagen, in die Masche der Vorreihe eingestochen, der Faden durchgeholt und durch alle Schlingen gezogen.

**wiederholen ab *** Der Arbeitsvorgang fängt von hier noch einmal von vorne an.

**wiederholen von * bis *** Den Mustersatz einer Arbeitsanleitung so oft wie angegeben wiederholen.

**Wiederholungszeichen *** Dieses Zeichen zeigt den Beginn einer Wiederholung im Muster an.

**Zackenmuster** *Siehe »Zick-Zackmuster«.*

**zählen der Reihen** Bei *glatt rechts* gestrickten Sachen ist jede Randmasche gleichbedeutend mit zwei Reihen. *Krausgestricktes* zählt doppelt, d. h. jede Rippe mal 2 = Reihenzahl. Beim *Häkeln* muß jede Reihe einzeln gezählt werden.

---

**TIP** Nähen Sie alle 10 bis 20 Reihen am Rand einen bunten Markierungsfaden locker ein. Sie brauchen dann nur noch die Reihen oberhalb des letzten Fadens neu zu zählen.

---

**Zählmuster** Gezeichnete Diagramme, an denen Sie Farbfolge und Muster abzählen können.

---

**TIP** Haken Sie jede Reihe, die fertig ist, am Rand des Zählmusters ab. Sie ersparen sich damit Irrtümer.

---

**Zeichenerklärung** Eine Beschreibung für Typenmuster, die meistens den Arbeitsanleitungen beigefügt ist, da nicht alle Zeichen überall gleich sind. *Siehe auch »Häkelschrift«.*

**Zellwolle** Chemiefaser. Sie ist weich im Griff und läßt sich vielseitig verwenden. Für Handarbeitsgarne wird Zellwolle meist mit anderen Fasern gemischt.

**Zentralmasche** Hierbei handelt es sich um die Masche, neben der rechts und links gleichmäßig ab- oder zugenommen wird. Die Zentralmasche erscheint immer in der Mitte wie eine Rippe.

**Zephirwolle** Vielfädiges, weiches, dickfülliges Garn, das zum Sticken verwendet wird.

**Zick-Zackmuster** Diese Art von Muster erhalten ihre Struktur durch gleichmäßige Ab- und Zunahmen. Das gilt für gehäkelte sowie gestrickte Zick-Zackmuster.

Sie beginnen mit einem glatten Maschenanschlag und arbeiten im gleichmäßigen Abstand abwechselnd doppelte Zunahmen und Abnahmen. *Wichtig:* Die Zu- und Abnahmen immer an der gleichen Stelle machen.

Hier zwei Beispiele für je ein gehäkeltes und ein gestricktes Zick-**Zackmuster.**

*Rippen-Zick-Zackmuster (gehäkelt):* Maschenzahl durch 20 teilbar, plus 8 M.

8 fM; * 3 fM in die folgende M; 8 fM, △ HäkelN in die folgende M einstechen, 1 Umschlag, Schlinge durchholen △ (3 x), 1 Umschlag, die 4 auf der Nadel liegenden Schlingen abmaschen, 8 fM *; diese Reihe stets wiederholen.

*Rippen-Zick-Zackmuster*

*Durchbrochenes Zick-Zackmuster (gestrickt):* Maschenzahl durch 12 teilbar plus 1, zuzüglich Randmaschen.

*1. R:* * 1 M li, 1 Umschlag, 4 M re, 1 doppelten Überzug (1 M abheben, 2 M zusammenstricken und die abgehobene über die gestrickte M ziehen), 4 M re, 1 Umschlag *, 1 M re.
*2. und alle geraden R:* li.
*3. R:* * 1 M li, 1 Umschlag, 4 M re, 3 M li zusammenstricken, 4 M re, 1 Umschlag *, 1 M re.
*Siehe nächste Seite oben links.*

# Zi bis Zo

*Durchbrochenes Zick-Zackmuster*

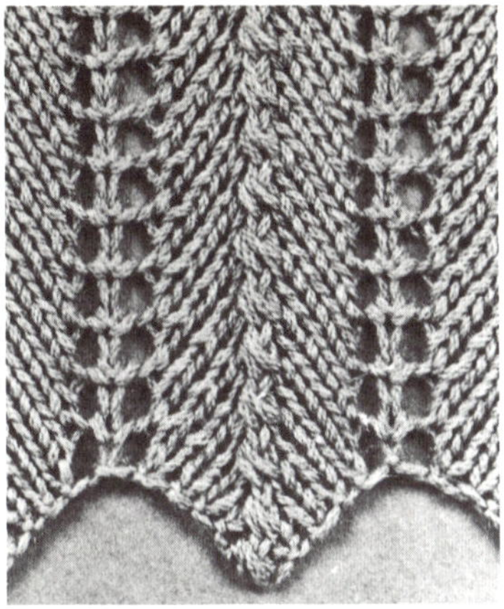

**Ziegelsteinmuster** *Gestrickt:*

*1., 5., 9. und 13. R:* Dunkle Farbe, rechts.
*2., 6., 10. und 14 R:* Dunkle Farbe, rechts.
*3. R:* Helle Farbe, * 3 M re, 1 M li abheben *.
*4., 8., 12. und 16. R:* Helle Farbe, li stricken, dabei die dunklen M der Vorreihe abheben.
*7. R:* Helle Farbe, 2 M re, * 1 M li abheben, 3 M re *, 1 M li abheben, 1 M re.
*11. R:* Helle Farbe, 1 M re, * 1 M li abheben, 3 M re *, 1 M li abheben, 2 M re.
*15. R:* Helle Farbe, * 1 M li abheben, 3 M re *.

*Ziegelsteinmuster*

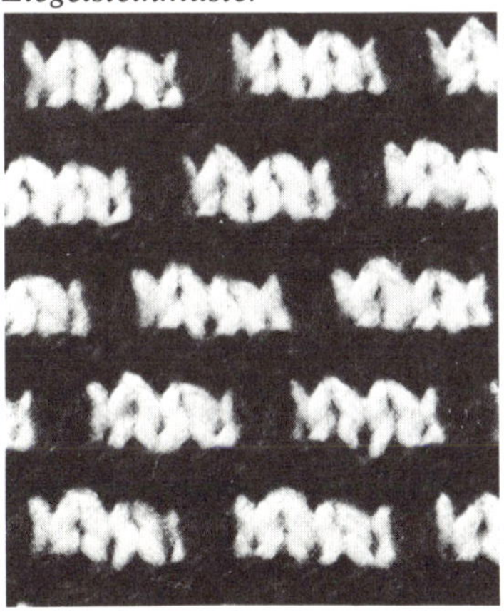

*Tunesisch gehäkelt:*
Die beiden ersten R im einfachen tunesischen Häkelstich arbeiten, zunächst in Gelb, dann in Rot. Gelb: In der HinR * 3 rechte Schlingen aufnehmen, 1 halb abgemaschtes Stb in der gelben Vorreihe *. RückR im einfachen tunesischen Muster. Rot: Hin- und RückR im einfachen tunesischen Muster. Muster in der gelben R wieder aufnehmen und um 2 Schlingen verschieben.

*Ziegelsteine*

*Gehäkelt:*
Im Prinzip wird hier genauso wie tunesisch gearbeitet. Die senkrechte Musterung erreichen Sie, wenn Sie jeweils eine feste Masche über zwei Reihen tief häkeln. Ziegelsteinmuster lassen sich gut in Runden arbeiten. Beim Hin- und Herhäkeln sollten Sie von jeder Farbe zwei Knäuel benützen, damit man am Rand nicht immer die Fäden abschneiden muß.

**Zopfmuster** Durch das verkreuzte Abstricken beliebig vieler rechter Maschen entsteht ein Zopfmuster. Nehmen Sie die Hälfte der zu verkreuzenden Maschen auf eine Hilfsnadel (Zopfmusternadel). Stricken Sie nun folgende Maschen, heben dann die stillgelegten Maschen wieder auf die linke Nadel und stricken ab.

Für eine *Verkreuzung, die nach links* gerichtet ist, legen Sie die Hilfsnadel mit den Maschen vor die Arbeit. Für eine *Verkreuzung, die nach rechts* gerichtet ist, bleiben die Maschen auf der Hilfsnadel hinter der Arbeit. Diese Verkreuzungen werden regelmäßig in allen 4, 6, 8 oder mehr Reihen eingesetzt.
Damit die Zopfmuster plastischer erscheinen, stricken Sie rechts und links des Zopfes linke Maschen. Für einen doppelten Zopf stricken Sie zwei nebeneinanderliegende Zöpfe, bei denen die Verkreuzungen beim linken Zopf nach links und beim rechten Zopf nach rechts gerichtet sind. *Siehe Zeichnung.*

*Zopfmuster*

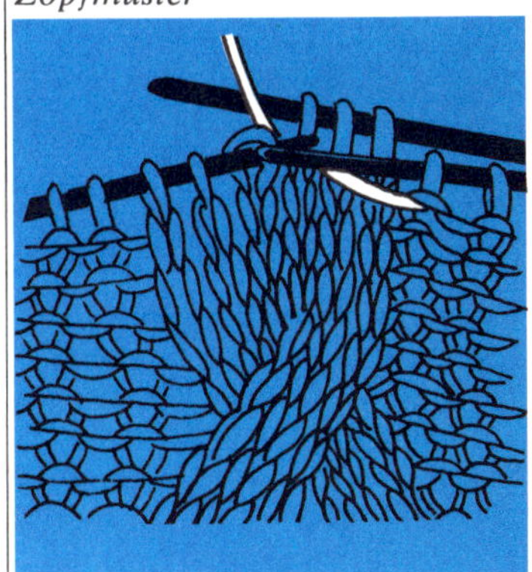

## Zo bis Zw

**Zopfmusternadel** Kurze Hilfsnadel, die eine kleine Ausbuchtung hat, damit die stillgelegten Maschen nicht von der Nadel rutschen.

**Zugmaschenmuster** Zweifarbige Strickarbeit. An den Stellen, an denen die Maschen über andersfarbigen Grund hochgezogen werden sollen, wird neben die entsprechende Masche ein doppelter Umschlag gemacht. Bei der nächsten andersfarbigen Reihe wird die Masche mit dem Umschlag nicht abgestrickt, sondern abgehoben. Dies kann über zwei bis drei Reihen geschehen.

**zunehmen** *Siehe »Grundkurs Stricken und Häkeln«, Seite 12 und 20.*

**zur Runde schließen** *Siehe »Grundkurs Häkeln«, Seite 21.*

**zurückstricken** Nach einer Hinreihe eine Rückreihe arbeiten.

**zusammen abmaschen** Mehrere halbfertige Stäbchen o. ä. durch eine Schlinge gemeinsam abhäkeln. Beispiel: Büschelmasche.

**zusammenfügen** Gestrickte oder gehäkelte Teile können auf verschiedene Arten zusammengefügt werden. *Siehe »Fertigstellen«, Seite 38.*

**zusammenhäkeln** Patchworkmotive werden mit Kett- oder festen Maschen zusammengehäkelt. Erfassen Sie dazu gleichzeitig die gegenüberliegenden Randmaschen der Motive und häkeln Sie eine Kettmasche. Es kann hübsch aussehen, wenn sich die Verbindungs-Maschen in einer anderen Farbe wie ein Gitternetz über die fertige Arbeit ziehen. Bei nichtquadratischen Patchworkmotiven gibt es beim Zusammenhäkeln mit Kett- oder festen Maschen oft große Zwischenräume. Füllen Sie diese Löcher mit einfachen Stern- oder Blumenmotiven aus, wobei jedes Blatt mit einer Kettmasche am nächstliegenden Motiv befestigt wird.

*Gestrickte Sachen* erhalten reizvolle Effekte, wenn Sie die Ränder mit Kontrastfarben umhäkeln und diese Kanten dann zusammenhäkeln.

*Gabelborten* werden mit festen Maschen zusammengehäkelt. Dabei sticht die Häkelnadel abwechselnd in die links und die rechts liegende Schlinge.

**zusammennähen** *Siehe »Fertigstellen«, Seite 38.*

**zusammenstricken** Beim Abnehmen oder bei Phantasiemustern werden oftmals zwei oder mehrere Maschen zusammengestrickt. Erfassen Sie dabei mehrere Schlingen mit der Nadel und stricken sie als eine Masche zusammen.

**zuschneiden** Wenn ein gestricktes oder gehäkeltes Stück zu einer anderen Form geschnitten werden soll, muß man die Kanten vor dem Zuschneiden durch zwei Reihen Maschinensteppstich sichern. Erst jetzt können die Schnitte gemacht werden, ohne daß sich die Arbeit auflöst.

**zuziehen** Bedeutet den Arbeitsfaden durch die letzte Masche ziehen, abschneiden, auf eine Stopfnadel fädeln, durch alle noch offenen Maschen stechen und sie zusammenziehen.

**zweifarbig arbeiten** *Siehe »Jacquardmuster«.*

**Zwirn** Durch das Zusammendrehen von zwei oder mehr bereits gesponnenen Fäden entsteht Zwirn. Je fester ein Garn gezwirnt ist, desto widerstandsfähiger ist es.

Notizen

# Notizen

| Meine / unsere Maße | Name | Name |
|---|---|---|
| AB Vordere Schulterbreite | | |
| CD Rückwärtige Schulterbreite | | |
| EA Schulterlänge | | |
| F Brust- oder Oberweite | | |
| G Taillenweite | | |
| H Hüftweite | | |
| EI Vordere Taillenlänge | | |
| JK Rückwärtige Taillenlänge | | |
| LM Vordere Rocklänge | | |
| KN Rückwärtige Rocklänge | | |
| BO Ärmellänge | | |
| P Ärmelweite | | |
| O Handgelenkweite | | |
| RS Seitliche Hosenlänge | | |
| GT Schrittlänge | | |
| U Oberschenkelweite | | |

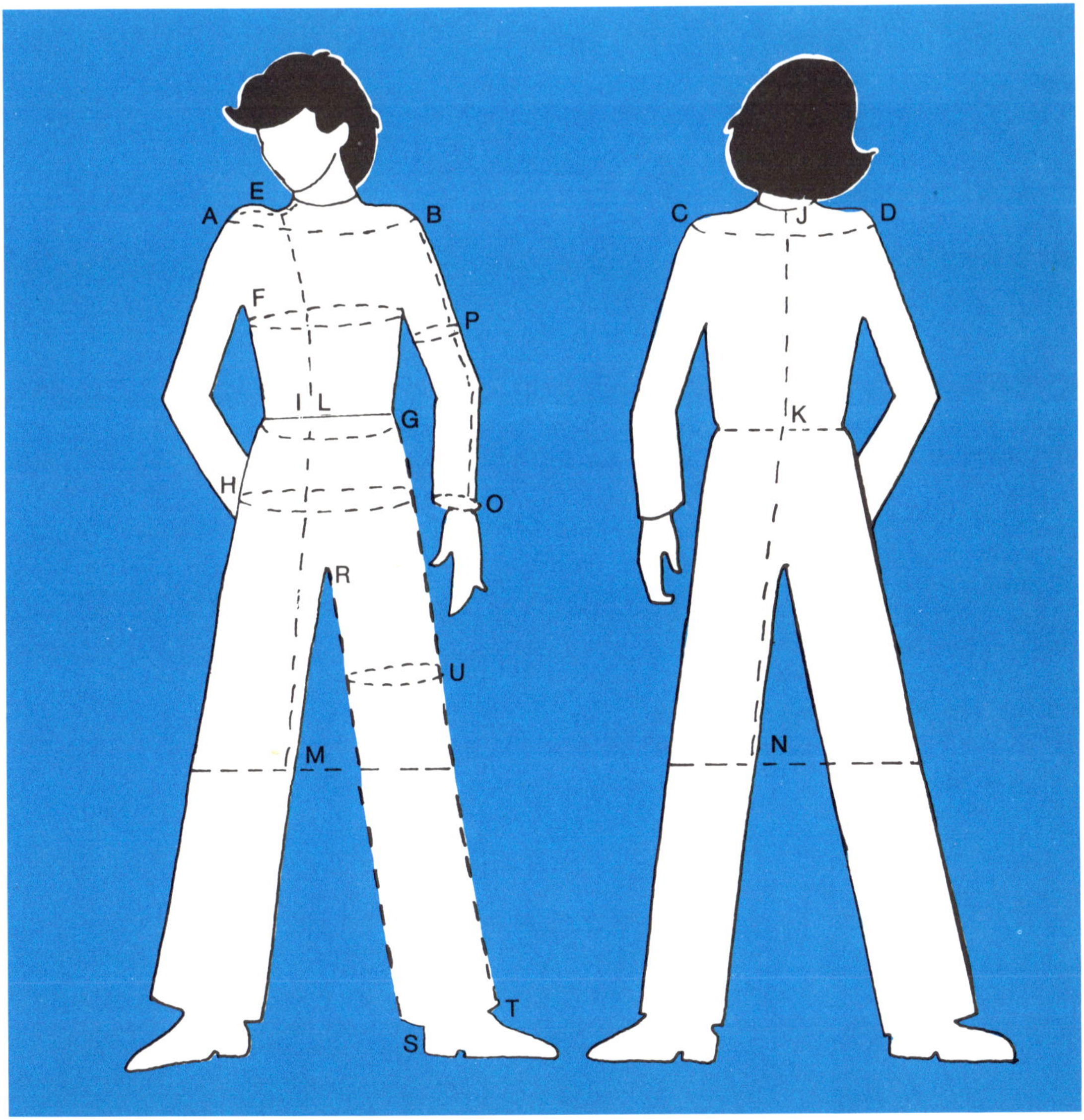
E
A
B
F
P
I L
G
H
O
R
U
M
S
T
C
J
D
K
N

| Meine / unsere Maße | Name | Name |
| --- | --- | --- |
| AB Vordere Schulterbreite | | |
| CD Rückwärtige Schulterbreite | | |
| EA Schulterlänge | | |
| F Brust- oder Oberweite | | |
| G Taillenweite | | |
| H Hüftweite | | |
| EI Vordere Taillenlänge | | |
| JK Rückwärtige Taillenlänge | | |
| LM Vordere Rocklänge | | |
| KN Rückwärtige Rocklänge | | |
| BO Ärmellänge | | |
| P Ärmelweite | | |
| O Handgelenkweite | | |
| RS Seitliche Hosenlänge | | |
| GT Schrittlänge | | |
| U Oberschenkelweite | | |

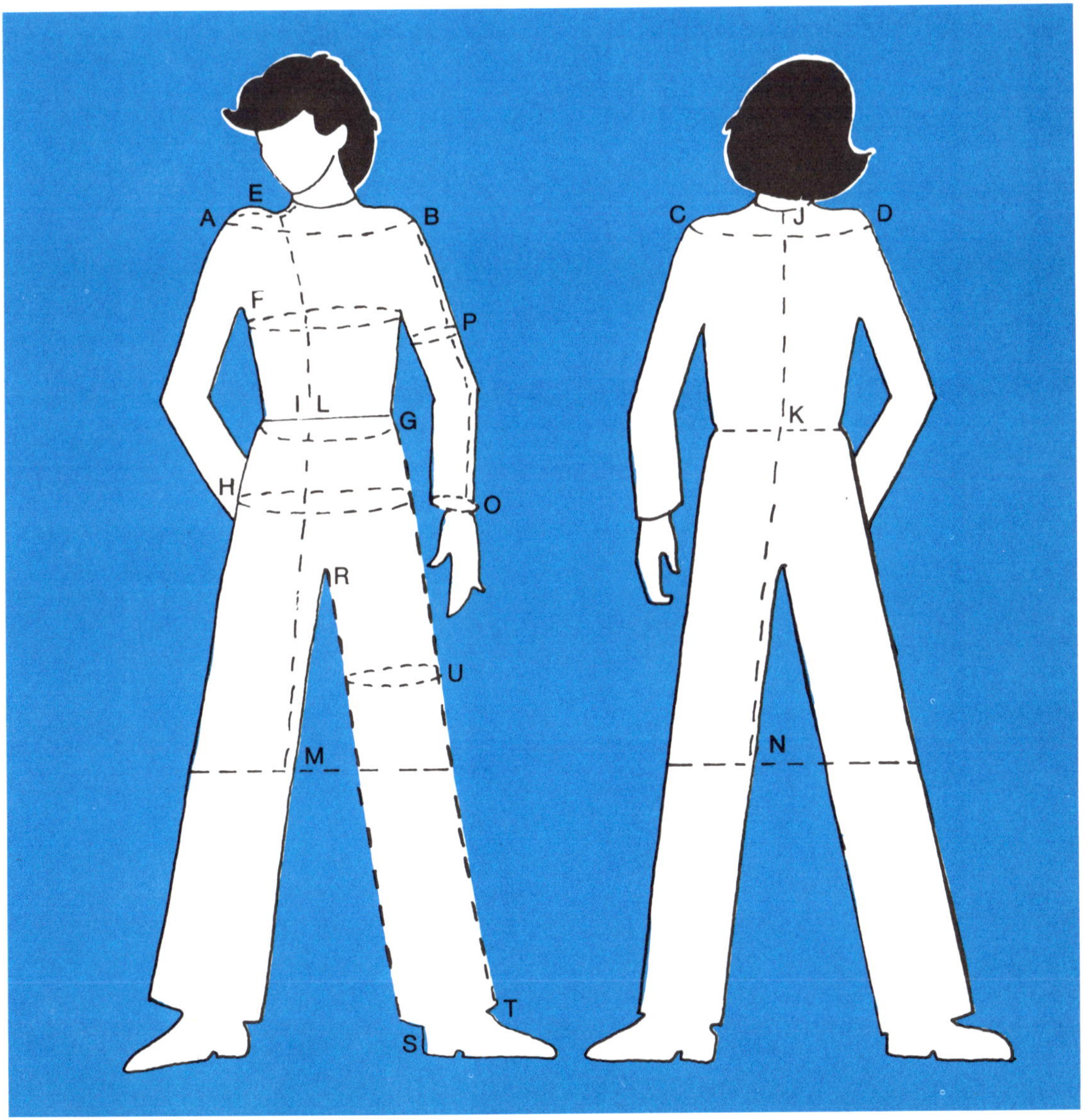
E
A
B
C
J
D
F
P
I L
G
K
H
O
R
U
M
N
T
S

# Notizen

| Meine / unsere Maße | Name | Name |
|---|---|---|
| AB Vordere Schulterbreite | | |
| CD Rückwärtige Schulterbreite | | |
| EA Schulterlänge | | |
| F Brust- oder Oberweite | | |
| G Taillenweite | | |
| H Hüftweite | | |
| EI Vordere Taillenlänge | | |
| JK Rückwärtige Taillenlänge | | |
| LM Vordere Rocklänge | | |
| KN Rückwärtige Rocklänge | | |
| BO Ärmellänge | | |
| P Ärmelweite | | |
| O Handgelenkweite | | |
| RS Seitliche Hosenlänge | | |
| GT Schrittlänge | | |
| U Oberschenkelweite | | |

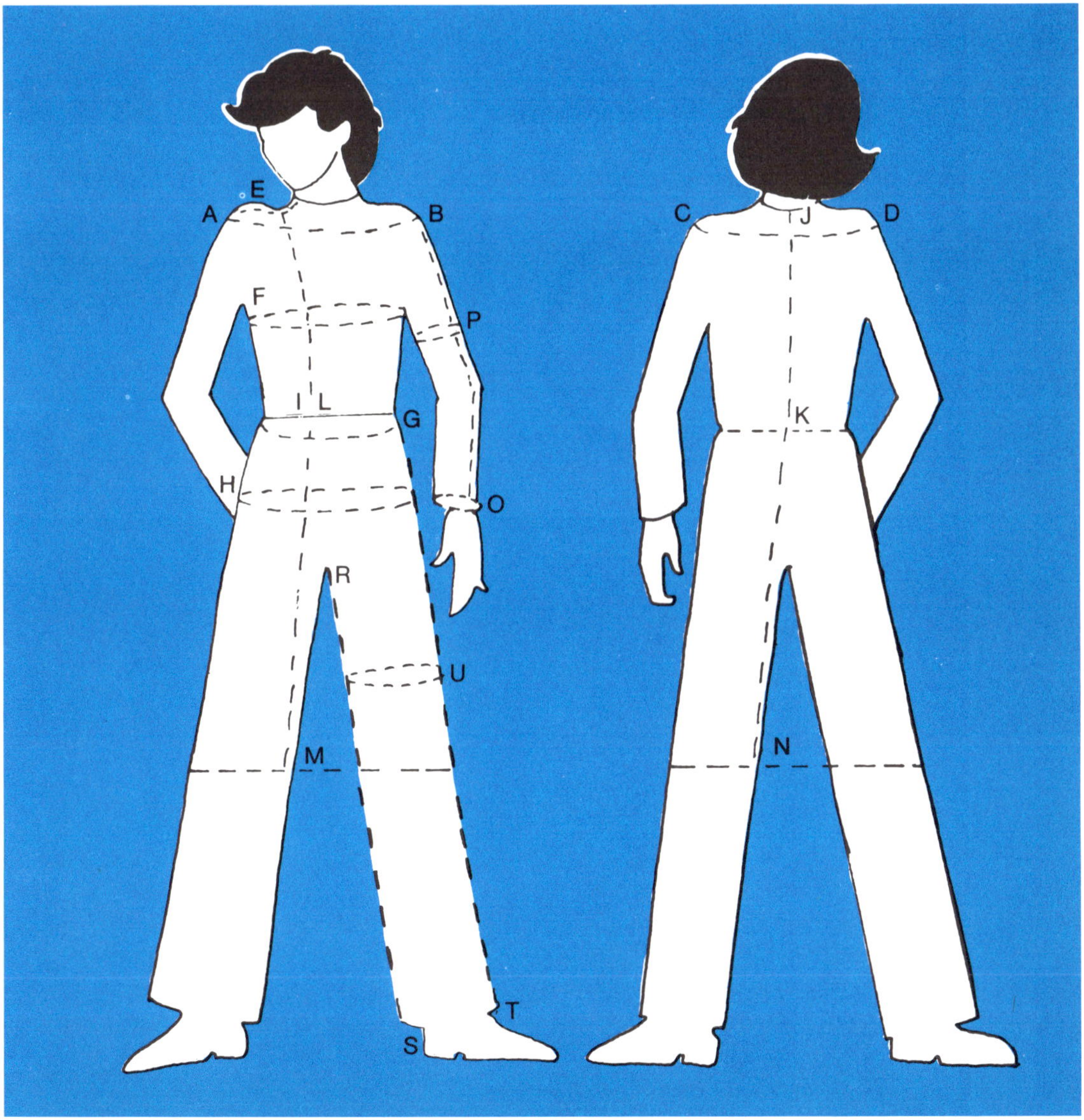
A
E
B
C
J
D
F
P
I
L
G
K
H
O
R
U
M
N
T
S

# Notizen

# BLV Kochbücher

---

## Hedwig Maria Stuber

### Ich helf dir kochen

1600 Rezepte, die in vielen Jahren gesammelt, ausgewählt und erprobt wurden, mit Kalorien- und Joulezahlen gewichtet. 28 Kapitel echte, raffinierte »Hausfrauen-Rezepte«, dazu eine »Ernährungskunde« mit Nährwerttabellen, ein »ABC der Küche« und eine Beschreibung von »Küchenkräutern und Gewürzen«.

25. Auflage, 519 Seiten, 73 Farbfotos, 90 Zeichnungen

---

## Erna Horn

### Bayrische Kuchl

Alte bayrische Originalrezepte.

Eine Sammlung alter bayrischer Rezepte zum Kochen, Braten und Backen, zusammengetragen von einer geborenen Münchnerin.
Eine liebenswerte Darstellung der bayrischen Eß- und Kochtradition.

207 Seiten, 8 Farbtafeln, 41 Zeichnungen

---

## Erna Horn

### Fisch in der Küche

Das umfassende Fisch-Kochbuch mit den besten deutschen und internationalen Rezepten für Fluß- und Seefische. Allgemeine Hinweise auf Vor- und Zubereitung der Fische – Kochen, Dämpfen, Braten, Grillen – und ernährungsphysiologische Anmerkungen. Dazu 246 Rezepte für die Zubereitung von Flußfischen und 93 Rezepte für Seefische, sowie Hinweise und Rezepte für Soßen und Beilagen.

2. Auflage, 206 Seiten, 8 Farbtafeln, 40 Zeichnungen

---

## Ursula Grüninger

### Das Käsebuch

Die beliebtesten Sorten und Rezepte

Das Käsebuch vermittelt alles Wissenswerte zu diesem Thema und stellt 136 Sorten vor mit genauen Angaben über Form, Aussehen, Geschmack, Fettgehalt und Verwendung. Ein Einblick in die Käseherstellung und ein kurzer Streifzug durch die Geschichte des Käses runden den Informationsteil ab.
Im Mittelpunkt steht der umfangreiche Rezeptteil mit den Kapiteln: Frühstück und Käse · Kalte Vorspeisen · Leckerbissen · Salat · Suppen und Aufläufe · Warme Vorspeisen · Toasts · Käse und Fleisch · Käsedesserts · Käsekuchen und Käsegebäck · Kaltes Buffet · Käse und Wein.

214 Seiten, 26 Farbfotos

---

# BLV Verlagsgesellschaft München